Bibliothek
des 18. Jahrhunderts

Herausgegeben
von der Verlagsgruppe
Kiepenheuer
Leipzig und Weimar

Jean Marteilhe

Galeerensträfling unter dem Sonnenkönig

MEMOIREN

Mit zeitgenössischen
Illustrationen

1988
Gustav Kiepenheuer Verlag
Leipzig und Weimar

Französischer Originaltitel:
Mémoires d'un protestant condamné aux Galères de France
pour cause de Religion: écrits par lui-même: ouvrage dans lequel,
outre le récit des souffrances de l'auteur depuis 1700 jusqu'en 1713,
on trouvera diverses particularités curieuses,
relatives à l'histoire de ce temps-là.

Aus dem Französischen von Hermann Adelberg

Herausgegeben, nach dem Originaltext neu durchgesehen
sowie mit Erläuterungen und einem Nachwort von Eberhard Wesemann

Die Reproduktion der Abbildungen auf den Seiten
69, 85, 109, 129, 143, 177, 185, 199, 229, 293, 305, 311, 321, 327
erfolgt mit freundlicher Genehmigung des ›Musée de la Marine‹ in Paris.
Die restlichen der Ausgabe beigefügten Abbildungen sind entnommen aus:
Edmond Pâris, Die große Zeit der Galeeren und Galeassen,
Rostock 1973.

© Gustav Kiepenheuer Verlag Leipzig und Weimar

ISBN 3-378-00271-9

Erste Auflage
Lizenz Nr. 396/265/64/88   LSV 7353
Gesamtherstellung: Offizin Andersen Nexö,
Graphischer Großbetrieb, Leipzig III/18/38
Schrift: Baskerville
Gestaltung: Walter Schiller, Altenburg
Printed in the German Democratic Republic
Bestell-Nr. 812 238 1
01380

ERSTER TEIL

DIE FLUCHT

Die Verfolgung

Es gibt nur wenige meiner Landsleute, die zu den alten französischen Emigranten in den glücklichen Niederlanden gehören und nicht Zeugnis von dem unglücklichen Schicksal geben könnten, welches die Verfolgung in allen Provinzen Frankreichs sie hat erleiden lassen.

Wenn ein jeder von ihnen über seine Erlebnisse sowohl in seinem gemeinsamen Vaterland als in der Fremde, in die sie getrieben wurden, Memoiren geschrieben und wenn man eine Sammlung derselben veranstaltet hätte, so würde dieselbe wegen der verschiedenen Begebenheiten, die man darin berichtet fände, nicht nur sehr merkwürdig, sondern zugleich auch für viele gute Protestanten sehr belehrend sein, denen zumeist das ganze Ausmaß dessen unbekannt ist, was sich seit dem Jahre 1684 bei jener grausamen und blutigen Verfolgung ihrer Glaubensbrüder zugetragen hat.

Verschiedene Schriftsteller haben nur ganz im allgemeinen darüber geschrieben; aber nicht ein einziger (wenigstens ist es mir nicht zur Kenntnis gekommen) hat die verschiedenen Arten der Qualen ausführlich berichtet, welche ein jeder meiner teuren Leidensgenossen erduldet hat.

Es kommt mir nicht im entferntesten in den Sinn, ein ähnliches Werk zu unternehmen, da ich nur ungenügend und durch Überlieferung eine fast unzählige Menge von Tatsachen kenne, die mehrere meiner teuren Landsleute ihren Kindern tagtäglich erzählen.

Deshalb werde ich der Welt durch diese Memoiren nur davon Mitteilungen machen, was ich selbst erlebt habe, von dem Jahre 1700 an bis 1713, in welchem ich glücklicherweise durch die Fürsprache der Königin Anna von England, ruhmwürdigen Andenkens, von den Galeeren Frankreichs befreit wurde.

Ich bin in Bergerac, einer kleinen Stadt der Provinz Périgord, im Jahre 1684 von bürgerlichen und Handel treibenden Eltern geboren, die durch Gottes Gnade immer im Sinne der wahren, reformierten Religion gelebt und bis zu ihrem Tode beständig auf ihr bestanden haben. Sie führten einen makellosen Lebenswandel, erzogen ihre Kinder gottesfürchtig, unterrichteten sie immerfort in den Grundsätzen der wahren Religion und hielten sie fern von den Irrlehren des Papismus.

Ich will meinen Leser nicht mit der Erzählung dessen langweilen, was ich während meiner Kindheit und bis zum Jahre 1700 erlebt habe, da die Verfolgung mich aus dem Schoße meiner Familie riß und mich zwang, aus meinem Vaterland zu fliehen und mich trotz meines jugendlichen Alters den Gefahren eines Weges von zweihundert Meilen* auszusetzen, um eine Zuflucht in den Vereinigten Staaten der Niederlande zu suchen.

Ich will nur in aller Kürze und der reinen Wahrheit gemäß berichten, was mir seit meiner schmerzlichen Trennung von meinen Eltern widerfuhr, die den grausamsten Greueltaten und Bedrückungen ihrer Verderber ausgesetzt waren.

Ehe ich jedoch zur ausführlichen Erzählung meiner Flucht aus meinem teuren Vaterland komme, ist es nötig, das zu erwähnen, was sie veranlaßte und im Jahre 1700 das Feuer der unmenschlichsten Verfolgung in der Provinz, wo ich geboren ward, entfesselte.

Während des Krieges, welcher durch den Frieden von Rijswijk* beigelegt wurde, hatten die Jesuiten und papistischen Pfaffen das Vergnügen entbehren müssen, die Reformierten Frankreichs mit Dragonaden* heimgesucht zu sehen; denn der König mußte seine Truppen an den Grenzen seines Reiches verwenden.

Sobald aber der Friede geschlossen war, wollten sie sich für die Ruhe entschädigen, die sie uns während des Krieges hatten gönnen müssen. Daher ließen uns diese unbarmherzigen und grimmigen Verfolger ihre ganze Wut in allen Provinzen Frankreichs, wo es Re-

---

* Die mit * gekennzeichneten Stellen sind im Anmerkungsteil erläutert.

formierte gab, fühlen. Ich will mich darauf beschränken, so ausführlich als möglich nur das zu berichten, was sich besonders in der Provinz Périgord zugetragen hat.

Im Jahre 1699 suchte der Duc* de la Force, welcher, wenigstens nach außen, keineswegs von den Gefühlen seiner erlauchten Ahnen in bezug auf die Reformierten beseelt zu sein schien, gehetzt von den Jesuiten, um die Erlaubnis nach, auf seine ziemlich umfangreichen Ländereien im Périgord zu gehen, um (wie er sich ausdrückte) die Hugenotten zu bekehren.

Er schmeichelte hiermit zu sehr den Ansichten und Grundsätzen des Hofes, um nicht ein so ehrenvolles und würdiges Amt zu erhalten. Er reiste wirklich von Paris ab, begleitet von vier Jesuiten, von einigen Garden und von seinen Bedienten.

Angelangt auf seinem Schlosse de la Force, welches eine Meile von Bergerac entfernt ist, begann er, um von der Milde seiner Sendung und dem Geiste seiner Räte eine Vorstellung zu vermitteln, unerhörte Grausamkeiten gegen seine Lehensleute reformierten Glaubens auszuüben, indem er jeden Tag die Landleute jeden Geschlechtes und Alters aufgreifen und sie in seiner Gegenwart und ohne irgendeine andere Form der Verhandlung die schauderhaftesten Qualen erdulden ließ, die bei einigen bis zum Tode getrieben wurden, um sie dadurch zu zwingen, daß sie, ohne einen andern Grund als seinen Willen zu kennen, auf der Stelle ihrer Religion abschwören.

Auch nötigte er durch ebenso teuflische Mittel alle diese armen Unglücklichen dazu, die schauderhaftesten Schwüre zu tun, daß sie der römischen Kirche unverbrüchlich ergeben bleiben wollten.

Um seine Freude und Genugtuung, die er über seine glücklichen Erfolge empfand, an den Tag zu legen und seine Unternehmungen auf eine Weise zu beendigen, welche des Beweggrundes und des ihn leitenden Rates würdig waren, ließ er öffentliche Freudenfeste in dem Flecken La Force, wo sein Schloß gelegen ist, veranstalten und aus einer prachtvollen Bibliothek, bestehend aus christlichen Büchern der reformierten Religion, die seine Vorfahren mit vieler Sorgfalt gesammelt hatten, ein Freudenfeuer anzünden.

Ebenso verfuhr er zu Tonneins in der Gascogne, indem er ohne Zweifel dårüber sehr unzufrieden war, daß durch seine Befehle sein Eifer in den Ländern seiner Herrschaft eingeschränkt worden war.

Die Stadt Bergerac blieb diesmal von der Verfolgung verschont, wie auch mehrere andere Städte der Umgebung; aber diese Ruhe war nur eine, auf die der furchtbarste Sturm kommen sollte.

Bevor ich jedoch zur ausführlichen Schilderung schreite, was die Reformierten dieser Provinz zu erdulden hatten, wird der Leser mir erlauben, daß ich ihm eine recht ergötzliche Geschichte erzähle, welche sich bei der Ankunft des Duc auf dem Schlosse La Force zutrug. Während nämlich der Duc daselbst von seinen Strapazen ausruhte, empfing er als Frucht seiner glücklichen Unternehmung den Weihrauch und die Lobeserhebungen, welche die Priester und Mönche dieser Gegend ihm auf das reichlichste darbrachten.

Ein Advokat von Bergerac namens Grenier, der viel Geist hatte, aber in der Tat auch ein wenig närrisch war, denn er hatte selbst nicht viel Religion, obgleich er von Geburt aus ein Reformierter war, dieser Advokat nun, sage ich, wollte auch seinen Geist glänzen lassen und sich in die Reihen der Schmeichler begeben, um dem Duc eine feierliche Ansprache zu halten.

Er ließ ihn deshalb um Erlaubnis bitten und erhielt dieselbe ohne Mühe. Der Duc, der auf seinem herzoglichen Stuhle saß, umgeben zu beiden Seiten von seinen vier Jesuiten, empfing Grenier zur Audienz, welcher seine Ansprache mit diesen Worten begann:

»Monseigneur,* Euer Großvater war ein großer Krieger, Euer Vater ein großer Heiliger, und Ihr, Monseigneur, seid ein großer Jäger.«

Der Duc unterbrach ihn, um ihn zu fragen, wie er wisse, daß er ein großer Jäger sei, da das in der Tat nicht seine herrschende Leidenschaft sei.

»Ich schließe dies«, erwiderte Grenier, »aus den vier Spürhunden, die Euch nicht von der Seite weichen«, indem er auf die vier Jesuiten wies. Diese Patres, als gute Christen, verlangten sogleich, daß man Grenier wegen seiner Unverschämtheit strafe. Aber man stellte dem Duc vor, daß Grenier verrückt sei, und der Duc begnügte sich damit, ihn aus seinen Augen entfernen zu lassen.

Ich nehme jetzt den Faden meiner Erzählung wieder auf und werde darlegen, was mich zu meiner Flucht veranlaßte, durch die ich das Königreich zu verlassen suchte.

Der Duc de la Force, stolz über die schönen Bekehrungen, die er gemacht hatte, ließ dem Hofe darüber Bericht erstatten.* Man kann sich denken, wie er und die Jesuiten den Erfolg ihrer Mission übertrieben haben.

Wie dem nun auch sein möge, der Duc erlangte die Erlaubnis, im

Jahre 1700 wieder nach dem Périgord* zu kommen, um durch eine unbarmherzige Dragonade die Hugenotten der königlichen Städte* dieser Provinz zu bekehren. Er kam daher nach Bergerac, wo er seinen Wohnsitz aufschlug, begleitet von denselben vier Jesuiten und einem Regiment Dragoner, deren grausame Mission bei den Bürgern, in deren Häusern sie nach Belieben schalteten, bald mehr neue Bekehrte machte als die Drohungen der Jesuiten. Denn in der Tat, es gab keine unerhörte Grausamkeit, die diese gestiefelten Missionare nicht ausgeübt hätten, um die armen Bürger zu zwingen, die Messe zu besuchen und ihrem Glauben abzuschwören und schaudervolle Eide zu schwören, daß sie nie mehr der römischen Religion den Rücken kehren wollten.

Der Duc hatte ein solches Eidesformular voller Verwünschungen gegen den reformierten Glauben, das die armen gemarterten Bürger, sie mochten wollen oder nicht, unterzeichnen und beschwören mußten.

Ohne zu fragen, quartierte man bei meinem Vater zweiundzwanzig jener abscheulichen Dragoner ein. Mein Vater selbst aber ward, ich weiß nicht aus welchem Grunde, nach Périgueux in das Gefängnis abgeführt. Zwei meiner Brüder und meine Schwester, die noch Kinder waren, wurden ergriffen und in ein Kloster gesperrt. Ich hatte das Glück, mich aus dem Hause zu retten. So blieb meine arme Mutter allein von ihrer Familie mitten unter jenen zweiundzwanzig Schurken von Dragonern, die ihr die schrecklichsten Qualen bereiteten.

Nachdem sie alles, was sich in dem Hause befand, verzehrt und zerstört und nur die vier Wände übriggelassen hatten, schleppten sie meine von tiefster Trauer erfüllte Mutter vor den Duc, der sie durch unwürdige Behandlung und schreckliche Drohungen zwang, sein Formular zu unterschreiben.

Die arme Frau, bittere Tränen vergießend und gegen die ihr gemachten Zumutungen protestierend, wollte noch mit ihrer Hand die kläglichen Einsprüche ihres Mundes begleiten und schrieb unter das Abschwörungsformular, das man ihr zum Unterzeichnen vorlegte, unter ihren Namen, die Worte: ›La force me le fait faire‹, das heißt, die Gewalt zwingt mich dazu, indem sie ohne Zweifel damit eine Anspielung auf den Namen des Duc machte. Man wollte sie zwingen, diese Worte durchzustreichen, doch weigerte sie sich standhaft, bis dann einer der Jesuiten sie ausstrich.

Die Flucht

Es war im Oktober 1700, als ich aus dem elterlichen Hause entwich, ehe die Dragoner es wieder betraten. Ich war damals gerade sechzehn Jahre alt geworden. In einem solchen Alter hat man wenig Erfahrung, um sich aus einer Sache, besonders einer so gefährlichen, erfolgreich zu ziehen.

Wie sollte es möglich sein, der Wachsamkeit der Dragoner zu entgehen, die die Stadt und ihre Zugänge besetzt hielten, um zu verhindern, daß jemand entflieht? Nichtsdestoweniger hatte ich das Glück, durch Gottes Gnade während der Nacht aus der Stadt zu gelangen, ohne daß es bemerkt wurde. Mit mir war einer meiner Freunde.* Wir wanderten die ganze Nacht durch die Wälder und befanden uns am folgenden Tage frühmorgens in Mussidant, einer kleinen Stadt vier Meilen von Bergerac. Hier beschlossen wir, trotz allen auszustehenden Gefahren, unsere Reise bis nach Holland fortzusetzen. Für alle Gefahren, die wir uns im Geiste ausmalten, überließen wir uns dem Willen Gottes und faßten, den göttlichen Beistand auf uns herabflehend, den festen Entschluß, nicht wie Lots Weib rückwärts zu schauen, sondern, wie unser gefährliches Unternehmen auch auslaufen möchte, fest und standhaft zu bleiben im Bekenntnis der wahren reformierten Religion, selbst auf die Gefahr der Galeeren oder des Todes hin.

Nachdem wir diesen Entschluß gefaßt hatten, flehten wir den Schutz und die Barmherzigkeit Gottes an und machten uns guten Mutes auf den Weg nach Paris.

Als wir unsere Börse zu Rate zogen, fanden wir dieselbe nicht sehr gut ausgestattet. Unsere Barschaft bestand in ungefähr zehn Pistolen.* Wir entwarfen einen Sparplan, um mit dem wenigen Geld, das wir hatten, hauszuhalten, indem wir, um so wenig wie möglich Ausgaben zu machen, einen Tag wie den andern nur in billigen Herbergen logierten.

Wir hatten, Gott sei Dank, nicht die geringsten Zwischenfälle bis nach Paris, wo wir am 10. November 1700 anlangten. Unser Plan, das Land zu verlassen, war, daß wir in Paris einige Leute, die wir kannten, aufsuchen wollten, welche uns den leichtesten und am wenigsten gefährlichen Weg nach den Grenzen weisen könnten.

Und wirklich, wir trafen einen guten Freund und guten Protestanten, der uns einen kleinen geschriebenen Wegweiser bis nach Mézières, einer Festungsstadt an der Maas, gab, die damals die Grenzstadt der Spanischen Niederlande* war und am Rande des berüchtigten Ardennenwaldes lag.

Dieser Freund unterrichtete uns, daß wir keine anderen Gefahren zu meiden haben würden, als diese letztere Stadt zu betreten, denn um herauszugelangen, halte man niemanden an, und daß wir unter dem Schutze des Ardennenwaldes sicher nach Charleroi gelangen würden, das sechs bis sieben Meilen von Mézières entfernt sei. Hätten wir aber Charleroi erreicht, so wären wir gerettet, denn dann wären wir völlig außerhalb des französischen Gebietes. Er fügte hinzu, daß auch in Charleroi ein Kommandant und eine holländische Garnison sei, was uns Sicherheit vor jeder Gefahr böte. Dennoch ermahnte uns jener Freund, klug zu sein und große Vorsicht zu gebrauchen, um in die Stadt Mézières zu gelangen, weil man daselbst außerordentliche Wachsamkeit darauf verwende, am Tore alle diejenigen anzuhalten, welche man für Fremde hielt, und daß man sie vor den Statthalter und von dort in das Gefängnis führe, wenn sie ohne Paß angetroffen würden.

Hierauf reisten wir von Paris nach Mézières ab. Wir hatten auch auf diesem Wege nicht die geringsten Zwischenfälle, denn im Königreich Frankreich hielt man niemand an. Alle Aufmerksamkeit war nur darauf gerichtet, die Übergänge an der Grenze gut zu überwachen.

Eines Nachmittags gegen vier Uhr kamen wir auf einem kleinen Berge eine Viertelmeile von Mézières an. Von dort aus konnten wir sehr gut die Stadt und das Tor sehen, durch welches wir eintreten mußten.

Man kann sich leicht einen Begriff von unserer angstvollen Verfassung machen, als wir die nahe Gefahr betrachteten, die sich unseren Augen darbot.

Wir setzten uns einen Augenblick auf jenem Berge nieder, um zu überlegen, wie wir in die Stadt gelangen konnten, und indem wir das Tor beobachteten, sahen wir, daß eine lange Brücke über die Maas bis zu demselben führte und daß, da gerade schönes Wetter war, eine Anzahl Bürger auf der Brücke spazierengingen.

Da kamen wir auf den Gedanken, daß wir, uns unter die Bürger mischend und mit ihnen auf der Brücke auf und ab spazierend, im Durcheinander mit ihnen leicht in die Stadt kommen könnten, ohne von der Torwache als Fremde erkannt zu werden.

Als wir uns zu diesem Unternehmen entschlossen hatten, nahmen wir aus unseren Reisebeuteln einige Hemden, die wir darin hatten, heraus, zogen sie allesamt auf den Leib und steckten die Beutel in unsere Taschen.

Darauf entfernten wir den Schmutz von unseren Schuhen, kämmten unser Haar und wandten alle erforderliche Vorsicht an, um nicht als Reisende zu erscheinen. Hierbei ist zu bemerken, daß wir keine Degen hatten, da das Tragen derselben in Frankreich verboten war.

Nachdem wir uns so zurechtgemacht hatten, stiegen wir den Berg hinunter und begaben uns auf die Brücke, indem wir mit den Bürgern so lange auf und ab spazierten, bis der Tambour zum Torschluß Rappell schlug.

Sogleich beeilten sich alle Bürger, in die Stadt zurückzugehen, und wir mit ihnen, ohne daß die Wache bemerkte, daß wir Fremde wären.

Wir waren vor Freude außer uns, der großen Gefahr entgangen zu sein, weil wir meinten, es wäre das die einzige, welche wir zu befürchten hätten. Aber wir machten, wie man zu sagen pflegt, die Rechnung ohne den Wirt.

Wir konnten Mézières nicht sogleich wieder verlassen, da das Tor auf der entgegengesetzten Seite von demjenigen, durch welches wir eingetreten waren, verschlossen war. Wir mußten daher in der Stadt übernachten. Wir gingen in die erste Herberge, die sich uns darbot. Der Wirt war nicht da; seine Frau nahm uns auf. Wir bestellten das Abendessen, und während wir zu Tische saßen, kam der Wirt gegen neun Uhr nach Hause. Seine Frau sagte ihm, daß sie zwei junge Fremdlinge aufgenommen habe. Wir hörten von unserer Stube aus, daß ihr Mann sie fragte, ob wir einen Erlaubnisschein vom Gouverneur hätten. Als die Frau ihm darauf antwortete, daß sie nicht danach gefragt habe, sagte er zu ihr: »Du elendes Weib, willst du uns ganz und gar zugrunde richten? Du kennst doch die strengen Verbote, Fremde ohne Erlaubnis zu beherbergen. Ich muß auf der Stelle mit ihnen zum Gouverneur gehen.«

Dieses Zwiegespräch, das wir mit anhörten, versetzte uns nicht wenig in Unruhe. Es dauerte nicht lange, so kam der Wirt in unser Zimmer und fragte uns sehr höflich, ob wir mit dem Gouverneur gesprochen hätten.

Wir sagten ihm, daß wir das nicht für notwendig gehalten hätten, um eine Nacht nur in der Stadt zuzubringen. »Es würde mich tausend Taler Strafe kosten«, sagte er zu uns, »wenn der Gouverneur wüßte, daß ich euch ohne seine Erlaubnis beherbergt habe. Doch habt ihr einen Paß, um in die Grenzstädte kommen zu können?«

Wir antworteten ihm hierauf ganz dreist, daß wir damit wohlversehen wären.

»Das ändert die Sache«, sagte er, »und verhindert, daß ich mir einen Verweis zuziehe, euch ohne Erlaubnis in mein Haus aufgenommen zu haben; aber trotzdem müßt ihr mit mir zu dem Gouverneur gehen, um ihm eure Pässe vorzuzeigen.«

Wir erwiderten ihm, daß wir abgespannt und müde wären, daß wir ihm aber den folgenden Tag frühmorgens gern dahin folgen würden. Damit war er zufrieden.

Hierauf verzehrten wir vollends unser Abendbrot und legten uns alle beide in ein Bett, das sehr gut war, aber uns dennoch nicht schlafen ließ, so sehr hatte sich die Unruhe wegen der nahen Gefahr unser bemächtigt.

Über wieviel Entschlüsse beratschlagten wir nicht die lange Nacht hindurch miteinander! Wieviel Ausflüchte schlugen wir uns nicht über die Antwort vor, welche wir auf die Fragen des Gouverneurs geben würden! Doch leider erwiesen sich alle diese als unbrauchbar und unglaubhaft.

Da wir sahen, daß es kein Rettungsmittel gab, welches uns davor bewahren könnte, daß wir nicht von dem Gouverneur in das Gefängnis wandern müßten, brachten wir den übrigen Teil der Nacht im Gebet zu, um den Beistand Gottes in solcher Bedrängnis anzuflehen und um ihn zu bitten, daß er uns in aller Prüfung, welche sein göttlicher Wille über uns verhängen würde, die nötige Festigkeit und Beständigkeit verleihen möchte, um würdiglich die Wahrheit des Evangeliums zu bekennen. Der anbrechende Tag fand uns noch in dieser frommen Übung.

Wir standen geschwind auf und stiegen in die Küche hinab, wo der Wirt und seine Frau schliefen. Beim Ankleiden fiel uns ein Ausweg ein, um nicht vor dem Gouverneur erscheinen zu müssen. Wir beschlossen, denselben zu wagen, und siehe, es glückte uns die Ausführung des Planes über alle Erwartung. Die Sache verhielt sich folgendermaßen:

Wir faßten den Plan, heimlich das Haus zu verlassen, ehe der Wirt aufgestanden und imstande wäre, uns zu bemerken. Als er uns aber so früh am Morgen in seiner Küche sah, fragte er uns nach dem Grund unserer Eile.

Wir sagten, daß wir, bevor wir mit ihm zum Gouverneur gingen, frühstücken wollten, damit wir sogleich nach dem Besuch unsere Reise fortsetzen könnten.

Er billigte unseren Plan und befahl seiner Magd, Bratwürste auf den Rost zu legen, während er aufstehen würde. Der Fußboden dieser Küche hatte gleiche Höhe mit der Schwelle der Tür, die auf die Straße führte. Sobald wir bemerkten, daß die Magd die Haustür geöffnet hatte, gingen wir wegen eines Bedürfnisses hinaus. Da der Wirt kein Mißtrauen in uns setzte, so gelangten wir aus der verhängnisvollen Schenke hinaus und verließen sie, ohne Lebewohl zu sagen und ohne unsere Zeche zu bezahlen; denn wir hielten es für unumgänglich, diesen kleinen Streich zu begehen.

Auf der Straße fanden wir einen kleinen Jungen, den wir nach dem Wege zum Tore von Charleville fragten; denn auf diesem mußten wir die Stadt verlassen.

Wir waren schon ganz in der Nähe, und da man das Tor öffnete, gingen wir, ohne angehalten zu werden, hindurch. Nicht lange, und wir kamen nach Charleville, einer kleinen Stadt ohne Wache und ohne Tor, die nur einen Flintenschuß weit von Mézières entfernt ist.

Wir frühstückten daselbst eiligst und verließen diese sofort wieder, um uns in den Ardennenwald zu begeben. Es hatte in jener Nacht gefroren, und der Wald erschien uns schrecklich, da die Bäume mit Eis überzogen waren. Außerdem fanden sich, je weiter wir in diesen riesigen Wald vordrangen, eine Menge Wege vor, und wir wußten nicht, welchen wir einschlagen sollten, um nach Charleroi zu gelangen.

In dieser Verlegenheit trafen wir auf einen Bauern, den wir nach dem Weg nach Charleroi fragten. Der Bauer antwortete, die Achseln zuckend, er sähe wohl, daß wir fremd wären; das Unternehmen aber, durch die Ardennen nach Charleroi zu gehen, sei sehr gefährlich, zumal da wir die Wege nicht kennten, auch wäre es fast unmöglich, den rechten zu verfolgen, da sich, je weiter wir kämen, immer mehr Wege auftun würden. Da es aber kein Dorf in diesem Walde gäbe noch irgendein Haus, so würden wir Gefahr laufen, uns dermaßen darin zu verirren, daß wir zwölf oder fünfzehn Tage herumirren könnten. Außer von den wilden Tieren aber, deren es in dem Walde eine große Menge gäbe, wäre Gefahr vorhanden, daß wir, wenn der Frost fortdauerte, vor Kälte und Hunger umkämen.

Diese Auskunft beunruhigte uns so sehr, daß wir dem Bauer einen Louisdor* anboten, wenn er uns als Führer nach Charleroi begleiten wolle.

»Nimmermehr, selbst wenn ihr mir hundert Louisdor geben wolltet«, sagte er; »denn ich sehe wohl, ihr seid Hugenotten, die aus Frankreich flüchten wollen, und es würde mir zuletzt den Hals kosten, wenn ich euch diesen Dienst erweisen wollte. Doch«, fügte er hinzu, »ich will euch einen guten Rat geben. Verlaßt den Ardennenwald und schlagt den Weg zu eurer Linken ein. Ihr werdet in ein Dorf kommen« – welches er uns nannte –, »dort könnt ihr die Nacht zubringen, und morgen früh setzt eure Reise fort, indem ihr euch zur Rechten des Dorfes haltet. Dann werdet ihr die Stadt Rocroy sehen, die ihr links liegenlaßt, und wenn ihr euren Weg fortsetzt, immer auf der rechten Seite bleibend, werdet ihr nach Couvé, einer kleinen Stadt, kommen. Habt ihr dann dieselbe passiert, so werdet ihr beim Verlassen derselben links einen Weg finden; diesem folgt, er wird euch ohne Gefahr nach Charleroi führen. Der Weg, den ich euch weise, ist länger als der durch die Ardennen, aber er ist ohne irgendeine Gefahr.«

Wir dankten dem guten Manne und befolgten seinen Rat. Gegen Abend kamen wir in dem Dorfe an, von welchem er uns gesprochen hatte. Daselbst verbrachten wir die Nacht, und am folgenden Tag frühmorgens fanden wir den Weg zur Rechten, den er uns genannt hatte. Wir schlugen ihn ein und ließen Rocroy links liegen. Aber der gute Bauer hatte uns, vielleicht aus Unkenntnis, nicht gesagt, daß der Weg uns gerade auf einen Hohlweg zwischen zwei Bergen zuführte, der sehr eng war und wo eine französische Wachmannschaft aufgestellt war, die alle Fremden, die ohne Paß waren, verhaftete und in das Gefängnis nach Rocroy führte.

So wanderten wir denn wie arme, verirrte Schafe schnurstracks auf den Rachen des Wolfes zu. Doch ohne daß wir auch nur die unvermeidliche Gefahr sahen oder ahnten, die wir liefen, entkamen wir derselben durch den günstigsten Zufall, den man sich denken kann.

Als wir nämlich den Hohlweg betraten, der ›Guet du Sud‹* hieß, begann es so heftig zu regnen, daß die Schildwache, die sich auf dem Wege vor dem Wachhause befand, dort hineintrat, um vor dem Regen Schutz zu suchen, und wir gingen unangefochten vorbei, ohne bemerkt zu werden, worauf wir, unsern Weg verfolgend, in Couvé* ankamen.

Diesmal wären wir gerettet gewesen, wenn wir gewußt hätten, daß diese kleine Stadt außerhalb des Gebietes von Frankreich lag. Sie gehörte dem Prince de Liège, und er hatte daselbst ein Schloß, das mit einer holländischen Garnison besetzt war.

Doch wußten wir leider davon zu unserem Unglück nichts; denn hätten wir etwas davon gewußt, so hätten wir uns nach dem Schlosse begeben, dessen Gouverneur allen Réfugiés,* die darum nachsuchten, Geleit gab, um sicher bis nach Charleroi zu gelangen.

Doch der Herrgott wollte, daß wir in jener Unkenntnis verblieben, um unser Gottvertrauen und unseren Glauben während dreizehn Jahren des furchtbarsten Elendes in den Kerkern und auf den Galeeren auf die Probe zu stellen, wie man in der Folge dieser Memoiren ersehen wird.

Wir kamen also, wie ich gesagt habe, in Couvé an. Wir waren bis auf die Haut durchnäßt und traten daher in eine Schenke, um uns dort zu trocknen und etwas zu essen. Nachdem wir uns zu Tisch gesetzt hatten, brachte man uns einen zweihenkeligen Topf mit Bier, ohne uns Gläser dazu zu geben. Als wir welche begehrten, sagte der Wirt zu uns, er sähe wohl, daß wir Franzosen wären, daß es aber Brauch des Landes sei, aus dem Topfe zu trinken.

Wir taten also, wie uns geheißen; jedoch dieses Verlangen nach Gläsern, das an und für sich nur als eine Kleinigkeit und ohne Folgen erscheint, war die Ursache unseres Unglücks. Denn in dem Zimmer, wo wir waren, befanden sich zwei Männer, der eine ein Bürger der Stadt, der andere ein Wildheger des Prince de Liège.

Der letztere, welcher gehört hatte, daß der Wirt zu uns sagte, er sähe wohl, daß wir Franzosen wären, betrachtete uns mit der größten Aufmerksamkeit und setzte sich schließlich sogar zu uns, um mit uns ein Gespräch anzufangen.

Um auf verbindliche Weise dasselbe anzuknüpfen, sagte er, er wolle wetten, daß wir keine Rosenkränze in unseren Taschen hätten. Mein Gefährte, der eine Prise Tabak zurechtmachte, sagte in höchst unkluger Weise zu ihm, das wäre sein Rosenkranz.

Diese Antwort bestärkte den Wildheger vollends in dem Gedanken, daß wir Protestanten wären, die Frankreich verlassen wollten. Da nun Hab und Gut derer, die man gefangennahm, dem Denunzianten gehörte, so faßte er den Beschluß, uns gefangennehmen zu lassen, wenn wir nach unserem Weggang von Couvé durch Mariembourg, einen französischen Ort eine Meile von dort, kommen würden.

Es war dies nicht unser Plan; denn entsprechend der Wegweisung jenes guten Bauern mußten wir, von Couvé weggehend, einen Weg nach links einschlagen, auf dem wir keinen Ort Frankreichs berührt haben würden.

Doch wer kann seinem Schicksal entrinnen? Nachdem wir Couvé verlassen hatten, schlugen wir wohl den Weg ein, der auf unserer Linken war; aber als wir von fern einen Offizier zu Pferd bemerkten, der auf uns zu kam, so waren wir in Angst, dieser möchte uns gefangennehmen, was uns veranlaßte, sogleich umzukehren und den verhängnisvollen Weg einzuschlagen, welcher uns nach Mariembourg führte.

Diese Stadt ist klein und hat nur ein einziges Tor; folglich kann man nicht durch sie hindurchgehen. Wir wußten es und faßten deshalb den Entschluß, sie rechts liegenzulassen und nach Charleroi zu gehen, indem wir uns links hielten, entsprechend der Orientierung, die wir von der Gegend erlangt hatten.

Doch wir wußten nicht, daß der hinterlistige Wildheger uns von fern verfolgte, um uns beim Schlafittchen fassen zu lassen. Schließlich kamen wir vor Mariembourg an, und da es fast Nacht war und wir eine Schenke dem Stadttor gegenüber sahen, so beschlossen wir, dort einzukehren und zu übernachten.

Die Gefangennahme

Wir traten in die Schenke und wurden in einem Zimmer untergebracht, wo wir uns ein tüchtiges Feuer anschüren ließen, um unsere Kleider zu trocknen. Doch wir hatten uns kaum eine halbe Stunde ausgeruht, als wir einen Mann eintreten sahen, den wir für den Wirt der Schenke hielten. Nachdem dieser uns ganz höflich gegrüßt hatte, fragte er uns, woher wir kämen und wohin wir gingen. Als wir ihm sagten, daß wir von Paris kämen und nach Philippeville wollten, meinte er, daß wir zum Gouverneur von Mariembourg gehen und mit ihm sprechen müßten.

Wir glaubten, ihn hinters Licht führen zu können, wie wir es mit unserm Wirt von Mézières gemacht hatten, doch wir täuschten uns; denn er erwiderte sofort in ziemlich unhöflichem Tone, daß wir ihm dahin auf der Stelle folgen müßten. Wir machten gute Miene zum bösen Spiel, und ohne irgendeine Furcht an den Tag zu legen, machten wir uns bereit, mit ihm zu gehen.

Ich sagte in der Sprache unseres Dialektes, um von dem Manne nicht verstanden zu werden, zu meinem Gefährten, daß wir in der Dunkelheit der Nacht unserem Führer auf dem Wege von der Schenke bis zum Stadthaus entrinnen wollten. Darauf folgten wir unserem Manne, welchen wir für den Herrn des Hauses hielten; aber es war ein Sergeant der Torwache mit einem Detachement von acht Soldaten, die wir im Hofe jenes Hauses mit aufgepflanztem Bajonett antrafen. An ihrer Spitze befand sich der hinterlistige Wildheger von Couvé. Die Soldaten bemächtigten sich unser derart, daß es unmöglich war zu entwischen. Wir wurden zu dem Gouverneur, namens Pallier, geführt, der uns fragte, aus welcher Gegend wir wären und wohin wir gingen.

Auf die erste Frage sagten wir ihm die Wahrheit, aber bei der zweiten logen wir, indem wir sagten, wir wären Perückenmachergesellen und reisten in Frankreich herum; unser Plan wäre, nach Philippeville zu gehen und von da nach Maubeuge, Valenciennes, Cambrai usw., um dann nach Hause zurückzukehren.

Der Gouverneur ließ uns durch seinen Kammerdiener, der sich ein wenig auf das Perückenmachen verstand, examinieren. Derselbe prüfte glücklicherweise meinen Gefährten, der das Handwerk wirklich trieb, und ward so überzeugt, daß wir demselben angehörten.

Darauf fragte uns der Gouverneur, welcher Religion wir angehörten. Wir sagten ihm offen, daß wir reformierten Glaubens wären, denn wir würden uns in unserem Gewissen Vorwürfe gemacht haben, wenn wir die Wahrheit in diesem Punkte verhehlt hätten.

Hätte es doch Gott gefallen, daß wir auch die reine Wahrheit auf die anderen Fragen des Statthalters gesagt hätten; denn wenn man sich ganz und gar in den Dienst der Wahrheit begeben will, so darf man nach der christlichen Sittenlehre niemals lügen. Doch solcher Art ist die Schwäche der menschlichen Natur, welche nie ein gutes Werk vollkommen verrichtet.

Als der Gouverneur uns fragte, ob wir nicht den Plan hätten, Frankreich zu verlassen, verneinten wir es. Nach diesem Verhör, das eine gute Stunde dauerte, befahl der Gouverneur dem Platzmajor, uns in sichere Haft zu bringen, was derselbe mit der Eskorte, die uns verhaftet hatte, ausführte.

Auf dem Wege vom Sitz des Gouverneurs bis zum Gefängnis fragte mich jener Major, ein gewisser Monsieur de la Salle, ob es wahr wäre, daß wir aus Bergerac wären. Ich sagte ihm, es wäre die Wahrheit.

»Ich bin auch dort geboren, eine Meile von Bergerac«, sagte er, und nachdem er mich nach meinem Namen und meiner Familie gefragt hatte, rief er: »Mein Gott, Ihr Vater ist der beste meiner Freunde!« Worauf er hinzufügte: »Tröstet euch, meine Kinder, ich werde euch aus dieser bösen Angelegenheit heraushelfen, und ihr werdet mit zwei oder drei Tagen Gefängnis davonkommen.«

Während wir so miteinander sprachen, kamen wir bei dem Gefängnis an. Der Wildheger bat den Major, unsere Kleider und Taschen durchsuchen zu lassen, damit er seinen Häscherlohn* erhalte, weil er meinte, wir hätten viel Geld bei uns. Jedoch unsere ganze Barschaft bestand aus ungefähr einer Pistole, die der Major uns bat, ihm zu übergeben, ohne uns durchsuchen zu lassen.

Dieser Major, der von Mitleid über unser trauriges Los erfüllt war und uns gern helfen wollte, fürchtete, daß wir viel mehr Geld hätten und daß dieser Umstand uns schaden und einen Beweis dafür liefern würde, daß wir Frankreich verlassen wollten; denn man weiß wohl, daß Handwerksburschen auf der Wanderschaft nicht sehr mit Geld versehen sind.

Übrigens war er besorgt, daß der elende Wildheger, vor dem er, weil er uns hatte verhaften lassen, eine wahre Abscheu hegte, keine zu reiche Belohnung für seine Verräterei von dem, was man bei uns fand, empfinge. Daher ließ uns der Major in seiner Besorgnis nicht durchsuchen, sondern bewahrte das wenige Geld, das wir ihm ausgehändigt hatten, um es dem Gouverneur zu übergeben.

Der Wildheger, als er sah, daß man uns nicht untersuchte, hatte die Unverschämtheit, zu dem Offizier zu sagen, daß es sich nicht schicke, auf solche Weise die Hugenotten zu visitieren, welche nach Holland flüchten wollten.

»Aber ich werde schon ihr Geld zu finden wissen!« rief er, wollte auf uns losstürzen, um uns selbst zu durchsuchen.

»Schurke«, donnerte der Major ihn an, »ich weiß nicht, was mich abhält, dich tüchtig durchprügeln zu lassen. Meinst du mir beibringen zu müssen, was meine Pflicht sei?« Und sogleich jagte er ihn aus seinen Augen.

Das war der Lohn, den der erbärmliche Wicht für seine Mühe, uns verhaften zu lassen, erhielt. Außerdem jagte ihn der Prince de Liège auf Ersuchen des holländischen Gouverneurs des Schlosses von

Couvé aus seinem Dienste und verbannte ihn aus seinem Lande wegen des Verrates, den er an uns verübt hatte. Würdiger Lohn für einen so unwürdigen Menschen!

Nachdem die Visitation vorüber war, sperrte man uns in einen schauderhaften Kerker ein. Da riefen wir mit Tränen in den Augen zu dem Major: »O Monsieur, welches Verbrechen haben wir begangen, daß man uns wie gemeine Missetäter behandelt, die den Galgen und das Rad verdient haben?«

»So lauten meine Befehle, liebe Kinder«, sagte der Major tief bewegt zu uns, »doch ihr werdet nicht in diesem Kerker schlafen, oder ich weiß mir nicht zu helfen.«

Wirklich stattete er dem Gouverneur sofort Bericht ab, indem er ihm sagte, daß er uns habe sehr sorgfältig durchsuchen lassen und nichts bei uns gefunden habe als ungefähr eine Pistole, was wohl hinlänglich beweise, daß wir nicht die Absicht hätten, Frankreich zu verlassen, geschweige der andern Beweise, die wir dafür in seiner Gegenwart gegeben hätten, und daß er glaube, es wäre billig, uns laufen zu lassen.

Unglücklicherweise war jedoch jener Abend der Kuriertag für die Post nach Paris, und während man uns in das Gefängnis abführte, hatte der Gouverneur unsere Verhaftung an den Hof gemeldet. Diese Meldung hinderte ihn, uns ohne Befehl des Hofes freizulassen. Der Major war höchst betrübt über dieses Hindernis und bat den Gouverneur, uns aus jenem schauderhaften und abscheulichen Kerker zu entlassen und uns das ganze Haus des Kerkermeisters zum Gefängnis zu geben. Er wollte eine Schildwache an der Tür zu unserer Bewachung aufstellen und es mit seinem Kopfe verantworten, daß wir nicht heimlich entflöhen.

Der Gouverneur willigte ein, und wir hatten noch nicht eine Stunde in dem Kerker zugebracht, als der Major mit einem Korporal und einer Schildwache zurückkam, welcher er uns übergab und anordnete, daß wir uns im ganzen Hause des Kerkermeisters frei bewegen könnten. Er selbst wählte uns ein Zimmer aus, wo wir schlafen sollten. Überdies gab er das wenige Geld, das wir ihm ausgehändigt hatten, dem Kerkermeister, indem er ihm befahl, uns mit Essen zu versorgen, solange das Geld ausreichen würde. Denn er wollte nicht, unseres Vorteils wegen und damit wir nicht als Verbrecher angesehen würden, daß man uns das Gnadenbrot gebe, bis man wisse, welche Wendung unsere Sache nehmen werde.

Er teilte uns mit und machte aus seiner Betrübnis kein Hehl, daß der Gouverneur schon unsere Verhaftung an den Hof berichtet habe, aber daß er mit dem Gouverneur, dessen Versprechen er habe, nach Kräften dahin arbeiten würde, daß das Protokoll unseres Verhöres günstig für uns laute. Diese freundliche Behandlung von seiten des Majors tröstete uns etwas.

Bald darauf schickte der Gouverneur das Protokoll an den König, welches sehr zu unseren Gunsten sprach. Aber die Erklärung, die wir abgegeben hatten, daß wir reformierter Religion wären, nahm den Staatsminister, den Marquis de la Vrillière,* so sehr gegen uns ein, daß er keine Rücksicht auf die in dem Protokoll enthaltenen scheinbaren Gründe nehmen wollte, die dafür sprachen, daß wir keine Absicht hätten, das Königreich zu verlassen. Er befahl vielmehr dem Gouverneur von Mariembourg, uns den Prozeß zu machen, um uns zu den Galeeren zu verurteilen, weil wir uns an der Grenze ohne Paß befunden hätten.* Jedoch sollte der Priester von Mariembourg alle Mühe aufbieten, uns in den Schoß der römischen Kirche zurückzuführen. Wenn ihm dies gelänge, so könnte man, nachdem man uns unterrichtet und zur Abschwörung unseres Glaubens gebracht hätte, uns durch Gnade des Hofes freigeben und nach Bergerac zurückführen lassen.

Der Major ließ uns das Original der eben genannten Ordre des Marquis de la Vrillière selbst lesen.

»Ich werde euch nichts raten«, sagte er zu uns, »was ihr tun sollt; euer Glaube und euer Gewissen müssen euch die Entscheidung treffen lassen. Alles, was ich euch sagen kann, ist, daß eure Abschwörung euch die Tür des Gefängnisses öffnen wird. Ansonsten werdet ihr sicherlich auf die Galeeren kommen.«

Wir erwiderten ihm, daß wir unser ganzes Vertrauen auf Gott setzten und uns seinem heiligen Willen überließen, daß wir keine menschliche Hilfe erwarteten und nie, mit Hilfe der Gnade Gottes, welche wir unaufhörlich anriefen, die göttlichen und wahren Grundsätze unserer heiligen Religion verleugnen würden. Man solle nicht, glauben, daß wir aus Eigensinn oder Halsstarrigkeit so fest blieben. Es geschähe, Gott sei Dank, aus gründlicher Erkenntnis und weil unsere Eltern alle mögliche Sorgfalt darauf verwandt hätten, uns über die Wahrheit unserer Religion und die Irrlehren der römischen Kirche zu unterrichten, auf daß wir die eine bekennen und uns davor bewahren könnten, in die Abgründe der anderen zu stürzen.

Wir dankten dem Major auf das herzlichste für die Mühe, die er sich gegeben hatte, um uns behilflich zu sein, und versicherten ihm, daß wir, aus Mangel an anderen Mitteln, ihm unsere Dankbarkeit zu beweisen, immer zu Gott für ihn beten würden.

Der gute Major, der im Grunde seines Herzens Protestant war wie wir, aber nach außen hin katholisch, umarmte uns herzlich und gestand, daß er sich weniger glücklich fühle als wir, und schied von uns, indem er Tränen vergoß und bat, es ihm nicht übelzunehmen, daß er nicht mehr zu uns käme, da er den Mut dazu nicht hätte.

Bald war unsere Pistole, die dem Kerkermeister ausgehändigt worden war, verzehrt. Man beschränkte unser Essen auf anderthalb Pfund Brot für den Tag, welches das Gnadenbrot war.*

Aber der Gouverneur und der Major schickten uns alle Tage abwechselnd hinlänglich genug zu trinken und zu essen. Der Priester, welcher uns zu Proselyten zu machen hoffte, und die Ordensschwestern eines Klosters, welches in der Stadt war, schickten uns auch sehr oft zu essen, so daß wir so viel hatten, daß wir selbst wiederum den Kerkermeister und seine Familie damit versehen konnten.

Der Priester besuchte uns fast alle Tage und gab uns zuerst einen Katechismus, der von den Streitpunkten der Kirchenlehre handelte, um uns die Wahrheit der römischen Religion zu beweisen. Wir hielten ihm den Katechismus von Drelincourt* entgegen, den wir hatten. Dieser Priester war nicht sehr geschickt, und nachdem er uns in unserem Fache wohl beschlagen gefunden hatte, ließ er bald von dem Unternehmen ab, uns zu überzeugen. Denn da er uns die Wahl gelassen hatte, unseren Streit durch die Tradition oder die Heilige Schrift zu verfechten, und wir die Heilige Schrift gewählt hatten, so fand unser Mann bald seine Rechnung nicht dabei und gab die Sache nach zwei oder drei Zusammenkünften auf.

Von jener Zeit an beschränkte er sich darauf, uns durch irdische Vorteile in Versuchung zu bringen. Er hatte eine junge und schöne Nichte, die er eines Tages unter dem Vorwande eines Armenbesuches mitbrachte. Später versprach er sie mir zur Frau mit einer großen Mitgift, wenn ich zu seiner Religion übertreten wollte. Denn er dachte, wenn er mich gewänne, so würde mein Gefährte sogleich meinem Beispiel nachfolgen.

Aber ich war von so tiefem Hasse gegen alle diese Pfaffen und ihre ganze Brut erfüllt, daß ich sein Anerbieten mit Verachtung zurückwies. Dies brachte ihn so sehr auf, daß er sogleich dem Gouverneur und dem Richter erklärte, daß für unsere Bekehrung kein Funke Hoffnung bestände. Wir wären verstockte Leute, die auf keinen Beweis oder Grund hören wollten, und wären von Gott verdammte Menschen, welche vom Satan besessen seien.

Auf diese Aussage des Priesters hin wurde beschlossen, uns den Prozeß zu machen, was bald geschah. Der Richter des Ortes und sein Schreiber kamen, um uns im Gefängnis gerichtlich zu verhören, und zwei Tage später wurde uns unser Urteil verlesen, das im wesentlichen folgendermaßen lautete:

Da wir an der Grenze ohne Paß vom Hofe angetroffen worden wären und uns zu der Vermeintlich Reformierten Religion bekennten, so wären wir beschuldigt und überführt, Frankreich verlassen zu wollen, gegen die Verordnungen des Königs, welcher dies verbietet. Zur Strafe dafür würden wir verurteilt, auf die Galeeren Seiner Majestät abgeführt zu werden, um als Galeerensklaven dort zeitlebens zu dienen, mit Konfiskation unseres Besitzes etc.

Nach Verlesung unseres Urteils fragte der Richter uns, ob wir an das Parlament von Tournai* appellieren wollten, unter dessen Gerichtsbarkeit die Stadt Mariembourg stehe. Wir antworteten ihm, daß wir von seinem ungerechten Urteilsspruche nur an den Richterstuhl Gottes appellieren würden. Da alle Menschen gegen uns aufgebracht wären, so wollten wir Gott allein anrufen, auf den wir unser Vertrauen setzten und der ein gerechter Richter sei.

»Ich bitte Sie«, sagte er, »schreiben Sie mir die Härte Ihres Urteilsspruches nicht zu. Die Befehle des Königs verurteilen Sie.«

»Aber, Monsieur«, sagte ich, »der König weiß nicht, ob ich beschuldigt oder überführt bin, sein Reich verlassen zu wollen, und die Verordnung geht nicht dahin, daß man um der Religion willen auf die Galeeren gebracht werde. Nur die Überführung von dem beabsichtigten Austritt aus dem Reiche verdammt zu jener Strafe. Sie jedoch, Monsieur, setzen in den Urteilsspruch ›beschuldigt und überführt, Frankreich verlassen zu wollen‹, nicht allein ohne irgendeinen Beweis dafür zu haben, sondern auch ohne untersucht zu haben, ob irgendeiner vorhanden ist.«

»Was wollen Sie«, sagte er darauf. »Das ist nur eine Formalität, die erforderlich ist, um den Befehlen des Königs zu gehorchen.«

»Dann geben Sie sich nicht mehr für einen Richter aus«, sagte ich zu ihm, »sondern für einen simplen Vollstrecker der Befehle des Königs.«

»Appellieren Sie deshalb an das Parlament!«

»Wir werden nichts dergleichen tun«, erwiderten wir, »denn wir wissen wohl, daß das Parlament den Befehlen des Königs ergeben ist und ebensowenig wie Sie die Beweise, die zu unseren Gunsten sind, prüfen wird.«

»Nun gut«, sagte er, »dann muß ich notwendigerweise für Sie appellieren.«

Wir wußten das wohl, denn kein Unterrichter darf einen Urteilsspruch ausführen, wo es sich um körperliche Strafe handelt, ohne ihn vom Parlament bestätigen zu lassen.*

»Bereiten Sie sich daher darauf vor«, sagte der Richter, »nach Tournai gebracht zu werden.«

»Wir sind zu allem bereit«, erwiderten wir. Noch an demselben Tag ließ man uns wieder in den Kerker einschließen, und wir kamen nicht eher wieder heraus, als bis wir nach Tournai abgeführt wurden. Dies geschah unter einer Eskorte von vier Schützen, die uns Fesseln an die Hände legten und uns beide mit Stricken aneinanderbanden.

Gefängnis in Tournai

Unser Weg zu Fuß nach Tournai war sehr beschwerlich. Wir legten denselben über Philippeville, Maubeuge, Valenciennes und von da nach Tournai zurück.

Alle Abende steckte man uns in die abscheulichsten Kerker, die man ausfindig machen konnte, bei Wasser und Brot, ohne Bett oder Stroh, um uns auszuruhen. Ja, wenn wir das Rad verdient hätten, so hätte man uns nicht grausamer behandeln können.

Schließlich in Tournai angekommen, brachte man uns in das Gefängnis des Parlaments. Wir hatten keinen roten Heller, und da das Gefängnis im Gegensatz zu anderen Gefängnissen von keiner mildtätigen Person besucht wurde, um den Gefangenen zu helfen, und da wir ein jeder nur unser anderthalb Pfund Brot täglich bekamen, so fehlte nicht viel, daß wir vor Hunger gestorben wären.

Unsere traurige Lage wurde noch dadurch verschlimmert, weil der Priester der Pfarrei beim Parlament durchsetzte, daß man nicht eher zur Revision des Prozesses schreiten sollte, als bis er vorher seinem Berufe bei uns nachgekommen wäre, indem er hoffte, wie er sagte, uns zu bekehren.

Doch dieser Priester, geschah es nun aus Trägheit oder in der Absicht, uns durch Hunger zu fangen, besuchte uns nur alle acht oder vierzehn Tage und sprach übrigens so wenig von Religion mit uns, daß wir keine Mühe hatten, uns zu verteidigen.

Sobald wir ihm aber unsere Gedanken über die Wahrheit der reformierten Religion mitteilen wollten, brach er kurz ab. »Ein andermal«, sagte er und ging davon.

Wir wurden währenddessen jedoch so mager und abgezehrt, daß wir uns nicht mehr aufrechthalten konnten, und erachteten es für ein Glück, auf einem bißchen verfaulten und von Ungeziefer wimmelnden Stroh nahe an der Tür unseres Kerkers liegen zu können, durch deren Schließpförtchen man uns unser Brot wie Hunden zuwarf. Denn wären wir von der Tür entfernt gewesen, so hätten wir nicht die Kraft gehabt, es zu holen, so schwach waren wir.

In dieser äußersten Not verkauften wir dem Gefängnisschließer für ein wenig Brot unsere Röcke und Westen, ja sogar einige Hemden, die wir hatten, indem wir nur dasjenige, welches wir auf dem Leibe trugen, zurückbehielten. Doch war auch dieses bald verfault und in Fetzen zerrissen.

In diesem höchst bejammernswerten Zustand sahen wir keinen anderen als den Priester, der uns von Zeit zu Zeit besuchte, doch mehr, um über uns zu spotten, als um sich über uns zu erbarmen. Die Hauptsache seiner Mission war, uns zu fragen, ob wir noch nicht der Leiden überdrüssig wären, und uns zu sagen, daß wir nicht zu beklagen wären, da unsere Freiheit und unser Wohl von uns allein abhingen, wenn wir den Irrlehren Calvins* entsagten. Zuletzt erschienen seine Gespräche uns so gemein, daß wir es nicht mehr der Mühe werthielten, ihm zu antworten.

So erging es uns im Gefängnis des Parlaments von Tournai fast zehn Wochen hindurch. Nach dieser Zeit kam eines Morgens gegen neun Uhr der Schließer zu unserer Zelle und warf uns durch die Klappe einen Besen zu, indem er sagte, wir sollten unsere Zelle kehren, weil man sogleich zwei Edelleute hereinführen würde, die uns Gesellschaft leisten würden.

Wir fragten, wessen sie angeklagt wären. »Es sind Hugenotten wie ihr«, sagte er und verließ uns. Eine Viertelstunde später öffnete sich die Tür unserer Zelle, und der Gefängniswärter und einige mit Degen und Musketen bewaffnete Soldaten führten zwei junge Herren herein, deren Kleider vom Kopf bis Fuß mit Tressen besetzt waren.

Sobald die Herren unter dieser Eskorte in unsere Zelle gebracht worden, so ward die Tür geschlossen, und die Soldaten entfernten sich. Wir erkannten alsbald die beiden Männer, denn es waren Landsleute von uns und Söhne vornehmer Bürger von Bergerac, mit denen wir, da wir zusammen dieselbe Schule besucht hatten, sehr befreundet waren.

Sie jedoch konnten uns keinesfalls wiedererkennen, denn das Elend, in dem wir uns befanden, hatte uns völlig unkenntlich gemacht.

Wir grüßten sie daher zuerst, indem wir sie bei ihrem Namen nannten. Der eine hieß Sorbier, der andere Rivasson.* Sie hatten sich aber adelige Titel gegeben. Sorbier ließ sich ›Chevalier‹ titulieren und Rivasson ›Marquis‹. Dies hatten sie getan, um ihre Flucht aus Frankreich zu begünstigen.

Ich glaube, daß mein Leser hier ihre Geschichte gern erfahren wird. Doch ehe ich sie erzähle, muß ich ergänzen, was sich bei ihrem Eintritt in unserer Zelle zutrug.

Als sie hörten, daß wir sie bei ihrem Namen in unserem Dialekt anredeten, fragten sie, wer wir wären. Wir sagten ihnen unsere Namen und woher wir stammten. Sie waren sehr erstaunt und sagten uns, daß unsere Eltern und Freunde sechs oder sieben Monate seit unserer Flucht aus Bergerac nicht die geringste Nachricht von uns erhalten hätten und daher glaubten, daß wir gestorben oder unterwegs ermordet worden wären. Und dies war nicht verwunderlich, da wir seit unserer Gefangennahme nicht mehr hatten schreiben dürfen. Schließlich umarmten wir uns alle vier, indem wir viele Tränen über die traurige Lage vergossen, in der wir uns befanden. Die beiden fragten uns, ob wir etwas zu essen hätten, denn sie wären hungrig. Wir reichten ihnen unser armseliges Stückchen Brot, das für den ganzen Tag bestimmt war, und ein Gefäß mit Wasser hin.

»O Herr im Himmel«, riefen sie aus, »sollen wir auf diese Weise behandelt werden, und kann man für Geld nichts zu essen und zu trinken haben?«

»O ja«, sagte ich zu ihnen, »für Geld wohl; aber hier liegt die Schwierigkeit. Wir haben seit fast drei Monaten auch nicht einen roten Heller gesehen.«

»Oho«, sagten sie darauf, »wenn man für Geld haben kann, was man braucht, dann hat es keine Not.«

Sogleich trennten sie ihren Hosenbund und die Sohlen ihrer Schuhe auf und brachten an die vierhundert Louisdor heraus, welche das Stück für zwanzig Livres galten.

Ich gestehe, ich hatte noch nie eine so große Freude empfunden als jene beim Anblick dieses Geldes, weil ich hoffte, daß wir nun wieder eine ordentliche Mahlzeit zu uns nehmen könnten und nicht mehr Hungers sterben würden.

In der Tat, die beiden gaben mir einen Louisdor in die Hand und baten mich, etwas zu essen kommen zu lassen. Ich klopfte aus allen Kräften an die Zellentür. Der Schließer kam und fragte uns, was wir wollten.

»Zu essen«, sagte ich, »für Geld«, und gab ihm zu gleicher Zeit den Louisdor.

»Sehr gut, Messieurs, was wünschen Sie? Möchten Sie Suppe und Fleisch?«

»Ja, ja, eine gute, starke Suppe und ein Zehnpfundbrot und Bier.«

»Sie werden alles dies in einer Stunde haben.«

»In einer Stunde?« sagte ich, »Oh, wie lang ist doch diese Zeit!«

Die beiden Neuankömmlinge aber konnten sich des Lachens über meinen Eifer, etwas zu essen zu bekommen, nicht enthalten.

Man brachte uns eine kräftige Suppe mit Kohl, an welcher sechs der hungrigsten Maurergesellen hätten satt werden können, und außerdem eine Schüssel mit gesottenem Fleisch und ein großes Brot von zehn Pfunden.

Die zwei Neuen aßen sehr wenig, da ihnen der Appetit über das, was ihnen widerfahren, vergangen war. Ich jedoch und mein Gefährte stürzten über die Suppe her, von der wir so viel aßen, daß wir meinten, wir müßten davon platzen. Besonders ich, der vielleicht noch unmäßiger als mein Gefährte gegessen hatte, war nahe daran zu ersticken. Das Übel kam daher, daß mein Magen durch die strenge Diät, zu der ich gezwungen worden war, sich verschlossen hatte. Man ließ den Apotheker kommen, der mir ein Brechmittel gab, ohne das ich allem Anschein nach gestorben wäre. Nachdem ich wiederhergestellt war, fragten mich die beiden, wie wir in dieses große Elend gelangt wären.

Ich erzählte ihnen alles, was sich seit unserer Abreise von Bergerac bis zu dieser Stunde mit uns zugetragen hatte, was der Leser ja bereits weiß. Da fingen sie über ihre eigene Schwäche zu weinen an und gestanden uns, daß sie derselben nicht Herr werden könnten und daß sie entschlossen wären, lieber ihrem Glauben abzuschwören, als sich zu den Galeeren verurteilen zu lassen.

»Welches Beispiel gebt Ihr uns da, Messieurs?« sagte ich zu ihnen. »Wir wollten lieber, wir hätten Euch nie gesehen, als Euch von einer Gesinnung ergriffen zu wissen, welche sowohl der Erziehung so sehr zuwider ist, die Eure Eltern Euch gegeben haben, als auch der Erkenntnis der Wahrheit, in der sie Euch haben unterrichten lassen. Schaudert Ihr nicht vor Furcht vor den gerechten Gerichten Gottes, welcher sagt, ›daß die, welche den Willen des Herrn kennen und führen ihn nicht aus, mehr Schläge empfangen werden als diejenigen, welche ihn nicht kennen‹?«

»Was wollt Ihr?« antworteten sie uns, »wir können uns nicht entschließen, auf die Galeeren zu gehen. Ihr seid glücklich, es tun zu können, und wir loben Euch deshalb; doch wir wollen nicht mehr davon sprechen, unser Entschluß ist gefaßt.«

Was konnten wir tun, als über ihre Schwachheit seufzen und Gott bitten, daß er sie von ihrer Verirrung befreie. Wir baten sie, uns ihre Geschichte seit ihrer Abreise von Bergerac zu erzählen, und auf welche Weise sie gefangengenommen worden wären. Dies tat Rivasson, er erzählte folgendes:

Geschichte der Sieurs* Sorbier und Rivasson

»Mein Freund Sorbier und ich«, berichtete Monsieur Rivasson, »hatten uns der großen Verfolgung, die der Duc de la Force in Bergerac anstellte, durch die Flucht entzogen und auf dem Lande verborgen. Da aber der Duc, als er die Gegend wieder verließ, sehr strenge Befehle gegen uns erließ, so sahen wir kein anderes Mittel der Rettung vor dem Zugriff unserer Feinde als die Flucht nach Holland.

Zu diesem Zwecke ließen wir einen bekannten und gewandten Führer von Amsterdam kommen, der aus dergleichen gefährlichen Fluchthilfen ein Gewerbe machte; denn wenn man solche Führer gefangennahm, so wurden sie ohne Erbarmen aufgeknüpft.

Es war ein feiner und geschickter und sehr kluger Mann und kannte die Karte von allen Wegen und Orten auf das genaueste. Man nannte ihn gemeiniglich den Gascogner, denn er war wirklich aus der Gascogne.

Als der Gascogner in Bergerac angekommen war, machten wir uns zur Abreise bereit. Unsere Eltern, die ihre Zustimmung zu unserer Flucht gaben, versahen uns mit so viel Geld, als sie konnten, damit wir im Ausland nicht in Verlegenheit wären.

Wir kleideten uns als Offiziere, die sich zu ihrem Regiment begeben wollten. Es war das Regiment de la Marche, das in der Umgebung von Valenciennes stand. Der Gascogner diente uns als Kammerbursche.

Auf diese Weise zogen wir quer durch ganz Frankreich, ohne in irgendeiner Weise aufgehalten worden zu sein. Der Gascogner ging zu Fuß, und wir waren hoch zu Pferde; aber aus Gründen der Klugheit hielt er sich selten auf dem Wege bei uns auf, sondern zeigte uns nur die Herbergen an, wo wir zu Mittag speisen oder zur Nacht bleiben sollten und woselbst er es nicht verfehlte, uns jedesmal zu treffen.

So kamen wir nach Paris, wo wir uns einige Tage aufhielten, um die Sehenswürdigkeiten dieser großen Stadt zu bestaunen, und machten daselbst nicht wenig Aufwand. Als wir eines Tages in Versailles waren, begegneten wir einem Offizier, den wir gut kannten und der ein Fräulein reformierten Glaubens aus Bergerac geheiratet hatte, obgleich er selbst katholisch war.

Dieses Fräulein hatte zwei Brüder als Réfugiés im Ausland, und da die Leute des Königs die Güter ihrer beiden Brüder wegen ihrer Flucht konfisziert* hatten, so suchte dieser Rittmeister namens De Maison bei Hofe um Aufhebung der Beschlagnahme der Güter seiner Schwäger nach.

Wir sprachen bei ihm vor, und er behandelte uns mit so großer Freundlichkeit und wußte unser Vertrauen so weit zu gewinnen, daß wir ihm das Geheimnis unserer Flucht aus dem Königreich verrieten.

Er gab uns seinen Beifall zu erkennen, um alles aus uns herauszulocken bis auf den geringsten Umstand unseres Unternehmens, das wir ihm ganz aufrichtig darlegten.

In Paris trennten wir uns von ihm, um nach Valenciennes zu gelangen. De Maison wünschte uns glückliche Reise und bewies uns viel Freundschaft, als er sich von uns trennte.

Jedoch der treulose Mensch machte sich auf den Weg nach Versailles, und um sich ein Verdienst bei dem Staatsminister Monsieur de la Vrillières zu erwerben, durch welches er um so eher erlangen könnte, um was er bei Hofe nachgesucht hatte, verriet er dem Minister unsere Flucht sowie den Weg, den wir bis nach Mons nehmen mußten. Es ist das eine kleine Stadt der Spanischen Niederlande mit einer holländischen Besatzung, wo wir in Sicherheit zu sein glaubten.

Der Minister zögerte keinen Augenblick, einen Kurier nach Quévrin, zwischen Valenciennes und Mons, abzusenden. Quévrin gehörte zu Frankreich, und es gab dort eine Brücke über einen kleinen Fluß, welcher die Grenze zwischen Frankreich und den Spanischen Niederlanden bildete.

Da nun in jenem Flecken keine Besatzung lag, so ließ der Minister den Bürgermeister anweisen, genannte Brücke durch die Bauern bewachen zu lassen, mit dem Befehl, daß sie, wenn zwei Offiziere und ein Kammerdiener dort eintreffen würden, die sich für Offiziere des Regimentes de la Marche ausgäben, die zu ihrer Garnison stoßen wollten, dieselben festnehmen und nach Valenciennes in das Gefängnis führen sollten.

Der Bürgermeister von Quévrin versammelte seine wohlbewaffneten Bauern und stellte eine Wachmannschaft von fünfundzwanzig Mann vor der Brücke nach der französischen Seite zu auf.

Wir wußten nicht das mindeste von dem, was sich bei Quévrin zu unserer Festnahme vorbereitete. Unser Führer versicherte uns, daß wir keine Gefahr zu befürchten hätten, und er hatte in gewissem Sinne recht; denn ohne die Verräterei des Schurken De Maison würden wir ohne Schwierigkeit über die Grenze gekommen sein.

In der Dunkelheit des Abends kamen wir endlich bei der verhängnisvollen Brücke an. Die Schildwache der Wachmannschaft rief: ›Wer da?‹

Wir antworteten: ›Offiziere des Königs.‹

›Von welchem Regiment?‹

›Vom Regiment de la Marche.‹

›Halt!‹ rief die Schildwache. Zu gleicher Zeit tritt die ganze Wachmannschaft unter Gewehr und versperrt den Zugang zur Brücke in militärischer Ordnung. Unser Führer, über diese Sache, die ihm noch nicht vorgekommen war, erstaunt, ermutigte uns, indem er sagte, daß unsere Rettung von dem Übergang über diese Brücke abhinge, denn, wenn wir das andere Ufer des Flusses erreicht hätten, so wären wir vollständig gerettet, weil wir auf spanischem Gebiet wären und Frankreich uns daselbst in keiner Weise etwas anhaben könnte.

Von dieser Hoffnung erfüllt, nahmen wir alle drei die Pistolen zur Hand. Nachdem der Führer von hinten auf mein Pferd gesprungen war und einige Male mit der Pistole unter die Bauern gefeuert hatte, ohne jedoch einen derselben verwundet zu haben, bemächtigte sich ihrer der Schrecken, und indem jeder für seine eigene Haut besorgt war, flohen sie über Stock und Stein davon, indem sie uns die Brücke zum Übergang frei ließen, die wir auch sofort passierten.

Hierauf wünschte uns der Führer Glück, indem er uns versicherte, daß wir jetzt in ebenderselben Sicherheit wären, als wenn wir uns in Amsterdam befänden. Ein Teil des Dorfes Quévrin war auch auf der anderen Seite des Flusses, der mitten durch den Ort fließt, gelegen. Wir beschlossen, daselbst zu übernachten, und gingen daher in eine Herberge.

Wir aßen sehr fröhlich zu Abend und gingen ebenso alle drei in einem hohen Zimmer zu Bett. Unser Führer stand des andern Tages nach seiner Gewohnheit sehr früh auf, und als er seinen Kopf an das Fenster hält, um zu sehen, welches Wetter draußen wäre, sieht er, daß mehr als hundert bewaffnete Bauern den Gasthof umgeben.

Über diesen Anblick erstaunt, tritt er ganz bestürzt zu uns heran, weckt uns auf und sagt, er fürchte, daß man uns festnehmen wolle und daß der Gasthof von bewaffneten Bauern umgeben wäre.

Auf diese schreckliche Nachricht hin springen wir aus dem Bett, und als wir durch das Fenster geschaut und gesehen hatten, was der Führer gesagt hatte, wollte ich dem armen Menschen den Kopf zerschmettern, weil ich glaubte, daß er uns verraten und dem Wolfe in den Rachen geführt habe.

Aber der arme Bursche fiel auf die Knie, bat um Gnade und beschwor uns, indem er sagte, wir würden noch überzeugt werden, daß er an der Sache nicht schuld wäre und daß gewiß ohne sein Wissen in dem Staate eine plötzliche Veränderung der Sachlage eingetreten sei, worüber man Erkundigungen einziehen müsse.

Während dieser Unterredung kam der Gastwirt in unser Zimmer herauf und gab uns zu verstehen, daß die Bauern, die das Haus umstellt hätten, uns durchaus verhaften wollten, und zwar auf Befehl des Königs.

›Welches Königs?‹ fragte ich ihn.

›Des Königs von Frankreich‹, antwortete er.

›Wieso des Königs von Frankreich? Wir sind doch nicht auf seinem Gebiete.‹

Der Wirt sah wohl, daß wir nicht wußten, daß vier oder fünf Tage zuvor die Franzosen in Übereinstimmung mit dem König von Spanien sich der ganzen Spanischen Niederlande bemächtigt hatten, und zwar an einem Tage und zu ein und derselben Stunde, und daß sie in alle Städte eingedrungen waren und die Holländer daraus vertrieben hatten.* Dies trug sich, wie alle Welt weiß, im Jahre 1701 zu.

Unser Wirt setzte uns davon in Kenntnis, und wir sahen nun ein, daß unser Führer nicht unrecht hatte. Darauf beratschlagten wir, was wir in einer so drohenden Gefahr tun sollten. Wir beschlossen, von dem Fenster unseres Zimmers aus denjenigen, der die Bauern befehligte, zu fragen, wen er eigentlich suche.

Es war der Bürgermeister des Ortes. Wir fragten ihn daher, welches seine Absicht sei.

›Sie gefangenzunehmen, Messieurs‹, sagte er, ›auf Befehl des Königs von Frankreich, und Sie nach Valenciennes abzuführen.‹

›Wir sind ja aber hier unter der Gerichtsbarkeit von Mons‹, sagten wir zu ihm.

›Ja‹, erwiderte der Bürgermeister, ›aber seit kurzem hat sich alles völlig geändert, und die Franzosen sind ebensowohl in Mons als in Valenciennes, und ich muß den Befehlen des Königs gehorchen und Sie nach Valenciennes abführen.‹

›Du wirst nichts dergleichen tun‹, sagten wir darauf, ›und du wirst uns nicht anders in die Hände bekommen als tot, nachdem wir unser Leben teuer genug verkauft haben werden.‹

›Dann werdet Ihr Hungers sterben‹, antwortete er, ›denn wir werden Euch nicht durch Erstürmung des Hauses gefangennehmen; aber Ihr werdet nicht eher irgendwelche Lebensmittel erhalten, als bis Ihr Euch ergeben haben werdet.‹

Darauf feuerten wir mit unseren Pistolen einige Male unter die Bauern von unseren Fenstern aus, doch ohne irgendeine Wirkung; denn die Bauern, um sich zu schützen, gingen allesamt in die unteren Zimmer des Hauses, so daß wir unsere Waffen ruhen lassen mußten, weil wir keinen Feind vor uns sahen, gegen den wir sie hätten richten können.

Als wir in dieser Bedrängnis überlegt hatten, daß wir uns früher oder später ergeben müßten, fanden wir für gut, uns zu erkundigen, was der Befehl des Königs zu unserer Gefangennahme enthalte. Aus diesem Grunde riefen wir den Bürgermeister und versicherten ihm, daß er nichts zu befürchten hätte und daß er allein und ohne Waffen auf unser Zimmer kommen könne, um uns seine Befehle zu zeigen.

Er willigte ein, stieg die Treppe herauf und öffnete uns das königliche Handschreiben, das die Befehle des Königs enthielt. Aber als er zu lesen anfing, feuerte mein Freund Sorbier, höchst unbesonnen und wider unser gegebenes Ehrenwort, eine Pistole auf den Bürgermeister ab. Zwar durchbohrte der Schuß diesem glücklicherweise nur den Hut, den er in den Händen hielt, aber das Feuer und der Pfropf der Pistole fuhr durch das königliche Schreiben und riß es in Stücke.

Der Bürgermeister stieg oder purzelte vielmehr die Treppe schneller hinab, als er heraufgekommen war, und erbost durch die Handlungsweise meines Freundes, die ich für unverzeihlich erkläre, wie er selbst sie auch erkennt, schwor dieser Mann, uns ohne alle Rücksicht zu behandeln.

Er stellte seine Leute so auf, daß es uns unmöglich war, uns mit Gewalt durch die Menge durchzukämpfen. Als wir uns daher ungefähr eine Stunde lang umsonst herumgestritten hatten, so kamen wir auf den Gedanken, daß wir, da kein anderer Weg der Rettung übrig war, Verhandlungen anknüpfen sollten, um eine möglichst günstige Kapitulation zu erreichen.

Daher riefen wir den Bürgermeister wiederum herbei, der alsdann unter die Treppe trat, wo er vor einem zweiten Angriff Deckung nahm. Darauf teilten wir ihm mit, daß er, da wir uns unter der Gerichtsbarkeit von Mons befänden, einen Boten zum Gouverneur dieser Stadt schicken müsse, diese war spanisch und hatte nur einen französischen Kommandanten für die französische Besatzung, und daß wir, wenn der Gouverneur es für ordnungsgemäß befände, auf seinen Befehl nach der Stadt abgeführt zu werden, uns ergeben wollten. Andernfalls würden wir uns lieber in Stücke hauen lassen oder vor Hunger sterben als uns ergeben.

Der Bürgermeister, der überlegte, daß es gewissermaßen seine Pflicht wäre, dem Gouverneur von Mons Bericht zu erstatten, weil wir im Verwaltungsbezirk dieser Stadt wären, beorderte einen eigenen Boten in aller Eile dahin ab.

Der Gouverneur aber, unwillig darüber, daß die Franzosen solche Befehle in dem ihm untergebenen Gebiete erlassen hatten, ohne ihn vorher um Erlaubnis zu fragen, schickte nach Quévrin einen Trupp von zehn Reitern mit einem Leutnant an der Spitze ab.

Dieser Leutnant nun kam uns mit Höflichkeit entgegen, und nachdem er gemäß dem Befehl, den er erhalten hatte, den Bürgermeister seines Auftrages, uns nach Valenciennes zu führen, entbunden hatte, geleitete er uns nach Mons.

Der Gouverneur erwies sich sehr freundlich gegen uns und gab uns sein Wort, daß er uns an Frankreich nur auf Befehl des Königs von Spanien ausliefern würde, an den er auf der Stelle einen Kurier schicken wolle, um sich nach Kräften für uns bei Seiner Katholischen Majestät zu verwenden.

Er ließ uns in ein erträgliches, obwohl gut bewachtes Arrestlokal abführen, wo wir bleiben sollten, bis vom spanischen Hofe die entsprechenden Befehle einträfen. Der französische Hof verfehlte jedoch auch nicht, bei dem von Madrid vorstellig zu werden, um uns in seine Hände zu bekommen.

Trotzdem behielt das Gesuch des Gouverneurs die Oberhand und neigte die Waagschale zu unseren Gunsten; denn der König von Spanien willigte wohl ein, daß man uns dem König von Frankreich ausliefere, doch nur unter der Bedingung, daß man uns nicht nach der Strenge der höchsten Verordnung behandle. Man solle uns mit einigen Monaten Gefängnis bestrafen, danach aber freilassen und nach unserem Geburtsort zurückschicken. Auch ward beschlossen, daß der Gouverneur von Mons uns in aller Sicherheit nach dem Schlosse Ham* in der Picardie bringe, damit wir dort, entsprechend der Übereinkunft, einige Monate Gefängnis verbüßten.

Unser Führer war in dieser Übereinkunft nicht mit einbegriffen, doch sollte er dasselbe Los wie wir haben. Der Gouverneur teilte uns diese Order mit der angeführten Bedingung mit, und Ihr könnt Euch denken, welche Freude wir über diese Entscheidung empfanden.

Der Gouverneur ließ uns also mit einer Eskorte von sechs Reitern nach Ham bringen. Dort übergab man uns dem Gouverneur des Ortes, der uns das Schloß zu unserem Gefängnis anwies und so freundlich gegen uns war, daß er uns täglich bei sich zu Tische lud, während unser Führer mit seinen Bedienten speiste.

Wir hofften, gemäß der Übereinkunft, einige Monate in diesem Schlosse gefangengehalten zu werden. Doch wir hatten uns sehr getäuscht, denn nach Verlauf von drei Wochen erhielt der Gouverneur von seinem Hof Befehl, uns unter sicherer Eskorte in das Gefängnis des Parlaments* von Tournai bringen zu lassen, damit uns dort der Prozeß bis zum bitteren Ende gemacht würde.

Der rechtschaffene Gouverneur, mit dem wir in ein inniges Freundschaftsverhältnis getreten waren, war von unserem Unglück so gerührt, daß er uns seines Mitgefühls nicht genug versichern konnte. Er nahm uns beiseite und sagte uns, daß er sich mit dem Gedanken tröste, daß uns zwei Türen offengelassen wären, um uns aus dieser Zwangslage zu befreien: die erstere wäre, daß wir nur Katholiken zu werden brauchten; was die zweite beträfe, so wäre es gegen seine Pflicht, sie uns anzuzeigen; doch würden wir sie durch die Gelegenheit kennenlernen, die er uns verschaffen werde, um uns derselben zu bedienen.

Wir verstanden wohl, daß er meine, er wolle uns Gelegenheit verschaffen, unterwegs zu entwischen, und daß es nur darauf ankomme, sie zu nutzen.

Ehe wir uns von Ham auf den Weg machen mußten, hielten wir Rat, nämlich mein Freund Sorbier und ich, um darüber zu befinden, welchen Ausweg wir ergreifen sollten, ob den der Flucht oder des Religionswechsels.

Wir entschieden uns für das letztere, aus der Überzeugung heraus, daß wir, wenn wir entflöhen, in Frankreich herumirren und uns verborgen halten oder sogar Gefahr laufen müßten, uns in fremde Länder zu flüchten, eine Gefahr, vor der wir nach der gemachten Erfahrung zurückschauderten.

Kurz und gut, der Mut und die Religion verließen uns, und wir faßten den festen Entschluß, uns wie Schafe nach Tournai bringen zu lassen und dort unserem Glauben abzuschwören.

Tags darauf wählte der Gouverneur von Ham unter seiner Garnison, die aus einer Kompanie Invaliden zusammengesetzt war, die Eskorte aus, die uns bis Tournai bringen sollte und die aus einem alten und gebrechlichen Sergeanten und drei Soldaten bestand, von denen der eine nur einen Arm hatte, während die zwei anderen ganz kraftlos waren.

Der Gouverneur befahl dem Sergeanten, auf den Führer achtzugeben und Sorge zu tragen, daß er nicht entwische. ›Was diese Herrschaften betrifft‹, sagte er, ›sie denken keineswegs daran, dergleichen zu versuchen; denn es ist nur eine Formsache, daß man sie durch eine Eskorte nach Tournai führen läßt. Sie würden wohl auch von selbst und ohne Eskorte nach dieser Stadt reisen, da es ihr eigener Vorteil ist, dahin zu kommen.‹

Nach diesen Anweisungen umarmte er uns und wünschte uns alles Glück auf unseren Weg. ›Versäumen Sie nicht, Messieurs‹, sagte er zu uns, ›von den Gelegenheiten Gebrauch zu machen, die Ihnen günstig erscheinen werden; geben Sie mir, wenn Sie können, Nachricht von sich, und seien Sie versichert, daß ich mich stets freuen werde, gute zu erhalten.‹

Wir verstanden diese verblümte Rede sehr wohl; doch blieb es bei dem einmal gefaßten Entschluß, zur römisch-katholischen Kirche überzutreten. Der Gouverneur gab einem jeden von uns ein gutes Pferd, während unsere invaliden Bewacher mit dem Führer, der an den Füßen gefesselt und mit Stricken an sie gebunden war, zu Fuß gingen.

Mit einem Wort, es kam meinem Freunde Sorbier und mir auf dieser Reise vor, als wenn wir eine Lustpartie machten. Oft ließen wir unsere Pferde rechts und links galoppieren, oft sogar entfernten wir uns weit aus den Augen unserer Wächter, die sich gar nicht darum kümmerten, denn ihre ganze Aufmerksamkeit war auf den armen Führer gerichtet.

Ihr seht wohl«, fuhr Rivasson fort, »daß es uns sehr leicht war, ohne Mühe und Gefahr zu entwischen; doch dachten wir nie daran. Nicht so unser Führer. Bei jeder Gelegenheit, die sich unterwegs oder in den Herbergen, wo wir logierten, darbot, bat er uns, sobald er sich von den Wächtern nicht beobachtet glaubte, flehentlichst und unter Tränen, Mitleid mit uns und ihm zu haben und die Gelegenheiten, die sich uns so oft zu unserer allerseitigen Rettung darböten, zu benützen.

›Ich allein kann es nicht tun‹, sagte er zu uns, ›aber wenn Sie mir nur Hilfe leisten wollen, so getraue ich mich, so gebunden und gefesselt ich auch sein mag, mich des Sergeanten zu bemächtigen, und die andern drei Soldaten werden sich bei der geringsten Drohung von Ihrer Seite vor uns beugen. Bedenken Sie, Messieurs, daß ich, nach Tournai gebracht, ohne Erbarmen aufgeknüpft werde.‹

Wir wollten jedoch von seinen Bitten nichts wissen; denn da wir keine Lust hatten zu entrinnen, so wollten wir uns auch nicht des Vergehens schuldig machen, diesem armen Menschen bei seinem Entkommen behilflich zu sein. Kurz, wir konnten die Zeit nicht erwarten, bis wir nach Tournai kamen, um unserem Glauben abzuschwören.

Ich gestehe, daß wir darin als Heuchler handeln werden; aber wir werden zu Gott in unserem Herzen nach reformierter Weise beten, um von ihm Vergebung für unsere Schwäche zu erflehen. Es gibt deren in Frankreich so viele, die ebenso handeln, um sich die Gunst der Welt zu verschaffen; wir werden nicht tadelnswerter sein als sie.«

So war die Lebenslehre des Monsieur Rivasson und seines Freundes Sorbier beschaffen. Wir konnten nicht umhin, darüber zu seufzen und sie von ganzem Herzen wegen ihrer Verirrung zu beklagen. Doch kehren wir zu ihrer Reise zurück.

»Als wir durch Valenciennes* kamen«, fuhr Rivasson fort, »wurden wir durch einen Soldaten der Torwache zum Gouverneur geführt, wie es in Festungsstädten Brauch ist.

Monsieur de Magalotti, der Gouverneur, sagte zu uns, nachdem er unsere Sache vernommen hatte: ›Das ist nichts, Messieurs; Sie werden alles mit ein wenig Weihwasser und einem Gang zur Messe hinwegwaschen.‹

Als er darauf den Führer erblickte, erkannte er ihn sogleich und sagte: ›Ah, du bist es, Gascogner; du drehst schon lange an deinem Stricke.‹ Darauf wandte er sich an unseren Sergeanten mit den Worten: ›Mein Freund, du und dein Trupp, ihr seid nicht imstande, diesen schlauen Fuchs nach Tournai zu geleiten. Vergangenes Jahr wurde er in dieser Stadt zum Strick verurteilt; aber der Bursche entwischte aus unserem festen Gefängnis einen Tag, bevor das Urteil vollstreckt wurde. Ich finde es unbedingt nötig, euren Trupp durch einige Grenadiere zu verstärken; denn ich befürchte sehr, daß er euch entwischen könnte.‹

Der Sergeant, der sich durch diese Rede in seiner Ehre verletzt fühlte, sagte zu ihm, daß er schon andere ebenso listige Burschen, wie dieser Gascogner es ist, zum Ziel gebracht habe und daß der Gouverneur von Ham ihn wohl für fähig zu dieser Expedition gehalten hätte.

›Wohlan‹, sagte darauf Monsieur de Magalotti, ›so gebt wohl auf ihn acht.‹ Hierauf zogen wir am folgenden Tage frühmorgens mit unserer gewöhnlichen Eskorte nach Tournai ab, das sieben Meilen von Valenciennes entfernt liegt.

Da die Strecke für unsere Bewacher zu Fuß zu weit war, konnten wir nur bis Saint-Amand, einer kleinen, von Mauern eingeschlossenen Stadt, zwei Meilen von Tournai, kommen. Hier war die Reise unseres Gascogners zu Ende, der auf folgende Weise glücklich entkam.

Als wir in Saint-Amand* ankamen, hielt es unser Sergeant für geraten, auf der anderen Seite der Stadt außerhalb der Mauern zu übernachten, um nicht am folgenden Tage das Öffnen der Tore abwarten zu müssen und um beizeiten weiterziehen zu können. Wir gingen daher durch die Stadt hindurch, und als wir wieder draußen waren, fanden wir Quartier in einer großen, mit Mauern rings umgebenen Meierei, wie sie gewöhnlich wegen der häufigen Kriegsläufte in dieser Gegend angelegt sind.

Man steckte alle sieben, die wir waren, in ein Zimmer, wo wir ganz ruhig und mit gutem Appetit zu Abend aßen, ausgenommen der Gascogner, der schon die Nähe des Todes fühlte, da wir nicht mehr weit von Tournai entfernt waren.

Neben dem Feuer sitzend, ächzte und seufzte er fortwährend und störte unsere Unterhaltung so sehr, daß der Sergeant ihm befahl, sich niederzulegen. ›Ach‹, sagte er darauf, ›ich könnte unmöglich in meinen Kleidern schlafen, die ich während des ganzen Fußmarsches nicht einmal ausgezogen habe. Wenn Sie die Güte haben wollten, mich loszubinden und mir die Fesseln abzunehmen, damit ich mich ausziehen kann, so würden Sie mir eine sehr große Freude tun.‹

Wir verwandten uns alle bei dem Sergeanten, ihm diese kleine Erleichterung, die keinerlei Gefahr befürchten ließ, zu gewähren, da man ihn wieder binden könne, wenn er sich ausgezogen habe. Der Sergeant ließ sich durch unser Bitten erweichen und ihn losbinden. Der Gascogner zog sich aus und bittet hierauf den Sergeanten, ihm zu erlauben, für einen Augenblick hinauszugehen, um seine Notdurft zu verrichten. Der Sergeant und zwei Soldaten begleiten ihn auf den Hof, nachdem sie denselben untersucht hatten. Als sie ihn wohlverschlossen und ganz sicher befunden, erlaubten sie dem Gascogner, sich draußen nach Belieben seiner Notdurft zu erleichtern.

Der Gascogner wählt dazu einen Platz nahe der Toreinfahrt des Meierhofes. Kaum aber hat er dieselbe erreicht, seine Hose heruntergelassen und ist bereit, sein Geschäft zu erledigen, so kommt zufälligerweise von außen ein Knecht des Meierhofs heran und öffnet mit einem Schlüssel die kleine Türe in dem Torflügel.

Mein Gascogner, nicht faul, sondern entschlossen, die zu seiner Rettung so günstige Gelegenheit zu benützen, gibt dem Knecht, um ihn aus dem Weg zu schaffen, eine tüchtige Ohrfeige, und geschwind wie der Blitz huscht er durch die Tür hindurch.

Nun ist er auf freiem Felde. Die Nacht ist dunkel. Unsere lahmen Invaliden hatten freilich nicht so gute Beine wie er, um ihm zu folgen; und wohin hätten sie ihm folgen sollen, da sie in der Dunkelheit der Nacht nichts von ihm sahen?

Schließlich kamen sie, nachdem sie sich vergeblich gemüht hatten, ihn zu finden, wieder in unser Zimmer, nunmehr sehr verlegen und ärgerlich, und wußten nicht, was nun werden solle.

Sie machten uns den Vorschlag, wir möchten gehen, wohin wir wollten, da sie weder die Absicht hätten, sich in Tournai zu zeigen, noch zu ihrer Garnison zurückzukehren, aus Furcht, vor das Kriegsgericht gestellt und auf das härteste bestraft zu werden.

Aber wir, die wir im Gegensatz zu ihnen durchaus nach Tournai wollten, brachten sie von ihrem Entschluß ab und schrieben dreist auf der Stelle zu ihren Gunsten ein übertriebenes Protokoll nieder, das wir zusammen mit dem Besitzer des Meierhofes zu ihrer Entlastung unterzeichneten. Hiermit waren sie ebenso wie wir zufrieden, und sie haben uns heute morgen, wie Ihr gesehen, in diesem Gefängnis abgeliefert, wo wir hoffen, uns nicht lange aufzuhalten.«

Dies ist die Geschichte, die Monsieur Rivasson uns erzählte. Ich will den übrigen Teil bis zu ihrer Befreiung in Lille, deren Augenzeugen wir waren, noch fertig berichten.

Zwei Tage nach der Ankunft dieser beiden in unserem Kerker holte man sie ab, um sie vor die Kammer des Parlamentes zu führen. Hier wurden sie leichthin verhört, worauf der Präsident sie fragte, ob sie ihre Religion ändern wollten, um gute römische Katholiken zu werden.

Sie zögerten keinen Augenblick, zu bekennen, daß sie dies von ganzem Herzen wünschten. »Wohlan«, sagte das Gericht hierauf zu ihnen, »man wird Sie unterrichten lassen, damit Sie Ihrem Glauben abschwören können, worauf wir zu Ihrer Freilassung schreiten werden.«

Danach brachte man sie wieder in unseren Kerker, wo sie ganz erfreut darüber ankamen, daß sie diesen Schritt getan hatten, der ihnen binnen kurzem ihre Freiheit und wer weiß welche Belohnung des Hofes als Preis für ihre Abschwörung versprach, wie einige Räte des Parlamentes ihnen im voraus angedeutet hatten. Sie hörten nicht auf, sich in unserer Gegenwart dazu Glück zu wünschen; wir hingegen hörten nicht auf, ihre Feigheit und ihren Abfall vom Glauben zu verfluchen.

Wenige Stunden waren seit ihrer Rückkehr in unseren Kerker verflossen, als der Kaplan des Parlamentes hereinkam, und nachdem er ihre fromme Absicht außerordentlich gelobt hatte, gab er ihnen einen Katechismus in die Hand, wobei er ihnen sagte, daß ihre Freilassung von ihrem Fleiße im Auswendiglernen abhinge. Danach verabschiedete er sich von ihnen.

Die beiden studierten nun Tag und Nacht in einem fort, bis nach drei Tagen ihre Studien durch einen für sie unvermuteten und verhängnisvollen Zwischenfall unterbrochen wurden; .denn zwei Gerichtsdiener des Parlamentes holten sie ab, um sie vor die Kammer des Kriminalgerichts zu führen.

Die Gerichtsdiener legten ihnen Fesseln an die Hände, was uns nichts Gutes für sie ahnen ließ. Doch sie waren dadurch nicht im geringsten beunruhigt, da sie sich einredeten, daß das nur eine gerichtliche Formalität wäre.

Sie erschienen daher vor der Versammlung des Parlamentes, wo der Präsident ihnen sogleich zu Anfang sagte:

»Messieurs, vor drei Tagen haben Sie vor dieser Versammlung das Versprechen abgelegt, Ihrer Irrlehre abzuschwören und die römische Religion anzunehmen. Infolgedessen haben wir Ihnen Ihre Freilassung versprochen. Wir wollen Sie nicht hinters Licht führen. Wir sind nicht mehr imstande, Sie freilassen zu können. Sehen Sie hier«, sagte er und zeigte ihnen ein königliches Handschreiben, »was uns daran verhindert. Der Hof befiehlt uns, Ihnen den Prozeß mit der ganzen Strenge des Gesetzes zu machen, welches verbietet, das Königreich zu verlassen, und Sie können sich noch glücklich schätzen, daß Ihres unklugen Attentats in Quévrin nicht Erwähnung getan wird, wo Sie mit der Pistole auf das allerhöchste Schreiben, das Ihren Haftbefehl enthielt, gefeuert haben. Der Befehl des Königs gebietet uns nunmehr, Sie zu den Galeeren zu verurteilen, ohne in Ihrem Prozeß die Tat zu erwähnen, die Sie in Quévrin begangen haben; denn in diesem Falle würde die Strafe noch strenger sein. Ob Sie nun also, Messieurs, abschwören oder nicht, so befiehlt der König, Sie werden lebenslänglich zu den Galeeren verurteilt. Es steht Ihnen jedoch frei, Ihrem Glauben abzuschwören; wir werden sogar diese fromme Tat loben, aber wir erklären Ihnen hiermit auch, daß Sie dadurch nicht von der Strafe der Galeeren befreit werden.«

Hier antworteten die beiden, daß sie, wenn die Sache sich so verhielte, den Entschluß abzuschwören aufgäben. »Gute Katholiken!« erwiderte der Präsident und befahl, daß man sie in ihren Kerker zurückbrächte.

Bald darauf sahen wir unsere zwei Zellengenossen, die vor kurzem noch Kandidaten des katholischen Glaubens waren, in der äußersten Bestürzung wiederkommen, wobei sie jämmerlich klagten und schmerzliche Betrachtungen über ihre Schwachheit anstellten.

Das Parlament fertigte bald ihren Prozeß ab, und in weniger als acht Tagen ward ihnen ihr Urteil verlesen, das auf Verurteilung zu lebenslänglicher Galeerenstrafe lautete.

Am Tag nach ihrer Verurteilung holten vier Wachtmeister der Gendarmerie sie ab, um sie nach Lille in Flandern zu führen, wo die Kette der Galeerensklaven zusammengestellt wurde.

Es war ein seltsames und Mitleid einflößendes Schauspiel, diese beiden vornehmen Männer in scharlachroten, mit Tressen besetzten Kleidern gefesselt und geknebelt zu sehen, wie sie zu Fuß, inmitten von vier Bewaffneten durch die große Stadt Tournai zogen, wo sie sich nur mit Mühe wegen des Andrangs des Volkes, das in den Straßen zusammenlief, um diesen tragischen Aufzug zu sehen, einen Weg durch die Menge bahnen konnten. Denn alle Leute glaubten steif und fest, daß die beiden Messieurs dem höchsten Adel Frankreichs angehörten.

Sie wurden also in ihrem Aufzug und zu Fuß nach Lille,* fünf Meilen von Tournai entfernt, geführt. Man brachte sie in das schreckliche Gefängnis der Galeerensträflinge im Turme von Saint-Pierre, davon ich zu gegebener Zeit eine Beschreibung liefern werde.

Jedoch blieben diese beiden nicht lange Zeit dort. Die Jesuiten von Lille, die wie alle diese Patres alles in Erfahrung bringen, suchten sie dort auf; und nachdem man sie gefragt hatte, ob sie römische Katholiken werden wollten, und man ihnen die Versicherung gegeben hatte, daß sie in diesem Falle die Gnade des Hofes erlangen würden, nahmen sie zuerst den Vorschlag an.

Hierauf baten die Jesuiten den Oberrichter von Lille, der für die Galeerensträflinge verantwortlich war, ihnen diese beiden in ihr Kloster zu überliefern, um sie dort zu unterrichten und die feierliche Abschwörung ihres Glaubens vornehmen zu lassen, wobei sie ihm dafür bürgten, daß sie dieselben nach dieser Zeremonie wieder in das Gefängnis zurückliefern würden.

Der Oberrichter willigte gern darein. Also fielen die beiden furchtsamen und schwachen Seelen wieder ab vom reformierten Glauben. Sie kamen daher zu den Jesuiten und blieben drei Monate bei ihnen. Die Patres aber, nachdem sie dieselben in den Lehren der römischen Kirche unterrichtet und sie dahin gebracht hatten, die schauderhaftesten Lästerungen gegen den reformierten Glauben und die schlimmsten Verwünschungen gegen Calvin und seine Lehren auszustoßen, ließen sie in öffentlicher und höchst prunkhafter Weise ihren Glauben abschwören, indem sie zu dieser kirchlichen Festlichkeit den Festungskommandanten von Lille und alle vornehmen Leute der Stadt eingeladen hatten.

Hierauf brachten sie sie nicht etwa wieder in den Kerker der Galeerensträflinge, sondern in das Gefängnis des Oberrichters in ein bequemes und gut eingerichtetes Zimmer, wo sie für sechs Pistolen monatlich wohnten, einschließlich der Kost, wobei alles die Jesuiten bezahlten oder vielmehr die angesehenen Leute der Stadt, bei denen die lieben Patres eine Kollekte zu diesem Behufe veranstaltet hatten.

Danach ersuchten die Patres bei Hofe um die Begnadigung der beiden Konvertiten, welche diese nach hartem Kampf erlangt zu haben glaubten. Doch sie täuschten sich hierin; denn der König schlug die Begnadigung rundweg ab und verlangte, daß ihr Urteil in aller Strenge vollzogen werde.

Die Jesuiten ruhten jedoch nicht, sie setzten Himmel und Hölle in Bewegung, um die Begnadigung zu erreichen. Ihre Bitten brachten sie bis zu Madame de Maintenon vor.* Sie machten bei dieser Dame auf das nachdrücklichste geltend, daß die beiden Kavaliere einer der ersten Adelsfamilien des Périgord angehörten, daß die Geschichte in Quévrin, über die der König so erbost sei, eher ein unbesonnener Jugendstreich wäre als eine mit Vorbedacht begangene Tat, Sr. Majestät zu mißfallen, und daß die beiden Verurteilten die zwei besten Katholiken Frankreichs wären.

Madame de Maintenon, auf solche Weise von den Jesuiten überredet, bat den König um Gnade für die jungen Kavaliere, die dieser ihnen samt einem Patent als Infanterieleutnant für Rivasson und einem als Dragonerleutnant für Sorbier bewilligte, jedoch gleichzeitig mit der Auflage für den letzteren, daß er noch sechs Wochen nach erhaltenem Gnadenbrief im Gefängnis bleiben müsse, während der andere auf der Stelle freigelassen werden sollte.

Es scheint aber hier, daß der, welcher am meisten Schuld hatte, am reichsten belohnt wurde; denn ein Leutnantspatent bei den Dragonern ist mehr wert als ein solches bei der Infanterie. Vielleicht jedoch hielt der König die Kühnheit Sorbiers geeigneter für die Dragoner; wenigstens meinte man in Lille so.

Rivasson leistete seinem Freunde Sorbier während der sechs Wochen Gefängnis Gesellschaft, obgleich ihm freistand, dasselbe zu verlassen, so ihm beliebte; doch wollte er seinem Freunde diesen Beweis von Edelmut geben, weshalb er auch von allen Leuten sehr gelobt und geschätzt wurde.

Nach Verlauf der sechs Wochen wurde Sorbier freigelassen, worauf beide ihre Freunde und Gönner besuchten und dann zu ihren Regimentern abreisten. Später erfuhren wir, daß sie beide in der Schlacht bei Hekeren umgekommen seien.

Das ist also das Ende dieser Messieurs, die nach meiner Meinung weiter nichts Rühmliches beanspruchen konnten, als daß sie auf dem Felde der Ehre gestorben sind. Leute von Geist und Verstandesschärfe, die diese Geschichte lesen, werden hier Gelegenheit zu ernsten und nützlichen Überlegungen finden, wenn sie die Handlungsweise der Messieurs Rivasson und Sorbier sowie das Urteil Gottes in Betracht ziehen, der früher oder später alle anstößigen Sünden, besonders die des Abfalls vom Glauben, straft, welches die schrecklichste von allen Sünden ist, die man gegen Gott begehen kann.

Was mich betrifft, so begnüge ich mich damit, die Tatsachen freimütig, ungekünstelt und der Wahrheit gemäß aufzuzeichnen, indem ich einem jeden Leser dieser Memoiren überlasse, sein Urteil nach Belieben zu fällen. Ich greife den Faden meiner Erzählung wieder auf über das, was meinen Leidensgefährten und mich betrifft.

Der ›Beffroi‹ oder ›Der Wachtturm‹

Sorbier und Rivasson retteten uns, wie ich schon gesagt habe, vom Hungertode. Wir wußten, daß sie viel Geld hatten; daher ließ ich mich von der Furcht, wir könnten in unserer Lage nach ihrer Abreise vom Hunger wieder bedroht werden, bewegen, sie händeringend zu bitten, uns drei oder vier Louisdor zurückzulassen.

Ich sagte ihnen, daß ich ihnen darüber einen Schein ausstellen wolle, damit mein Vater ihnen das Geld auf ihre Anweisung in Bergerac auszahle. Aber sie waren so hartherzig, daß sie uns nur einen halben Louisdor ablassen wollten, den ich ihnen später zurückerstattete, als wir uns im Gefängnis zu Lille in Flandern wenige Tage vor ihrer Freilassung wieder trafen.

Wir gingen mit diesem halben Louisdor äußerst sparsam um, indem wir nichts als unsere Mahlzeit Brot ohne irgendwelche Zukost aßen. Wir hatten jedoch auch keine Zeit mehr, denselben im Gefängnis des Parlamentes auszugeben, weil man uns in der Stadt unterbrachte, im ›Beffroi‹ oder ›Wachtturm‹. Dies ging folgendermaßen zu:

Es ist anzumerken, daß der Fluß Escaut die Stadt Tournai durchfließt. Auf der Südseite dieses Flusses ist das Parlament erbaut, und diese Seite untersteht dem Erzbischof von Cambrai,* während der andere Teil der Stadt auf der Nordseite des Flusses dem Bischof der Stadt Tournai untersteht.

Ich habe schon berichtet, daß der Priester der Pfarrei des Parlamentes uns manchmal besuchte, freilich eher in der Absicht, um zu sehen, ob wir in bezug auf die Religion unseren Sinn geändert hätten, als um uns durch gute Gründe dazu zu überzeugen.

Der Bischof von Tournai, der von der Kaltherzigkeit oder vielmehr Nachlässigkeit oder Unwissenheit, mit der jener Priester unsere Bekehrung betrieb, erfahren hatte, ließ uns durch einen seiner Kapläne besuchen.

Dieser Kaplan war ein lieber, alter Geistlicher, der mehr Redlichkeit als Theologie hatte. Wenigstens zeigte er sich so gegen uns, denn er sagte, daß er von Monsignore, dem Bischof, abgesandt sei, uns zur christlichen Religion zu bekehren.

Wir erwiderten, daß wir durch die Taufe und durch unseren Glauben an das Evangelium Jesu Christi Christen wären.

»Wie«, sagte er darauf, »Ihr seid Christen? Und wie heißt Ihr?« fragte er, indem er aus seiner Tasche seine Schreibtafel hervorholte, auf der unsere Namen geschrieben waren, und die Besorgnis an den Tag legte, daß er sich geirrt habe.

Wir nannten ihm unsere Namen und Vornamen.

»Wohlan«, sagte er darauf, »Ihr seid es, an die ich gewiesen bin; aber Ihr seid nicht, was ich in Euch zu finden meinte; denn Ihr sagt, daß Ihr Christen seid, und der Bischof sendet mich, um Euch zum Christentum zu bekehren. Sagt mir doch einmal, ich bitte Euch, die Glaubensartikel her.«

»Sehr gern«, erwiderte ich und sagte ihm sogleich das apostolische Glaubensbekenntnis* her.

»Wie?« rief er aus, »und Ihr glaubt dies?« Als ich ihm diese Frage bejahte, sagte er; »Und ich glaube es auch. Aber ich fürchte. Monsignore, der Bischof, hat mich nur in den April schicken wollen!« Dieser Tag war wirklich der erste Tag des Monats April des Jahres 1700.

Hierauf empfahl der sich schleunigst, höchst ärgerlich darüber, daß sein Bischof einem Mann von seinem Alter und Stande in solcher Weise hatte mitspielen können. Man mag nun selbst urteilen, ob dieser liebe Geistliche wohl die verschiedenen Konfessionen der christlichen Kirche studiert und geprüft hatte.

Doch wie dem auch sein möge, wir sahen ihn nicht wieder. Aber am folgenden Tage schickte uns der Bischof seinen Obervikar, namens Regnier. Dieser war ein anderer Theologe als der liebe alte Kaplan. Doch fand er uns in bezug auf die Begründung des reformierten Glaubens und die Irrlehren der römischen Kirche besser unterrichtet, als er erwartet hatte. Daher legte er desto mehr Eifer an den Tag, unsere Bekehrung zustande zu bringen. Er ließ fast keinen Tag vergehen, an dem er uns nicht einen Besuch abgestattet hätte. Er war ein schlauer Rhetoriker, voller Sophismen, und wollte nie anders als auf Grund der Bibelauslegung mit uns streiten, während wir uns ausschließlich auf die Heilige Schrift beriefen.

Diese Meinungsverschiedenheit ließ uns zu keiner Einigung kommen und bewirkte, daß er mit uns nie weiterkam. Übrigens war er ein Ehrenmann, voller Rechtschaffenheit und christlicher Liebe.

Ich erinnere mich, daß er, nachdem er bemerkt hatte, daß es uns an Hemden und Kleidern und sogar an der nötigen Nahrung mangelte, uns heimlich Wäsche zukommen ließ, ohne zu wollen, daß wir erführen, daß es von ihm käme. Und in der Karwoche, in der der Bischof den Gefangenen sein Almosen gab, kam jener Obervikar in das Gefängnis des Parlamentes, und indem er alle Gefangenen, die sich in großer Anzahl daselbst befanden, besuchte, gab er einem jeden mit Erlaubnis des Bischofs zwei Schilling.

Hierauf begab er sich auch in unseren Kerker, und nachdem er uns gebeten hatte von seiten des Bischofs, sein Almosen als ein Zeichen der Achtung und Wertschätzung anzunehmen, machte er uns ein Geschenk von vier Louisdor, das Stück zu zwanzig Livres. Wir weigerten uns einige Zeit, sie anzunehmen, doch er bat uns mit solcher Liebenswürdigkeit, indem er uns geltend machte, daß der Bischof unsere Weigerung als ein Zeichen des Stolzes ansehen würde und es uns unmöglich sei, das Geld zurückzuweisen, das uns bei unserer großen Not allerdings sehr zustatten kam.

Ich habe schon gesagt, daß bisweilen der Priester der Pfarrei des Parlamentes uns besuchte. Eines Tages fand er den Obervikar bei uns. Sogleich zog er über ihn her und fragte ihn, wie er sich erdreisten könne, in seine Pfarrei zu kommen, um daselbst Amtshandlungen vorzunehmen, die nur ihm, dem Pfarrer dieses Ortes, zukämen. Der Obervikar antwortete ihm sehr bescheiden, daß er in derselben

Absicht wie er hierherkäme, um verirrte Schafe wieder in den Stall des Herrn zurückzuführen.

Hierauf antwortete der Priester schroff: »Ich werde sie schon ohne Sie dahin zurückführen. Und Monsignore, der Erzbischof von Cambrai, wird nicht dulden, daß Sie sich Eingriffe in die Rechte seiner Diözese erlauben. Zugleich befehle ich Ihnen in seinem Namen, daß Sie diesen Ort für immer verlassen.«

Der Obervikar verließ uns tatsächlich und kam nicht wieder; aber nachdem er seinen Bericht dem Bischof erstattet, bat dieser, der die Ehre seines Obervikars hinsichtlich der Besuche bei uns wahren wollte, das Parlament, uns in das Gefängnis der Stadt zu versetzen, welches zu seiner Diözese gehörte. Dies wurde ihm sofort gewährt.

So kamen wir also in das Gefängnis des ›Beffroi‹, wo wir uns viel besser befanden als in dem des Parlamentes.

Mehrere Protestanten, die zu den vornehmen Bürgern der Stadt gehörten, hatten die Erlaubnis, uns zu besuchen. Sie drückten, wie man so sagt, dem Gefängniswärter fleißig etwas in die Hand, der auf ihre Bitten hin uns alle Morgen unseren Kerker öffnete, um uns in einem kleinen, ganz nahen Hofe einige Stunden lang und oft bis zum Abend Luft schöpfen zu lassen. Hier besuchten unsere eifrigen Freunde uns oft, uns nach Kräften tröstend und zur Ausdauer anfeuernd. Der Obervikar Regnier traf sie oft dort an, ohne je daran Anstoß zu nehmen. Er behandelte sie im Gegenteil mit großer Höflichkeit, und als diese wohltätigen Leute sich aus Achtung vor ihm zurückziehen wollten, bat er sie inständigst und freundlichst, dazubleiben und unserer Unterhaltung zuzuhören; und ich wage zu sagen, daß diese ehrenwerten Protestanten darüber ebenso entzückt waren, zu hören, in welcher Weise wir uns in jenen Disputationen verteidigten, wie über die Sanftmut und Nachsicht, mit welcher der Obervikar uns seine vermeintlichen Beweisgründe darlegte.

Oft, nachdem wir eine oder zwei Stunden miteinander disputiert hatten, ohne daß wir jemals zu einer Einigung gekommen wären, ließ er eine Flasche Wein holen, und wir tranken dieselbe zusammen wie gute Freunde aus, ohne weiter über Religion zu sprechen.

Schließlich, nachdem wir über alle Punkte disputiert hatten, die wir ihm als Irrtümer in der römischen Religion nachwiesen, schlug er uns, um den ganzen Disput abzukürzen, einen Bekehrungsplan vor, der wie folgt lautete:

»Wir werden Euch davon entbinden«, sagte er, »den größten Teil der Punkte zu glauben, die Euch Irrlehren zu sein scheinen, wie etwa die Anrufung der Heiligen und der Jungfrau Maria, die Verehrung der Bilder, die Existenz des Fegefeuers, den Sündennachlaß und die Wallfahrten, wenn Ihr Euch nur gewissenhaft dem Glauben an die Transsubstantiation* und das Meßopfer* unterwerft und den Irrlehren Calvins abschwört.«

Wir gaben ihm dagegen zu verstehen, daß wir wohl den heiklen, ja gefährlichen Schritt sähen, den er uns vorschlüge, und daß wir darauf nicht hereinfallen würden.

Hierauf ließ er nach und nach von seinen Besuchen ab, indem er nur alle acht oder vierzehn Tage zu uns kam, bis er uns gänzlich in Ruhe ließ, und zuletzt wurden wir auch nicht durch einen einzigen Priester oder Mönch mehr belästigt, was uns sehr lieb war.

Eines Tages, gegen neun Uhr morgens, sahen wir in unserem Kerker fünf Personen eintreten, welche der Kerkermeister hereinbrachte, worauf er sich entfernte. Wir fingen an, uns einander anzusehen, und siehe, wir erkannten drei von ihnen als aus Bergerac stammend. Die anderen zwei jedoch, welche in Tränen ausbrachen, indem sie uns ebenso wie die drei ersteren umarmten, waren uns unbekannt, obgleich sie uns beim Namen nannten und bewiesen, daß sie uns sehr genau kannten.

Verwundert darüber, daß wir die zwei Personen nicht kannten, die uns fortwährend umarmten und unsere traurige Lage sowohl als die ihrige beweinten und die außerdem von den dreien, die wir kannten, begleitet waren, fragten wir Monsieur Dupuy, einen von den dreien, wer die zwei unbekannten Personen wären.

»Es sind«, sagte er, »Mademoiselle Madras und Mademoiselle Conceil aus Bergerac, Ihre guten Freundinnen, die sich der gefahrvollen Flucht aus Frankreich mit uns in Männerkleidern, wie Sie sehen, ausgesetzt und den Anstrengungen dieser beschwerlichen Reise zu Fuß mit einer Festigkeit und Standhaftigkeit widerstanden haben, welche für Personen, die als Kinder so zart gehalten worden sind und die vor dieser Reise nicht eine Meile weit zu Fuß hätten gehen können, außerordentlich sind.«

Wir begrüßten hierauf die beiden Damen und gaben ihnen zu bedenken, daß es sich nicht schicke, wenn sie so verkleidet blieben und mit fünf jungen Leuten männlichen Geschlechts in demselben Kerker wohnten, woraus unsere Feinde uns und ihnen ein aufsehenerregendes und verleumderisches Verbrechen machen würden.

Ich bat sie um die Erlaubnis, den Kerkermeister von ihrer Verkleidung zu benachrichtigen, die ihnen ohnehin jetzt nicht mehr von Nutzen sei, und machte sie darauf aufmerksam, daß sie ihren Namen und ihr Geschlecht angeben und die Wahrheit mit Festigkeit und Standhaftigkeit bekennen müßten. Die drei Neuen waren meiner Ansicht, und die Damen willigten in meinen Vorschlag ein.

Ich rief sogleich den Kerkermeister herbei, und nachdem ich ihm berichtet hatte, worum es sich handelte, führte er die Damen aus unserer Zelle heraus, brachte sie in ein besonderes Zimmer und benachrichtigte den Richter davon, der ihnen Frauenkleider geben ließ.

Wir haben sie seitdem nicht wieder gesehen, denn sie wurden lebenslang zum Verbleib im Kloster der Reuigen Schwestern in Paris verurteilt, wohin sie zu derselben Zeit abgeführt wurden, da man ihre drei Leidensgefährten zu den Galeeren verurteilte, weil sie Frankreich hatten verlassen wollen.

Nachdem wir mit den drei Messieurs namens Dupuy, Mouret und La Venue eine Zeitlang geklagt und gejammert hatten, baten wir sie, uns ihre Geschichte zu erzählen. Monsieur Dupuy tat dies in folgender Weise.

Geschichte der Gefangennahme der Sieurs Dupuy, Mouret und La Venue und der Demoiselles Madras und Conceil

Monsieur Dupuy erzählte uns, daß ihnen seit ihrer Abreise von Bergerac mit einem guten Führer nichts Außerordentliches widerfahren sei. Sie waren ohne irgendeinen Zwischenfall oder irgendwelches Hindernis durch Frankreich bis zum Escaut zwei Meilen von Tournai gezogen, wo sie durch den Verrat eines niederträchtigen Bauern, dem ihr Führer und sie selbst sich zur Überfahrt über den Fluß anvertraut hatten, gefangengenommen worden seien.

»Nachdem wir in der Umgebung des Flusses Escaut, der Frankreich von den Spanischen Niederlanden trennt, angekommen waren, brachte uns unser Führer während der Nacht zu einem Bauern, den er kannte, der sein Brot damit verdiente, die Réfugiés vermittelst eines kleinen Kahnes über diesen Fluß überzusetzen.

Dieser Bauer war höchlichst erfreut über den hübschen Gewinn, der sich ihm bei dieser Gelegenheit darbot; denn wir machten mit

ihm aus, daß ein jeder von uns ihm zwei Louisdor zu zwanzig Livres das Stück im voraus dafür zahlen wollte, wenn er uns auf die andere Seite des Flusses übersetzte.

Er gab uns etwas zu essen, während wir bei ihm waren und die Zeit der Abfahrt abwarteten, solange dieselbe wegen der Patrouillen, die den Fluß entlang auf und ab gingen, noch nicht günstig war.

Der Bauer, der seine Augen auf einen grauen Mantel von gutem Stoff richtete, den Monsieur Mouret trug, wollte ihn gern besitzen und bat letzteren, ihm denselben zu schenken. Mouret sagte zu ihm, daß er ihm diesen Mantel um alles in der Welt nicht geben würde, denn er gehöre seinem Vater, der nach Amsterdam geflüchtet sei und dem er denselben gern überbringen wolle.

Der Bauer ließ in seinen Bitten nicht nach und bat immer drängender, um den Mantel zu erhalten, doch Mouret verweigerte ihn standhaft. Schließlich ward der verhängnisvolle Mantel die Ursache unseres Unglückes, denn der Bauer faßte aus Ärger über die Verweigerung den Entschluß, uns gefangennehmen zu lassen, was ihm nur zu gut gelang. Er stellte dies folgenderweise an:

Er unterhielt uns in seinem Hause bis um Mitternacht; hierauf ließ er uns ihm bis zu der Stelle folgen, wo sein Kahn stand. Wir folgten ihm mit Freuden, da wir uns bald in Sicherheit wähnten.

Der Bösewicht führte uns aber zuerst in eine Schenke, die nicht weit von seinem Hause entfernt war, wobei er sagte, wir müßten noch ein wenig warten, da er erst seinen Kahn an diesen Ort bringen müsse, der für die Überfahrt bestimmt sei.

Wir waren alle in einem Zimmer dieser Schenke und erwarteten den Bauern. Unser Führer, der bei uns war, dachte ebensowenig wie wir an eine Arglist.

Der Bauer blieb wohl eine gute Stunde aus, sodann trat er in das Zimmer, wo wir waren, um den Führer herauszurufen, den er mit sich nahm und auf die andere Seite des Flusses übersetzte. Danach kam er, begleitet von etwa zwanzig bewaffneten Bauern, die uns gefangennahmen und hierherführten.«

Das ist die Geschichte der Gefangennahme dieser Messieurs. Aber da ich nun einmal von ihnen spreche, muß ich doch auch erzählen, wie jener Bauer, der Baptiste hieß, den gerechten Lohn für seine Hinterlist in der Stadt Tournai erhielt.

Dazu muß man wissen, daß von der Stadt Ath nach Tournai in jener Zeit täglich Schleichhandel mit Konterbande getrieben wurde.

Als nun Baptiste und einer seiner Kameraden eines Tages erfahren hatten, daß ein Kaufmann aus Tournai von Ath käme mit einem Wagen, der mit Schmuggelwaren beladen sei, beschlossen sie, auf die Heerstraße zu gehen, um sich so zu stellen, als wollten sie den Wagen arretieren, in Wirklichkeit aber, um von dem Kaufmann ein tüchtiges Lösegeld zu erpressen.

Der Wagen erscheint mit dem Kaufmann, die Bauern legen die Flinte auf ihn an und arretieren ihn, um ihn, wie sie sagen, zum Zolleinnehmerhäuschen zu führen, damit dort seine Ware mit Beschlag belegt werde.

Der Kaufmann bietet ihnen zehn Pistolen, wenn sie ihn seines Weges ziehen lassen. Das war es, was unsere Burschen wollten. Sie nahmen das Geld und gingen davon. Aber es geschah, daß der Wagen durch die Zöllner an den Toren der Stadt Tournai wirklich arretiert und zugunsten der Zollwächter mit Beschlag belegt wurde. Als nun der Kaufmann sah, daß er seine Waren eingebüßt hatte, dachte er nur daran, sich an jenen beiden Bauern zu rächen, die ihn auf der Heerstraße wie Diebe um sein Geld geprellt hatten. Er zeigte sie daher dem Oberrichter von Flandern, Monsieur de Lambertie, an, der die beiden Elenden aufgreifen und in das Gefängis des ›Beffroi‹, jedoch nicht in denselben Kerker, wo wir waren, bringen ließ.

Der Oberrichter, der seit langem wußte, daß Baptiste ein Taugenichts und zu jeder Art von Verbrechen fähig war und daß er sogar sehr im Verdacht stand, den Protestanten für Geld beim Übersetzen über den Escaut behilflich zu sein, worauf der Galgen stand, glaubte, obgleich ihn noch keiner deswegen angezeigt hatte, ihn diesmal wegen der Gewalttat und des Diebstahls, den er an dem Kaufmann begangen hatte, lebendig rädern lassen zu können.

Er machte ihm daher alsbald den Prozeß und verhörte ihn auf das sorgfältigste. Aber Baptiste, der ein Schlaukopf war, verstand seine Lektion sehr gut und verteidigte sich vortrefflich auf die Anklage des Straßendiebstahls, indem er zu seiner Rechtfertigung anführte, daß ein jeder das, was er getan habe, tun könne, ja sogar müsse; daß die Gesetze des Königs und die der Generalpächter* den Denunzianten wirklich eine Belohnung versprachen und gaben, und daß er und sein Kamerad wirklich zuerst keinen andern Gedanken gehabt hätten als den, die Sache anzuzeigen, daß aber der Kaufmann von selbst, ohne daß sie etwas verlangt hätten, sie durch sein Geschenk von zehn Pistolen verführt habe und daß sie aus Dankbarkeit ihn sodann hätten seines Weges ziehen lassen.

Der Oberrichter war daher in seiner Rechnung, nach welcher er glaubte, ein Mittel gefunden zu haben, diesen Bösewicht aus dem Wege zu schaffen, getäuscht; denn des Bauers Verteidigung gegen den ihm zur Last gelegten Straßendiebstahl hatte so viel Wahrscheinlichkeit, daß man glaubte, in dem Prozeß dieses Verbrechen niederschlagen zu müssen. Doch ereignete sich bei dieser Sache ein Fall, der besonders erzählt zu werden verdient. Und das verhielt sich so:

Nachdem nämlich jene drei Messieurs und zwei Demoiselles, von denen ich vorher gesprochen habe, gefangengenommen waren, so wurde ihnen durch das Stadtgericht von Tournai alsbald der Prozeß gemacht, und bis das Parlament den Urteilsspruch bestätigt hatte, was fünf bis sechs Wochen dauerte, ließ man jene Messieurs in unserem Gefängnis, um sie dann auf die Galeeren zu schicken.

Während dieser Zeit kam der Kerkermeister oft zu uns, um seine Pfeife zu rauchen, bei welcher Gelegenheit Dupuy ihm eines Tages in der Unterhaltung von ihrer Gefangennahme durch den Verrat des Baptiste erzählte. Er teilte ihm mit, wie dieser Elende ihnen mehrere seiner Landsleute und andere Personen seiner Bekanntschaft genannt habe, die er mit seinem Kahne übergesetzt habe, wobei er sich dieser Leute sehr rühmte, die ihn gut bezahlt hatten. Er sagte ihm ferner, daß Baptiste, bevor er sie habe gefangennehmen lassen, seinen guten Freund, unseren Führer, aus der Schenke abgeholt und ihn über den Fluß gesetzt habe, sei es aus Freundschaft oder, was wahrscheinlicher ist, damit der Führer ihn nicht wegen seines verbotenen Tuns anklagen könne.

Auf jeden Fall verdiente Baptiste nach den Gesetzen und Verordnungen in Frankreich den Tod, selbst wenn er kein anderes Verbrechen begangen hätte, als daß er den Führer auf das andere Ufer des Escaut übergesetzt hatte.

Nun machte es der Zufall, daß der Oberrichter, von dem Zimmer, wo er seine Gerichtsverhandlungen im ›Beffroi‹ vornahm, herabkommend, mit dem Kerkermeister sprach, um ihm ans Herz zu legen, daß er den Baptiste in strengem Gewahrsam und in dem festesten der Kerker eingeschlossen halten solle, während er nach Beweisen forschen werde, die den Elenden verschiedener Verbrechen, deren Verdacht auf ihm lag, überführen könnten.

Der Kerkermeister berichtete diesem daraufhin, daß er gewisse Beweise dafür haben könne, daß Baptiste öfters Leute der reformierten Religion, die aus dem Königreich flüchteten, über den Escaut übergesetzt habe, und darauf erzählte er ihm, was Dupuy und seine Gefährten ihm gesagt hatten, sogar ehe Baptiste gefangengenommen worden war.

Der Oberrichter war höchst erfreut, von einer solchen Aussage zu hören, und kam alsbald in unser Gefängnis. Hier rief er jene drei Messieurs bei ihren Namen und Vornamen und kündigte ihnen an, daß er sie am folgenden Tag um zehn Uhr morgens vor seinen Richterstuhl fordere, damit sie über Baptiste, der sie habe arretieren lassen, unter Eid die Wahrheit aussagen sollten.

»Doch ermahne ich Sie, Messieurs«, fügte er hinzu, »in Ihrem Herzen kein Gefühl der Rache zu nähren gegen diesen Elenden, sondern nur die reine Wahrheit auf das zu sagen, was Sie gefragt werden.« Hierauf entfernte er sich.

Diese drei Messieurs schienen zuerst sehr erfreut darüber zu sein, daß sie sich wegen des Verrates von Baptiste rächen konnten, indem sie, ohne ihr Gewissen dadurch zu belasten, aussagten, was sie wußten. Ich gestehe, daß ich einen Augenblick lang ihre Empfindung teilte; doch alsbald, nachdem ich über die Folgen ihrer Aussage nachgedacht hatte, änderte ich meine Meinung und teilte ihnen meine Gedanken wie folgt mit.

»Es ist gewiß, Messieurs«, sagte ich zu ihnen, »daß dieser Elende, wenn Sie die reine Wahrheit über ihn aussagen, ohne Erbarmen aufgeknüpft werden wird. Aber ich bitte Sie, bedenken Sie hier zwei Sachen, die hieraus folgen werden. Erstens wird Ihnen das keine Ehre unter unseren Freunden machen, aber für unsere Feinde ein gefundenes Fressen gegen uns sein; denn die eine wie die andere Partei wird daraus den Schluß ziehen, daß aus Ihrem Verhalten die Rache mitgesprochen hat. Ist ja doch jeder immerzu geneigt, seinen Nächsten zu verleumden, und Sie werden sich wahrlich nie von dieser Verleumdung reinwaschen können, solange Sie nicht offensichtliche und sprechende Beweise von dem geben könnten, was Ihr Herz im Grunde bewegt. Nur Gott gegenüber können wir unsere Unschuld rechtfertigen; er allein kennt unsere verborgensten Gedanken. Zweitens wird Ihre Aussage eine stillschweigende Ungerechtigkeit sein, die Sie begehen werden, indem Sie bewirken, daß dieser Elende gehängt wird; denn es ist gewiß, daß Sie die Ursache des Todes eines

Menschen sein werden, der nach reformierter Anschauung kein Verbrechen begangen hat, indem er unseren Brüdern bei der Flucht half. Denn wenn uns jemand diesen Dienst erweist, so bezahlen wir ihn als einen, der einen Lohn verdient, nicht für seine Mühe, sondern für die Gefahr, in die er sich begibt, einen Dienst, der bei den Papisten als ein des Todes würdiges Verbrechen und bei den Reformierten als eine der Belohnung würdige Tugend betrachtet wird. Das ist es, Messieurs, dem Sie sich durch Ihre Aussage, sie mag so aufrichtig und der Wahrheit gemäß sein, wie sie wolle, aussetzen, und was Sie nach meiner Meinung nicht vermeiden können.«

»Wie«, riefen hierauf jene aus, »sollten wir denn einen Meineid schwören, um diesem Menschen das Leben zu retten und die zwei Gefahren zu vermeiden, auf die Sie uns aufmerksam machen?«

»Nein«, sagte ich zu ihnen, »um nichts in der Welt dürfen Sie einen falschen Schwur tun.«

»Was sollen wir also tun?« fragten sie mich.

»Das weiß ich im Augenblick allerdings auch nicht«, erwiderte ich, »aber lassen Sie es uns reiflich überlegen und suchen, ob sich nicht ein Ausweg finden läßt, der Sie davor bewahrt, eine Ungerechtigkeit zu begehen, und zu gleicher Zeit dem Baptiste das Leben rettet. Aber da kommt mir ein Gedanke«, sagte ich zu ihnen, »doch weiß ich nicht, ob er auszuführen sein wird, da ich die Gesetze des zivilen und Kriminalprozesses nicht genau kenne. Es ist folgender:

Ich habe oft sagen hören, daß jeder zu den Galeeren Verurteilte durch das Zeugnis, das er ablegt, verwerflich ist und daß sogar keine obrigkeitliche Person und kein Richter denselben zu irgendeinem Zeugeneid zwingen darf oder kann. An Ihrer Stelle würde ich versuchen, ob Sie vermeiden können, einen Zeugeneid zu leisten, indem Sie denselben vor dem Oberrichter verweigern und ihm anführen, daß ein Galeerensträfling dazu nicht verpflichtet ist. Sollte ich mich täuschen, und man kann Sie nach den Gesetzen zwingen, die Wahrheit unter Eid zu sagen, wohlan, dann sagen Sie sie. Nach meiner Meinung müssen Sie diesen Versuch machen; wenigstens wird dieser Schritt Sie von dem Verdacht befreien, daß Sie haben Rache üben wollen; man wird daraus ersehen, daß Sie gegen Baptiste nur mit Widerstreben oder aus Notwehr ein Zeugnis ablegen.«

Dieser Rat wurde gebilligt und befolgt. Am folgenden Tage frühmorgens gegen zehn Uhr holten der Kerkermeister und zwei Gerichtsdiener die Messieurs ab und führten sie hinauf in das Zimmer des Oberrichters, wo sie denselben mit seinen Räten versammelt fanden. Auch der elende Baptiste war anwesend. Er saß an Händen und Füßen gefesselt auf der Anklagebank und schien mehr tot als lebendig, da er diejenigen erblickte, von denen sein Leben abhing und die so viel Gründe hatten, sich wegen des an ihnen verübten Verrates zu rächen.

Der Oberrichter fragte ihn zuerst, ob er die Messieurs kenne. Er verneinte es. »Du sollst sie schon noch kennenlernen«, sagte der Oberrichter darauf. Dann fragte er die Messieurs, ob sie den Verbrecher kennen.

Sie sagten, daß sie ihn als denjenigen wiedererkennen, der sie habe arretieren lassen. Darauf befahl ihnen der Oberrichter: »Heben Sie die Hand empor und schwören Sie, vor Gott und dem Gericht wahrheitsgemäß auf das zu antworten, was man Sie fragen wird.«

Die Messieurs erwiderten ohne Scheu, daß sie das nicht tun würden, denn sie wären durch ihre Verurteilung zu den Galeeren von der Gesellschaft ausgeschlossen und nicht verpflichtet, ein Zeugnis abzulegen, noch weniger aber einen Eid zu leisten.

»Wie! Sie sagen, daß Sie sich zum Bekenntnis der Wahrheit verpflichtet halten und weigern sich, dieselbe zu sagen?«

»Monsieur«, erwiderte Monsieur Dupuy hierauf, »wir halten uns verpflichtet zum Bekenntnis der Wahrheit des Evangeliums, aber nicht dazu, dieselbe zu sagen, um einen Menschen an den Galgen zu bringen, insofern die Gesetze uns davon befreien.«

»Welche Tugend!« versetzte der Oberrichter, indem er die Augen zum Himmel erhob. Darauf wandte er sich an Baptiste, der voll Entzücken hörte, daß seine Feinde, anstatt sich zu rächen, seine Sache verteidigten, und sagte zu ihm: »Elender, küsse die Füße dieser braven Leute, die deinen Hals vom Strange befreien. Du hast ihre Verurteilung zu den Galeeren bewirkt; du wirst ihnen dort Gesellschaft leisten.«

Und indem er von seinem Richterstuhle aufstand, hob er die Sitzung auf, und jeder der Gefangenen wurde in sein Gefängnis geführt. Unsere drei Messieurs waren außer sich vor Freude, daß ihnen die Sache so wohl gelungen war, indem sie Baptiste seines Verbrechens entlastet hatten, ohne ihr Gewissen dadurch zu beschweren.

Schließlich wurde von dem Oberrichter das Urteil gegen Baptiste und Pitou, seinen Gefährten, gefällt. Sie wurden auf Lebenszeit zu den Galeeren verurteilt, weil sie jenen Kaufmann auf der Heerstraße erpreßt hatten.

Auch das Urteil jener drei Messieurs ward bestätigt. Sechs Wachsoldaten holten sie ab, um sie nach Lille in Flandern zur Kette der Galeeren, die dort zusammengestellt wurde, abzuführen. Man band sie paarweise an den Händen und dann alle fünf zusammen, und das Schicksal wollte, oder vielleicht geschah es auch auf Befehl des Oberrichters, daß Baptiste und Monsieur Dupuy zusammengebunden wurden.

Man führte sie, so zusammengebunden, gegen zehn Uhr morgens aus dem Kerker, um sie nach Lille zu führen. Die ganze Stadt Tournai wußte bald, was geschehen war, und kannte die großmütige und christliche Handlung der Messieurs, die ihrem treulosen und verräterischen Feinde das Leben gerettet hatten. Eine Menge Volkes scharte sich vor dem ›Beffroi‹ zusammen, und die Straßen wimmelten von Menschen, die, wie sie sagten, ›die Tugend an das Laster gebunden‹ sehen wollten. Und ein jeder stieß Spottreden und Verwünschungen gegen den schändlichen und verräterischen Baptiste aus, während man den drei Messieurs Gottes reichen Segen wünschte.*

Wir waren nun zum zweiten Male unserer Gefängnisgenossen beraubt, was uns sehr zu Herzen ging; denn ihre Frömmigkeit richtete uns auf, und die Unterhaltung mit ihnen ermunterte uns.

Seit langer Zeit hatte der Obervikar uns nicht besucht; endlich, nachdem jene drei Leidensgefährten uns verlassen hatten, kam er wieder.

»Ich möchte gern sehen«, sagte er, »ob unsere früheren Unterredungen Euch nicht nachdenklich gemacht und Eure Bekehrung befördert haben.«

Wir erwiderten ihm, daß die Überlegungen, die wir darüber angestellt, uns mehr und mehr in der Überzeugung, welche wir ihm zu verstehen gegeben haben, bestärkt hätten.

»Dann sind meine Besuche in dieser Angelegenheit unnütz, und ich werde Euch nur hinfort besuchen, um zu erfahren, ob ich Euch in etwas behilflich sein kann; jedoch«, fuhr er fort, »muß Monsignore, der Bischof, sein gegebenes Versprechen gegen den Generalprokurator des Parlaments einlösen und hat mir aufgetragen, ihn in seinem Namen zu besuchen und ihm anzubieten, Euch wieder in das Gefängnis des Parlaments zu versetzen.«

Bei diesen Worten wurden wir bleich vor Furcht, in das schauderhafte Gefängnis zurückzukehren, wo wir so sehr gelitten hatten. Er bemerkte es und sagte: »Ich sehe, daß Ihr Euch fürchtet, dorthin zurückzukehren. Wenn Ihr wünscht, so werde ich jenen Monsieur bitten, Euch hierzulassen und Euch, da das Parlament die Revision Eures Prozesses aufnehmen wird, nicht in sein Gefängnis zu versetzen. Ich werde Euch noch heute seine Antwort überbringen.«

Wir versicherten ihm, daß wir uns ihm für diese große Gefälligkeit sehr verbunden fühlen würden, denn wir fürchteten das Gefängnis des Parlamentes wie das Feuer. Am selben Tage kam er wieder zu uns, um uns zu sagen, daß wir beruhigt sein könnten, da man uns nicht mehr versetzen würde.

Wir dankten ihm herzlich für seine große Güte uns gegenüber. Er verließ uns darauf, von Mitleid tief bewegt, und ich sah ihn sogar einige Tränen vergießen.

Einige Tage später kam zu uns ein Parlamentsrat, dessen Namen ich aus bestimmten Gründen nicht nennen will, und sagte uns, daß wir ihm sehr angelegentlich empfohlen seien und daß es ihm Freude machen würde, uns aus unserer traurigen Lage zu befreien.

Wir konnten uns nicht denken, von wem diese Empfehlung kam, wenn nicht von unseren Eltern, an die wir seit unserem Aufenthalt im ›Beffroi‹ geschrieben und die dieselbe durch vornehme Freunde ihrer Bekanntschaft vermittelt haben konnten.

Da wir jedoch keine Nachricht von unseren Eltern hatten, die uns von dieser Empfehlung benachrichtigte, und keiner der Reformierten aus Tournai, die uns öfters besuchten, uns irgendeine Mitteilung gemacht hatte, daß sie von ihnen bewirkt worden, so konnten wir den Urheber derselben nirgends anders finden als in der Person unseres guten Freundes, des Obervikars, der uns in einer so herzlichen Weise die Versicherung gegeben hatte, daß er uns sehnlichst auf freiem Fuß wünscht, daß wir an der Aufrichtigkeit seiner Gefühle nicht zweifeln konnten.

Aber wie dem auch sei, jener Parlamentsrat blieb eine gute Stunde bei uns und verhörte uns über unsere Reise, an welchem Orte wir arretiert worden wären und in welcher Weise dies geschehen sei. Wir gaben ihm auf alles ausführliche Antwort. Er ließ uns die Geschichte von Couvé wiedererzählen und fragte uns, ob wir wohl beweisen könnten, daß wir in einer Schenke dieser kleinen Stadt logiert hätten.

Wir sagten ihm, daß nichts leichter sei als dies, worauf er zu uns sagte: »Faßt Mut, meine Kinder, ich hoffe, daß die Sache für euch gut ausgeht. Morgen werde ich einen Advokaten schicken, der euch ein Gesuch zur Unterschrift vorlegen wird. Unterzeichnet dies, und ihr werdet sehen, was sie bewirkt.«

Hierauf verließ er uns, und seit der Zeit sahen wir ihn erst wieder in der Reihe unserer Richter im Parlament, wo wir wenige Tage danach, wie man bald sehen wird, erschienen.

Am folgenden Tag nach dem Besuch des Rates kam der Advokat, von welchem jener uns gesprochen, in unseren Kerker und las uns das Gesuch vor, das er aufgesetzt hatte und das wir unterzeichneten.

Dieses Gesuch, welches an unsere Richter im Parlament gerichtet war, gründete sich darauf, daß wir, weil wir reformierter Religion wären, nicht der Strafe verfallen wären, die die Verordnung des Königs über diejenigen verhänge, welche ohne Erlaubnis Sr. Majestät das Königreich verließen; und daß wir uns erböten, den Beweis zu liefern, daß wir nicht die Absicht gehabt, aus dem Königreich zu flüchten, da wir in dasselbe, nachdem wir es schon einmal verlassen hatten, in der Folge wieder zurückgekehrt wären, indem wir Couvé passierten, eine Stadt des Prince de Liège mit einer holländischen Garnison; daß wir, nicht gesonnen, das Reich zu verlassen, den Weg durch die Stadt eingeschlagen hätten, indem wir auf keinem andern hätten nach Mariembourg gelangen können; und daß wir, wäre es unsere Absicht gewesen, Frankreich zu verlassen, uns nur unter den Schutz des holländischen Gouverneurs von Couvé hätten zu stellen brauchen, der uns ohne irgendwelche Schwierigkeit durch das Gebiet von Liège nach Charleroi würde das Geleit gegeben haben. Dieses Gesuch ward auf den Tisch der Kriminalkammer des Parlaments gelegt.

Zwei Tage später holten drei Gerichtsdiener des Parlaments uns ab, um uns dahin zu geleiten, wo der Präsident uns das Gesuch zeigte und uns fragte, ob wir das Schreiben unterzeichnet und eingereicht hätten.

Wir bejahten die Frage und baten die ehrwürdige Versammlung, unser Gesuch gütigst zu berücksichtigen.

Der Präsident sagte, sie hätten besagtes Gesuch gelesen und daraus ersehen, daß wir beweisen wollten, durch Couvé gegangen zu sein; doch sei es nicht ausreichend, dies zu beweisen, ja dieser Beweis sei nicht einmal notwendig, da es eine ausgemachte und allgemein bekannte Sache sei, daß wir nicht nach Mariembourg gelangen könnten, ohne Couvé zu passieren.

»Aber Sie müssen«, fuhr er fort, »einen anderen Beweis liefern, ohne den der erstere null und nichtig ist; nämlich daß Sie, als Sie in Couvé waren, wirklich wußten, daß diese Stadt außerhalb des französischen Gebietes lag.«

Auf eine solche Frage waren wir freilich nicht gefaßt gewesen. Jedoch erwiderten wir ziemlich dreist und ohne Zaudern, daß wir es ganz gut gewußt hätten.

»Wie konnten Sie das wissen?« fragte er. »Sie sind junge Leute, die noch niemals von zu Hause weggekommen sind, und Couvé ist mehr als zweihundert Meilen von Ihrer Heimat entfernt.«

Darauf wußte ich nichts zu antworten; denn es hätte nichts bewiesen, wenn wir gesagt hätten, wir hätten es an der Grenze erfahren. Jedoch mein Gefährte meinte dreist, er habe es schon vor seiner Abreise von Bergerac gewußt. Er habe als Barbier in einer Kompanie des Picardieregimentes gedient, das zur Zeit des Friedens von Rijswijk in Rocroy in Garnison gestanden, bei welcher Gelegenheit er die Grenzen, wie sie in jener Gegend gezogen wurden, kennengelernt habe. Von dort sei sein Regiment nach Strasbourg verlegt worden, wo er sich habe ausmustern lassen; übrigens wäre es ihm damals, wenn er Frankreich hätte verlassen wollen, um entweder nach Holland oder nach Deutschland zu entfliehen, sehr leicht gewesen, einen derartigen Plan auszuführen.

»Wenn Sie aus diesem Dienst getreten sind, so müssen Sie darüber einen guten Abschiedsbrief vorweisen können.«

»Allerdings, Monseigneur«, sagte er, »ich habe denselben in aller Form.«

Hierauf nahm er sein Portefeuille* aus der Tasche, zog daraus wirklich den gedruckten Abschied, der in gehöriger Form ausgestellt war, hervor und übergab ihn dem Präsidenten, der ihn der Versammlung zu lesen gab. Der Gerichtsdiener heftete ihn darauf an unser Gesuch, und man ließ uns wieder in den ›Beffroi‹ zurückführen.

Zum Verständnis der Sache muß ich hinzufügen, daß Daniel Legras, mein Gefährte, wirklich in dem Picardieregiment Barbier und Feldscher gewesen war. Nach dem Rijswijker Frieden war er in Strasbourg ausgemustert worden. Doch war er nie weder in Rocroy noch in der Umgebung dieses Ortes gewesen. Er gab dies nur zu unserer Verteidigung an, indem er dem Parlament die Untersuchung überließ, ob dies Regiment beim Rijswijker Frieden wirklich in Rocroy gestanden habe oder nicht. Jene Richter aber prüften das nicht; denn unser Gönner, der Parlamentsrat, hatte wirklich mehrere Stimmen im Parlament für uns gewonnen, und das ganze Kollegium war fast ganz oder zum größten Teil geneigt, uns in Freiheit zu setzen.

Zwei Stunden nach unserer Rückkehr in das Gefängnis kam der Kerkermeister ganz außer Atem zu unserer Zelle gelaufen, um uns zu unserer nahen Freilassung Glück zu wünschen.

Ein Schreiber des Parlaments hatte ihm gesagt, er habe mit eigenen Augen den Beschluß der Versammlung gesehen, der uns von der Beschuldigung, aus dem Königreiche entfliehen gewollt zu haben, völlig freisprach.

Unsere guten Freunde aus der Stadt besuchten uns sogleich sehr zahlreich, um uns Glück zu dem erfreulichen Ausgang unserer Sache zu wünschen, und wir hielten die Sache schon für so ausgemacht, daß wir von Stunde zu Stunde unsere Freilassung erwarteten.

Doch obgleich es völlig wahr war, daß das Parlament uns freigesprochen hatte, so bedeutete das noch gar nichts, und alle Freude war eitel; denn da wir als Staatsverbrecher angesehen wurden, so konnte das Parlament uns ohne Erlaubnis des Hofes nicht in Freiheit setzen.

Der Generalprokurator schrieb daher an den Marquis de la Vrillière, den Staatsminister, wir hätten hinreichende Beweise unserer Unschuld in bezug auf die uns belastende Absicht der heimlichen Flucht aus dem Königreich beigebracht, und daß das Parlament seine Befehle zur Verfügung über uns erwarte.

Der Minister antwortete, sie sollten diese Beweise ja recht genau prüfen, damit sie nicht betrogen würden. Das Parlament, welches sich nicht widersprechen wollte, schrieb zurück, die Beweise seien vollständig und nicht widersprüchlich.

Es vergingen wohl vierzehn Tage, ehe der endgültige Bescheid vom Hofe eintraf. Endlich traf derselbe ein, um uns der falschen Hoffnung unserer Freiheit zu berauben und uns keinen Zweifel mehr über unser künftiges Los übrigzulassen.

Das Parlament forderte uns vor die Plenarversammlung der Kriminalkammer, und nachdem uns der Präsident gefragt, ob wir lesen könnten, und wir diese Frage bejaht hatten, übergab er uns den eigenhändigen Brief des Marquis de la Vrillière und sagte: »Lesen Sie!«

Derselbe war so kurz abgefaßt, daß sein Inhalt mir immer wörtlich im Gedächtnis geblieben ist. Er lautete wie folgt:

Messieurs!

Jean Marteilhe und Daniel Legras sind ohne Paß an der Grenze angetroffen worden; Seine Majestät verlangt, daß sie zu den Galeeren verurteilt werden.

Ich bin, Messieurs, etc.

Der Marquis de la Vrillière.

»Sie sehen daher, liebe Freunde«, sagten hierauf der Präsident und mehrere Räte, »daß Ihr Urteil von dem Hofe und nicht von uns ausgegangen ist. Wir waschen unsere Hände in Unschuld. Wir beklagen Sie und wünschen Ihnen die Gnade Gottes und des Königs.«

Danach führte man uns in den ›Beffroi‹ zurück. Gegen Abend desselben Tages kamen ein Rat und der Gerichtsschreiber des Parlaments in unser Gefängnis, und nachdem sie uns in das Zimmer des Kerkermeisters hatten führen lassen, gebot uns der Rat, vor Gott und der Obrigkeit niederzuknien und die Vorlesung unseres Urteils aufmerksam anzuhören.

Wir gehorchten, und der Gerichtsschreiber las uns unser Urteil vor. Dasselbe lautete, nach der Einleitung, wie folgt:

»Nachdem genannte Jean Marteilhe und Daniel Legras von uns gehörig beschuldigt und überführt worden sind, sich zu der vermeintlichen reformierten Religion zu bekennen, und sich unterstanden zu haben, aus dem Königreich zu entweichen, um ihre Religion frei zu bekennen, so verurteilen wir sie zur Strafe dafür auf Lebenszeit zu den Galeeren des Königs.« Etc.

Als die Vorlesung dieses Urteils zu Ende war, sagte ich zu dem Parlamentsrat: »Monsieur, wie kann das Parlament als ein so ehrwürdiges und urteilsfähiges Kollegium den Entscheid dieses Urteils (›beschuldigt und überführt‹) mit dem Beschluß, uns freizusprechen, den dasselbe wirklich gefaßt hatte, in Übereinstimmung bringen?«

»Das Parlament«, sagte er, »hat Sie freigesprochen; aber der Hof, der über den Parlamenten steht, verurteilt Sie.«

»Doch wo bleibt die Gerechtigkeit, Monsieur, die alle Gerichtshöfe leiten muß?«

»Gehen Sie nicht zu weit«, antwortete er, »es kommt Ihnen nicht zu, darüber zu befinden.«

Wir mußten daher schweigen und unser Verhängnis geduldig hinnehmen. Trotzdem bat ich denselben Parlamentsrat, uns eine beglaubigte Abschrift unseres Urteils zukommen zu lassen, was er versprach und auch ausführte.*

Der Turm Saint-Pierre in Lille

Drei Tage später holten uns vier Wachtleute des Oberrichters ab, und nachdem sie uns an den Händen gefesselt und aneinandergebunden hatten, brachten sie uns nach Lille in Flandern, wo die Kette der Galeerensträflinge zusammengestellt wurde.

Wir kamen abends nach einem Fußmarsch von fünf Meilen Weges, die uns wegen unserer Fesseln sehr beschwerlich fielen, ganz erschöpft in dieser Stadt an.

Man führte uns nach dem Turm Saint-Pierre, der wegen seiner starken Mauern für die Galeerensträflinge bestimmt war. Als wir das Gefängnis betraten, untersuchte uns der Kerkermeister sorgfältig. Auch waren, sei es aus Zufall oder Absicht, zwei Jesuitenpater da, die uns unsere Gebetbücher und unser Urteil wegnahmen, ohne alles je wieder zurückzuerstatten. Als sie das Urteil gelesen hatten, so hörte ich, daß einer der Patres zu dem anderen sagte, es wäre eine große Unklugheit von dem Parlament, eine beglaubigte Abschrift von solchen Sachen zu geben.

Nach dieser Untersuchung führte man uns in den Kerker der Galeerensträflinge, in den Turm Saint-Pierre, eines der fürchterlichsten Gefängnisse, die ich je gesehen habe.

Es ist sehr geräumig, aber so finster, daß die Eingekerkerten, obgleich sie sich im zweiten Stockwerk des Turmes befinden, nie anders erfahren, ob es Tag oder Nacht ist, als durch das Brot und Wasser, das man ihnen jeden Morgen verabreicht. Und was noch schlimmer ist, man leidet nie darin weder Feuer noch Licht.

Man liegt auf ein wenig Stroh, das von den Ratten und Mäusen, die es hier in großer Menge gibt, halb zerfressen und zernagt ist. Da wir diese Tiere weder bei Tag noch bei Nacht sehen und davonjagen konnten, so mußten wir es uns gefallen lassen, daß sie auch unser Brot ungestraft auffraßen.

Bei unserer Ankunft in diesem schrecklichen Kerker, in dem ungefähr dreißig Bösewichter aller Art beieinander waren, die wegen verschiedener Verbrechen zur Kerkerstrafe verurteilt worden waren, konnten wir die Zahl derselben, da wir einander wegen der Finsternis nicht sahen, nur dadurch erfahren, daß wir sie selbst danach fragten.

Ihr erster Gruß war, daß sie den Willkommen von uns verlangten, wenn wir nicht im Falle der Weigerung auf der Decke tanzen wollten. Wir zogen es vor, zwei Taler, das Stück zu fünf Livres, zu geben, welche Taxe diese ruchlosen Menschen uns erbarmungslos auferlegt hatten, wenn wir nicht den Tanz probieren wollten.

Wir sahen zwei Tage später, wie dieser Tanz mit einem armen neu angekommenen Gefangenen, der sich demselben mehr aus Mangel an Geld als aus Mut unterzog, aufgeführt wurde.

Die elenden Menschen hatten nämlich eine alte Decke von Sackleinwand, auf der sie den Verurteilten ausstreckten; hierauf nahmen vier der stärksten Sträflinge jeder einen Zipfel der Decke, hoben ihn so hoch, wie sie konnten, und ließen ihn dann auf die Steine, aus welchen der Fußboden bestand, herabfallen. Dies wurde so lange wiederholt, als der Unglückliche, der zu dieser Tortur verurteilt war, sich weigerte, die Geldtaxe zu erlegen.

Diese Quälerei erfüllte mich mit Schauder. Der Unglückliche mochte schreien, wie er wollte, er fand kein Erbarmen. Der Kerkermeister selbst, in dessen Taschen alles Geld fließt, das dieses verruchte Spiel einträgt, lachte nur darüber. Er schaute durch das Schließfenster der Kerkertür und schrie ihnen zu: »Mut, Gesellen!«

Der arme Mensch war von dem vielen Niederstürzen ganz zerschlagen, und man glaubte, daß er daran sterben würde. Doch erholte er sich wieder. Einige Tage später hatte auch ich eine schreckliche Probe zu bestehen, die ich sogleich erzählen will.

Jeden Abend kamen der Kerkermeister und vier Schufte von Schließern, begleitet von der Wachmannschaft des Gefängnisses, um den Kerker zu untersuchen und zu sehen, ob wir nicht irgendeinen Versuch zur Flucht machten.

Alle diese Leute, deren Zahl sich etwa auf zwanzig belief, waren mit Pistolen, Degen und am Gewehr aufgepflanzten Bajonetten bewaffnet und untersuchten die vier Mauern und den Fußboden ganz genau, um zu sehen, ob wir nicht ein Loch hineingruben.

Eines Abends, nachdem sie ihre Untersuchung angestellt hatten, blieb einer der Schließer, während die anderen sich entfernten, allein zurück, um die Tür und die Klappe zu schließen.

Ich unterhielt mich mit ihm ein wenig, und da ich sah, daß er mir ziemlich freundlich antwortete, so glaubte ich, ihn ein wenig umgänglich gemacht zu haben, und erdreistete mich daher, ihn zu bitten, mir den Kerzenstumpf, den er in der Hand hielt, zu schenken, damit ich ein wenig das Ungeziefer suchen könnte, doch er wollte sich nicht darauf einlassen und schlug mir die Klappe vor der Nase zu. Darauf sagte ich ziemlich laut, doch ohne zu ahnen, daß der

Schließer noch nahe genug war, um es zu hören, daß es mir leid täte, ihm seinen Kerzenstumpf nicht aus der Hand gerissen zu haben. Denn es wäre mir dies sehr leicht gewesen, als ich an der Klappe mit ihm sprach.

Der Bursche hörte mich und erstattete unverzüglich dem Kerkermeister davon Bericht. Am folgenden Tag morgens, als alle meine Kerkergenossen aufgestanden waren und die Litanei wie gewöhnlich sangen, ohne die sie von den Jesuiten das Almosen, welches sie jeden Donnerstag verabreichten, nicht erhalten hätten, und ich allein noch auf meinem bißchen Stroh lag und eben wieder eingeschlafen war, wurde ich plötzlich durch mehrere Hiebe mit dem flachen Säbel auf den halbnackten Körper aus dem Schlaf gerissen. Als ich erschrocken aufsprang, sehe ich den Kerkermeister mit dem Degen in der Hand, die vier Schließer und alle Soldaten der Wachmannschaft, alle bis zu den Zähnen bewaffnet.

Ich fragte den Kerkermeister, warum man mich so mißhandle. Er antwortete mir aber nur mit mehr als zwanzig anderen Hieben, und der Schließer mit dem Kerzenstumpf gab mir eine so furchtbare Ohrfeige, daß ich zu Boden fiel.

Sobald ich wieder aufgestanden war, befahl mir der Kerkermeister, ihm zu folgen. Da ich aber sah, daß mich draußen nur eine noch schlimmere Behandlung erwarten würde, weigerte ich mich, ihm zu gehorchen, bevor ich nicht wüßte, auf welchen Befehl er mich so behandle. Wenn ich die Züchtigung verdiene, so stehe es dem Oberrichter zu, solche über mich zu verhängen.

Man schlug mich jedoch wieder dermaßen, daß ich zum zweiten Mal hinfiel. Darauf nahmen mich die vier Schließer, zwei bei den Beinen und zwei bei den Armen, schleppten mich so, trotz aller Gegenwehr, aus dem Kerker heraus und zerrten mich wie einen toten Hund die Stufen des Turmes herab bis in den Hof, wo man die Tür zu einer anderen steinernen Treppe öffnete, die zu einem unterirdischen Gewölbe führte. Man stieß mich, daß ich die Treppen hinabstolperte, deren wohl fünfundzwanzig oder dreißig sein mochten, und unten öffnete man die eiserne Tür eines Kerkers, den man den ›Hexenkerker‹ nannte.

Ich wurde hineingestoßen und die Tür hinter mir geschlossen, worauf sie davongingen. Dichte Finsternis herrschte in dem schaudervollen Gewölbe. Ich wollte einige Schritte tun und tappte umher, um ein wenig Stroh zu finden, aber ich trat bis über die Knöchel in

Wasser, das so kalt wie Eis war. Ich ging wieder zurück und stellte mich an die Tür, wo der Boden höher und nicht so feucht war. Indem ich hier herumtappte, fand ich etwas Stroh, auf das ich mich setzte; aber ich saß kaum zwei Minuten dort, als ich fühlte, wie das Wasser das Stroh durchdrang.

Da glaubte ich steif und fest, daß man mich lebendig begraben habe und daß dieser Kerker mein Grab sein werde, wenn ich vierundzwanzig Stunden darin bleiben müßte. Eine halbe Stunde später brachte der Schließer mir Brot und Wasser, das er durch die Klappe in den Kerker reichte.

Ich warf ihm jedoch seinen Krug und sein Brot zurück mit den Worten: »Geh und sage deinem Schinder von einem Meister, daß ich weder trinken noch essen werde, bis ich mit dem Oberrichter gesprochen habe.«

Der Schließer ging davon, und in weniger als einer Stunde kam der Kerkermeister allein mit einer Kerze in der Hand, ohne andere Waffen als einen Bund Schlüssel, und als er die Tür des Kerkers öffnete, sagte er mir ganz leise, daß ich ihm nach oben folgen sollte.

Ich gehorchte. Er führte mich in seine Küche. Ich war schmutzig, voll Blut, das mir aus der Nase gelaufen war, und hatte eine Quetschung am Kopf, die die Barbaren von Schließern mir beigebracht hatten, als sie mich mit dem Kopf über die steinernen Treppen hinschleppten.

Der Kerkermeister ließ mich das Blut abwaschen, legte mir einen Verband auf meine Quetschung und gab mir dann ein Glas Kanarischen Wein, der mich ein wenig wiederherstellte.

Er schalt mich ein wenig wegen meiner Unklugheit bezüglich der Kerze des Schließers, und nachdem er mich hatte mit sich frühstükken lassen, führte er mich in einen Kerker seines Hofes, der trocken und hell war, und sagte, daß er nach dem, was vorgefallen, mich nicht mehr mit den anderen Galeerensträflingen zusammensperren könnte.

»So geben Sie mir wenigstens meinen Gefährten zur Gesellschaft«, sagte ich zu ihm.

»Geduld«, erwiderte er, »es wird sich alles mit der Zeit finden.«

Ich blieb vier oder fünf Tage in diesem Kerker, während welcher der Kerkermeister mir alle Tage von seinem Tische zu essen schickte.

Eines Tages schlug er mir vor, mich und meinen Gefährten in ein Zimmer seines Gefängnisses zu versetzen, wo wir ein gutes Bett und alle erforderlichen Bequemlichkeiten hätten, wenn wir ihm zwei Louisdor pro Monat bezahlten.

Wir waren jedoch nicht sehr mit Geld versehen. Dennoch bot ich ihm einen und einen halben Louisdor bis zu dem Zeitpunkt, da die Kette mit Sträflingen abgehen werde. Er wollte es jedoch nicht tun, was er später bereute; denn wenige Tage nachher wurden wir in ein schönes und gutes Zimmer gebracht, wo wir bequeme Betten und gute Kost bekamen, ohne daß es uns etwas kostete. Dies ging so zu, wie ich sogleich berichte.

Eines Tages sagte er mir, daß mein Gefährte ihn sehr gebeten habe, mich mit ihm wieder zusammenzubringen, und daß er ihm versprochen habe, es zu tun. »Wohlan«, sagte ich, »führen Sie ihn zu mir.«

»Nein«, sagte er, »Sie müssen zu den anderen Galeerensträflingen in den Turm Saint-Pierre zurückkehren.«

Ich merkte wohl, daß er uns nur zwingen wollte, ihm die zwei Louisdor pro Monat zu geben, damit er uns in dasselbe Zimmer bringe. Aber indem ich meine Börse zu Rate zog und überlegte, daß, wenn die Kette erst in zwei oder drei Monaten abginge, wir die Ausgabe nicht bestreiten könnten, blieb ich standhaft bei dem Angebot, das ich ihm gemacht hatte, worauf er mich wieder in den Turm Saint-Pierre zu den anderen Gefangenen brachte.

Mein Kamerad, der mich schon aufgegeben hatte, war höchst erfreut, mich wieder bei sich zu fühlen. Ich sage zu ›fühlen‹, denn um uns zu sehen, fehlte es ja völlig am nötigen Licht.

Eines Morgens gegen neun Uhr öffnete der Kerkermeister unsern Kerker, und indem er mich und meinen Gefährten rief, befahl er uns, ihm zu folgen. Wir glaubten zuerst, daß er uns für unsere anderthalb Louisdor in einem Zimmer unterbringen wolle. Doch wir hatten uns getäuscht.

Sobald er uns aus dem Kerker herausgeführt, sagte er zu uns: »Monsieur de Lambertie, Oberrichter von Flandern, der hier den Oberbefehl hat, wünscht Sie zu sprechen. Ich hoffe«, sagte er, sich an mich wendend, »daß Sie ihm nichts von dem sagen, was letzthin vorgefallen ist.«

»Nein«, sagte ich, »denn wenn ich verziehen habe, so vergesse ich und suche mich nicht zu rächen.«

Hierauf traten wir in ein Zimmer, wo wir Monsieur de Lambertie antrafen, der uns auf das liebenswürdigste bewillkommnete.

Er hatte einen Brief von seinem Bruder, einem braven Edelmann protestantischen Glaubens, drei Meilen von Bergerac, erhalten. Mein Vater hatte uns diese Empfehlung verschafft.

Monsieur de Lambertie sagte zu uns, daß es ihm sehr leid tue, uns nicht zu unserer Freiheit verhelfen zu können. »Für jedes andere Verbrechen habe ich genug Macht und Freunde bei Hofe, um Eure Begnadigung zu bewirken; doch niemand wagt sich für irgend jemanden, der der reformierten Religion angehört, zu verwenden. Alles, was ich tun kann, ist, Ihnen den Aufenthalt in diesem Gefängnis zu erleichtern und Sie solange als möglich hier zurückzuhalten, obgleich die Kette für die Galeeren im Abgehen begriffen ist.«

Hierauf fragte er den Kerkermeister, welches gute und bequeme Zimmer er frei habe. Dieser schlug ihm zwei oder drei vor, die der Oberrichter ablehnte, indem er sagte: »Ich will nicht nur, daß diese Messieurs alle ihre Bequemlichkeiten haben, sondern sie sollen auch ihre Erholung haben, und befehle daher, daß du sie im Almosenzimmer unterbringst.«

»Aber Monsieur«, antwortete der Kerkermeister, »es sind nur Untersuchungshäftlinge in jenem Zimmer, welche Freiheiten haben, die man Verurteilten nicht zu gewähren wagt.«

»Nun gut«, erwiderte Monsieur de Lambertie, »ich will, daß du ihnen alle diese Freiheiten gestattest. Ich trage dir und deinen Schließern auf, achtzugeben, daß sie nicht aus dem Gefängnis entfliehen. Gib ihnen ein gutes Bett und alles, was sie zu ihrer Erleichterung verlangen, und zwar auf meine Rechnung, da ich nicht will, daß du auch nur einen roten Heller von ihnen nimmst.«

»Gehen Sie also, Messieurs«, sagte er zu uns, »in das Almosenzimmer; es ist das beste, luftigste und angenehmste in diesem ganzen Gefängnis; und Sie werden dort gut zu essen bekommen, ohne daß es Sie etwas kostet. Außerdem werden Sie dort Geld sammeln. Ich will«, sagte er noch zu dem Kerkermeister, »daß du Monsieur Marteilhe zum Aufseher des Zimmers machst.«

Wir dankten auf das herzlichste Monsieur de Lambertie für seine große Güte. Er sagte, daß er oft kommen werde, um sich im Gefängnis zu erkundigen, ob der Kerkermeister seine Befehle, was uns angeht, befolge, und schied sodann von uns.

Man brachte uns also in das Almosenzimmer und setzte mich zum Almoseneinnehmer ein, zum großen Leidwesen dessen, der vor mir dieses Amt versehen hatte und den man anderswohin versetzte.

Das Almosenzimmer war sehr groß und hatte sechs Betten für zwölf Untersuchungsgefangene, die immer vornehme Personen und nie aus dem gemeinen Volke waren. Außer denselben waren noch ein oder zwei junge Burschen da, die gewöhnlich wegen Taschendiebstahls oder eines anderen geringen Vergehens gefangensaßen. Diese mußten die Betten machen, das Essen zurichten und das Zimmer reinhalten. Sie schliefen in einer Ecke der Stube auf einer Strohmatratze. Mit einem Wort, sie waren unsere Kammerdiener.

Das Amt des Aufsehers, das zu bekleiden ich die Ehre hatte, war ein ziemlich beschwerliches. Derjenige, welcher damit beauftragt ist, muß alle Almosen, die für das Gefängnis gespendet werden, verteilen. Sie sind gewöhnlich sehr beträchtlich und werden alle in diese Stube gebracht.

Vor einem der Fenster hängt an einer Kette ein Almosenstock, in den die Vorübergehenden nach Belieben ihre Almosen einwerfen können. Der Aufseher des Zimmers, der den Schlüssel zu diesem Stock hat, öffnet ihn jeden Abend, um das Geld herauszunehmen und es unter alle Gefangenen zu verteilen, sowohl unter die Untersuchungshäftlinge als auch unter die Verbrecher.

Außerdem gehen die Schließer jeden Morgen mit Karren durch die ganze Stadt, um die Almosen der Bäcker, Fleischer, Bierbrauer und Fischer in Empfang zu nehmen, da ein jeder von seiner Ware etwas gab. Sie gehen auch auf den Gemüsemarkt, auf den Topfmarkt und andere; und diese ganze Kollekte wird in das Almosenzimmer gebracht, um durch den Aufseher in alle Zimmer nach der Anzahl der Gefangenen, die darin sind, verteilt zu werden.

Jeden Tag gibt ihm daher der Kerkermeister eine Liste der Gefangenen, deren Anzahl sich bei meinem Eintritt in das Gefängnis auf fünf- bis sechshundert belief.

Obgleich ich Oberverteiler dieser Almosen geworden war, konnte ich dennoch einem Mißbrauch nicht abhelfen, der mich hinderte, irgend etwas den für die Galeeren bestimmten Gefangenen zukommen zu lassen. Der Kerkermeister erhielt ihren Anteil von dem Gelde des Almosenstockes, um es, wie er sagte, dazu zu verwenden, ihnen Suppe zu kochen. Doch, lieber Gott, was für eine Suppe! Sie bestand gewöhnlich aus schmutzigen und schlechten Rindskaldaunen, die er für sie mit ein wenig Salz abkochte, deren Geruch schon Ekel erregte.

ZWEITER TEIL

AUF DEN GALEEREN

Ankunft auf den Galeeren in Dünkirchen

Nachdem wir sechs Wochen jenes glückliche Zimmer bewohnt hatten, besuchte uns Monsieur de Lambertie und sagte uns, daß die Kette am folgenden Tage nach Dünkirchen, wo sechs Galeeren des Königs wären, gehen müsse; er wolle uns jedoch für diesmal noch davon befreien, indem er uns für krank ausgeben würde, und wir sollten am selbigen Tag so lange im Bett bleiben, bis die Kette abgegangen sei.

Wir befolgten seinen Rat, was uns das Glück verschaffte, noch drei Monate an jenem Ort zu verbleiben, wo wir uns so wohl befanden. Danach ging eine andere Kette ab, mit der wir auch mit abreisten. Wie es dazu kam, werde ich im folgenden berichten.

Im Januar 1702 besuchte uns Monsieur de Lambertie und sagte uns, daß die Kette am folgenden Tag abgehen würde. Wohl könne er uns noch einmal davon befreien; doch müsse er uns mitteilen (damit wir wählen könnten, ob wir abreisen oder bleiben wollten), daß es die letzte Kette wäre, die zu den Galeeren von Dünkirchen gehen würde.* Alle folgenden Ketten würden nach Marseille gehen, welches eine Reise von mehr als dreihundert Meilen und um so beschwerlicher für uns wäre, als wir sie zu Fuß und mit der Kette am Halse machen müßten. Außerdem müsse er im März aufs Land gehen und wäre dann nicht mehr in der Lage, uns in Lille irgendeinen Dienst zu leisten.

Er riet uns daher, mit der Kette, die am folgenden Tag ihren Marsch nach Dünkirchen nehme, abzugehen. Diese Kette stände bis zu jener Stadt unter seinem Oberbefehl, und er werde uns dahin, ganz anders als die anderen Galeerensträflinge, auf der Strecke Weges, die ungefähr zwölf Meilen betrage, zu Wagen und ganz bequem geleiten lassen.

Die Gründe von Monsieur de Lambertie leuchteten uns ein, und wir nahmen seinen Vorschlag an. Der edle Mann hielt Wort. Denn anstatt daß man uns mit fünfundzwanzig oder dreißig Galeerensträflingen zusammenfesselte, aus welchen die Kette bestand und die zu Fuß gehen mußten, ließ er uns auf einem Wagen fahren. Alle Abende durften wir in einem guten Bett schlafen, und der Sergeant der Wachen, der die Kette anführte, ließ uns an seinem Tische speisen, so daß man zu Ypres, Furnes und an anderen Orten, durch die wir kamen, meinte, wir wären sehr vornehme Leute.

Doch leider, dies Wohlbefinden war nur wie ein Rauch, der bald verschwand; denn am dritten Tage nach unserer Abreise von Lille kamen wir in Dünkirchen an, wo man uns auf die Galeere ›Heureuse‹, was ›Die Glückliche‹ heißt, brachte, die von dem Kommandeur de la Pailleterie, dem Chef des Geschwaders der sechs Galeeren, die in jenem Hafen lagen,* befehligt wurde.

Man setzte einen jeden von uns sofort auf eine besondere Bank, so daß ich seitdem von meinem lieben Kameraden getrennt war. Am selben Tag unserer Ankunft gab man einem armen Ruderknecht wegen irgendeines Vergehens die Bastonade. Ich war voller Schrecken, als ich sah, wie diese Strafe vollzogen wurde, die ohne irgendein Verhör und auf der Stelle ausgeführt wurde.

Am folgenden Tag war ich nahe daran, dieselbe Strafe zu erhalten, welche mich kaum erst mit solchem Schauder erfüllt hatte, und zwar durch die Bosheit eines Schuftes von Ruderknecht, der wegen Diebstahls auf den Galeeren war.

Dieser Schurke kam zu der Bank, an die ich mit sechs anderen gekettet war, und indem er mich auf alle Weise schmähte, verlangte er von mir Geld, um auf mein Willkommen zu trinken. Ich hatte glücklicherweise auf alle seine Schmähreden nichts geantwortet, jedoch auf seine Forderung erwiderte ich, daß ich nur denen einen Willkommen gebe, die solchen nicht von mir verlangten.

Wirklich hatte ich denen auf meiner Bank, die es nicht von mir verlangt hatten, fünf oder sechs Flaschen Wein verteilt. Der Schurke aber, welcher Poulet hieß, ging zu dem Unteraufseher* der Galeeren und sagte ihm, daß ich abscheuliche Lästerungen gegen die Heilige Jungfrau und alle Heiligen des Paradieses ausgestoßen habe.

Dieser Unteraufseher, der ein grausamer, roher Mensch, wie alle seines Schlages, war, glaubte dem Bericht Poulets und kam zu meiner Bank mit dem Befehl, mich sofort zu entkleiden, um die Bastonade zu empfangen.

Man kann sich meine Aufregung vorstellen. Ich wußte nichts von dem, was Poulet zu ihm gesagt hatte. Übrigens hatte ich ja nichts gesagt noch getan, das mir diese Züchtigung zuziehen konnte.

Ich fragte meine Bankgenossen, warum man mich so behandeln wolle und ob es Brauch wäre, die neu angekommenen Sträflinge auf solche Weise zu empfangen. Sie waren jedoch ebenso überrascht wie ich und sagten, daß sie die Sache nicht begriffen. Der Unteraufseher ging jedoch auf den Kai, um dem Major der Galeeren, der sich dort befand und in dessen Gegenwart die Bastonade immer vollzogen wird, Bericht zu erstatten.

Als jener Unteraufseher jedoch auf dem Brett der Galeere war, das nach dem Kai überführt, stieß er dort auf den Oberaufseher, dem er sagte, daß er zum Major gehen wolle, um einem neu angekommenen Sträfling, der ein Hugenott sei und die schauderhaftesten Lästerungen gegen die katholische Kirche, die Heilige Jungfrau und gegen alle Heiligen vorgebracht habe, die Bastonade geben zu lassen.

Der Aufseher fragte ihn, ob er es gehört habe. Der andere verneinte es und bezog sich auf den Bericht Poulets. »Ein gutes Zeugnis«, erwiderte der Aufseher, der ein ziemlich ordentlicher und gewissenhafter Mann trotz seines Amtes war.

Er kam zu meiner Bank und fragte mich, warum ich gegen die katholische Religion Lästerungen ausgestoßen habe. Ich antwortete ihm, daß ich dergleichen nicht getan und daß meine Religion mir solches auch verbiete. Hierauf ließ er Poulet herbeirufen, den er fragte, was ich getan und gesagt habe. Dieser Schuft nun hatte die Unverschämtheit, dasselbe zu wiederholen, was er dem Unteraufseher, der zugegen war, mitgeteilt hatte. Der Oberaufseher, der sich nicht auf die Aussage Poulets verlassen wollte, fragte die sechs Galeerensträflinge meiner Bank, sodann diejenigen auf der oberen und die auf der unteren Bank.*

Diese achtzehn oder zwanzig Personen sagten ihm allesamt dasselbe aus, daß ich nicht ein einziges Wort der Art weder im Guten noch im Bösen vorgebracht habe, als Poulet sich die gröbsten Beleidigungen gegen mich erlaubte, und daß alles, was ich ihm gesagt, in der Erklärung bestanden habe, daß ich denen keinen Willkommen gebe, die ihn von mir forderten.

Nach dieser Untersuchung gab der Oberaufseher dem schändlichen Poulet eine tüchtige Tracht Prügel, worauf er ihn doppelt angekettet auf die Verbrecherbank setzen ließ.* Den Unteraufseher aber schnauzte er gehörig an, daß er sich so schnell auf den Bericht jenes Schurken verlassen habe.

So war ich denn mit der Furcht vor der Bastonade, die eine furchtbare Strafe ist, davongekommen. Man ging bei dieser schrecklichen Züchtigung folgendermaßen zu Werke:

Man entkleidet den Unglücklichen, der dazu verurteilt ist, vom Gürtel an bis oben, ganz nackt. Danach legt man ihn mit dem Bauch quer über den Köker* der Galeere, so daß seine Beine nach seiner Bank und seine Arme nach der entgegengesetzten Bank herabhängen. Man läßt ihm die Beine durch zwei Sträflinge und die beiden Arme durch zwei andere halten. Hinter ihm steht ein Aufseher, der mit einem Tau auf einen kräftigen Türken loshaut, damit dieser aus allen Kräften mit einem starken Tau auf den Rücken des armen Delinquenten schlägt.

Dieser Türke ist ebenfalls am Oberkörper ganz nackt; und da er weiß, daß man ihn nicht verschonen würde, wenn er den armen Verurteilten, den man mit solcher Grausamkeit züchtigt, auch nur im geringsten schonen würde, so führt er seine Hiebe mit allen ihm zu Gebote stehenden Kräften aus, so daß jeder Schlag, den er dem Unglücklichen versetzt, diesem eine zollhohe Schwiele verursacht.

Selten vermögen diejenigen, welche zu dieser Strafe verurteilt sind, mehr als zehn oder zwölf Schläge auszuhalten, ohne das Bewußtsein zu verlieren. Dies hindert jedoch nicht, daß man weiter auf den armen Leib eindrischt bis zu der vom Major verordneten Anzahl der Hiebe.

Zwanzig oder dreißig Hiebe sind nur für kleine Vergehen. Aber ich habe gesehen, daß man deren fünfzig oder achtzig und sogar hundert gab; doch kommt dann kaum einer mit dem Leben davon.

Nachdem nun der arme Mensch die festgesetzte Zahl Hiebe erhalten hat, kommt der Chirurgus oder Feldscher der Galeere und reibt ihm den ganz zerrissenen Körper mit starkem Essig und Salz ein, um demselben das Gefühl zurückzugeben und zu verhindern, daß der

Brand dazukommt. So geht es bei dieser grausamen Bastonade auf den Galeeren zu.

Ich war ungefähr vierzehn Tage auf der Galeere, auf die man mich anfänglich versetzt hatte. Nun muß man wissen, daß, genauso wie alle Menschen nicht gleich gut oder schlecht sind, so auch unter den Aufsehern die einen böser und grausamer als die anderen sind.

Neben der Galeere, auf der ich mich befand, war eine andere, deren Aufseher schlimmer als ein höllischer Teufel war. Er veranstaltete die ›Bourasque‹ oder die Reinigung seiner Galeere alle Tage, während die anderen dies nur jeden Sonnabend befahlen.

Während dieser ›Bourasque‹ fallen die Peitschenhiebe wie Hagel auf die Galeerensträflinge nieder, und dieses Geschäft dauert zwei oder drei Stunden.

Ich sah diese grausame Behandlung mit an, weil die Entfernung von einer Galeere zur andern nicht sehr groß war.

Die Sträflinge meiner Bank sagten zu mir unaufhörlich: »Bittet Gott, daß Ihr bei der Verteilung, die man mit euch Neuangekommenen nun bald vornehmen wird, nicht auf die Galeere kommt, welche ›La Palme‹ heißt.«

Es war dieselbe, welche unter dem grausamen Aufseher stand. Ich zitterte vor Furcht. Doch die Verteilung von ungefähr sechzig neuangekommenen Sträflingen, darunter wir waren, auf die sechs Galeeren rückte heran.

Man führte uns allesamt auf den Arsenalplatz, wo man uns vollständig auskleiden ließ, um uns an allen Teilen unseres Körpers zu untersuchen. Man betastete uns überall, wie man mit einem fetten Ochsen zu tun pflegt, den man auf dem Markte kauft.

Nachdem die Untersuchung zu Ende war, machte man Abteilungen von den Stärksten bis zu den Schwächsten.* Hierauf machte man sechs Lose, die so gleich als möglich waren, und die Aufseher zogen das Los, damit jeder seinen Anteil empfinge.

Man hatte mich zu der ersten Abteilung versetzt, und ich befand mich an der Spitze eines Loses. Der Aufseher, dem ich zugefallen war, befahl uns, ihm auf seine Galeere zu folgen.

Neugierig, mein Los zu wissen, und nicht wissend, daß derselbe Mann mein Aufseher war, bat ich ihn, mir zu sagen, welcher Galeere ich durch das Los zugefallen sei.

»›La Palme‹«, sagte er. Ein Schrei der Klage über mein Unglück entfuhr meinem Munde.

»Warum«, fragte er, »seid Ihr schlechter dran als die anderen?«

»Es ist nur deshalb, Monsieur«, antwortete ich, »weil ich in eine Hölle von einer Galeere gerate, deren Aufseher schlimmer ist als ein Teufel.«

Ich wußte nicht, daß ich mit dem Aufseher selbst sprach. Er aber sah mich ernst an, runzelte die Stirn und sagte: »Wenn ich diejenigen kennen würde, die Euch das gesagt haben, und ich bekäme sie in meine Gewalt, so würde ich schon mein Mütchen an ihnen kühlen.«

Ich sah wohl, daß ich zuviel gesagt hatte; doch die Sache war geschehen und ließ sich nicht wieder ungeschehen machen. Der teuflische Aufseher wollte mir jedoch zeigen, daß er nicht so verteufelt wäre, wie man ihm nachsagte.

Er führte seine Abteilung auf die Galeere, wo er alsbald einen Zug seiner besonderen Güte gegen mich an den Tag legte. Denn da ich jung und kräftig war, so legte der Profoß mir einen eisernen Ring und eine Kette von außerordentlicher Dicke und Schwere an das Bein. Der Aufseher aber, der es bemerkte, sagte zu ihm, indem er dazu ein sehr böses Gesicht machte, daß er sich über ihn, wenn er mir diese ungeheure Kette nicht abnehme, beim Kapitän beschweren und daß er nicht dulden werde, daß man auf solche Weise den besten Mann seiner Abteilung für das Ruder untauglich mache. Der Profoß nahm mir auf der Stelle die große Kette wieder ab und legte mir dafür eine der leichtesten an, die er hatte und die der Aufseher selbst aussuchte.

Darauf befahl er dem Profoß, mich an seine Bank, an der sein Aufseherplatz war, anzuketten. Der Aufseher ißt und schläft nämlich auf einer Bank der Galeere auf einer Tafel, die man auf vier kleine eiserne Pfeiler mit Querstangen auflegt. Diese Tafel ist lang genug, um sowohl seine Mahlzeit darauf einnehmen zu können, als auch, um sein Bett darauf herzurichten, das von einem Zelt von dickem, baumwollenem Zeug umgeben ist, so daß die Sträflinge der genannten Bank unter dieser Tafel sich befinden, die leicht wegzuräumen ist, wenn man rudern oder irgendein Manöver machen will.

Jeder der sechs Sträflinge dieser Bank hat sein Amt, um den Aufseher zu bedienen; und wenn derselbe ißt oder auf seiner Tafel sitzt (denn das ist sein Zimmer und sein Aufenthaltsort), so stehen alle Sträflinge derselben Bank sowie der Bänke zu beiden Seiten immer mit entblößtem Kopfe achtungsvoll auf.

Alle Sträflinge der Galeere trachten eifrig danach, an der Bank des

Aufsehers oder des Unteraufsehers zu sein, nicht nur weil sie die Überbleibsel von deren Tische essen, sondern hauptsächlich, weil man dort, während man rudert oder irgendein Manöver macht, nie einen Peitschenhieb bekommt. Daher nennt man diese Bänke die ›Respektbänke‹, und es ist eine Ehre, an einer solchen zu sitzen.

Ich hatte jedoch diese Ehre nicht lange, und zwar durch meine eigene Schuld, weil ich aus einem Rest von weltlicher Eitelkeit, der noch in mir steckte, es nicht über mich bringen konnte, wie die anderen zu katzbuckeln. Denn wenn der Aufseher an seiner Tafel war, legte ich mich hin oder drehte ihm, die Mütze auf dem Kopf behaltend, den Rücken zu, indem ich tat, als ob ich auf das Meer hinausschaute.

Die Sträflinge meiner Bank sagten mir oft, daß er mir das übelnehmen würde; doch ließ ich sie reden und ging meinen eignen Weg, indem ich mich begnügte, ein Sklave des Königs zu sein, ohne noch der des Aufsehers zu werden. Doch lief ich Gefahr, in Ungnade bei ihm zu fallen, was das größte Unglück ist, das einem Sträfling widerfahren kann. Indes widerfuhr mir dies nicht, denn der Aufseher, wie teuflisch man ihn mir auch geschildert hatte, war sehr vernünftig. Er erkundigte sich bei den Sträflingen seiner Bank, ob ich mit ihnen die Überbleibsel seines Tisches äße, und als er gehört, daß ich noch nie etwas davon habe kosten wollen, so sagte er: »Er hat noch große Rosinen im Kopf, laßt ihn!«

Eines Abends, nachdem er sich in seinem Zelte niedergelegt hatte, ließ er mich an sein Bett rufen, und indem er ganz leise mit mir sprach, damit die andern es nicht hörten, sagte er zu mir, er sähe wohl, daß ich nicht unter gemeinem Pack aufgewachsen wäre und daß ich mich nicht dazu herablassen könne, wie die andern zu kriechen. Er achte mich deshalb nicht weniger, aber daß er mich des Beispiels halber auf eine andere Bank versetzen würde und daß ich darauf rechnen könnte, daß ich während der Arbeit und Strapazen auf der Galeere nie weder von ihm noch einem seiner Unteraufseher einen Schlag erhalten würde.

Ich dankte ihm herzlich für seine Güte und kann sagen, daß er sein Wort hielt, was sehr viel ist, denn wenn wir auf der Fahrt begriffen waren oder während eines Manövers würde er selbst seinen Vater nicht mehr gekannt und ebenso wie jeden andern durchgebleut haben.

Mit einem Wort, er war der grausamste Mensch in seinem Amt,

den ich je kennengelernt habe, doch zu gleicher Zeit und außerhalb seines Amtes war er sehr vernünftig und immer von rechter Denkungsart.

Wir waren fünf Reformierte auf der Galeere, die er alle gleicherweise achtete, und keiner dieser fünf hat je die geringste schlechte Behandlung von ihm erfahren. Im Gegenteil zeigte er sich gegen uns, sobald sich eine Gelegenheit dazu bot, gefällig. Ich habe das erfahren, wie ich zu gegebener Zeit berichten werde. Indes will ich ein Beispiel davon erzählen, das sich im Sommer des ersten Jahres meines Aufenthaltes auf den Galeeren an einem unserer reformierten Brüder zutrug. Es ist folgendes:

Der Kapitän unserer Galeere, namens Chevalier de Langeron Maulévrier, hatte ganz die Gesinnung der Jesuiten. Er haßte uns auf das äußerste und versäumte nie, wenn wir am Ruder waren, den Oberkörper gänzlich entblößt, ohne Hemd, wie es Brauch war, den Aufseher zu rufen und ihm zu sagen: »Auf! Erfrische den Rücken der Hugenotten mit einem Salat von Peitschenhieben.«

Doch immer erhielt sie ein anderer als wir. Dieser Kapitän machte großen Staat und Aufwand für seinen Tisch, denn fünfhundert Livres, die der König monatlich jedem Kapitän der Galeere für seine Tafel gab, genügten nicht zur Hälfte für seinen Aufwand.

Die Kapitäne haben gewöhnlich für ihre Vorratskammer, die im untersten Raum der Galeere lag, einen Moses oder Wächter dieser Kammer.

Gewöhnlich hat ein Sträfling diesen Posten unter sich, welcher für den, der ihn einnimmt, sehr vorteilhaft ist, denn man ist dann vom Ruder und allen Strapazen befreit und bekommt gut aus der Küche des Kapitäns zu essen.

Nun geschah es, daß der Speisekammeraufseher des Monsieur de Langeron ihm fünfzig oder sechzig Pfund Kaffee stahl, die der Proviantmeister in der Kammer vermißte. Er zeigte dies dem Kapitän an, der, ohne irgendein Verhör anzustellen, auf der Stelle befahl, daß man dem Spitzbuben fünfzig Bastonadenhiebe gebe, was sehr pünktlich ausgeführt wurde, und ihn dann auf die Verbrecherbank bringe. Hierauf befahl der Kapitän dem Aufseher, ihm einen treuen Wächter unter den Sträflingen der Galeere auszusuchen.

Der Aufseher lachte über das Wort ›treu‹ laut auf und sagte, daß es ihm unmöglich wäre, für die Treue irgendeines dieser Verbrecher zu bürgen; daß er aber einen Sträfling kenne, der schon bejahrt und zum Rudern wenig tauglich wäre, für dessen Treue könne er ihm einstehen. »Doch ich weiß«, fügte er hinzu, »daß Sie ihn nicht nehmen mögen.«

»Warum nicht?« fragte der Kapitän, »wenn er so treu ist, wie du sagst!«

»Er ist Hugenott«, sagte der Aufseher.

Der Kapitän runzelte die Stirn und sagte: »Hast du mir keinen anderen vorzuschlagen?«

»Nein, wenigstens möchte ich nicht für einen anderen bürgen.«

»Nun gut«, sagte der Kapitän, »ich will es probieren. Laß ihn vor mich kommen!«

Dies geschah. Es war ein ehrwürdiger Greis namens Bancilhon,* geachtet wegen seiner Redlichkeit und Rechtschaffenheit, die sich deutlich auf seinem Gesicht ausdrückte.

Der Kapitän fragte ihn, ob er ihm wohl als Aufseher über die Speisekammer dienen wolle. Die Treuherzigkeit und Klugheit, mit welcher dieser ihm antwortete, erfreuten den Kapitän dermaßen, daß er ihn sogleich durch seinen Proviantmeister in der Speisekammer anstellen ließ.

Der Kapitän war mit seinem Wächter bald so zufrieden, daß er keinen so gern hatte wie ihn und ihm sogar die Börse für seine Ausgaben überließ. Wenn dann das Geld alle war, so brachte Bancilhon ihm die Rechnung über seine Ausgaben, die von dem Proviantmeister und dem Provisor* gemacht worden waren, und der Kapitän hatte ein solches Vertrauen in ihn, daß er die Rechnungen in dessen Gegenwart zerriß, ohne sie zu lesen, und sie ins Meer warf.

Dieses große Vertrauen des Kapitäns zu Bancilhon und die Sparsamkeit, die dieser zum Nutzen seines Herrn übte, erweckten bald den Neid und die Feindschaft seiner Gefährten im höchsten Grade.

Der Kapitän hatte zwei Proviantmeister, einen Provisor und einen Küchenchef, die am zweiten Tische speisten. Diese vier wollten sich oft am Champagner und anderen Delikatessen gütlich tun, die der Aufsicht Bancilhons anvertraut waren. Derselbe verweigerte ihnen dies häufig, da ihm verboten war, etwas anzurühren, außer wenn es für die Tafel des Kapitäns bestimmt war. Deshalb erfaßte jene ein solcher Haß gegen ihn, daß sie ihn zu stürzen beschlossen. Also faßten sie den Plan, eines Tages, wenn der Kapitän ein Essen veranstaltete und es in der Speisekammer viel zu tun gäbe, ein Stück von dem

Silberzeug (womit der Kapitän reichlich versehen war) zu entwenden, um Bancilhon dieses Diebstahls zu beschuldigen.

Als die Sache unter den vier Leuten beschlossen war, machte einer der Proviantmeister, entweder aus besonderem Wohlwollen gegenüber Bancilhon oder um seinen Kameraden aus seiner Stelle zu vertreiben, dem Bancilhon über die Verschwörung Mitteilung, indem er ihm sagte, daß er, wenn es nötig wäre, ihm die Sache beweisen werde.

Bancilhon, von dem Hasse jener drei gegen ihn überzeugt, beschloß, den Sturm, der früher oder später über ihn hereinbrechen würde, nicht abzuwarten, und wollte lieber sein Leben lang auf der Ruderbank arbeiten, als solchen Gefahren ausgesetzt bleiben.

In diesem Gedanken bestärkt, trat er eines Morgens, die Rechnungen in der Hand, vor den Kapitän, der noch in seinem Bett lag, und bat ihn inständigst, ihn der Bürde, seine Vorratskammer zu beaufsichtigen, zu entledigen, indem er vorgab, daß sein Alter, welches sein Gedächtnis und seine Augen schwäche, ihm nicht mehr erlaube, seiner Güte teilhaftig zu sein.

Der Kapitän, sehr überrascht, sagte zu ihm, daß hier ein anderer Grund, aus dem heraus er eine solche Bitte an ihn richte, vorliegen müsse und den er ihm auf der Stelle angeben solle, wenn er nicht seinen Unwillen erregen wolle.

Bancilhon, der sich nicht mehr herausreden konnte, gestand ihm den wahren Grund und sagte, daß Moria, der zweite Proviantmeister, ihm die Verschwörung entdeckt habe.

»Sogleich«, befahl der Kapitän, »sollen die Leute vor mir erscheinen!«

Als sie gekommen waren, drohte er ihnen, sie auf der Stelle in das Meer werfen zu lassen, wenn sie nicht die Wahrheit geständen.

Sie gestanden und baten tausendmal um Vergebung. »Also gut«, sagte darauf der Kapitän, »ich will euch nicht anders strafen, als daß ich euch erkläre, daß, sobald von diesem Augenblick an irgend etwas von dem wegkommt, was unter der Aufsicht Bancilhons steht, ich euch alle drei dafür verantwortlich mache.«

Sie wollten das abwehren, indem sie sagten, daß Bancilhon auf diese Weise sie zu jeder Zeit verderben könne. Doch der Kapitän erwiderte ihnen: »Er ist ein Ehrenmann, und ihr seid Schufte, die verdienen, den Kopf geschoren zu bekommen und an die Kette gelegt zu werden.«

Die drei zogen sich hierauf ganz bestürzt zurück und wagten sich seit jener Zeit nie wieder an Bancilhon heran, der der Lieblingsbediente des Monsieur de Langeron blieb, dessen Freundschaft auch uns, den andern vier Reformierten auf der Galeere, zugute kam.

Seegefecht bei Ostende

In demselben Jahr 1702, im Monat Juli, fuhren wir mit unseren sechs Galeeren in den Hafen von Ostende. Von dort nahmen wir, wenn das Meer ruhig war, Kurs an die Küsten von Blanquenbourg und L'Écluse in Flandern. Darauf kamen wir wieder nach Nieupoort und bis zum Eingang in den Kanal.

Eines Tages bemerkten wir auf der Höhe von Nieupoort, vier oder fünf Meilen auf offener See, ein Geschwader von zwölf holländischen Kriegsschiffen, die durch eine völlige Flaute aufgehalten wurden.

Wir machten uns auf, um sie zu rekognoszieren, und da wir sahen, daß eines ihrer Schiffe von den anderen ungefähr eine Meile entfernt war, so gingen wir mit den sechs Galeeren gerade darauf zu, um es zu beschießen.

Der Kapitän jenes Kriegsschiffes mußte offenbar noch ein sehr unerfahrener Mann sein; denn da die Galeeren nur ein sehr niedriges Deck haben und aus der Entfernung gesehen nicht sehr groß erschienen, so befahl er übermütig seiner Schiffsmannschaft: »Laßt uns unsere Winden in Bereitschaft halten, um diese sechs Schaluppen an Bord zu hieven.«

Sein Feldscher, ein französischer Réfugié namens Labadoux, der die Stärke der Galeeren besser als sein Kapitän kannte, gab sich alle Mühe, ihn zu warnen, daß er uns nicht unterschätzen möge; wenn er die Galeeren zu nahe an sein Schiff kommen ließe, so würden sie es mit Hilfe der großen Mannschaft, die sie hätten, aufbringen.

Aber trotz der Warnung tat der Kapitän nichts; er verteidigte sich weder durch seine Artillerie, noch näherte er sich dem Geschwader, was er, wenn er sich durch seine Schaluppen hätte bugsieren lassen, leicht hätte ausführen können, wodurch wir zwischen zwei Feuern gewesen und gezwungen worden wären, die Prise fahren zu lassen.

Also näherten wir uns seinem Schiff, indem wir aus allen Kräften darauf losruderten und plötzlich ›Schamade‹ machten, das ist ein

Geschrei, das die Galeerensträflinge erheben, um den Feind zu erschrecken.

Es ist tatsächlich furchtbar anzuschauen und zu hören, wenn auf jeder Galeere dreihundert Menschen, völlig nackt, auf einmal alle zusammen in Geschrei ausbrechen und ihre Ketten rütteln, deren Rasseln sich mit ihrem Geheul vermischt und diejenigen, welche dergleichen noch nie erlebt haben, mit Schauder erfüllt.

Auch die Schiffsmannschaft jenes Schiffes wurde darüber von solchem Schrecken ergriffen, daß sie alle blindlings in den Schiffsraum stürzten und um Gnade flehten. Auf diese Weise ward es den Soldaten und Matrosen der Galeeren leicht, an Bord des Schiffes zu steigen und dasselbe, welches vierundfünfzig Kanonen hatte und für sechzig eingerichtet war, aufzubringen. Allerdings war die holländische Schiffsmannschaft auch zu schwach, um Widerstand zu leisten; denn sie bestand insgesamt nur aus einhundertachtzig Mann. Dieses Schiff hieß ›das Einhorn von Rotterdam‹.*

Wir nahmen es schleunigst vor den Augen der elf anderen Kriegsschiffe des Geschwaders in Schlepp, die uns wegen der Flaute nicht verfolgen konnten, und brachten es in den Hafen von Ostende.

Während der ganzen übrigen Kampagne unternahmen wir keinen weiteren Überfall, sondern zogen uns in den Hafen von Dünkirchen in die Winterquartiere zurück.

Auch das Jahr 1703 ging vorüber, ohne daß wir etwas anderes taten, als die Küsten Englands im Kanal durch Kanonenschüsse zu beunruhigen, und dies auch nur dann, wenn es das Wetter erlaubte, denn die Galeeren sind nur bei ruhiger See zu gebrauchen. Im Winter begaben wir uns immer nach Dünkirchen, wo die Galeeren abgetakelt wurden.

Im Jahre 1704 waren wir im Hafen von Ostende, um dort ein holländisches Geschwader zu beobachten, das auf der Höhe des Hafens kreuzte. Da es windstill war, so liefen wir aus und griffen ihre Schiffe mit Kanonenschüssen außerhalb der Schußweite ihrer Artillerie an, die nicht so weit reichte wie die der Galeeren.

Die Kriegsschiffe konnten sich wegen der Windstille, die wir immer für solche Ausfälle wählten, nicht von der Stelle fortbewegen; und sobald sich ein Wind erhob, zogen wir uns nach Ostende zurück.

Eines Tages, als der Vizeadmiral Almonde mit fünf holländischen Kriegsschiffen vor Blanquenbourg kreuzte, stieß er auf einen Fischer dieser Küste, dem er einige Dukaten gab, damit er mit seiner Barke in den Hafen von Ostende fuhr, den Kommandanten der Galeeren zu benachrichtigen, daß er fünf große holländische Schiffe gesehen habe, die von Ostindien zurückkämen mit ungeheurer Fracht und so kranker Schiffsmannschaft, daß sie schwerlich einen holländischen Hafen erreichen könnten.

Dieser Fischer, seinen Instruktionen folgend, kam in den Hafen von Ostende und erstattete unserem Kommandanten Bericht, den er mit Aufzählung verschiedener sehr wahrscheinlich klingender Umstände begleitete. Er sagte unter anderem, daß er an Bord dieser Schiffe gewesen wäre und dort ein gutes Geschäft gemacht habe, da er der Mannschaft alle seine Fische verkauft habe.

Man glaubt leicht, was man wünscht. Unser Kommandant ging in das Garn, und als die Flut gegen zehn Uhr abends herankam, liefen unsere Galeeren aus, um die reiche Beute zu holen.

Es wehte ein leichter, ziemlich steifer Ostwind. Wir ruderten die ganze Nacht hindurch, und am Morgen, gegen Tagesanbruch, sahen wir unsere fünf vermeintlichen Indienfahrer, die, sobald sie uns bemerkten, so taten, als ob sie alle Segel setzen wollten, und sich alle fünf in Kiellinie aufstellten, so daß wir nur das Schiff sehen konnten, welches als Rückendeckung stand und das des Admirals war.

Diese Schiffe waren so gut getarnt, die Zierate am Heck des Schiffes waren verdeckt, die Stückpforten ihrer Kanonen geschlossen, ihre Marssegel eingeholt, kurz, sie waren so gut als Kauffahrteischiffe verkleidet, die von einer langdauernden Seereise zurückkommen, daß sie uns vollständig täuschten und wir sie wirklich für fünf Schiffe hielten, die aus Indien kamen.

Alle unsere Offiziere, Matrosen und Soldaten waren vor Freude außer sich, in der festen Hoffnung, sich mit der großen Beute zu bereichern.

Wir rückten währenddessen immer weiter vor und näherten uns auf Sichtweite der Flotte, die nur deshalb alle Segel setzte, um uns glauben zu machen, sie hätten Furcht, und um uns desto sicherer in die Reichweite ihrer Kanonen zu ziehen und desto besser zu empfangen.

Denn obgleich sie alle Segel gesetzt hatten, so wußten sie es doch mit Hilfe eines großen, doppelten Ankertaues, das sie im Meere hinten an ihren Schiffen nachschleppen ließen, einzurichten, daß sie nicht vorrückten.

Unsere sechs Galeeren ruderten daher aus allen Kräften in Schlachtreihe und mit großem Vertrauen vorwärts, daß es Indienfahrer seien, die so schwer und schmutzig an ihrem Kiele wären, daß sie nicht vorwärts kämen.

Als wir in Schußweite gekommen waren, feuerte unsere Artillerie auf sie. Das Schiff, welches die Nachhut bildete, antwortete uns durch einen Schuß aus einer kleinen Kanone von seinem Hinterkastell herab, die nicht halbwegs an uns reichte, was uns noch mehr ermutigte.

Wir rückten immer weiter vor, indem unsere Artillerie ein furchtbares Feuer eröffnete, was sie ganz gelassen ertrugen. Endlich befanden wir uns so nahe an ihrem die Nachhut bildenden Schiff, daß wir uns schon zum Entern vorbereiteten, indem wir die Streitaxt und den Säbel zur Hand nahmen, als ihr Admiral plötzlich ein Signal gab.

Unmittelbar darauf machte ihr Schiff an der Spitze eine Wendung gegen uns, und ebenso machten es die anderen Schiffe, so daß wir in einem Augenblick von den fünf großen Schiffen eingeschlossen waren, die, nachdem sie in aller Nähe ihre Geschütze längst feuerbereit gemacht hatten, ihre Stückpforten öffneten und uns so furchtbar unter Feuer nahmen, daß der größte Teil unserer Masten und unseres Takelwerkes zerstört und ein großes Blutbad unter der Schiffsmannschaft angerichtet wurde.

Da merkten wir wohl, daß diese verkappten Indienfahrer nichts anderes als gute und furchtbare Kriegsschiffe waren, die uns durch ihre Kriegslist getäuscht hatten, um uns auf die andere Seite der Sandbank zu locken, die sich zwei oder drei Meilen von dieser Küste hinzieht und welche die großen Schiffe, da sie zu tief gehen, nicht passieren können, während die Galeeren, die weniger Tiefgang haben, ohne Mühe darüber hinfahren.

Als uns nun plötzlich so übel mitgespielt wurde und wir das schlimmste befürchten mußten, so gab unser Kommandant das Signal, uns nach der Sandbank so gut als möglich zu flüchten, zu der zu gelangen uns die Feinde nicht hindern konnten.

Doch begleiteten sie uns, indem sie sich in Schlachtreihe stellten, mit einem so schrecklichen Feuer, daß wir die größte Gefahr liefen, allesamt in den Grund geschossen zu werden. Aber die Nähe der Sandbank rettete uns. Wir ruderten aus allen Kräften und erreichten Ostende wieder, jedoch in sehr elendem Zustand, mit mehr als zweihundertundfünfzig Toten und einer großen Menge Verwundeter.

Angekommen in Ostende, war unsere erste Sorge, den Fischer zu suchen, der uns so schändlich betrogen hatte. Wenn man ihn gefunden hätte, so würde man ihn augenblicklich aufgeknüpft haben; doch er war nicht so töricht, uns zu erwarten.

Unser Kommandant wurde vom königlichen Hofe nicht gerade gelobt, und jedermann wußte bald von seiner Leichtgläubigkeit, besonders aber von seiner Unvorsichtigkeit, mit der er sich in die Gefahr begab, dem Könige seine sechs Galeeren mit dreitausend Menschen zugrunde zu richten. Denn jede Galeere hat fünfhundert Mann.

Ich sagte »von seiner Unvorsichtigkeit«; denn als wir in Sichtweite der Feinde waren und er im Kriegsrat mit den anderen fünf Kapitänen seine Meinung durchsetzte und steif und fest bei der Überzeugung blieb, daß es Indienfahrer wären, so war einer der Kapitäne namens Monsieur de Fontête* der festen Meinung, daß eine Täuschung im Spiel sein könne, und sagte, daß er für gut halte, sich dessen zu versichern, indem man unsere Brigantine (ein kleines leichtes Schiff, das uns folgte) ausschicke, um die Flotte zu rekognoszieren. Als aber der Kommandant zu ihm sagte, daß er aus Furcht vor den Kanonenschüssen diese Vermutung aufstelle, so erwiderte Monsieur de Fontête ohne Zaudern:

»Also gut, Messieurs, gehen wir auf den Feind los; man wird sehen, ob ich Furcht habe.« Worte, die uns viel Blut kosteten, wenigstens der Galeere des Kommandanten; denn nachdem dieser das Signal zum Rückzug gegeben, wie ich schon erwähnte, widersetzte sich Monsieur de Fontête, erbittert über den im Kriegsrat vom Kommandanten gemachten Vorwurf, sich aus dem Treffen zurückzuziehen, indem er tat, als hätte er das Zeichen zum Rückzug nicht bemerkt.

Als aber der Kommandant nach dem Rückzug der Galeeren in der Nähe der Sandbank sah, daß diese Galeere in Gefahr sei, in den Grund gebohrt zu werden, so rief er aus: »Will Fontête mich herausfordern, daß ich ebenso tapfer sein soll wie er? Wohlan«, sagte er zu seinem Aufseher, »so laß mit aller Kraft auf den Feind zurudern!«

Der Aufseher, der seinen Tod vor Augen sah, fiel vor ihm auf die Knie nieder, ihn flehentlich bittend, das nicht zu tun; doch als der Kommandant mit der Pistole in der Hand gedroht hatte, ihm eine Kugel durch den Kopf zu jagen, wenn er nicht auf der Stelle seine Befehle ausführe, so gehorchte der Aufseher und ließ aus allen Kräften rudern, um Monsieur de Fontête den Befehl zu überbringen, sich zurückzuziehen.

Der Kommandant begab sich also noch einmal mitten in das feindliche Feuer, und die erste Kugel, die auf die Galeere abgefeuert wurde, riß dem armen Aufseher den Kopf ab.

Als der Kommandant nahe genug war, um von Monsieur de Fontête verstanden werden zu können, rief er ihm zu, sich zurückzuziehen. Jener tat es und entkam durch die Sandbank samt dem Schiffe des Kommandanten der Verfolgung der Holländer.

Während der übrigen Kampagne war uns die Lust vergangen zu neuen Unternehmungen. Die gegen die fünf vermeintlichen Indienfahrer hatte uns so völlig den Mut benommen, und wir fürchteten den Vizeadmiral Almonde so sehr, daß wir uns einbildeten, er sei mit seinen Schlichen und Kriegslisten überall. Dies geht aus folgendem Streich hervor.

Ich habe schon erwähnt, daß wir im Jahre 1702 ein holländisches Kriegsschiff, nämlich das ›Einhorn von Rotterdam‹, erbeutet hatten. Ich habe auch von einem französischen Réfugié gesprochen, namens Labadoux, der Feldscher auf jenem Schiffe war.

Nachdem wir dieses Schiff nach Ostende bugsiert hatten, brachte man seine Mannschaft in die Gefängnisse dieser Stadt. Labadoux, der als Réfugié den Galeeren entgehen wollte, nahm als Soldat auf der Galeere des Kommandanten Dienste, desertierte aber kurze Zeit danach, um nach Holland zurückzukehren.

Er wurde gefaßt und auf die Galeere zurückgebracht, wo man ihn ankettete, um ihm seinen Prozeß zu machen. Der Kriegsrat verhörte ihn, um zu erfahren, wohin er hat fliehen wollen.

»Nach Holland«, sagte er, »um die Waffen gegen Frankreich zu tragen.«

Der Kommandant, über diese Antwort bestürzt, sagte zu ihm: »Wenn du geantwortet hättest, daß du auf französisches Gebiet flüchten wolltest, so wärest du nur verurteilt worden, als Ruderknecht zu dienen, aber du legst dir selbst den Strick um den Hals.«

»Ja, Monsieur«, erwiderte er, »ich erkläre hier im Rate, wie es die Wahrheit ist, daß ich entsprechend den Befehlen des Königs und dem Kriegsrecht den Strang verdient habe, und wenn Sie anders urteilen, so werden Sie eine Ungerechtigkeit begehen.«

Der Kommandant, der sah, daß der Angeklagte aus Angst vor der Galeerenstrafe den Tod vorzog, sagte zu ihm: »Und ich, um dich strenger zu bestrafen, erlasse dir die Todesstrafe, die du wünschst, und verurteile dich zu den Galeeren.«

Und in der Tat, er wurde dazu verurteilt und blieb etwas länger als ein Jahr auf den Galeeren, bis der Vizeadmiral Almonde ihn auf folgende Weise davon befreite.

Admiral Almonde kannte und schätzte Labadoux, der auf seinem Schiff Feldscher gewesen war. Labadoux fand ein Mittel, ihm einen Brief zukommen zu lassen, durch den er ihm mitteilte, daß er auf dem ›Einhorn‹ in die Hände der Franzosen geraten und gezwungen worden wäre, als Soldat auf einer Galeere Dienst zu nehmen. Da man ihm aber gedroht, ihn unter die Ruderknechte zu stecken, so sei er desertiert, um nach Holland, seinem legitimen Vaterland, zu entfliehen. Er sei jedoch gefangen und auf Lebenszeit zu den Galeeren verurteilt worden, welche Strafe er nunmehr verbüße, jedoch in der Hoffnung, daß das Wohlwollen und die Güte des Monsieur Admiral, dessen Hilfe er anflehe, ihm seine Freiheit verschaffen würde.

Wir waren nach der schönen Unternehmung, von der ich oben gesprochen habe, in Ostende, als eines Tages eine Schaluppe mit einem Eilboten dort eintraf. Dieser Bote überbrachte einen Brief vom Admiral Almonde an den Kommandanten der Galeeren mit der Bitte, Labadoux freizulassen wegen der Ungerechtigkeit, mit der man jenen, der ein Kriegsgefangener sei, gezwungen habe, in Frankreich Dienste zu tun. Der Admiral schloß, daß man, wenn Labadoux nicht sofort freigelassen werde, andere Maßregeln ergreifen werde, die unangenehm werden könnten. Er meinte vielleicht damit, daß er kommen und die Galeeren im Hafen von Ostende verbrennen würde, was ziemlich leicht war und von uns zu einer Zeit nicht wenig befürchtet wurde.

Jener Brief hatte seine Wirkung. Nie hatte man bis dahin gesehen, daß ein Galeerensträfling oder ein türkischer Sklave der Galeeren freigesprochen worden wäre, außer auf ein Handschreiben des Königs.

Der Kommandant der Galeeren nun, sei es aus Furcht vor den Drohungen des Admirals Almonde, oder weil er froh war, eine Gelegenheit zu finden, ihn sich zu verpflichten, setzte noch an demselben Tage Labadoux auf folgende Weise in Freiheit.

Er ließ ihn in ein Zimmer auf dem Achterschiff kommen und sagte ihm unter vier Augen, daß er ihn aus Gefälligkeit gegen den Admiral Almonde freizulassen beschlossen habe. Doch müsse dies so geschehen, als ob er geflüchtet sei. Er selbst, der Kommandant, wolle ihm die Sache noch am Abend desselben Tages während der Abenddämmerung ermöglichen, indem er dem Profoß befehlen werde, ihn wie aus Versehen nicht an seiner Bank anzuketten. Labadoux sollte sich draußen vor der Galeere auf das Ruder seiner Bank setzen, und dort werde die Schaluppe der Galeere ihn abholen und ihn in Richtung von Ecluse in Flandern an Land setzen.

Alles dies ward pünktlich ausgeführt. Labadoux, dessen guter Freund ich war, bat nach dieser Unterredung mit dem Kommandanten um die Erlaubnis, auf die Galeere ›Palme‹ zu gehen.

Er kam hierher, und mich umarmend, nahm er Abschied von mir, indem er mir erzählte, auf welche Weise er desselbigen Abends befreit werden würde.

Als nun die Schaluppe ihn an das Land gesetzt hatte, machte der Profoß die Runde, um zu sehen, ob alle ordentlich angekettet wären, und fand, wie er wohl wußte, daß Labadoux geflüchtet war.

Er ließ sogleich den Kommandanten davon benachrichtigen, der in Gegenwart der Schiffsmannschaft und seiner Offiziere gegen die Fahrlässigkeit des Profosses gehörig losdonnerte, den er vierundzwanzig Stunden lang in Ketten legen ließ, während er verschiedene Abteilungen seiner Soldaten nach der entgegengesetzten Seite von dort absandte, wo Labadoux an Land gesetzt worden war, um ihn zu verfolgen.

Am anderen Tag war jedoch keine Rede mehr von der Geschichte. Hieraus mag man erkennen, welchen Eindruck die Bitte oder vielmehr die Drohung des Admirals Almonde auf den Kommandanten der sechs Galeeren gemacht hatte.

Rettung aus der Gefahr des Schiffbruchs

Während der folgenden Kampagne unternahmen die Alliierten* die Belagerung von Ostende.

Unsere sechs Galeeren lagen bewaffnet im Hafen von Dünkirchen, und Monsieur le Chevalier de Langeron, mein Kapitän, war Kommandant des Geschwaders, nachdem sein Vorgänger, der Chevalier de la Pailleterie, die Würde eines Komturs von Malta* bekommen hatte.

Unser neuer Kommandant erhielt eines Abends eine Depesche

vom Hofe mit dem Befehl, so schnell wie möglich mit den sechs Galeeren nach Ostende aufzubrechen, um die Garnison dort zu verstärken, da die Stadt von einer Belagerung bedroht war.

Wir liefen auf der Stelle aus, um uns dahin zu begeben, und nachdem wir die ganze Nacht gerudert hatten, befanden wir uns am Morgen vor Nieupoort, drei Meilen von Ostende.

Wir bemerkten an der Küste eine Menge Menschen mit Wagen und beladenen Pferden, die aus Ostende flüchteten.

Wir schickten die Schaluppe an die Küste, um Erkundigung von diesen Leuten einzuziehen, die berichteten, daß die Armee der Alliierten schon vor Ostende stände und daß der Ort noch heute gestürmt werden würde.

Bald darauf sahen wir eine sehr zahlreiche Kriegsflotte, die von der nördlichen Seite auf uns zukam und alle Segel setzte, um uns die Passage der Sandbank zwischen Ostende und Nieupoort abzuschneiden, auf welchem Wege sie in die Reede von Ostende einlaufen mußte.

Wir waren mehr als eine Stunde voraus und konnten leicht in Ostende einlaufen, ehe die Flotte angekommen war. Doch unser Kommandant bedachte die äußerste Gefahr, welcher wir in diesem Hafen ausgesetzt sein würden, der nur von einer Seite von der Landarmee geschützt ist, ferner, daß es leicht wäre für die Kriegsflotte, Brander auf uns zu treiben, die uns sehr verderblich werden konnten, und daß übrigens die Alliierten, wenn sie die Stadt nähmen, auch die Galeeren nehmen würden, was den König sehr verärgern würde. Nachdem dies alles im Kriegsrat reiflich erwogen worden war, faßte er den Entschluß, nach Dünkirchen zurückzukehren, was wir schleunigst und mit der ganzen Kraft der Ruder ausführten.

Der Chevalier de Langeron wurde vom Hofe gelobt und belohnt, weil er seine Befehle nicht ausgeführt hatte. Denn Ostende, zur See und zu Land belagert, wurde gezwungen, sich nach drei Tagen zu ergeben, und zwar nicht aus Mangel an Truppen, sondern weil es deren zuviel hatte.

Der Comte de la Motte nämlich, der ganz in der Nähe war mit einer kampfbereiten Armee von zweiundzwanzig Bataillonen und einigen Schwadronen, warf sich mit allen seinen Truppen in die Stadt, was eine große Torheit war. Denn als die Alliierten die Stadt mit Bomben, glühenden Kugeln und Karkassen* beschossen und die Leute in derselben sich wegen der großen Menge, die hier zusammengedrängt war, nicht regen noch vor den höllischen Kanonen, die ihren Feuerregen auf ihre Häupter ergossen, schützen konnten, so wurden sie gezwungen, sich unter der Bedingung zu ergeben, daß sie die Stadt ohne Waffen und Gepäck verließen und unter einem Jahre nicht wieder dienten.

Während der drei Tage, an welchen man die Stadt bombardierte, liefen wir während der Nacht ohne Feuer oder anderes Licht aus, um uns zwischen der Flotte der Alliierten mit unseren sechs Galeeren hindurchzuschlängeln und zu versuchen, von ihnen ein Transportschiff oder eine Bombardiergaliote aufzubringen; doch wollte uns dies nicht gelingen. Wir hatten daher nur das Vergnügen, das schönste Feuerwerk zu sehen, das je veranstaltet worden ist.

Es blieb uns schließlich kein anderer Zufluchtsort als der Hafen von Dünkirchen. Deshalb blieben wir den ganzen Sommer dort und wagten nur bei völliger Flaute oder bei Ost-, Nord- oder Nordwestwind auszulaufen; denn wenn uns der West- oder Südwestwind auf dem Meere überrascht hätte, so hätten wir nicht gewußt, wohin uns wenden, wenn wir unter dem Winde von Dünkirchen gewesen wären.

Dies verschaffte uns ein wenig Erholung, da wir in diesem Hafen nichts taten, was uns sehr anstrengte. Wir takelten immer im Monat Oktober ab, um zu überwintern, und im Monat April rüsteten wir, um wieder in See zu stechen.

Im folgenden Jahr 1707 hatten wir große Anstrengungen auszustehen, weil meistenteils Ostwind herrschte; denn damals patrouillierten wir fortwährend durch den ganzen Kanal.

Wir brachten ein kleines englisches Kaperschiff auf und verbrannten eines von Ostende an der Küste Englands.

Eines Tages waren wir in der sehr großen Gefahr, mit zwei Galeeren unterzugehen. Als wir uns nämlich bei dem schönsten Wetter von der Welt im Hafen von Dünkirchen befanden und kein Wölkchen am Himmel zu sehen war, rief Monsieur de Langeron, der allzugern die Küstengewässer Englands durchsuchen wollte, alle der Schiffahrt auf der offenen See kundigen Steuerleute und die Küstensteuerleute zusammen, um sie um ihren Rat hinsichtlich des Wetters zu fragen und sich zu erkundigen, ob es wahrscheinlich sei, daß das Wetter bald umschlage.

Sie stimmten alle überein, daß das Wetter unveränderlich bliebe und daß der Nordostwind uns günstiges Wetter verspräche.

Ich habe schon oben erwähnt, daß wir immer sehr vorsichtig waren, wenn es auf See ging, seitdem Ostende den Alliierten gehörte; denn wenn ein Sturmwind von West oder Südwest uns unterwegs überrascht hätte und wir hätten den Hafen von Dünkirchen verfehlt, so wären wir gezwungen gewesen, nach Norden zu steuern oder an der Küste irgendeiner Provinz, die den Alliierten gehörte, zu stranden.

Ich kehre zu dem Rat unserer Steuermänner zurück, die alle versicherten, daß das schöne Wetter fortdauern werde.

Wir hatten an Bord unserer Galeere (die, nachdem Monsieur de Langeron, unser Kapitän, Chef des Geschwaders geworden war, das Kommando hatte) einen Küstensteuermann, der früher Fischer in Dünkirchen war, mit Namen Pieter Bart.

Er war der leibliche Bruder des berühmten Jean oder Johann Bart,* Admirals des Nordens. Doch dieser Pieter Bart war nur ein armer Fischer, der sich der Völlerei und dem Genuß des Branntweins ergeben hatte, den er wie Wasser trank.

Übrigens war er ein guter Kenner der Küsten und verstand sich ausgezeichnet auf die Beobachtung des Wetters; denn ich habe nie erlebt, daß er sich je getäuscht hätte, wenn er voraussagte, welchen Wind und welches Wetter wir in zwei oder drei Tagen haben würden.

Dieser Steuermann fand jedoch weder bei den andern Steuermännern noch beim Kommandanten großen Glauben, weil er fast immer betrunken war.

Man zog ihn jedoch zu der Beratung hinzu, damit auch er seine Meinung äußere. Er sprach ein sehr schlechtes Französisch und redete jedermann mit ›du‹ an.

Er sagte nun seine Ansicht, die derjenigen der andern Steuermänner ganz entgegengesetzt war.

»Du willst in See stechen?« fragte er unseren Kommandanten. »Ich verspreche dir morgen früh eine gute Bouillon.« So drückte er sich aus und meinte damit die stürmische See.

Man machte sich über seine Meinung lustig; und sosehr er auch bat, ihn doch an Land zu setzen, so wollte der Kommandant doch nicht darein willigen.

Schließlich gingen unsere Galeeren und die des Monsieur de Fontête bei einem so schönen und ruhigen Wetter in die See, daß man eine brennende Kerze auf die Spitze des Mastbaumes hätte setzen können.

Wir ließen unsere Geschütze einen guten Teil der Nacht hindurch an der Küste von Dover und Blanquai in den Sand der Dünen donnern, sodann wandten wir uns wieder nach der Küste von Frankreich, auf die Reede von Ambleteuse, einem Dorfe zwischen Calais und Boulogne. Hier lag zwischen zwei Bergen eine Bucht, wo die dort ankernden Schiffe vor dem Ost- und Nordwestwind Schutz fanden.

Ich weiß nicht, aus welcher sonderbaren Laune heraus unser Kommandant in dieser Bucht Anker werfen wollte. Monsieur de Fontête war vorsichtiger; er blieb auf der großen Reede zurück.

Als Pieter Bart das Manöver sah, welches wir machten, um in dieser Bucht vor Anker zu gehen, schrie er sogleich, als wenn er am Spieß steckte, man solle das ja nicht tun.

Man fragte ihn nach dem Grund. Er versicherte, daß wir bei Aufgang der Sonne den größten Sturm aus Südwest haben würden, den je ein Mensch erlebt hätte; und da dieser Sturm geradewegs in diese Bucht einbrechen würde, so könnten wir nicht wieder auslaufen, sondern würden unweigerlich auf die unter Wasser liegenden Felsenriffe stoßen, von denen die Bucht voll sei und wo die Galeere auflaufen und keiner davonkommen würde.

Man machte sich über ihn, seine Angst und Meinung lustig, und wir liefen kurz vor Tagesanbruch in diese verhängnisvolle Bucht ein. Dort warfen wir zwei Anker aus, und jeder war darauf bedacht, sich ein wenig auszuruhen. Pieter Bart jedoch weinte und seufzte, in der festen Überzeugung, daß das unvermeidliche Ende nahe sei.

Schließlich brach der Tag an; der Wind blies zwar aus Südwest, doch so schwach, daß man ihn gar nicht beachtete. Doch je höher die Sonne stieg, desto stärker ward er, so daß man mit einem Mal an die Prophezeiung Pieter Barts dachte.

Man machte sich daran, die Bucht zu verlassen; doch es erhob sich einer der wütendsten Stürme so plötzlich, daß man, anstatt die Anker zu lichten, zwei andere auswerfen mußte, um sich gegen die Gewalt des Windes und der Wellen zu schützen, die uns auf die Klippen zu werfen drohten, die wir, sobald die Wogen zurückfluteten, in der Nähe des Hecks der Galeere jeden Augenblick aus dem niedrigen Gewässer hervorragen sahen. Was aber das schlimmste war, der Grund dieser Bucht taugte nichts, und die vier Anker, die wir vom Bug des Schiffes ausgeworfen hatten, konnten keinen Halt finden, so daß wir zusehends auf die Felsen zugetrieben wurden.

Der Kommandant und alle unsere Steuermänner, die sahen, daß unsere Anker nicht halten konnten, meinten, wir müßten auf die Anker zurudern, um sie zu entlasten und damit die Ankertaue nicht rissen; aber sobald man die Ruder in das Wasser brachte, um zu rudern, wurden sie von den furchtbaren Wogen weit hinweggeschleudert.

Da sah jedermann den unvermeidlichen Schiffbruch vor Augen. Alles weinte, seufzte und betete. Der Schiffsgeistliche teilte das heilige Abendmahl aus und gab denen, die eine aufrichtige Buße an den Tag legten, den Segen und die Absolution; denn zur Beichte war weder Zeit noch Gelegenheit vorhanden.

Was aber in dieser so trostlosen Lage auffallend war, war das Benehmen jener unglücklichen Sträflinge, die wegen begangener Verbrechen zu den Galeeren verurteilt waren. Diese riefen nämlich dem Kommandanten und den Offizieren mit lauter Stimme zu:

»Wohlan, Messieurs, bald werden wir alle einander gleich sein und aus demselben Glase miteinander trinken!«, woraus man sich von der Reue, die sie über ihre Verbrechen empfanden, einen Begriff machen kann.

In dieser schaudervollen Not, wo ein jeder seinen Tod vor Augen sah und ihn jeden Augenblick erwartete, bemerkte der Kommandant Pieter Bart, der traurig war und jammerte.

»Mein lieber Pieter«, sagte er zu ihm, »wenn ich dir geglaubt hätte, würden wir nicht diese Todesangst auszustehen haben. Weißt du denn keinen Ausweg, uns aus dieser großen Gefahr zu befreien?«

»Was hilft es«, erwiderte ihm Pieter, »daß ich euch rate oder handle, wenn keiner auf mich hört! Ja, ich wüßte schon einen Ausweg, durch den wir mit Gottes Hilfe dieser Gefahr entrinnen können; aber ich gestehe dir«, fuhr er in seinem schlechten Französisch fort, »wenn mir mein Leben nicht so am Herzen läge, so würde ich euch alle wie Schweine, die ihr seid, ertrinken lassen.«

Diese Grobheit wurde ihm leicht verziehen aus Nachsicht gegen sein natürliches ungeschliffenes Wesen und in der Hoffnung, daß er uns das Leben retten werde.

»Doch«, setzte er hinzu, »ich will beim Manövrieren, das euch auf den ersten Blick lächerlich vorkommen wird, in keiner Weise behindert werden; man muß meinen Befehlen gehorchen, sonst werden wir alle umkommen.«

Der Kommandant ließ sogleich durch den Tambour den Befehl

bekanntgeben, daß jedermann bei Todesstrafe den Anordnungen Pieter Barts sich fügen solle.

Hierauf fragte Pieter Bart den Kommandanten, ob er eine Börse mit Gold habe.

»Ja«, sagte der Kommandant, »hier ist sie; gebiete darüber, als ob sie dein wäre!« und gab ihm seine Börse.

Pieter nahm vier Louisdor heraus und gab sie ihm wieder zurück.

Hierauf fragte er die Matrosen der Galeere, ob unter ihnen vier Leute wären, die entschlossen genug wären, alles zu tun, was er ihnen befehlen würde, und versprach einem jeden derselben dafür ein Trinkgeld von einem Louisdor. Es boten sich mehr als zwanzig an. Er wählte darauf vier der Verwegensten aus, die er in die große Schaluppe, ›Caique‹ genannt, die sich immer auf der Galeere befindet, setzen ließ. Er gab diesen einen Anker mit, den wir noch auf der Galeere hatten; das Tau aber blieb in der Galeere zurück, um es ihnen, je mehr sie sich entfernten, immer weiter nachfolgen zu lassen. Hierauf ließ er die Schaluppe mit den vier Leuten und dem Anker durch einen Flaschenzug auf das Wasser hinab und befahl ihnen, diesen Anker hinter dem Heck der Galeere nach dem Felsen zu bringen, gegen den wir angetrieben wurden, und ihn dort auszuwerfen.

Über diesen Befehl zuckten alle die Achseln, da keiner begriff, was dieser Anker hinter dem Heck der Galeere ausrichten könnte, da er doch den Bug zurückhalten müsse. Selbst der Kommandant konnte sich nicht enthalten, ihn zu fragen, wozu dieser Anker dienen solle.

Pieter erwiderte ihm: »Das wirst du sehen, so Gott will!«

Die vier Matrosen führten den Auftrag glücklich aus, obgleich mit großer Anstrengung und indem sie Gefahr liefen, in die Wogen geschleudert zu werden, und brachten den Anker nach dem Felsen.

Als Pieter dies sah, reichte er dem Kommandanten die Hand und sagte: »Gott sei Dank, wir sind gerettet!«

Noch immer konnte man jedoch sein Unternehmen nicht begreifen.

Hierauf ließ Pieter die Segelstange herunter, befestigte daran das große Segel, rollte es zusammen und umwand es mit Seebinsen, damit, wenn die Segeltaue aufgezogen würden und die Binsen, wie vorauszusehen war, rissen, das Segel sich von selber aufspannen könnte. Danach ließ er die Segelstange wieder in die Höhe ziehen und befahl vier Matrosen, sobald er Ordre geben würde, die vier Ankertaue am

Bug der Galeere mit Äxten abzuhauen. Darauf läßt er das Tau des Ankers, den er hinter dem Schiffe an dem Felsen befestigt hatte, anziehen und straff spannen und befiehlt einem Mann, mit einer Axt dasselbe abzuhauen, sobald er den Befehl dazu erteilen würde.

Als dies alles gehörig vorbereitet war, befiehlt er den vier Männern am Bug des Schiffes, die Taue der vier Anker zu kappen.

Sobald die Galeere sich am Bug frei fühlte, fing sie an, sich zu drehen und würde, da sie am Heck festgehalten war, sich mit der Zeit gänzlich herumgedreht haben, da der Teil des Schiffes, das irgendwo angebunden ist, sich immer gegen den Wind dreht.

Als Pieter sah, daß die Galeere sich genug gedreht hatte, um ein Viertel des Windes in das Segel zu bekommen, ließ er das Spannseil des Segels ziehen. Sogleich zerrissen die Binsen, und fast gleichzeitig war das Segel ausgespannt und bekam ein Viertel von dem Wind. In demselben Augenblick ließ er das Ankertau hinten kappen, und selbst das Steuerruder ergreifend, ließ er die Galeere wie einen abgeschossenen Pfeil aus der gefährlichen Bucht auslaufen.

Wir waren nun durch die Geschicklichkeit Pieter Barts aus der großen und offenbaren Gefahr gerettet, an den Klippen dieser Bucht zu zerschellen, und befanden uns wieder auf offener See.

Es handelte sich jetzt darum, in den erstbesten Hafen einzulaufen, um vor dem wütenden Sturm Schutz zu suchen, der mehr denn je forttobte.

Dünkirchen war der einzige unter dem Winde, den wir hatten. Die Schwierigkeit, diesen Hafen zu erreichen, beunruhigte uns nicht. Wir waren nur zwölf Meilen davon entfernt, und der gewaltige Wind, der von Südwest hinter uns herblies, trug uns dorthin in weniger als drei Stunden, ohne irgendein anderes Segel als ein kleines Toppsegel, um steuern zu können.

Doch wir waren, wenigstens unsere Offiziere, in der größten Angst, weil wir befürchteten, daß der Sturm uns über Dünkirchen hinaustreiben könnte. Dann hätten wir nach Norden segeln müssen, und wegen des schlimmen Wetters wären wir am Ende Gefahr gelaufen, an den Küsten Hollands zu stranden. Das wäre nun freilich ganz und gar nach dem Wunsche der Galeerensträflinge gewesen, um so mehr aber fürchteten sich die Offiziere und die übrige Mannschaft davor. Doch war es nötig, die Sache auf gut Glück zu wagen. Wir schifften also auf Dünkirchen zu und erreichten die Reede dieses Hafens.

Unsere Galeere hatte alle ihre Anker in der Bucht von Ambleteuse gelassen; aber Monsieur de Fontête, der uns folgte, gab uns zwei, die wir auf dieser Reede auswarfen, wo das Ankern glücklicherweise sehr gut geht. Wir mußten daselbst sechs Stunden bleiben, um die Flut abzuwarten, ohne die wir nicht in den Hafen einlaufen konnten.

Während dieser sechs Stunden schwebten wir beständig zwischen Tod und Leben. Die Wogen, Bergen gleich sich erhebend, überschwemmten uns ohne Unterlaß. Man mußte die Luken auf das sorgfältigste verschlossen halten, weil sonst der Schiffsraum im Nu voll Wasser gewesen wäre und wir hätten sinken müssen.

Alles betete, sowohl auf unseren Galeeren als in der Stadt Dünkirchen, deren Bewohner uns in der großen Gefahr sahen. Man stellte in allen Kirchen das heilige Sakrament aus und ordnete an, öffentlich für uns zu beten.

Das war aber auch alles, was sie zu unserer Hilfe tun konnten; denn kein Schiff, es mochte nun ein großes oder ein kleines sein, hätte auslaufen können, um uns Beistand zu leisten.

Wir mußten nun geduldig sechs Stunden bis zum Steigen der Flut ausharren, da es dann darauf ankam, ob wir unsere Anker lichten oder die Taue allmählich nachlassen wollten, um in den Hafen einzulaufen. Aber es gab noch eine andere Schwierigkeit. Man muß nämlich wissen, daß der Hafen von Dünkirchen durch zwei mächtige Dämme gebildet wird, die fast eine halbe Meile in die See hineinreichen. Die Spitze dieser Dämme bildet die Mündung oder den Eingang des Hafens. Dieser Eingang ist schwierig für die Schiffe, die genötigt sind, von Süden her einzulaufen, wegen einer Sandbank, die sich vor dieser Mündung befindet; weshalb man, um einzulaufen, ganz nahe an der Küste von Süden her hinfahren und achthaben muß, indem man sucht, zwischen den beiden Spitzen der Dämme kurz umzuwenden, was bei der geringen Entfernung derselben voneinander und bei einem Sturm, besonders aber für Galeeren, die sehr lang sind und die man deshalb nicht leicht drehen kann, sehr schwer ist.

Alle diese Schwierigkeiten machten uns viel zu schaffen. Überdies waren die Dämme wegen des schrecklichen Sturmes von der See bedeckt, und nur wenn sich die Wellen zerteilten, konnte man den Eingang sehen.

Was war also zu tun? Man mußte einlaufen oder ohne Rettung zugrunde gehen. Alle unsere Steuermänner wußten sich nicht zu helfen und kamen außer Fassung.

Man weckte schließlich Pieter Bart, der seelenruhig in einer Bank schlief, durchnäßt von den Wellen, die uns über den Leib klatschten.

Er hatte Ordre gegeben, ihn zu wecken, sobald die Flut steigen würde. Dies tat man.

Unser Kommandant fragte ihn, ob er nicht eine Möglichkeit sähe, wie wir, ohne unterzugehen, in den Hafen einlaufen könnten.

»Ja«, sagte er, »ich werde euch auf dieselbe Weise in den Hafen bringen, wie ich es mit meiner Barke mache, wenn ich vom Fischfang zurückkomme, indem ich alle meine Segel gegen den Wind aufspanne.«

»Lieber Gott!« schrie der Kommandant. »Mit den Segeln einlaufen? Da werden wir unfehlbar umkommen; denn nie läuft eine Galeere unter Segeln in den Hafen ein, wegen der Schwierigkeit, sie durch das Steuerruder zu regieren, und da es die Ruder sind, die es lenken.«

»Aber«, sagte Pieter zu ihm, »du kannst ja nicht rudern wegen der stürmischen See.«

»Das eben ist es, was mich beunruhigt!« sagte der Kommandant.

»Wohlan«, erwiderte Pieter, »laß mich nur machen; es wird gehen!«

Wir waren indes mehr tot als lebendig; durchnäßt bis auf die Knochen, nachdem wir seit zwei Tagen weder gegessen noch getrunken hatten, weil wir weder Brot noch Wein, noch Branntwein, kurz, nichts hatten zu uns nehmen können; denn man durfte die Luken nicht öffnen, aus Furcht, daß das Wasser in die Galeere dringt. Außerdem benahm uns die Besorgnis vor der nahen Gefahr den wenigen Mut, den wir noch hatten, vollends, da wir bedachten, daß wir durch die enge Mündung zwischen den beiden Spitzen der Dämme einlaufen müßten und daß die Galeere, wenn sie unglücklicherweise nur ein wenig anstieße, in tausend Stücke zerschellen würde, so daß auch nicht Mann und Maus mit dem Leben davonkämen.

Nur Pieter Bart war ohne Furcht und machte sich über den panischen Schrecken lustig, der sich unser aller bemächtigt hatte, sowohl der Offiziere als auch der anderen, indem er uns vorwarf, wir seien verschreckt wie nasse Hühner.

Er sagte jedoch zum Kommandanten, er könne nicht vermeiden, daß der Bug der Galeere an dem Quai de la Poissonnerie, in den der Hafen auslief, zerbreche; denn wenn man mit allen Segeln einlaufe, so sei man nicht imstande, die Galeere aufzuhalten.

»Was macht das schon«, sagte Monsieur de Langeron, »er ist ja nur von Holz, und die Zimmerleute werden den Schaden wieder beheben!«

Pieter machte sich also an die Ausführung seines Unternehmens. Er läßt die Ankertaue nach, stellt die Segel, und indem er allgemein Ruhe anordnet, zieht er sich an der Küste von Süden her bis zur Öffnung der Dämme hin und steuert so geschickt, daß er in der Einfahrt eine ganz kurze Wendung machte.

Er ließ anfänglich die Segel streichen, aber die Galeere lief dennoch so geschwind, daß mehr als zwei- oder dreitausend Matrosen, die der Intendant der Stadt zu unserer Hilfe auf die Dämme geschickt hatte und die uns immerfort Taue zuwarfen, um uns aufzuhalten, nichts ausrichten konnten; denn die stärksten zerrissen wie ein Faden. Schließlich stieß die Galeere mit der Nase gegen den Quai de la Poissonnerie und zerbrach, wie Pieter vorausgesehen hatte.

Die Galeere von Monsieur de Fontête beobachtete und machte denselben Versuch wie wir und gelangte ebenso glücklich in den Hafen.

Der Kommandant wollte Pieter Bart gern an Bord behalten und versprach ihm das Doppelte seines Gehaltes. Doch dieser nahm seinen Abschied; er heuerte ab, indem er sagte: »Nein, und wenn du mir tausend Livres* monatlich geben wolltest, so würde ich ein Tor sein, einzuwilligen. Man wird mich nie wieder dazu kriegen.« Und hiermit ging er davon.

Wir liefen fast den ganzen Sommer nicht wieder aus dem Hafen von Dünkirchen aus und takelten bald ab, um zu überwintern.

Blutiges Gefecht an der Themsemündung

Im Jahre 1708, es war April, takelten wir wieder auf, und während der ganzen Kampagne steuerten wir aufs neue die Küsten Englands an, ohne daß wir mehr ausrichteten, als diese Küste in Unruhe zu versetzen, um die Truppen daselbst zu beschäftigen; doch sobald sich ein großes Schiff zum Schutz der Küste zeigte, flüchteten wir uns so schnell als möglich an die Küsten Frankreichs in irgendeinen Hafen oder eine Reede.

So trieben wir es bis zum 5. September, einem Tage, den ich nie vergessen werde, und zwar wegen eines Vorfalles, den wir hatten und wovon ich die Spuren von drei großen Wunden, die ich dabei empfing, noch an mir trage.

Ich werde diese Geschichte, die der Leser sicherlich gern erfahren möchte, erzählen; sie ist recht merkwürdig und beruht, wie alles, von dem in diesen Memoiren die Rede ist, ganz und gar auf Wahrheit. Zum Verständnis der Sache ist es jedoch nötig, ein wenig weiter auszuholen.

Zu Beginn des Sommers 1708 hatte die Königin von England unter einer großen Anzahl von Schiffen, die sie nach allen Seiten auf das Meer schickte, ein großes Küstenwachschiff von siebzig Kanonen unter dem Kommando eines verkappten und gegen sein Vaterland sehr schlecht gesinnten Papisten, wie in der Folge zu ersehen ist.

Dieser Kapitän hieß Smith. Da er zu keinem Geschwader gehörte, sondern schalten und walten konnte, wie er wollte, um seinen Verrat auszuführen, segelte er nach Göteborg in Schweden. Hier verkaufte er das Schiff, ich weiß nicht, ob an den König von Schweden oder an Privatleute; doch wie dem auch sei, er verkaufte es und nahm das Geld dafür, und nachdem er die Schiffsmannschaft verabschiedet hatte, begab er sich in Person an den Hof von Frankreich, um dem Könige seine Dienste gegen England anzubieten.

Der König nahm ihn sehr huldvoll auf und versprach ihm, daß er die erste Kapitänstelle auf einem Kriegsschiff, die sich böte, erhalten würde; doch riet er ihm, indessen nach Dünkirchen zu gehen und als Freiwilliger auf der Galeere des Chevalier de Langeron zu dienen, dem er befahl, Smith mit Achtung und allen Ehren zu behandeln.

Kapitän Smith sah wohl ein, daß der Rat Seiner Majestät eine stillschweigende Ordre war. Er gehorchte und ward vom Chevalier de Langeron sehr höflich aufgenommen und auf dessen Kosten unterhalten.

Dieser Smith nahm an allen unseren Unternehmungen an den Küsten Englands teil. Er hätte gern gehabt, daß wir oft einen Ausfall in das Land gemacht hätten, damit er sich durch Anzünden einiger Dörfer hätte auszeichnen können; doch das Wagnis war zu groß. Längs der Küste waren Wachtkorps aufgestellt, so wie in gewissen Entfernungen Abteilungen von Landtruppen lagen, welche die Seeleute wie das Feuer fürchteten.

Der Kapitän Smith, vor Haß gegen sein Vaterland brennend, hatte immer den Kopf voller Pläne, um den Engländern zu schaden. Einen solchen sandte er unter anderen an den Hof, um die kleine Stadt Harwich, die an der Mündung der Themse liegt, anzuzünden und zu plündern, und zwar mit den sechs Galeeren aus Dünkirchen, wenn dieselben seinen Befehlen unterstellt würden.

Der König billigte den Plan und gab unserem Kommandanten, Monsieur de Langeron, Ordre, die Befehle des Kapitäns Smith bei diesem Unternehmen zu befolgen, und dem Intendanten der Marine, ihn mit allem zu versehen, was er benötigte.

Monsieur de Langeron, obgleich unwillig darüber, sich genötigt zu sehen, den Befehlen eines Fremden, der nicht einmal eine ordentliche Stellung bekleidete, unterstellt zu sein, gehorchte scheinbar gern und sagte zu Smith, daß er nur über die Vorbereitungen und das Auslaufen der Galeeren zu jenem Unternehmen befehlen möge.

Smith ließ alles, was er vom Intendanten auf sein Verlangen erhalten hatte, wie Brandstoffe und was erforderlich war, um die Stadt Harwich zu erobern und zu plündern, auf die Galeeren bringen. Außerdem nahm er zur besseren Bewerkstelligung des Ausfalles eine Verstärkung von Soldaten mit.

Nachdem alles vorbereitet war, segelten wir eines schönen Morgens, den 5. September, aus; wir hatten ein Wetter, wie man es sich für die Galeeren nur wünschen konnte. Ein leichter Nordostwind war uns so günstig, daß wir mit kleinen Segeln ohne zu rudern gegen fünf Uhr abends ungefähr an der Mündung der Themse ankamen.

Doch Smith, der meinte, daß es zu früh wäre und daß man uns entdecken könnte, wodurch alles vereitelt würde, befahl, daß wir uns mehr auf die See zurückziehen und die Nacht abwarten sollten, um dann den Ausfall zu machen. Wir taten es. Doch dauerte es nicht lange, als die Wache, die wir oben auf unserem Hauptmast als Beobachtungsposten aufgestellt hatten, rief: »Schiffe!«

»Wo?« fragte man.

»Im Norden.«

»Welchen Kurs nehmen sie?«

»Nach Westen!«

»Wieviel Schiffe?«

»Sechsunddreißig.«

»Was für welche?«

»Fünfunddreißig Kauffahrteischiffe und eine Fregatte mit ungefähr sechsunddreißig Kanonen, die sie zu eskortieren scheint«, antwortete die Wache.

Es waren in der Tat Handelsschiffe, die von Texel ausliefen und ihren Weg nach der Themse nahmen.

Unser Kommandant hielt sogleich Kriegsrat, in dem beschlossen ward, daß man, ohne sich mit der Expedition von Harwich aufzuhalten, sich dieser Flotte bemächtigen solle, die für den König von größerer Bedeutung war als die Brandschatzung Harwichs. Denn es bot sich nicht alle Tage die Gelegenheit, eine so reiche Beute zu machen, während man den Feldzug gegen Harwich zu jeder Zeit unternehmen konnte.

Der Kommandant legte dem Kapitän Smith alle diese Gründe dar, der jedoch aus allen Kräften gegen den Beschluß des Kriegsrates protestierte, wobei er anführte, daß man die Befehle des Königs befolgen müsse, ohne sich auf andere Unternehmungen einzulassen, und daß wir uns sogar nach Süden zu entfernen müßten, um dieser Flotte Gelegenheit zu geben, in die Themse einzulaufen, ohne daß sie uns bemerke.

Der Kriegsrat hielt jedoch an dem gefaßten Beschluß fest, da man insgeheim froh war, daß man eine Gelegenheit hatte, den Feldzug gegen Harwich zu verhindern, und zwar aus Eifersucht auf Smith, dessen Befehlen man nur widerstrebend gehorchte.

Nach Schluß des Kriegsrates, in dem ein jeder Kapitän der Galeeren die Befehle des Kommandanten zum Angriff auf jene Flotte erhielt, setzten wir die Segel und ruderten aus allen Kräften, um derselben zu begegnen. Da sie auf uns und wir auf sie zukamen, so waren wir einander bald sehr nahe.

Unser Kommandant hatte seine Anordnung so getroffen, daß vier Galeeren die Handelsschiffe so dicht wie möglich einkreisen und sich dann an sie heranmachen sollten, um sie aufzubringen (es ist bekannt, daß der größte Teil der Handelsschiffe unbewaffnet ist), während unsere Galeere, die Flaggschiff war, mit der des Chevalier de Mauvilliers* versuchen sollte, die Fregatte anzugreifen, die den Kauffahrteischiffen zur Bedeckung diente, und sich derselben zu bemächtigen.

Dieser Anordnung entsprechend, machten sich die vier Galeeren auf den Weg, um die Handelsschiffe einzukreisen und ihnen den Weg nach der Mündung der Themse abzuschneiden; wir dagegen gingen mit der anderen Galeere, die uns als Geleitschiff diente, geradewegs auf die Fregatte los.

Die Fregatte, die unser Manöver bemerkte, begriff wohl, daß ihre

Flottille, oder wenigstens der größte Teil derselben, in der größten Gefahr war.

Es war eine englische Fregatte, und der Kapitän, der sie befehligte, einer der geschicktesten und tapfersten seiner Zeit, wovon er uns bei jener Gelegenheit einen hinlänglichen Beweis lieferte. Er gab nämlich den Handelsschiffen Ordre, alle Segel zu setzen, um so schleunigst wie möglich die Mündung der Themse zu erreichen und auf die Weise dem Zugriff der Franzosen zu entrinnen. Was ihn selbst beträfe, so dachte er, den sechs Galeeren so viel zu schaffen zu machen, daß er hoffte, sie alle zu retten. Kurz, er wollte sich für sie aufopfern.

Er zog alle seine Segel auf und stürmte in größter Schnelligkeit auf unsere beiden Galeeren los, die im Begriff waren, ihn zu attackieren, gerade als ob er selbst uns angreifen wolle.

Ich muß bemerken, daß die Galeere, die uns zur Begleitung diente, mehr als eine Meile hinter der unsrigen zurückgeblieben war, sei es, weil sie nicht mit uns mithalten konnte oder weil der Kapitän, der sie befehligte, die Absicht hatte, daß wir den ersten Angriff abfangen sollten.

Unser Kommandant, den der Ansturm der Fregatte nicht im geringsten aus der Fassung brachte, glaubte, mit seiner Galeere stark genug zu sein, um der Fregatte Herr zu werden. Er hatte sich jedoch in seiner Meinung sehr getäuscht, wie die Folge bald zeigen wird.

Da die Fregatte, wie ich schon sagte, auf uns losging, und wir auf dieselbe, so waren wir bald in Schußweite gekommen. Wir feuerten zuerst; doch der Feind erwiderte unser Feuer nicht mit einem einzigen Schuß.

Dies veranlaßte unseren Kommandanten, in großsprecherischer Weise zu sagen, daß der Kapitän der Fregatte wahrscheinlich überdrüssig sei, ein Engländer zu sein, und sich uns ohne Kampf übergeben wolle.

Doch Geduld! Sein Ton änderte sich bald. Wir rückten so rasch gegeneinander vor, daß unsere Galeere in kurzer Zeit in Flintenschußweite vom feindlichen Schiff war, und unsere Mannschaft eröffnete schon ein Musketenfeuer auf die Fregatte, als dieselbe plötzlich ein Wendemanöver ausführte, geradeso, als ob sie vor uns fliehen wollte.

Die Flucht des Feindes stärkt gemeiniglich den Mut. So ging es auch uns; denn unsere Mannschaft rief den Leuten auf der Fregatte zu, sie wären Feiglinge, weil sie den Kampf scheuten; doch wäre es nun zu spät dazu, und wenn sie sich nicht ergäben, so würde man sie in den Grund bohren. Der Engländer antwortete nichts darauf, bereitete sich aber vor, uns, wie man sogleich sehen wird, zum blutigen Tanz aufzuspielen.

Der Feind, der sich stellte, als wolle er die Flucht ergreifen, wandte uns den Achtersteven des Schiffes zu und machte es uns somit leicht, den Bord desselben zu ersteigen; denn das Manöver einer Galeere, die ein Schiff angreifen und sich desselben bemächtigen will, besteht darin, ihren Bug auf das Heck des andern zu richten, welches seine schwächste Seite ist, während im Vorderteil der Galeere sich ihre ganze Stärke und ihr ganzes Geschütz befindet. Daher stößt sie beim Angriff mit demselben auf jenes mit aller Macht, gibt aus ihren fünf Geschützstücken Feuer, und sofort ersteigt man den Bord.

Der Kommandant der Galeere, der meinte, es mit dieser Fregatte ebenso zu machen, gab sofort Ordre zum Entern und befahl dem Steuermann, direkt auf dieselbe zu zielen, um sie mit unserem Sporn zu treffen.

Alle Soldaten und Matrosen, die das Entern besorgen sollten, hielten sich mit gezogenen Säbeln und der Streitaxt in der Hand dazu bereit, als die Fregatte, die unser Manöver vorhergesehen, durch einen Druck des Steuerruders unserem Sporn auswich, der schon daran war, ihr Heck zu rammen. Hierdurch kam es, daß wir, statt zu rammen, uns plötzlich längs dem Bord der Fregatte befanden, an der wir so hart hinstrichen, daß unsere Ruder alle in Stücke sprangen.

Aber der Mut des englischen Kapitäns war bewunderungswürdig; denn da er dieses vorausberechnet, so hatte er sich mit seinen Enterhaken (welches eiserne, an Ketten befestigte Haken sind) bereit gehalten, mit denen er uns anhakte und an seinem Schiff festmachte.

Hierauf bekamen wir von ihm Geschützfeuer zu kosten. Alle seine Kanonen waren mit Kartätschen geladen. Jedermann befand sich auf der Galeere dem feindlichen Feuer völlig ausgesetzt wie auf einer Brücke oder einem Floß. Nicht ein Schuß seiner Geschütze, die mitten auf uns schossen, ging verloren, sondern richtete ein furchtbares Blutbad an. Außerdem hatte dieser Kapitän auf den Mastkörben seines Schiffes mehrere seiner Leute aufgestellt, mit Fässern voller Granaten, welche sie auf uns wie Hagel herabregnen ließen. Auf diese Weise wurde unsere ganze Schiffsmannschaft in einem Augenblick außerstand gesetzt, nicht nur einen Angriff vorzutragen, sondern auch den des Feindes in irgendeiner Weise abzuwehren.

Diejenigen, welche noch nicht verwundet oder tot waren, legten sich ganz platt hin, um sich so zu stellen, und der Schrecken war so groß, sowohl unter den Offizieren als unter der Schiffsmannschaft, daß alle dem Feinde gleichsam die Brust zum Todesstoß hinhielten.

Als dieser unseren Schrecken sah, machte er obendrein noch einen Ausfall mit vierzig oder fünfzig seiner Leute, die mit dem Säbel in der Hand auf unsere Galeere herabstiegen und alle Leute der Schiffsmannschaft, auf die sie stießen, in Stücke hieben. Doch die Ruderknechte, die zu ihrer Verteidigung nicht den kleinsten Finger rührten, wurden von ihnen verschont.

Nachdem sie nun wie Metzger alles um sich herum zerhackt hatten, gingen sie auf ihre Fregatte zurück, wo sie fortfuhren, uns mit ihrem Gewehrfeuer und ihren Granaten von fern niederzuschießen.

Als Monsieur de Langeron, unser Kommandant, sah, wie sein Schiff zugerichtet ward und daß niemand auf der Galeere mehr auf den Beinen war als er, so fürchtete er, es könnte ihm noch schlimmer ergehen, und zog selbst die Hilfsflagge auf, indem er dadurch alle Galeeren seines Geschwaders zu seinem Beistand herbeirief.

Die Galeere, die uns zur Bedeckung gegeben war, hatte uns alsbald erreicht, und die vier anderen, die schon ihren Angriff hinter sich und den größten Teil der Handelsschiffe genötigt hatten, die Segel zu streichen, ließen, als sie das Notsignal ihres Kommandanten sahen, ihre Prise fahren, verließen die Themse und eilten den Ihrigen zu Hilfe, während jene Handelsflottille ihre Segel wieder aufzog und sich in den Fluß rettete.

Alle Galeeren ruderten nun mit solcher Schnelligkeit, daß sie alle sechs in weniger als einer halben Stunde die Fregatte umgaben, die sich bald außerstande sah, mit Kanonen oder Musketen zu schießen. Auch erschien niemand von der Schiffsmannschaft mehr auf dem Oberdeck.

Man kommandierte sogleich fünfundzwanzig Grenadiere von je einer Galeere zum Entern der Fregatte. Es ward ihnen nicht schwer, an Bord zu steigen, da sich ihnen keiner zur Gegenwehr entgegenstellte.

Aber als sie auf dem Oberdeck waren, bekamen sie genug zu tun. Die Offiziere hatten sich auf das Hinterkastell zurückgezogen und schossen aus Falkonetten* mit Kartätschen auf die Grenadiere, die daran wohl merkten, daß der Feind sich noch nicht ergeben hatte.

Aber das schlimmste von allem war, daß das obere Verdeck mit einem sogenannten Caillebottis versehen war, das ist ein Gitter aus Eisenstreifen, das den Boden des Deckes bildet.

Der größte Teil der Schiffsmannschaft der Fregatte befand sich nun zwischen den beiden Böden des Ober- und Unterdecks unter dem Gitter und stach durch die Löcher desselben mit Piken in die Beine der Grenadiere, so daß sie dieselben zwangen, auf ihre Galeeren zurückzuspringen, da sie es auf dem Oberdeck nicht aushalten konnten.

Man kommandierte eine andere Abteilung, die an Bord stieg, aber schneller wieder herunterkam, als sie hinaufgestiegen war. Man mußte daher jenes Gitterwerk mit Brechstangen und anderen Instrumenten durchbrechen, um eine Öffnung im Oberdeck zu schaffen, damit man die Schiffsmannschaft der Fregatte ausheben und sich des Zwischendecks bemächtigen konnte. Dies wurde trotz der Falkonetteschüsse und der Pikenstiche, die einer großen Zahl unserer Leute das Leben kostete oder sie verwundete, ausgeführt.

Mit Hilfe einer großen Menge unserer Soldaten wurde die Schiffsmannschaft der Fregatte schließlich im Zwischendeck herausgejagt und gefangengenommen. Aber die Offiziere derselben blieben noch immer im Hinterkastell verschanzt, aus dem sie mit ihren Falkonetten tüchtig feuerten. Man mußte diesen Teil des Schiffes erst stürmen, um sich ihrer zu bemächtigen, was nicht ohne Verlust abging.

Endlich hatte sich die ganze Schiffsmannschaft ergeben, ausgenommen der Kapitän, der sich in sein Zimmer auf dem Hinterteil des Schiffes einschloß, indem er aus verschiedenen Flinten und Pistolen, die er bei sich hatte, herausschoß und wie ein Verzweifelter schwur, daß er, solange er noch ein Glied regen könne, sich nicht ergeben würde.

Die Offiziere, die schon auf die Galeere des Kommandanten als Kriegsgefangene übergestiegen waren, erzählten von ihrem Kapitän Dinge, die jedermann erschauern ließ. Sie schilderten ihn als einen verwegenen Menschen, der eher entschlossen sei, seine Fregatte in Brand zu stecken, als sich zu ergeben.

Dies erfüllte uns mit mehr Furcht und Schrecken als alles, was wir bisher am eigenen Leibe erfahren hatten, denn man mußte jeden Moment befürchten, mit der Fregatte in die Luft gesprengt zu werden. Der Kapitän war Herr des Zimmers, das zur Pulverkammer führte; er konnte daher augenblicklich Feuer legen, und wenn die

Fregatte in die Luft flog, würde es den sechs Galeeren nicht anders ergehen.

Es waren insgesamt mehr als dreitausend Mann auf den sechs Galeeren, und alle waren vor Furcht erstarrt vor dem Tod, der ihnen bevorstand.

In dieser bedrängten Lage ward beschlossen, den Kapitän auf anständige und höfliche Weise aufzufordern, sich zu ergeben, indem man ihm die beste Behandlung zusagte; allein er antwortete nur mit Flintenschüssen. Wir mußten daher zum äußersten Mittel greifen und versuchen, ihn tot oder lebendig in unsere Hände zu bekommen. Zu diesem Zweck wurde ein Sergeant mit zwölf Grenadieren kommandiert, mit am Gewehr aufgepflanztem Bajonett die Tür seines Zimmers einzustoßen und den Kapitän zu zwingen, sich zu ergeben.

Der Sergeant an der Spitze seiner Abteilung hatte die Tür bald eingestoßen; aber der Kapitän, der ihn mit der Pistole in der Hand erwartete, zerschmetterte ihm mit einem Schuß den Kopf, daß er auf der Stelle tot war. Die zwölf Grenadiere, die dies sahen und dasselbe Los befürchteten, entflohen, und es war den Offizieren nicht möglich, irgendeinen anderen Soldaten zu bewegen, wieder dahin vorzudringen, denn sie sagten, daß der Kapitän sie, da sie nur einer nach dem andern in das Zimmer eindringen könnten, alle nacheinander töten würde.

Man mußte daher, um ihn in unsere Gewalt zu bekommen, noch einmal den Weg der Güte versuchen. Der Kapitän, der nur deshalb so lange Widerstand geleistet hatte, um die Galeeren aufzuhalten und seiner Flotte Gelegenheit zu geben, in die Themse einzulaufen, bemerkte jetzt an den Laternen, welche die Schiffe trugen, daß sie ganz eingelaufen war, und ließ sich endlich zur Übergabe bewegen.

Doch um einigen maroden Schiffen der Flotte reichlich Zeit zu geben und sie unter dem Schutze der einbrechenden Nacht gänzlich der Verfolgung der Franzosen zu entziehen, schützte er noch einen Verzug vor, indem er sagte, daß er seinen Degen nur in die Hände des Kommandanten der Galeeren übergeben werde, der auf sein Schiff kommen solle, um ihn in Empfang zu nehmen.

Man vereinbarte eine Waffenruhe, um dem Kommandanten darüber Bericht zu erstatten, der seinen Stellvertreter zu dem Kapitän schickte, um ihm darzulegen, daß es sich für einen Kommandanten nicht schicke, seinen Posten zu verlassen.

Hierauf übergab der Kapitän, der sich wegen der Sicherheit seiner

Flottille keine Sorgen mehr zu machen brauchte, seinen Degen, und man führte ihn auf die Galeere hinab zu dem Kommandanten, der erstaunt war, einen kleinen, ganz entstellten Mann vor sich zu sehen, der hinten und vorn bucklig war.

Unser Kommandant empfing ihn höflich, indem er sagte, es wäre das eben das Kriegsglück, und daß er sich über den Verlust seines Schiffes mit der guten Behandlung trösten könne, die er ihm gewähren würde.

»Ich bin«, antwortete er, »um den Verlust meiner Fregatte nicht bekümmert, da ich meine Absicht erreicht habe, die darauf hinauslief, die Handelsschiffe zu retten, die mir anvertraut waren, und da ich übrigens, sobald ich Euch erblickte, den Entschluß gefaßt hatte, mein Schiff und meine eigene Person aufzuopfern zur Erhaltung des Gutes, das unter meinem Schutz stand. – Sie werden noch«, fügte er hinzu, »etwas Blei und Pulver finden, das ich keine Gelegenheit hatte, Ihnen zu übergeben; das ist alles, was Sie Kostbares auf der Fregatte finden werden. Wenn Sie mich übrigens als Ehrenmann behandeln, so werde ich oder ein anderer meiner Nation eines Tages Gelegenheit finden, es Ihnen zu vergelten.«

Dieser edle Stolz gefiel Monsieur de Langeron wohl, der, ihm den Degen zurückgebend, sehr höflich sagte: »Nehmen Sie, Monsieur, diesen Degen zurück; Sie verdienen es nur allzusehr, ihn zu tragen, und sind mein Gefangener nur dem Namen nach.«

Gleich darauf hatte unser Kommandant jedoch Grund, die Zurückgabe des Degens zu bereuen, der leicht ein Unglück hätte anrichten können; denn als der Kapitän in das Zimmer auf dem Hinterteil der Galeere geführt wurde und daselbst den Kapitän Smith erblickte, den er sogleich erkannte und auf dessen Kopf in England ein Preis von eintausend Pfund Sterling gesetzt war, so rief er ihm zu: »Verräter, du sollst den Tod von meiner Hand empfangen, da der Henker von London ihn dir nicht geben kann!«, und zugleich stürzte er, den Degen in der Hand, auf ihn los, um ihn zu durchbohren; jedoch der Kommandant fiel ihm in den Arm und verhinderte den Stoß, zum großen Leidwesen des Kapitäns, der sagte, daß es ihm lieber sein würde, ihn in seine Gewalt zu bekommen als die sechs Galeeren.

Der Kapitän Smith, äußerst aufgebracht über diese Aktion, beschwerte sich und bat den Kommandanten, seinen Gefangenen auf eine andere Galeere führen zu lassen; aber der Kommandant erwiderte ihm, daß, da dieser Kapitän sein Gefangener wäre, er, der Kapitän Smith, auf eine andere Galeere gehen möchte, während sein Gefangener bei ihm bleiben würde. Und so geschah es auch.

Wir besetzten die aufgebrachte Fregatte mit unseren Seeleuten. Das Schiff hieß ›Nachtigall‹; der Name des tapferen Kapitäns ist mir entfallen.

Wir segelten zuerst mit unserer Prise an der Themse vorbei; doch mußten wir oft den Kurs ändern, um unter dem Schutz der Nacht vier Kriegsschiffen auszuweichen, die aus der Themse kamen, um auf uns Jagd zu machen. Sie konnten uns nicht erreichen; doch waren die Umwege, die wir machen mußten, schuld, daß wir erst nach drei Tagen, jedoch ohne irgendeinen Zwischenfall, in Dünkirchen eintrafen.

Ich habe zu Anfang dieser Geschichte gesagt, daß ich nie den Tag des 5. Septembers 1708 vergessen würde, wo sich dieser Vorfall ereignete, bei dem ich drei große Wunden erhielt und nur wie durch ein Wunder dem Tode entging. Diese Sache ging folgendermaßen zu.

Man wird sich erinnern, daß wir, nachdem die Fregatte, die wir angriffen, unserem Versuche zu entern ausgewichen war und uns mit ihren Enterhaken an sich festgehakt hatte, dem Feuer ihrer mit Kartätschen geladenen Geschütze ausgesetzt waren.

Es traf sich nun, daß unsere Bank, in der ich mich mit fünf anderen Galeerensträflingen und einem Türkensklaven befand, einer Kanone der Fregatte, die ich wohlgeladen vor mir sah, gerade gegenüber zu stehen kam. Da die Schiffe Bord an Bord lagen und sich berührten, war diese Kanone uns so nahe, daß ich sie, wenn ich mich ein wenig erhoben hätte, mit der Hand hätte berühren können. Dieser gefährliche Nachbar ließ uns alle vor Angst am ganzen Leibe schlottern. Meine Leidensgefährten in der Bank legten sich platt auf den Boden, weil sie glaubten, dadurch dem Schuß zu entgehen. Als ich diese Kanone genauer betrachtete, bemerkte ich, daß sie nach unten gerichtet war und daß, da die Fregatte einen höheren Bord als die Galeere hatte, der Schuß senkrecht auf die Bank gefeuert würde, so daß wir, wenn wir uns niederlegten, ihn alle auf den Leib gebrannt bekämen.

Nachdem ich dies erwogen, entschloß ich mich, ganz gerade in der Bank stehen zu bleiben. Denn was sollte ich anderes tun, da ich sie nicht verlassen konnte, weil ich angekettet war? Ich mußte also das Feuer der Kanone über mich ergehen lassen; und da ich aufmerksam alles verfolgte, was auf der Fregatte vorging, so sah ich den Kanonier mit der brennenden Lunte in der Hand, wie er anfing, die Kanonen auf dem Vorderteil der Fregatte zu zünden und von Kanone zu Kanone zu derjenigen kam, die auf unsere Bank gerichtet war.

Da erhob ich mein Herz zu Gott und verrichtete ein kurzes, aber inbrünstiges Gebet, wie jemand, der den Todesstreich erwartet. Ich konnte meine Augen von jenem Kanonier, der sich immer mehr unserer Kanone näherte, nicht abwenden.

Er kam schließlich zu der verhängnisvollen Kanone; ich hatte die Standhaftigkeit, ihm zuzusehen, wie er die Lunte anlegte, indem ich mich immer aufrecht hielt und meine Seele dem Herrn befahl. Der Schuß ging los, und ich war plötzlich bewußtlos und niedergeworfen nicht auf die Bank, sondern auf den Köker der Galeere, denn der Schuß hatte mich so weit fortgeschleudert, wie meine Kette reichen konnte.

Ich blieb auf dem Köker, quer über den Leichnam des Leutnants der Galeere hingestreckt, und weiß nicht, wie lange ich so gelegen hatte, doch ich vermute, daß es eine geraume Zeit gewesen sein mag, während der ich ohne Bewußtsein war.

Endlich jedoch kam ich wieder zu mir. Ich erhob mich von dem Leichnam des Leutnants und schwankte in meine Bank zurück. Es war Nacht, und ich sah wegen der Dunkelheit nichts, weder das Blut noch das Gemetzel, das in meiner Bank angerichtet worden war. Ich glaubte zuerst, daß meine Gefährten in der Bank sich aus Furcht vor der Kanone niedergelegt hätten. Da ich nun nicht wußte, ob ich verwundet war, und mir nichts weh tat, so sagte ich zu meinen Gefährten: »Steht auf, Kinder, die Gefahr ist vorbei!« Doch ich erhielt keine Antwort von ihnen. Der Türke in meiner Bank, der Janitschar gewesen war und sich immer rühmte, noch nie in seinem Leben vor etwas Angst gehabt zu haben, veranlaßte mich dadurch, daß er wie die anderen liegen blieb, einen scherzenden Ton anzuschlagen.

»Wie«, sagte ich, »Jussuf, das ist also das erste Mal, daß du dich fürchtest; komm, steh auf!«, und zu gleicher Zeit wollte ich ihn beim Arme ergreifen, um ihm aufzuhelfen. Doch, o Schauder, der mich noch jetzt erzittern läßt, wenn ich daran denke – seinen Arm, von seinem Körper abgerissen, halte ich in der Hand. Voller Schrecken warf ich den Arm wieder auf den Leichnam des armen Gefährten und sah bald darauf, daß er samt den vier anderen wie Pastetenfleisch zusammengehackt war; denn die ganze Ladung der Kanone war auf sie gegangen.

Ich setzte mich auf die Bank und saß noch nicht lange dort, als ich über meinen Körper, der ganz nackt war, etwas kaltes Nasses herabfließen fühlte. Ich griff mit der Hand hin und fühlte, daß sie naß war; doch konnte ich in der Dunkelheit nicht ausmachen, ob es Blut war. Ich vermutete es jedoch, und als ich mit dem Finger dem Blut folgte, das in großen Tropfen von meiner linken Schulter herabfloß, nahe bei dem Schlüsselbein, fand ich eine großeWunde, die durch die ganze Schulter hindurchging. Ich fühlte auch eine andere durch das linke Bein, unter dem Knie, und noch eine dritte, die wahrscheinlich durch einen Holzsplitter verursacht worden war, der mir einen Fuß lang und vier Zoll breit die Haut vom Bauche hinweggerissen hatte.

Ich verlor eine Unmenge von Blut, ohne von irgend jemand Hilfe zu erhalten, da alles tot war, sowohl in meiner Bank als auf der über und unter mir, so daß von achtzehn Personen, die wir auf den drei Bänken waren, nur ich mit meinen drei Wunden, und zwar von der Ladung jener einzigen Kanone, davongekommen war.

Man wird dies leicht begreifen, wenn man sich vorstellt, daß diese Kanonen bis zum Rand geladen waren, und zwar zuerst mit einer Pulverhülse, dann mit einer langen Büchse von Eisenblech, dem Kaliber des Kanonenlaufs entsprechend und mit großen Musketenkugeln gefüllt, während das übrige des Laufes mit allerlei alten Eisenstücken angepfropft war. Wenn man also diese Kanonen abfeuert, zerspringt die Büchse; die Kugeln und das alte Eisen verbreiten sich auf unvorstellbare Weise nach allen Seiten und richten ein schauderhaftes Blutbad an.

Ich mußte daher auf Hilfeleistung warten, bis man nach beendigtem Gefecht die Sachen wieder in den alten Stand setzen würde; denn auf der Galeere war alles in einem schrecklichen Durcheinander. Man wußte nicht, wer tot, verwundet oder noch am Leben war; man hörte nur das jämmerliche Schreien und Stöhnen der Verwundeten, die in großer Zahl herumlagen. Der Köker, der sich mitten durch die Galeere, vier Fuß breit, von einem Ende zum anderen erstreckte, war so mit Toten bedeckt, daß man nicht darauf gehen konnte.

Die Bänke der Ruderer waren gleicherweise zum größten Teil nicht nur mit toten oder verwundeten Galeerensträflingen, sondern auch mit Seeleuten, Soldaten und Offizieren dermaßen bedeckt, daß die Lebenden sich nicht regen noch bewegen konnten, weder um die Toten in das Meer zu werfen, noch um den Verwundeten Hilfe zu leisten. Hinzu kam noch die Dunkelheit der Nacht, und daß wir nicht wagten, weder Leuchtpfannen noch Laternen anzuzünden, weil man befürchtete, von der Küste aus gesehen und von den Kriegsschiffen in der Themse angegriffen zu werden. Bedenkt man das, so wird man sich von dem furchtbaren Chaos und der Verwirrung auf unserer Galeere einen Begriff machen können.

Dies dauerte tief in die Nacht hinein, bis man nach beigelegtem Kampf und geschehener Übergabe der Fregatte alles so gut wie möglich wieder instand setzte.

Die anderen fünf Galeeren halfen uns, indem sie unsere Toten und Verwundeten, Ruder und anderes Gerät, welches wir verloren hatten, ersetzten; denn sie hatten bei weitem nicht soviel Schaden und Verlust wie wir erlitten.

Man bemühte sich aufs eifrigste und in aller nur möglichen Stille, alles wieder in Ordnung zu bringen.

Ich sage in Stille und ohne Licht; denn wir sahen auf der Themse eine Menge brennender Leuchtpfannen und hörten verschiedene Signalschüsse von Kanonen, woraus wir schlossen, daß es Kriegsschiffe waren, die nach uns suchten.

Das erste, was man auf unserer Galeere tat, war, die Toten ins Meer zu werfen und die Verwundeten in den unteren Schiffsraum zu bringen. Aber Gott allein weiß, wieviel Unglückliche für Tote gehalten und in das Meer geworfen wurden, die es nicht waren. Denn in dieser Verwirrung und Dunkelheit hielt man manchen für tot, der entweder aus Schrecken oder aus Blutverlust nur ohnmächtig geworden war.

Ich befand mich selbst in dieser traurigen Lage; denn als die Profosse* zu meiner Bank kamen, um dort die Toten und Verwundeten von ihren Ketten zu lösen, lag ich regungslos in Ohnmacht und ohne Bewußtsein unter den anderen, die in ihrem und meinem Blute schwammen, das aus meinen Wunden reichlich floß. Die Profosse schlossen daraus sofort, daß alle in der Bank tot wären. Man machte sie nun von ihren Ketten los und warf sie ins Meer, wobei man nicht erst untersuchte, ob sie tot waren oder noch lebten; und es reichte ihnen, wenn sie einen nicht mehr schreien oder sprechen hörten. Diese Leichenbestattung ging übrigens sehr eilig vonstatten, so daß sie in einem Augenblick eine Bank leer hatten. Bei meinen Gefährten allen bestand kein Zweifel darüber, ob sie tot oder lebendig waren; man warf sie in Stücken und Fetzen in das Meer.

Nur ich lebte noch, doch lag ich mitten unter anderen, regungslos und ohne irgendeinen Laut zu geben, da. Man hielt mich für tot, machte mich von der Kette los und wollte mich ins Meer werfen. Ich war jedoch am linken Bein, an dem ich, wie ich oben erzählte, verwundet worden war, angekettet. Der Profoß nahm mein Bein mit der ganzen Hand, um es auf den Amboß zu halten, während ein anderer den Eisenstift aus dem eisernen Ring, der die Kette hielt, herausnahm. Der Mann, der in dieser Weise mein Bein auf den Amboß hielt, drückte zufällig und zu meinem Glück mit dem Daumen heftig auf meine Wunde, was mir einen solchen Schmerz verursachte, daß ich laut aufschrie, und ich hörte, daß der Profoß sagte: »Dieser Mann ist nicht tot.«

Da ich erriet, worum es sich handelte und daß man mich in das Meer werfen wollte, rief ich sogleich aus (denn der Schmerz hatte mich wieder zum Bewußtsein gebracht): »Nein, nein, ich bin nicht tot.«

Die Folge davon war, daß man mich in den unteren Schiffsraum zu den übrigen Verwundeten brachte und mich auf ein Schiffstau warf. Welch ein Ruhebett für einen Verwundeten voller Schmerzen!

Wir Verwundeten befanden uns alle in dem unteren Schiffsraum, und zwar alle durcheinander, Seeleute, Soldaten, niedere Offiziere und Galeerensträflinge, ohne Unterschied, auf dem harten Lager liegend und ohne daß man nur irgendeine Hilfe leistete; denn da die Zahl unserer Verwundeten zu groß war, so konnten die Feldschere uns nicht alle verbinden.

Was mich betrifft, so war ich drei Tage in diesem schrecklichen Raum, ohne mit etwas anderem verbunden zu werden als mit einer Kompresse, die in ein wenig Branntwein mit Kampfer getaucht war, um das Blut zu stillen, ohne irgendeinen größeren Verband oder ein Arzneimittel.

Die Verwundeten starben wie die Fliegen in diesem Raum, wo eine erstickende Hitze und ein schauderhafter Gestank herrschten, was unsere Wunden so sehr verschlimmerte, daß der Brand überall dazukam.

In diesem jämmerlichen Zustand kamen wir drei Tage nach dem Kampf auf der Reede von Dünkirchen an. Dort brachte man sofort die Verwundeten an Land, um sie nach dem Hospital der Marine zu schaffen.

Ebenso wie die anderen brachte man mich mit Hilfe eines Flaschenzuges aus dem Schiffsraum heraus, indem man mich wie ein Stück Vieh in die Höhe zog.

Mehr tot als lebendig wurden wir in das Hospital gebracht. Dort quartierte man alle Galeerensträflinge, getrennt von den freien Leuten, in zwei großen Sälen zu je vierzig Betten ein, wobei man uns sorgfältig an den Fuß des Bettes kettete.

Um ein Uhr nachmittags kam der Oberwundarzt, um uns zu untersuchen und zu verbinden, in Begleitung von allen Feldschern der Kriegsschiffe und Galeeren, die sich in dem Hafen befanden. Ich war dem Oberwundarzt sehr angelegentlich empfohlen worden. Dies ging so zu, wie ich im folgenden erzählen werde.

Das Hospital zu Dünkirchen

Seit dem Jahr 1702, da ich auf die Galeeren von Dünkirchen gebracht wurde, ward ich durch meine Verwandten aus Bordeaux, Bergerac und Amsterdam einem reichen und renommierten Bankier namens Monsieur Piécourt empfohlen, der in Dünkirchen ein Haus besaß und sich oft dort aufhielt.

Er war aus Bordeaux gebürtig, Protestant von Haus aus und von Herzen, aber nach außen hin Papist. Ich werde für einen Augenblick den Faden meiner eigentlichen Geschichte unterbrechen, um von dem zu sprechen, was zu Anfang meiner Gefangenschaft auf den Galeeren von seiten desselben M. Piécourt mir geschah.

Er gehörte, wie man sagt, zur besseren Gesellschaft, war freigebig wie ein Fürst, und seine Börse war immer geöffnet, den großen Herrschaften, die ihm sehr schmeichelten, Vergnügen zu bereiten.

Monsieur Piécourt nun, von verschiedenen Seiten und von Leuten, die er besonders hochschätzte, zu meinen Gunsten angegangen, hielt es wohl der Mühe wert, mir einen Dienst zu erweisen; denn er sah ein, daß er sich, wenn er mir zur Freiheit verhelfen könnte, wenigstens seine besten Freunde für die geleisteten Freundschaftsdienste sehr verpflichten würde.

Er sprach zu meinen Gunsten mit Monsieur le Chevalier de Langeron, meinem Kapitän, der mir ihm zuliebe, denn er war ein großer Freund von ihm, einige Erleichterung auf der Galeere gewährte. Aber er wollte seine Güte noch weiter treiben und bat daher eines Tages meinen Kapitän, daß er am folgenden Tage, der gerade Weihnachten war, morgens acht Uhr gütigst Befehl erteilen möchte, mich zu ihm zu führen.

Er wählte diese Zeit aus, um nicht seine Frau zum Zeugen zu haben, denn sie war eine bigotte Papistin und mußte an jenem Morgen bis Mittag in der Kirche bleiben.

Monsieur de Langeron kam Tage zuvor auf seine Galeere (im Winter logierten diese Messieurs nicht auf den Galeeren), um dem Profoß den Befehl zu erteilen, daß er mich ohne Kette zu Monsieur Piécourt führe und an der Tür auf der Straße oder im Vorhof des Hauses warte, bis ich meine Geschäfte mit ihm abgemacht hätte. Dies wurde ausgeführt.

Monsieur Piécourt ließ mich in sein Zimmer treten, wobei er zu seinen Bedienten sagte, daß er für niemand zu sprechen wäre. Er fing damit an, mir auf das angelegentlichste zu versichern, wie sehr er sich freue, mir einen Dienst zu erweisen, und fügte hinzu, daß ihm ein Mittel eingefallen sei, das ihm, wenn ich ihm nur die Hand dazu reichte, gewiß gelingen würde.

Ich dankte ihm für seine Güte und sagte, daß ich gern alles tun würde, was er wünsche, sofern es sich nur in Übereinstimmung mit meinem Gewissen bringen ließe.

»Das Gewissen«, meinte er, »wird wohl dabei etwas zu schaffen kriegen; doch wird das so unbedeutend sein, daß Sie es nicht fühlen werden, und wenn Sie irgend etwas Böses daran finden sollten, so werden Sie sich in Holland davon bald reinigen. – Hören Sie mich an«, sagte er sodann, »ich bin Protestant wie Sie. Ich habe wegen meines Vermögens Gründe, vor der Welt den Heuchler zu spielen, und glaube, daß ich damit kein so großes Übel begehe, da man in seinem Innern nicht abfällt. Hören Sie nun«, fuhr er fort, »welches Mittel ich für geeignet gefunden habe, Sie in Freiheit zu setzen. Monsieur de Pontchartrain,* Staatsminister der Marine, ist mein Freund und schlägt mir nichts ab. Sie brauchen nur ein schriftliches Versprechen abzulegen, das ich ihm schicken werde, worin Sie geloben, wenn Sie in Freiheit sein werden und in welchem Lande auch immer, als guter römischer Katholik zu leben und zu sterben. Sie werden keine Zeremonie auszustehen haben, und niemand wird wissen, was Sie versprochen haben. Außerdem werden Sie nicht Gefahr laufen, Ihren Brüdern zum Ärgernis zu werden. Wenn Sie dies tun«, fuhr er fort, »so kann ich Ihnen versichern, daß Sie, ehe vierzehn Tage verstrichen sind, in Freiheit gesetzt sein werden, und ich werde es übernehmen, Sie sicher und ohne die geringste Gefahr nach Holland zu bringen. Was denken Sie darüber?«

»Ich denke, Monsieur«, erwiderte ich ihm, »daß ich mich getäuscht habe, Sie für einen guten Protestanten zu halten. Sie sind Protestant, aber das Wort ›gut‹ muß man weglassen. Es tut mir dies sehr leid, und ich bitte Sie, mir zu verzeihen, wenn ich mir die Freiheit nehme, Ihnen zu sagen, daß Sie nichts sind, indem Sie sich für einen Protestanten halten. Wie, Monsieur«, fuhr ich fort, »können Sie glauben, daß Gott taub und blind ist und daß das Versprechen, das Sie mir vorschlagen, auch wenn es den Augen der Menschen verborgen bleibt, ihn nicht auf das höchste beleidigen würde, und zwar ebensosehr und sogar noch mehr, als wenn ich es einem einfachen Geistlichen gegeben hätte? Denn ich brauche dasselbe ja nur dem Geistlichen der Galeere, auf der ich mich befinde, zu geben, so würde er mir sofort meine Freiheit verschaffen. Täuschen Sie sich nicht, Monsieur«, sagte ich ferner, »Ihre eigenen Gedanken über die Wahrheit verurteilen Sie; denn Sie wissen ebensogut wie ich und sogar viel besser, daß, wenn das Bekenntnis, welches wir Gott in unserem Herzen ablegen, nicht durch dasjenige unseres Mundes bestätigt wird, dieser Glaubensakt, der eine Tugend ist, zu einem großen Verbrechen wird.«

Er führte mir noch einige andere Gründe an, um die Strenge, die das Evangelium uns gebietet, zu mildern. Ich wies sie jedoch alle zurück in der Weise, wie mein Glaube und mein Gewissen es mir eingaben. Ich sagte ihm in der Folge des Gespräches, daß ich nicht glaube, daß meine Eltern, die mich seiner Güte empfohlen hatten, ihn ersucht hätten, mir meine Freiheit auf Kosten meines Gewissens zu verschaffen.

»Nein«, sagte er, »gewiß nicht, weit davon entfernt, und ich möchte um vieles in der Welt nicht, daß sie es wüßten.« Darauf umarmte er mich mit Tränen in den Augen, indem er wünschte und Gott anrief, mir die Gnade zu gewähren, in einem eines Bekenners der Wahrheit so würdigen Sinn zu verharren.

»Ich liebe Sie nicht mehr«, sagte er, »um der Empfehlung willen, sondern aus reiner Achtung für die herrliche Gesinnung, die ich an Ihnen sehe, und Sie können darauf rechnen, daß ich mit aller Sorgfalt die Gelegenheit wahrnehmen werde, mich Ihnen behilflich zu erweisen.«

Hierauf bot er mir so viel Geld an, als ich brauchen würde und zu welcher Zeit es auch wäre. Ich dankte ihm herzlich, worauf ich von ihm Abschied nahm und auf die Galeere zurückkehrte. Seit jener Zeit besuchte Monsieur Piécourt mich auf der Galeere, indem er mir immer seine Dienste anbot.

Als er daher gehört, daß unsere Galeere beim Aufbringen jener englischen Fregatte viele Leute verloren hatte, kam er sofort in den Hafen, um sich nach mir zu erkundigen. Er erfuhr, daß ich schwer verwundet worden war und daß man mich schon ins Hospital gebracht hatte. Unverzüglich begab er sich zum Oberwundarzt des Hospitals, mit dem er befreundet war, und empfahl mich seiner Sorge ebensosehr, als wenn ich sein eigener Sohn gewesen wäre.

Deshalb kann ich sagen, daß ich nach Gott diesem Oberwundarzt mein Leben verdanke, da derselbe gegen seine Gewohnheit (denn er tat sonst nichts, als seine Befehle zu erteilen) sich die Mühe gab, mich selbst zu verbinden.

Bei der ersten Visite, die er in unserem Zimmer machte, zog er seine Schreibtafel aus der Tasche und fragte, wer Jean Marteilhe hieße. Ich meldete mich. Er trat zu meinem Bett und fragte mich, ob ich Monsieur Piécourt kenne.

Ich bejahte diese Frage und sagte, daß er die Güte gehabt hatte, mir seit sechs oder sieben Jahren, die ich bisher auf den Galeeren habe verbringen müssen, soviel als nur möglich Erleichterung zu verschaffen.

»Die Art und Weise«, sagte er darauf zu mir, »in der er Sie meiner Sorgfalt empfohlen hat, beweist mir hinlänglich die Wahrheit dessen, was Sie mir sagen. Deshalb werde ich mit Freuden seinen Wunsch erfüllen. Lassen Sie mich Ihre Wunden sehen!«

Die größte Wunde war auf der Schulter, sie war sehr gefährlich. Sobald er den ersten und einzigen Verband, den der Feldscher der Galeere mir angelegt hatte, sah, rief er denselben herbei und machte ihm Vorwürfe, indem er sagte, daß er ein Schinder wäre, indem er mich so schlecht behandelt habe, und daß, wenn ich sterben würde, wie zu befürchten wäre, er sich den Vorwurf zu machen hätte, daß er mich auf dem Gewissen habe. Denn der Verband, den der Feldscher mir angelegt, bestand nur aus einer in Branntwein getauchten Kompresse, welche Nachlässigkeit bewirkt hatte, daß der Wundbrand bereits eingetreten war.

Unser Feldscher entschuldigte sich, so gut er konnte, und bat den Oberwundarzt, zu erlauben, daß er mich verbinde. Derselbe verweigerte es jedoch und erklärte allen anderen, daß ich sein Patient sei und daß er wolle, daß kein anderer als er selbst mich künftig verbinde.

Tatsächlich behandelte er mich mit solcher Sorgfalt und wandte so große Vorsicht gegen das Umsichgreifen des Brandes, der in allen meinen Wunden war, an, daß ich nach menschlichem Ermessen sagen kann, er habe mir das Leben gerettet.

Es starben wohl drei Viertel unserer Verwundeten, von denen der größte Teil nicht so gefährlich verwundet war wie ich. Diese große Menge von Leuten, die im Hospital starben, sowohl von der Schiffsmannschaft der Galeeren als von den Galeerensträflingen, brachte das Gerücht in Umlauf, daß die englische Fregatte ihre Kugeln vergiftet gehabt hätte. Doch glaube ich, und mit mir alle verständigen Leute, daß dies nichts als eine Verleumdung war, die der Haß erzeugte, den die Franzosen gegen die Engländer hegten.

Ich habe hierüber den Oberwundarzt, der in seiner Wissenschaft der geschickteste Mann Frankreichs war, sprechen hören. Derselbe behauptete, daß der Tod unserer Verwundeten nur daher rühre, daß die Ladung der Kanonen zum größten Teil aus schmutzigen und verrosteten Eisenstücken bestand, welche das Fleisch um die Wunden herum, die sie machten, zerrissen. Dies und die Nachlässigkeit, die die Feldschere der Schiffe sich zuschulden kommen ließen, als sie den ersten Verband anlegten, war die Ursache, daß die Verwundungen tödlich ausgingen.

Hinzufügen muß ich, daß in den Hospitälern, wie dasjenige war, wo wir lagen und wo vierzig oder fünfzig Feldschere für die Verbände da waren, jeder, ohne einen Unterschied zu machen, den ersten besten, der ihm unter die Hand kam, verband. Auf diese Weise geschah es selten, daß ein einziger Feldscher zweimal denselben Verwundeten verband.

Mit mir war dies anders; denn wie ich schon sagte, ich wurde immer durch den Oberwundarzt verbunden, der meine Wunden in weniger als zwei Monaten heilte. Doch ließ er mich noch einen Monat zu völliger Genesung dableiben, damit ich wieder recht zu Kräften kommen konnte.

Der Direktor des Hospitals, dem ich auch empfohlen war, hatte den Brüdern des Franziskanerordens, die dieses Hospital betrieben, anbefohlen, mir alles zu geben, was ich verlangen würde, was meine Gesundheit und die Heilung meiner Wunden sehr beförderte; denn ich wurde beköstigt und versorgt wie ein Fürst.

Nach Ablauf von drei Monaten, die ich im Hospital zugebracht
hatte, war ich stark und dick geworden wie ein Mönch, und nachdem
der Oberwundarzt mir ein Zeugnis, von seiner eigenen Hand ausgestellt, gegeben hatte, daß ich durch meine Wunden für das Ruder
und andere Galeerenarbeit untauglich geworden sei, wurde ich auf
meine Galeere in die gewöhnliche Bank zurückgeschickt.

Befreiung von der Ruderbank

Bei Beginn der folgenden Kampagne im April des Jahres 1709 wurden die Galeeren wieder aufgetakelt und gerüstet. Der Aufseher verteilte die Rudersträflinge nach Klassen, einen jeden in seine Bank. Es
sind immer sechs Rudersträflinge an jedem Ruder, und der stärkste
ist immer Vorruderer, das heißt der erste am Ruder, und dieser hat
die meiste Arbeit. Er gehört zur ersten Klasse. Der zweite am Ruder
gehört zur zweiten Klasse und so fort bis zur sechsten Klasse. Der
letzte hatte fast gar keine Mühe; deshalb setzt man den kränklichsten
und schwächsten der Bank dahin.

Nun muß ich bemerken, daß ich, als ich verwundet wurde, zur ersten Klasse gehörte, und der Aufseher hatte mich aus Versehen oder
anderen Gründen auf seiner Liste unter dieser Klasse gelassen, die
ich, der ich fast verkrüppelt war und die Hand kaum zum Munde
führen konnte, wegen der Schwäche meines Armes nicht erfüllen
konnte.

Ich begab mich daher von selbst zur sechsten Klasse, indem ich
gewärtig war, daß die Probe bei mir angestellt würde. Diese Probe ist
schrecklich; denn bei der ersten Ausfahrt, die man in die See macht,
haut der Aufseher auf einen gebrechlich gewordenen Sträfling so
furchtbar mit seiner Peitsche los, bis er wie tot niederfällt. Dadurch
will er sich überzeugen, ob einer sich etwa mit Fleiß und in der Absicht, der schweren Ruderarbeit enthoben zu werden, als gebrechlich
ausgibt.

Es geschah nun, daß wir zum ersten Male in diesem Jahr aus dem
Hafen ausliefen, und nachdem der Aufseher (der sich immer vorn
auf der Galeere aufhält, bis man auf der großen Reede ist) die Galeere hatte auslaufen lassen, untersuchte er jede Bank, um zu sehen,
ob die Ruderklassen alle richtig besetzt wären.

Er hatte ein dickes Tau in der Hand, mit dem er ohne Unterschied auf diejenigen losschlug, die sich nach seiner Meinung nicht mit voller Kraft in die Ruder legten.

Ich war auf der sechsten Bank auf dem hinteren Teil der Galeere, und da er seine Musterung auf dem vorderen Teil derselben begonnen und schon durch die Hiebe, die er ausgeteilt, ehe er an meiner Bank war, in große Hitze geraten war, so machte ich mich in der größten Angst darauf gefaßt, daß er mich ganz unbarmherzig behandeln würde.

Schließlich gelangte er zu unserer Bank, und als er dabei stehen bleibt, befiehlt er mit wilder Gebärde dem Vorruderer, mit Rudern aufzuhören. Darauf wendet er sich zu mir mit den Worten: »Du Hugenottenhund, komm hierher!«

Ich zog an meiner Kette, um mich dem Köker zu nähern, auf dem er stand, mein Herz vor Furcht zusammengeschnürt und fest glaubend, daß er mich nur deshalb zu sich rufe, um mich desto besser durchprügeln zu können.

Ich näherte mich ihm daher, meine Mütze in der Hand haltend, in demütig bittender Stellung. »Wer hat dir befohlen zu rudern?« fragte er.

Ich erwiderte ihm, daß ich als Krüppel, wie er an meinen Wunden sehen könne (denn ich war bis zum Gürtel nackt, wie es am Ruder Brauch ist), und da ich nur einen Arm gebrauchen könne, gemeint habe, ihn am besten anzuwenden, indem ich den Gefährten meiner Bank Hilfe leistete.

»Danach frage ich dich nicht«, erwiderte er; »ich frage, wer dir befohlen hat zu rudern?«

»Meine Pflicht«, sagte ich.

»Und ich«, sagte er, »will nicht, daß du noch irgendein anderer von meinen Ruderknechten, wenn er sich in ähnlicher Lage befindet, rudert, denn wenn man schon diejenigen nicht freigibt, die im Kampf verwundet worden sind, wie das Gesetz befiehlt, so werde ich wenigstens nicht leiden, daß sie rudern.«

Dies sagte er, damit die anderen Rudersträflinge es billigten und damit man nicht glauben sollte, daß er die Reformierten begünstige.

Nachdem er diese Worte gesprochen, denen ich lauschte, als wenn ein Engel vom Himmel erschienen wäre, so entzückt war ich vor Freude, rief er den Profoß und sagte zu ihm: »Nimm diesen Hund von einem Krüppel und stecke ihn in die Vorratskammer.«

Der Profoß kettete mich daher von der verhängnisvollen Bank los,

wo ich sieben Jahre vor Anstrengung so habe schwitzen müssen, und führte mich in die Vorratskammer im Schiffsraum hinab.

Der Aufseher über die Vorratskammer, der ein Galeerensträfling war, mit dem ich schon seit zwei oder drei Jahren Freundschaft geschlossen hatte, obgleich er der römischen Kirche angehörte, war ein junger Mensch von ungefähr drei- oder vierundzwanzig Jahren, ein hübscher Bursche und Sohn eines ehrenwerten Edelmannes aus der Provinz Limousin, der mehr wegen eines jugendlichen Streiches als wegen eines schweren Verbrechens auf den Galeeren war. Er hieß Goujon.

Als der arme Goujon mich in seine Vorratskammer eintreten sah, fiel er mir um den Hals. »Mein lieber Freund«, sagte er, »ist es wahr, daß wir nun nicht nur Freunde, sondern auch Kameraden sein werden?«

Wir wünschten uns gegenseitig Glück, während die Galeere ohne die Hilfe unserer Arme vorwärts ruderte; und da wir Zeit hatten, uns zu unterhalten, so teilte er mir seine Geschichte, die ich nur bruchstückweise kannte, mit. Ich werde dieselbe dem Leser bald erzählen, da sie sehr merkwürdig ist und in diesen Memoiren einen Platz zu finden verdient.

Doch nehme ich jetzt den Faden meiner Geschichte wieder auf: Die Galeeren gingen an jenem Tage und die folgende Nacht auf Fahrt in den Kanal, worauf sie wieder auf die Reede von Dünkirchen zurückkamen.

Sobald wir dort den Anker ausgeworfen und das Zelt aufgespannt hatten, ließ mich der Aufseher, welcher auf der Tafel seiner Bank saß, rufen. Ich ging zu ihm.

»Sie haben gesehen«, sagte er zu mir, »was ich zu Ihrer Erleichterung getan habe. Es macht mir große Freude, diese Gelegenheit gefunden zu haben, um Ihnen zu zeigen, wie sehr ich Sie und alle die von Ihrer Religion schätze; denn Sie haben niemandem etwas zuleide getan, und ich denke, daß, wenn Ihre Religion Sie verdammt, Sie in jener Welt hinlänglich dafür bestraft werden.«

Ich dankte ihm herzlich für die Güte, die er mir bewies. Hierauf fuhr er fort und sagte: »Ich bin ziemlich in Verlegenheit, da ich nicht weiß, wie ich mich in dieser Sache verhalten soll, um mir den Schiffspriester nicht auf den Hals zu laden, der mir es nicht ungestraft hingehen lassen wird, daß ich einen Hugenotten begünstige. Ich denke jedoch, daß ich ein Mittel kenne, das hoffentlich gelingen wird. Der

Schreiber von Monsieur de Langeron, unserem Kommandanten, ist gestorben, und er ist in Verlegenheit, einen anderen zu bekommen. Ich werde ihm vorschlagen, Sie zu nehmen, und ich werde es auf eine Weise tun, daß ich überzeugt bin, er wird es mir nicht abschlagen. Dadurch werden Sie nicht nur von der Plackerei befreit, sondern sogar von einem jeden geachtet sein, und ich werde vor dem Tadel des Schiffspriesters sicher sein. Jetzt gehen Sie in die Vorratskammer; man wird Sie bald rufen.«

Ich tat, wie mir geheißen, und der Aufseher begab sich sofort zu Monsieur de Langeron, um mit ihm zu sprechen. Er berichtete ihm ausführlich, daß auf der sechsten Bank ein Mann wäre, an dessen Stelle er lieber ein Vieh haben möchte; daß dieser Rudersträfling sich für gelähmt ausgäbe und daß er ihn durch eine Tracht Hiebe auf die Probe gestellt habe. Da er aber nichts mit ihm habe anfangen können, so habe er ihn aus der Bank nehmen lassen, zumal er seine Gefährten am Rudern nur störe und hindere.

Hierauf fragte ihn Monsieur de Langeron, auf welche Weise ich ruderuntauglich geworden wäre. »Durch die Wunden«, erwiderte der Aufseher, »die er beim Kampf mit der ›Nachtigall‹ vor der Themse bekommen hat.«

»He, und wie kommt es«, fragte der Kommandant, »daß er nicht ebenso wie die anderen befreit worden ist?«

»Daher«, versetzte der Aufseher, »daß er Hugenott ist.«

Hieraus geht hervor, daß es Gesetz ist, diejenigen, die in einem Kampfe verwundet worden sind, vom Rudern zu dispensieren, sie mögen was für ein Verbrechen auch immer begangen haben, ausgenommen die Reformierten.

»Doch«, fügte der Aufseher hinzu, »der Bursche kann schreiben und beträgt sich sehr gut, und ich glaube, daß er Ihnen, da Sie einen Schreiber suchen, als solcher gute Dienste leisten wird.«

»Er soll kommen!« befahl der Kommandant. Sogleich wurde ich gerufen. Sobald er mich sah, fragte er mich, ob ich nicht mit Monsieur Piécourt befreundet sei?

Ich bejahte es.

»Wohlan«, sagte er, »du wirst mein Schreiber sein; man bringe ihn in die Vorratskammer, und niemand soll ihm etwas zu befehlen haben als ich.«

So wurde ich denn zum Schreiber des Kommandanten. Ich wußte, daß er Wert auf Sauberkeit legte, und ließ mir daher einen kleinen, roten Rock machen (denn ein Sträfling muß diese Farbe tragen). Auch ließ ich mir Leibwäsche machen, die ein wenig fein war.

Ich hatte die Erlaubnis, mir die Haare wachsen zu lassen, und kaufte mir eine scharlachrote Mütze. Und so geputzt und recht sauber stellte ich mich dem Kommandanten vor, der sich freute, mich in solcher Kleidung zu sehen, die ich mir auf meine Kosten hatte machen lassen.

Er befahl seinem Proviantmeister, daß man mir bei jeder Mahlzeit täglich eine Schüssel von seiner Tafel und eine Flasche Wein auftrage, was auch alle Tage während der Kampagne von 1709 geschah, und ich kann sagen, daß es mir in dieser Zeit an nichts fehlte, ausgenommen natürlich die Freiheit.

Ich war bei Tag und bei Nacht ohne Kette und hatte nur einen Ring am Fuß. Ich hatte ein gutes Lager und konnte ruhen, während alle anderen mit dem Schiff zu tun hatten. Ich hatte gute Kost, war geehrt und geachtet von den Offizieren und der Schiffsmannschaft und vor allem sehr geliebt und wertgehalten von dem Kommandant und dem Major der sechs Galeeren, seinem Neffen,* dessen Sekretär ich war.

Zu gewissen Zeiten hatte ich allerdings sehr viel zu schreiben und gab mir dabei solche Mühe, daß ich ganze Nächte damit zubrachte, um meine Schriftstücke sogar eher zu übergeben, als der Kommandant es erwartete.

In dieser glücklichen Lage befand ich mich bis zum Jahre 1712, da es Gott gefiel, mich wieder auf eine Probe zu stellen, die um so schwerer und um so bitterer war, da ich mich durch die vier Jahre guter Zeit an das Wohlbefinden gewöhnt hatte.

Ich will hier nichts von den Jahren 1710, 1711 und dem größten Teil des Jahres 1712 sagen, während welcher die Galeeren abgetakelt im Hafen von Dünkirchen blieben, da Frankreich von allem in seiner Marine so beraubt war,* daß man nicht eine Schaluppe rüsten konnte, so daß sich nichts Außergewöhnliches und Erzählenswertes bis zum Monat Oktober 1712 ereignete, zu welcher Zeit unsere großen Leiden und besonders die unserer Glaubensbrüder eintraten.

Doch ehe ich dazu komme, werde ich die Geschichte Goujons, wie ich versprochen habe, erzählen.

Geschichte Goujons

Goujon war aus Serche im Limousin* gebürtig und der Sohn vornehmer und reicher Eltern. Er war der jüngste von drei Brüdern. Der eine von seinen Brüdern war Hauptmann in dem Picardieregiment und der andere Fähnrich bei den Musketieren des Königs.

Goujon hatte auch Neigung für den Militärdienst. Man hob ein neues Regiment in seiner Provinz aus, welches das Regiment d'Aubesson hieß. Der größte Teil der Jugend jenes Landes trat in dasselbe ein.

Fast alle Offiziere gehörten zum Adel des Limousin. Goujon hatte darunter verschiedene Verwandte und Freunde, unter anderen einen seiner Oheime namens Monsieur de Labourlie, der Oberstleutnant war. Daher gehörte nicht viel dazu, Goujon Lust zu machen, auch zum Militär zu gehen. Sein Vater wollte, daß er nur als Kadett eintrete, um ihm in der Folge eine höhere Stelle in einem alten Regiment zu verschaffen. Daher ward Goujon von seinem Vater großartig ausgestattet, der ihn mit allem Gelde versah und später versehen ließ, das er brauchte, um eine gute Figur abzugeben.

Als das Regiment vollzählig war, marschierte es von dort ab und ward in Gravelines, einem kleinen Ort vier Meilen von Dünkirchen, in Garnison gebracht.

Goujon war gut erzogen worden; er hatte seine Studien gemacht und alle für einen jungen Edelmann schicklichen Übungen gelernt und verstand es vollkommen, seine Herkunft zu behaupten. Immer sauber und prächtig, mit seiner Jugend und einer schönen Gestalt viel Geist verbindend, erwarb er sich bald die Freundschaft und Achtung aller Leute; und da er mit allem, was es an vornehmer Gesellschaft in Gravelines gab, in Verkehr trat, so war er bald bei dem schönen Geschlecht dort beliebt und faßte selbst eine zärtliche Neigung für eine junge Demoiselle, welche dieselbe völlig verdiente.

Die junge Dame war schön, geistreich und sehr wohlhabend. Sie war die einzige Tochter eines alten pensionierten Offiziers, der unermeßliche Güter besaß.

Die jungen Leute liebten sich leidenschaftlich, und ihre Verbindung konnte daher nicht lange geheimgehalten werden. Sie gelobten einander die Ehe, und Goujon schmeichelte sich, daß der Vater der Tochter sie ihm mit Freuden geben werde.

In dieser Hoffnung hielt er um sie bei dem Vater an; aber er wurde zu seinem großen Leidwesen nicht nur kurz abgewiesen, sondern mußte auch das strenge Gebot des Offiziers hören, der ihm hinfort jeden Besuch bei seiner Tochter untersagte.

Desgleichen verbot er seiner Tochter auf das strengste und unter Androhung des Klosters, den Kavalier ferner zu sehen.

Dieses Verhängnis betrübte unsere beiden Liebenden außerordentlich, die, da sie keinen Ausweg sahen, den guten Greis zu erweichen, den Plan faßten, die Flucht zu ergreifen und sich an irgendeinen Ort zu begeben, wo sie sich ohne Hindernis heiraten könnten. Sobald dies beschlossen war, machte Goujon die zur Entführung der Mademoiselle nötigen Vorbereitungen.

Er bestellte zu diesem Behufe eine Postkutsche außerhalb der Stadt und zeigte seiner Geliebten den Tag an, an dem sie heimlich das Haus ihres Vaters verlassen und sich an einen bestimmten Ort des Walles begeben sollte.

Die Schwierigkeit war, aus der Stadt hinauszugelangen. Dies konnten sie nur unter dem Schutz der Finsternis bewerkstelligen; aber die Tore der Stadt wurden vor Einbruch der Nacht geschlossen.

Guter Rat war teuer, doch die Liebe, diese große Lehrmeisterin, die nur allzuoft den Verstand auf Kosten der Vernunft erleuchtet, zeigte Goujon einen Ausweg, der sich ihm jedoch nicht so günstig erwies, wie er ihn sich vorgestellt hatte.

An einer Stelle des Walles war eine alte Bresche, die man vernachlässigt hatte. Goujon kannte sie sehr genau, da er dort mehr als einmal hinaufgestiegen war, wenn er zu lange außerhalb der Stadt geblieben war und nicht mehr durch das Tor in die Stadt gelangen konnte.

Zwar war an jener Bresche immer eine Schildwache aufgestellt, der es bei Todesstrafe verboten war, irgend jemand dort passieren zu lassen. Doch da in Gravelines keine anderen Truppen als die des Regimentes d'Aubesson standen, dessen sämtliche Soldaten Goujon kannten und liebten, zumal er jedesmal, wenn er durch die Bresche in die Stadt stieg, der Schildwache ein Trinkgeld gab, so hoffte er, mit seiner Schönen trotz des aufgestellten Wachtpostens ohne Mühe an jener Stelle aus der Stadt zu gelangen.

Er stellte sich daher an dem zur Zusammenkunft bestimmten Orte ein, und die Demoiselle verfehlte denselben auch nicht.

Goujon nahm sie am Arm und führte sie auf jene Bresche zu, als ein ungehobelter Bursche, der gerade dort Wache hielt und der erst seit kurzem angeworben worden und noch dazu ein Diener des Vaters Goujons gewesen war, jemanden herankommen hörte und »Wer da?« schrie.

»Gut Freund«, erwiderte Goujon.

Der Soldat, der ihn an der Stimme erkannte, rief ihm zu, er solle nicht näher kommen, wenn er nicht die Kugel seiner Flinte in den Leib bekommen wolle.

Goujon rief ihn bei seinem Namen und redete ihm freundlich zu, indem er ihm ein Trinkgeld versprach, wenn er ihn durch die Bresche hinabsteigen lassen wolle. Der Soldat aber, der seinen Befehl genau nahm, erwiderte ihm, daß er um alles Geld der Welt sich nicht in Gefahr begeben wolle, aufgeknüpft zu werden.

Goujon ging dennoch vorwärts; aber der Soldat, nachdem er ihn noch einmal aufgefordert, sich zurückzuziehen, und bemerkt hatte, daß er immer noch vorwärts ging, legt das Gewehr an und schießt. Doch, da das Feuer nicht gefangen hatte, so springt Goujon, von Wut erfüllt, sogleich auf den Soldaten los, faßt ihn mit seinen Armen um den Leib und wirft ihn vom Wall in den Graben hinab, der trokken war. Der Soldat, dem der Sturz jedoch keinen Schaden zugefügt hatte, schreit aus Leibeskräften. Es war aber in der Nähe ein Stadttor und daneben ein Zollhaus, wo ungefähr zwölf Zöllner, alles Bürger der Stadt, sich belustigten.

Sobald sie die Schildwache im Graben schreien hörten, griffen sie alle nach ihren Waffen und liefen zu der Stelle, wo Goujon war, die einen mit Pistolen, die anderen mit Degen und Säbeln bewaffnet und schreiend: »Zu Hilfe dem König!«

Goujon, der den Sturm hereinbrechen sieht und sich nicht retten kann, ohne seine Geliebte bloßzustellen, die für ihr ganzes Leben entehrt gewesen wäre, wenn er sie verlassen hätte, faßte einen edelmütigen Entschluß.

»Retten Sie sich schleunigst, Mademoiselle«, sagte er zu ihr, »und suchen Sie so schnell als möglich wieder in Ihr Haus zu gelangen, während ich mich diesen Leuten entgegenstellen werde, um Ihr Entkommen zu begünstigen.«

Dies tat sie, ohne daß jemand sie bemerkt hätte. Jedoch Goujon ward von den zwölf Zöllnern eingekreist und attackiert. Er griff nach dem Degen, stieß vier jener Leute über den Haufen, daß sie tot niedersanken, und verwundete vier andere, während er selbst mehrere Wunden davontrug.

Nun befand sich in der Nähe, wo dies vorfiel, eine kleine Schenke, wo damals ein Sergeant der Kompanie Goujons war, der, das Schreien und das Klirren der Waffen hörend, herauskam und fragte, was es gäbe.

Goujon, der seine Stimme erkannte, rief ihm zu: »Ich bin's, mein Freund La Motte, den man ermordet.«

La Motte nimmt den Degen zur Hand und läuft auf einen der Zöllner zu, der eine Pistole in der Hand hatte, die er auf La Motte abfeuerte; doch in demselben Augenblick stößt dieser jenem den Degen durch den Leib, so daß beide zu gleicher Zeit zu Boden sanken.

Während dieses Gemetzels hörte das nächstliegende Wachtkorps das Geschrei »Hilfe dem König!« und alarmierte die ganze Garnison, die sogleich unter Waffen trat und sich nach dem Orte begab, wo das Gefecht vorgefallen war.

Goujon war aus Schwäche, die der Blutverlust bewirkte, zu Boden gesunken. Er blutete aus vier Wunden, denn er hatte zwei Degenstiche mitten durch den Leib, einen Säbelhieb über den Kopf und einen anderen in die rechte Hand bekommen, so daß ihm der Degen aus der Hand gefallen war.

Der Platzmajor, der mit dem nächststehenden Posten seines Wachtkorps herangekommen war, ließ die Toten und Verwundeten in das Hospital der Stadt tragen oder führen.

Alle Offiziere des Regimentes, besonders der Oberstleutnant, der damals Kommandant des genannten Regimentes war, wendeten diese Sache, um Goujon zu retten, ganz und gar zum Nachteil der Zöllner, welche sie des Aufruhrs, des Mordes und des gewaltsamen Angriffs auf Soldaten des Königs beschuldigten.

Man bemäntelte, ja man unterdrückte die Geschichte mit der Schildwache, die von Goujon in den Wallgraben hinabgeworfen worden war, obgleich diese Sache die Veranlassung zu dem großen Blutbade gegeben hatte.

Übrigens bildete das Verhältnis von zwölf Bürgern gegen zwei Leute vom Militär einen sehr unvorteilhaften Umstand, der wider die Zöllner sprach, und man benützte denselben, um Goujon zu retten; und wie ungerecht auch das Verfahren war, die sieben übriggebliebenen Zöllner aufzuopfern, so verfuhr man doch gegen sie mit der äußersten Strenge.

Der Kriegsrat nahm die Sache in seine Hand, und nach angestellter Untersuchung sprach er in aller Eile das Urteil. Er rechtfertigte Goujon und lobte ihn, daß er als Ehrenmann, um sein eigenes Leben zu retten und zum Dienst des Königs vier Bürger von zwölfen, die ihn angegriffen, getötet habe, und verurteilte die sieben Zöllner, das Los zu ziehen, indem drei von ihnen gehängt und vier zeitlebens zu den Galeeren verurteilt werden sollten.

Die ganze Bürgerschaft war über diesen Urteilsspruch des Kriegsrates empört. Der Magistrat* nahm sich der Sache an und begab sich insgesamt zum Gouverneur, um gegen das Urteil in dieser Sache, das sich der Kriegsrat gegen die Bürger, zum Nachteil der Rechte der Magistratur, angemaßt hatte, zu appellieren.

Der Gouverneur wurde zugleich gebeten, die Vollstreckung des Urteils aufzuschieben, damit der Magistrat sein Gesuch an den König richten und ihn um eine Entscheidung in dem Prozeß, ohne Berücksichtigung des Kriegsrates, bitten könne, um gegen die Zöllner, wenn sie wirklich für schuldig befunden würden, nach der Strenge der Gesetze vorzugehen.

Der Gouverneur konnte eine so vernünftige Bitte nicht abweisen; er bewilligte ihnen einen Aufschub für die Vollstreckung des Urteils des Kriegsrates von dreißig Tagen und befahl auf Nachsuchen des Magistrats, daß Goujon bis zur Entscheidung des Prozesses in das Stadtgefängnis gebracht würde.

Der Magistrat machte seinen Bericht, indem er ohne Rückhalt und der Wahrheit gemäß auseinandersetzte, auf welche Weise die Sache sich ereignet hatte. Man vergaß auch nicht, das Verbrechen Goujons anzuführen, dessen er sich an der Schildwache schuldig gemacht. Außerdem ward noch nachgewiesen, daß die Zöllner, welche die Partei des Königs und der Ruhestiftung genommen, Goujon, ehe sie zu irgendeiner Feindseligkeit schritten, gebeten hatten, im Namen des Königs die Waffen zu strecken; daß derselbe sehr respektswidrig erwidert habe: »Was schert mich der König und seine ganze Familie?«

Diese Unbesonnenheit kam Goujon teuer zu stehen; denn der König, der genau davon unterrichtet worden war, hat sie ihm nie verzeihen wollen.

Der Hof befahl nach Untersuchungen des Berichtes, daß das Urteil des Kriegsrates für nichtig erklärt würde, überließ die Entscheidung in dem Prozeß dem Magistrat und schärfte demselben ein, dabei nach der Strenge der Gesetze vorzugehen.

Infolge dieser Ordre des Hofes sprach der Magistrat das endgültige Urteil aus, das die Zöllner freisprach und Goujon zum Galgen verurteilte, doch ihm aus Rücksicht auf seinen Stand die Wahl ließ, entweder aufgeknüpft oder am Fuße des Galgens erschossen zu werden.

Man kann sich die Bestürzung denken, die dieses Urteil im Regiment hervorrief. Der Oberstleutnant, der Oheim Goujons, geriet in Verzweiflung. Er lief sofort zum Gouverneur, um ihn inständigst zu bitten, die Vollstreckung dieses Urteils nicht zu erlauben und ihm einen Aufschub von zwölf Tagen zu gestatten. Der Gouverneur gewährte ihm denselben, und sogleich setzte sich der Oberstleutnant in die Postkutsche und reiste an den Hof, um bei demselben die Begnadigung seines Neffen zu erwirken.

Er warf sich dem König zu Füßen, indem er ihn flehentlich bat, Goujon zu begnadigen. Aber der König, empört über die Ehrfurchtslosigkeit und Unverschämtheit, die Goujon gegen ihn und die königliche Familie geäußert hatte, blieb unbeugsam.

Der Oberstleutnant ließ aber nicht locker; er setzte Himmel und Erde in Bewegung und ließ Madame de Maintenon bitten, die, wie jedermann wußte, einen mächtigen Einfluß auf den König hatte.

Sie nahm sich der Sache an, und trotz des Widerstrebens des Monarchen gegen die Begnadigung Goujons setzte sie dieselbe beim König durch, der befahl, daß Goujon lebenslänglich auf den Galeeren von Dünkirchen bleiben solle, indem er hinzufügte, daß er nicht wolle, daß man weiter von der Sache spräche.

Der Oberstleutnant kam eiligst wieder nach Gravelines, indem er die Entscheidung des Königs über die Verwandlung der Todesstrafe in lebenslängliche Haft auf den Galeeren bei sich trug.

Er stieg beim Gouverneur ab, dem er das Urteil mit der Ordre des Königs übergab, die dahin lautete, daß Goujon ohne Nachsicht auf die Galeeren abgeführt würde und daß sein Kopf und der des Kommandanten der Garnison dafür haften sollten.

Der Oberstleutnant beriet sich hierüber mit dem Gouverneur, und um zu verhindern, daß die Garnison nicht etwa den Plan fasse, Goujon aus seiner Haft zu befreien, beschlossen sie vorzugeben, Goujon sei völlig begnadigt worden unter der alleinigen Bedingung, daß er in der Kompanie des Chevalier de Langeron, des Kommandanten der Galeeren von Dünkirchen, als Soldat diene.

Hierauf begab sich der Oberstleutnant in das Gefängnis, wo Goujon schon von zwei Kapuzinern zum Tode vorbereitet wurde, den er am folgenden Tag erleiden sollte.

Sobald der Oberstleutnant ihn erblickte, rief er ihm zu: »Mut, mein Neffe, du wirst noch nicht sterben; ich habe deine vollständige Begnadigung erhalten, und der König hat verordnet, daß du als Soldat in der Kompanie des Chevalier de Langeron dienen sollst. Diese Strafe ist so gut wie keine, da wir dich bald wieder von dort entfernen werden, indem wir ein Offizierspatent für dich erwirken. Morgen werden zwei Schützen, nur der Form halber, dich abholen, um dich nach Dünkirchen zu geleiten und dem Chevalier de Langeron vorzustellen; du wirst also frei sein, indem du als Soldat dienst.«

Goujon ging leicht in die Falle. Am anderen Tage kamen zwei Schützen, die genaue Ordre hatten, zum Gefängnis, begrüßten Goujon höflich und sagten zu ihm, daß sie alle drei nach Dünkirchen reiten würden, nicht etwa, als ob sie ihn als Gefangenen dahin geleiten wollten, da er das nicht wäre, sondern als wenn sie einen Spazierritt dahin machten.

Goujon, der sich die Sache leicht einreden ließ, war mit seinem Schicksal sehr zufrieden. Ebenso waren es die Offiziere des Regimentes, die ebensowenig wußten, worum es eigentlich ging, und die zahlreich zu seinem Gefängnis kamen, um ihm Glück zu wünschen und Lebewohl zu sagen.

Darauf steigt er zu Pferd mit seinen zwei Schützen und macht sich auf den Weg. Als sie aber eine Strecke von der Stadt entfernt waren, schützte einer der Schützen eine Notdurft vor und blieb hinter Goujon, während der andere vor ihm her ritt.

Als sie in dieser Reihenfolge bei den Dünen angekommen waren, wendete der Schütze, der voranritt, mitten in einem engen Hohlweg plötzlich sein Pferd auf Goujon zu und sagte zu ihm, die Pistole in der Hand haltend, daß er ihm den Kopf zerschmettern würde, wenn er auch nur den geringsten Widerstand leistete.

Während dieser Schütze Goujon auf solche Weise in Schach hielt, hatte sich der andere schon daran gemacht, ihm die Beine unter dem Bauche des Pferdes zu binden und seine Hände zusammenzuketten.

Man kann sich die Betrübnis des jungen Mannes denken, der nicht anders dachte, als daß man ihn töten wolle, in welchem Gedanken er dadurch bestärkt wurde, daß die Schützen auf die Frage nach seinem Schicksal ihm barsch antworteten, er werde es sogleich erfahren, da er bereits an seinem Bestimmungsort wäre.

Sie kamen also in Dünkirchen an und führten Goujon auf unsere Galeere. Hier überlieferten sie ihn dem Profoß, der ihn seine mit

Tressen besetzten Kleider ausziehen und ihn mit einer roten Jacke bekleiden ließ. Darauf schnitt man ihm sein schönes Haar ab, das so schön war, wie ich noch keines gesehen, und legte ihn an die Kette in einer Bank. Jedoch die Empfehlungen, die von allen Seiten zu seinen Gunsten an unseren Kapitän gelangten, bewirkten eine Erleichterung seiner Leiden. So befahl der Kapitän, daß man ihn in die Vorratskammer brächte, damit er dort den Galeerensträflingen und der Schiffsmannschaft die Lebensmittel austeile, und befreite ihn von jeder anderen Tätigkeit.

Er war, wie ich, Tag und Nacht frei von Ketten, und man ließ ihm nur einen Ring am Fuß, zum Zeichen, daß er Sträfling war. Ich machte bald Bekanntschaft mit ihm, denn er war ein junger Mann von Geist und wußte sehr angenehm zu unterhalten.

Ich kannte seine Geschichte zuerst nur ganz allgemein; die Einzelheiten derselben erfuhr ich erst, als ich im Jahre 1709 zu ihm in die Vorratskammer versetzt wurde, wie ich oben gesagt habe.

Wir blieben Freunde und Kameraden bis zum Juli des Jahres 1712, da er von den Galeeren flüchtete. Die Art und Weise, wie er dies unternahm und glücklich ausführte, verdient die Aufmerksamkeit des Lesers.

Ich habe schon gesagt, daß Goujon einflußreiche Verwandte und Freunde hatte, denen sein Unglück Kummer bereitete und die sich unaufhörlich Mühe gaben, ihm zu seiner Freiheit zu verhelfen.

Sein Vater, ein ehrwürdiger Greis, warf sich mit seinen zwei anderen Söhnen dem König zu Füßen, wobei sie die Huld Seiner Majestät für den armen Galeerensträfling anflehten.

Er drückte die zärtliche Liebe eines Vaters zu seinem Sohne mit solcher Kraft aus, indem er dem Monarchen versprach, daß er, so alt er wäre, mit seinen drei Söhnen fröhlich sein Blut in seinem Dienste vergießen wolle; er sprach in so rührender und bewegter Weise, daß alle, die anwesend waren, bis zu Tränen gerührt wurden.

Dennoch konnte er den König nicht erweichen, der unbarmherzig die Begnadigung Goujons verweigerte, woraus man ersehen kann, daß die Beleidigungen, die man den Großen zufügt, tief eindringende Flecken sind, die sich nicht leicht verwischen.

Trotz des schlechten Erfolgs dieses letzten Schrittes machte man jedoch noch einen Versuch für die Freiheit Goujons. Man wandte sich deshalb an den Marschall de Noailles,* als er von der Belagerung von Gerona zurückkam, wo er sich viel Ruhm erworben hatte.

Der König, dem er Bericht über seinen Sieg abstattete, würdigte ihn seines Beifalls in huldreichster Weise. Die Gelegenheit war günstig, um von Seiner Majestät eine Gunst zu erbitten und zu erlangen. Monsieur de Noailles beschränkte sich jedoch darauf, den König um Gnade für Goujon zu bitten. Aber der König sagte zu ihm, er bedaure, ihm dies abschlagen zu müssen, denn er habe geschworen, diese niemals zu gewähren.

Als Goujon hiervon benachrichtigt ward, sah er wohl, daß er seine Freiheit, solange als der König lebte, nie erlangen würde, und tröstete sich nur mit der Hoffnung, daß sein oder des Königs Tod ihn aus dieser Sklaverei befreien würde.

So traurig aber auch seine Lage war, so genoß er doch fortwährend mancherlei Annehmlichkeiten. Sein Vater schickte ihm, was er brauchte, und seine Freunde vom Regiment, sowohl Offiziere als Soldaten, kamen ihn oft besuchen, da jedermann auf die Galeeren durfte, denn der Aufseher verwehrte niemandem den Zugang.

Da dieser zu seinem Vorteil Wein verkaufen läßt, und da alle, die auf die Galeeren kommen, um ihre Bekannten zu besuchen, dort gewöhnlich einige Flaschen Wein mit ihnen trinken, so ist es in seinem Interesse, alle, die Zugang begehren, einzulassen.

Fortsetzung der Geschichte Goujons

Im Monat Mai des Jahres 1712 besuchte ein Sergeant der Grenadiere des Regimentes d'Aubesson, damals in Nieupoort in Garnison stehend, Goujon, dem er sehr zugetan war. Nachdem derselbe sich über die Sklaverei Goujons und über die geringe Hoffnung zu seiner Befreiung klagend geäußert hatte, sprach er in folgender Weise zu ihm:

»Monsieur, ich komme heute zu Ihnen, von Ihren Freunden im Regiment abgesandt, um Ihnen zu erklären, daß ich und vier Grenadiere, lauter beherzte und erprobte Leute, gesonnen sind, Ihnen zu Ihrer Freiheit zu verhelfen, sei es durch Gewalt oder auf andere Weise. Sie brauchen uns nur das Mittel anzugeben, womit wir Ihnen dienen können, und Sie werden sehen, daß wir alle fünf auf Gefahr unseres Lebens hin Ihnen zu Gebote stehen. Man ist im Regiment davon unterrichtet, daß Sie oft Gelegenheit haben, in die Stadt zu gehen. Wenn Sie nun glauben, daß wir Ihnen dort bei der Flucht

behilflich sein könnten, so erkläre ich Ihnen, daß keine Gefahr imstande sein wird, uns daran zu hindern. Denken Sie jetzt über das Gesagte nach und rechnen Sie auf unsere Verschwiegenheit und unseren Mut. Es würde unnütz sein, mich zu fragen, wer der oder diejenigen sind, die uns zu dem Unternehmen bewegen. Sie können es erraten, ohne daß ich es Ihnen sage. Ich werde Sie nun von Zeit zu Zeit besuchen, damit ich mich mit Ihnen berate und erfahre, wozu Sie sich entschließen.«

Ich war bei dieser Unterredung zugegen, denn ich war mit Goujon so vertraut, daß wir nichts voreinander verheimlichten.

Goujon, über den Vorschlag entzückt, dankte dem Sergeant für seinen guten Willen und sagte zu ihm, daß ein so gefährliches Unternehmen vieler Zeit und Überlegung bedürfe; er werde reiflich darüber nachdenken, um nichts zu unternehmen, über dessen Gelingen er nicht außer allem Zweifel wäre, und daß er, sobald ihm die Gelegenheit zur Ausführung der Sache günstig erscheine, ihm seine Meinung mitteilen würde, damit sie zusammen die geeigneten Maßregeln ergriffen, wenn es nötig wäre.

Nach dieser ersten Unterredung empfahl sich der Sergeant von uns. Goujon aber hatte seit dieser Zeit keinen anderen Gedanken, als ein Mittel zur Flucht ausfindig zu machen.

Die Sache war nicht leicht. Es ist wahr, daß er oft Gelegenheit hatte, in die Stadt zu gehen, weil er die Aufgabe hatte, die Lebensmittel den Galeerensklaven auszuteilen; doch ging er nie allein in die Stadt, und wenn er ausgehen mußte, sei es zu dem Kommissar für Lebensmittel oder dem Magazinverwalter, so kettete ihn der Profoß mit einem Türken zusammen, der auf seiner Seite stand, und gab ihm als Wache einen Mann namens Guillaume mit, der sehr streng war und der ihn gewöhnlich begleitete, weil der Profoß die Bewachung Goujons keinem anderen anvertraute.

Es muß hierbei bemerkt werden, daß es ein allgemeines Verbot gab, Sträflinge, die geschäftehalber in die Stadt gingen, um etwas zu kaufen oder um ihre Arbeiten zu verkaufen, in öffentliche Häuser gehen zu lassen, unter Androhung von drei Jahren Galeerenstrafe für die Wache und tausend Talern Buße für diejenigen, die sie bei sich aufnahmen.

Die Erlaubnis, die Goujon hatte, in die Stadt zu gehen, konnte ihm daher nicht zur Ausführung seines Planes dienen. Es war unmöglich, ihn auf der Straße am hellichten Tage und angesichts einer großen Anzahl Soldaten und der Schiffsmannschaft der Galeeren zu entführen.

Übrigens war die Stadt voll von einer Garnison, die überall Wachtkorps und Schildwachen hatte. Kurz, die Sache schien nicht ausführbar.

Es gab nur ein Mittel, um zum Ziele zu kommen, das darin bestand, die Wache durch Geschenke zur Nachsicht zu bewegen und auf diese Weise die Erlaubnis zu erhalten, eine Schenke zu besuchen. Dies benützte Goujon, indem er überzeugt war, daß er die Ausführung leicht bewerkstelligen werde, wenn er von seinem Wächter nur einmal jene Vergünstigung erlangt haben würde.

Nachdem er diesen Plan entworfen, schrieb er an seinen Vater und bat ihn, ihm eine größere Summe Geldes, das er zu einer folgenreichen Angelegenheit brauche, zukommen zu lassen.

Der gute Mann ließ seinen Sohn nicht lange darauf warten, und als dieser das Geld empfangen, ließ er seine Minen springen.

Eines Tages im Monat Juni, als es sehr heiß war, war Goujon mit Guillaume, seinem gewöhnlichen Wächter, in der Stadt.

Als sie nach Verrichtung der Geschäfte durch eine kleine, abgelegene Straße vor einer Bier- und Branntweinschenke vorbeigingen und Goujon bemerkte, daß sein Wächter vor Durst fast verschmachtet war, stellte er sich auch durstig und bat ihn, ein Töpfchen Bier vor die Tür der Schenke bringen zu lassen, damit sie sich etwas erfrischten.

Guillaume, der hierin keine Übertretung des Verbotes sah, nahm den Vorschlag gern an. Die Schenkwirtin brachte einen Topf Bier auf die Straße, und da sie bemerkte, daß sie müde waren und sich gern setzen mochten, so sagte sie zu ihnen:

»Meine Freunde, hier ist eine Bank in meinem Hausflur, setzen Sie sich und treten Sie sogar unter die Tür, wo man Sie ebensogut wie auf der Straße sehen kann, so daß man mir wegen des Verbotes nichts sagen kann.«

Sie ließen sich nicht lange bitten. Goujon bewirtete dort seinen Wächter und den Türken auf das beste, und nachdem sie hier zwei oder drei Stunden zugebracht hatten, fragte er die Wirtin nach der Zeche.

Sie sagte, daß sie sich auf dreißig Sous belaufe. »Hier, meine Liebe«, sagte er, »nehmen Sie einen Taler zu fünf Livres; der Rest ist für Sie.«

Die Frau, die nicht sehr vermögend war, fühlte sich für diese Freigebigkeit so sehr zu Dank verpflichtet, daß sie sich erbot, ihn in das Haus eintreten zu lassen, sooft es ihm beliebe.

»Nein«, sagte Goujon zu ihr, »ich mag weder Sie noch meinen Wächter einer Gefahr aussetzen. Ich halte das für meine Pflicht und werde sie immer beachten.«

Hierauf verließen sie die Schenke, um zur Galeere zurückzukehren. Doch ehe sie dort ankamen, drückte Goujon einen Taler zu fünf Livres in Guillaumes Hand, aus Dankbarkeit, wie er sagte, für die Erlaubnis, die er ihm gegeben, sich in der Schenke zu erfrischen.

Guillaume war vor Freude über das Geschenk so entzückt, daß er sich kaum fassen konnte. Diese Wächter haben einen kleinen Lohn; aber seit drei Jahren zahlte man denselben weder ihnen noch den Leuten der Schiffsmannschaft aus, so daß jener Taler zu fünf Livres ein Schatz* für Guillaume war, der deshalb zu Goujon sagte, daß er ihm in Zukunft mehr Freiheit als bisher gewähren wolle, woraus bei der nötigen Vorsicht niemandem irgendeine Gefahr erwachsen werde.

Goujon war mit seinem Versuch sehr zufrieden, den er mir in allen seinen Einzelheiten erzählte und auf den er große Hoffnungen setzte.

Er ging bald wieder in die Stadt, denn ihm war klar, daß es sehr nötig wäre, seine Leute mehr und mehr für sich einzunehmen und ihren guten Willen nicht durch Vernachlässigung abzukühlen, die irgendein unvermutetes Hindernis hätte verursachen und seine Maßregeln zunichte machen können.

Nachdem er seine vorgetäuschten Geschäfte erledigt hatte, gingen sie wieder zu der bewußten Schenke. Die Frau ließ sie in ihren Hausflur treten und gab ihnen, was sie bestellten, während die Magd als Wache an der Straßentür stand, um achtzugeben, daß nicht etwa eine verdächtige Person erschien.

Nach dem Frühstück sagte die Wirtin, sei es aus Eigennutz oder aus einem anderen Grund, zu ihnen: »Liebe Freunde, Sie wie auch ich müssen immer besorgt sein, daß uns jemand im Hausflur entdeckt; wir könnten uns wohl diese Unruhe ersparen. Ich habe eine Stube hinten in meinem Hause; dort könnten Sie sich in aller Ruhe aufhalten, und wenn Sie dorthin kommen wollen, so brauchen Sie nur beim Hinausgehen oder Hereinkommen achtzugeben, ob nicht jemand auf der Straße ist, der Sie bemerken könnte.«

Goujon, der sich die Freude, die er über diesen Vorschlag empfand, nicht anmerken lassen wollte, antwortete nichts darauf; doch Guillaume, der hoffte, öfter und sicherer dort nach Herzenslust essen und trinken zu können, und der außerdem auf die Freigebigkeit Goujons rechnete, sagte sogleich, daß die Wirtin einen guten Einfall gehabt habe und daß man die Stube ansehen müsse.

Man fand sie sehr bequem. Guillaume und Goujon, der erste zu seiner Sicherheit, der andere zur Ausführung seines Planes, waren bald über das Abkommen, das sie mit der Wirtin treffen wollten, einig.

»Ich will nicht«, sagte Goujon zur Wirtin, »daß Ihr durch Eure Gefälligkeit gegen uns Schaden haben sollt. Es könnte passieren, daß, wenn wir hierherkämen, Eure Stube von anderen Leuten besetzt wäre, die dort ihr Geld verzehren wollten, und es wäre nicht recht, wenn Euch diese Einnahme verlorenginge. Richten wir es so ein, daß wir alle zufrieden sein können. Vermietet mir dieses Zimmer monatlich, dann wird es uns immer zur Verfügung stehen, wenn wir zu Euch kommen werden.«

»Wahrlich«, sagte Guillaume, »man sieht wohl, Monsieur Goujon, daß Sie ein gescheiter Mann sind; einen besseren Einfall als diesen kann man sich nicht denken.«

Die Schenkwirtin überließ den Betrag der Miete dem Belieben Goujons, der, immer freigebig, denselben auf zwanzig Livres monatlich festsetzte, davon er einen im voraus bezahlte und eine gleiche Summe Guillaume gab, wobei er sagte, daß er gerechterweise denselben Nutzen haben müsse, da er sich derselben Gefahr wie diese Frau aussetze.

»Übrigens«, fügte Goujon hinzu, »hat dieses Geld, das ich Euch jetzt gebe, nichts mit meinen sonstigen Geschenken zu tun, die ich Euch, sooft wir hierherkommen, machen werde.«

Er gab auch dem Türken etwas, damit er dem Profoß nichts ausplaudere. Hierauf kehrten sie zur Galeere zurück, indem sie mit den Erfolgen dieses Tages allesamt sehr zufrieden waren.

Guillaume und Goujon hatten ausgemacht, daß sie nach drei Tagen wieder in die Stadt gehen wollten, um diese Stube einzuweihen. Zu diesem Zweck wurde Guillaume von Goujon beauftragt, sich zu der Schenke zu begeben, um dort ein gutes Mittagessen zu bestellen; und an dem feststehenden Tag gingen sie dahin und ließen sich trefflich auftischen.

In dieser Weise fuhren sie fort, bis das Unternehmen zur Reife gediehen war, das gegen Ende Juli geschah, wie ich sogleich beschreiben will.

Der Sergeant der Grenadiere mit Namen La Rose verfehlte nicht, von Zeit zu Zeit Goujon zu besuchen, der ihm von dem Geschehenen Mitteilung machte und ihm versicherte, daß die Sache den erwünschtesten Fortgang habe.

»Etwas bringt mich in Verlegenheit«, sagte eines Tages La Rose, »ich sehe kein Mittel für mich und meine Grenadiere, in jene Schenke, von der Sie sprechen, hineinzukommen. Denn die Wirtin wird nie erlauben, daß jemand hineingeht, während Sie darin sein werden, weil sie befürchtet, verraten zu werden. Außerdem würde sich uns auch Ihr Wächter aus demselben Grunde widersetzen.«

»Laß dich das nicht bekümmern«, sagte Goujon zu ihm, »ich habe schon vor dir an diese Schwierigkeit gedacht und deshalb meine Maßregeln getroffen. Wenn die Zeit gekommen ist, will ich dir den Plan, den ich entworfen habe, und die Maßnahmen mitteilen, die wir ergreifen müssen, um die Sache glücklich auszuführen. Überlasse mir die Sorge, alles aufs beste vorzubereiten. Von dir und deinen vier treuen Grenadieren verlange ich nur Beständigkeit in euren Entschlüssen, Festigkeit und Mut in der Ausführung.«

Der Sergeant versicherte ihm von neuem, daß er auf sie rechnen könne, worauf er zu seiner Garnison zurückkehrte.

Indessen ließen sich Guillaume und Goujon oft von ihrer Mutter, wie sie die Schenkwirtin nannten, bewirten und machten sich in der Schenke so vertraut, daß die Wirtin sie fast als zu ihrer Familie gehörig betrachtete.

Als nun Goujon die Zeit zur Ausführung seines Planes gekommen sah, so erteilte er La Rose seine letzten Befehle.

Nachdem er demselben bei seinem letzten Besuch auf der Galeere eröffnet hatte, daß die Zeit nun gekommen sei, die seinen Mut beweisen sollte, gab er ihm den Plan des Unternehmens schriftlich, damit er nichts vergäße, und zeigte ihm den Tag und die Stunde an, zu der er sich mit seinen vier Grenadieren in Dünkirchen einfinden sollte.

Dieser Plan, den er mir zeigte, gefiel mir sowohl wegen seines Einfallsreichtums als auch wegen der Mittel, die er angewandt, um zu verhindern, daß bei der offenbaren Gewalttat kein Blut vergossen wurde. Der Leser wird einen Einblick in den Plan bekommen, wenn ich ihm die Ausführung desselben erzähle.

An dem zur Flucht Goujons bestimmten Tag fanden sich der Sergeant und seine vier Grenadiere, die, um das Trauerlustspiel desto besser aufzuführen, ihre Rollen auswendig gelernt hatten, in Dünkirchen ein.

Goujon, als er sich angeschickt, in die Stadt zu gehen, umarmte mich mit Tränen in den Augen und sagte: »Bete zu Gott für mich, mein lieber Freund. Heute wird es sich entscheiden, ob ich noch glücklich sein oder ob ich sterben soll. Denn wenn meine Flucht vereitelt wird, und ich habe einen Degen in der Hand, so werde ich mich nie wieder ergreifen lassen, ohne daß einige auf der Strecke bleiben. Wenn ich daher nicht bei der Verteidigung meiner Freiheit sterbe und ich werde überwunden, so werde ich mein Leben durch die Hand des Scharfrichters verlieren.«

Dieses Lebewohl erschreckte und rührte mich dermaßen, daß ich ihn bei unserer innigen Freundschaft inständig bat, er möge sein Unternehmen aufgeben und seine Befreiung von einer weniger gefährlichen Gelegenheit erwarten.

»Nein«, sagte er, »der Wein ist eingegossen und muß getrunken werden. Ich habe eine Ahnung, daß die Sache glücklich ablaufen wird; diese treibt mich an, nicht länger zu zögern.«

Hierauf umarmte er mich von neuem, wischte seine Tränen ab und ließ sich mit seinem Türken anketten, um unter der Bewachung Meister Guillaumes in die Stadt zu gehen.

Goujon hatte mit dem Sergeanten verabredet, daß er gegen neun Uhr morgens vor dem Rathaus vorübergehen und, wenn der Ausführung des Planes nichts im Wege stände, sein Taschentuch aus der Tasche ziehen würde, worauf jener von Punkt zu Punkt das befolgen sollte, was er ihm vorgeschrieben habe.

Er ging daher an dem bezeichneten Orte vorüber, tat, als ob er den Sergeanten, der sich in der Nähe aufhielt, nicht sähe, gab ihm das verabredete Zeichen und frühstückte in der Schenke mit seiner gewöhnlichen Begleitung.

Gegen zehn Uhr, während sie frühstückten, gingen zwei von jenen vier Grenadieren mit ihren Tornistern bepackt an der Schenke vorüber. Da sagte der eine zu dem anderen: »Kamerad, wir müssen hier ein Glas Branntwein trinken.«

Sie traten in den Hausflur ein, und nachdem sie sich dort niedergesetzt und von der Wirtin ein Glas eingeschenkt erhalten hatten, fragte der eine von beiden den anderen, ob er nicht ihre zwei Kameraden und den Sergeanten gesehen habe. Der andere sagte: »Nein.«

Hierauf nahm der erstere wieder das Wort und sagte: »Der Teufel mag sie holen samt ihrem elenden Goujon, sie werden schuld sein, daß wir heute nicht in unserer Garnison eintreffen werden.«

Die Frau, die den Namen Goujon hatte nennen hören, war neugierig zu erfahren, ob sie von demjenigen sprächen, der bei ihr war, und fragte sie, ob sie den Goujon kennen, den sie eben genannt hätten.

»Potz Kuckuck«, sagten sie, »und ob wir ihn kennen! Er war Kadett in unserem Regiment und hatte vor einigen Jahren das Unglück, um einer Ehrensache willen zu den Galeeren verurteilt zu werden. Doch Gott sei Dank, er wird ja bald freigelassen. Unser Oberstleutnant hat sich bei Hofe für seine Befreiung so sehr bemüht, daß er seine Begnadigung und ein Leutnantspatent erwirkt hat. Nur um dieser Angelegenheit willen ist unser Sergeant nach Dünkirchen gekommen. Der Oberstleutnant hat ihn beauftragt, das Begnadigungsdekret dem Intendanten der Galeeren zu überbringen, um diesen Monsieur Goujon freizulassen, und wir anderen vier Grenadiere haben die Gelegenheit benützt, um Vorräte für unsere Korporalschaft hier einzukaufen. Der Sergeant, um seinen Auftrag auszuführen, hat sich nach seiner Ankunft hier auf die Galeere, auf der sich Goujon befindet, begeben, um ihn freigeben zu lassen; aber da er ihn dort nicht gefunden und bei dem Kommissar der Lebensmittel, wo er ihn darauf gesucht, auch nicht angetroffen hat, so hat er sich von uns getrennt, um ihn aufzusuchen und ihm die gute Botschaft zu überbringen.«

»Wie«, fragte die Wirtin, »Goujon wird freigelassen?«

»Jawohl«, antworteten sie, »und er würde es schon sein, wenn wir ihn auf seiner Galeere hätten treffen können.«

Die Frau ging in das Garn und lief davon, um Goujon mitzuteilen, was sie soeben erfahren hatte, ohne den geringsten Umstand zu vergessen.

Das Ganze hatte so viel Wahrscheinlichkeit, daß Guillaume auch glaubte, Goujon solle in Freiheit gesetzt werden. Goujon, der tat, als ob er außer sich vor Freude wäre, fragte, ob die beiden Grenadiere schon fort wären.

»Nein«, sagte die Frau, »sie sind noch im Hausflur.«

Guillaume, von der Wahrheit dessen überzeugt, was er soeben gehört hatte, und keine Gefahr mehr darin sehend, daß er in einer

Schenke angetroffen würde, rief zuerst, daß man die Grenadiere hereinlassen solle.

Die Wirtin bat dieselben, ihr zu folgen. Die beiden Schelme, die ihre Rolle verstanden, fielen Goujon um den Hals und gratulierten ihm zu seiner glücklichen Befreiung, wobei sie ihm alle Einzelheiten derselben sowie die vermeintlichen Nachforschungen berichteten, die der Sergeant nach ihm angestellt habe.

Man trank mehrere volle Gläser auf die Gesundheit Goujons, und jedermann nahm an der Freude teil, die er zu empfinden schien, während die beiden anderen Grenadiere sich anschickten, gleichfalls auf der Szene zu erscheinen.

Es dauerte nicht lange, so gingen auch sie an der Schenke vorbei, und indem sie taten, als wenn sie sich zufällig dort eingefunden hätten, sagte der eine zu dem anderen: »Schau einmal nach, Kamerad, ob unsre Leute nicht etwa in der Schenke sind!«

Jener, in die Tür hineinschauend, sagte: »Nein, sie sind nicht da.«

Der andere sagte darauf: »So mögen sie sich mit dem Sergeanten zum Teufel scheren; wir werden unsere Zeit nicht mehr damit verlieren, sie zu suchen.«

Die Wirtin, die an ihren Uniformen sah, daß sie zu demselben Regiment gehörten wie die, welche drinnen bei ihr waren, fragte sie, wen sie suchten.

»Zwei unserer Kameraden!« antworteten die Grenadiere.

»Ihr werdet sie sofort sehen«, sagte sie, »sie sind bei mir; tretet bitte ein und folgt mir.«

Nachdem sie dieselben in das Zimmer, wo Goujon war, geführt hatte, gingen die Umarmungen und die Komplimente von neuem los.

»Um das Fest vollständig zu machen«, sagte Goujon, »fehlt uns nur noch der Sergeant. Wenn einer von euch sich auf den Weg machen wollte, ihn zu suchen, so würde er mir einen großen Gefallen erweisen.«

Der Grenadier, der den Auftrag übernahm und der wußte, wo der Sergeant war, kam nach kurzer Zeit mit dem Sergeanten zurück.

Bis dahin war die Sache sehr gut gegangen; die größte Schwierigkeit war behoben, und es handelte sich nun nur noch darum, das Unternehmen mit demselben Erfolg zu Ende zu führen und alles aus dem Weg zu räumen, was demselben ein Hindernis sein könnte.

Die Schenkwirtin war Witwe und hatte nur eine Magd bei sich, die leicht durch Schreien und Lärmschlagen die Sache hätte gefährlich und blutig machen können.

Goujon, der das Mißliche dieser Sache vorhergesehen, sagte, um sich davor zu bewahren, zu den Grenadieren, daß er sie, da sie zum Frühstück zu spät gekommen wären, mit Austern traktieren wolle. Sie dankten ihm dafür, um weniger Verdacht zu erregen, und entschuldigten sich damit, daß sie sich nach Nieupoort zurückbegeben müßten, das sie nicht erreichen würden, wenn sie sich noch länger hier aufhielten.

Doch Goujon redete ihnen zu, indem er sagte, daß alles schnell besorgt sein würde, und rief sogleich die Magd, der er Geld gab, um auf dem Fischmarkt, der am anderen Ende der Stadt war, Austern zu holen.

Nachdem sie fortgegangen war, rief man die Wirtin, um Wein zu bestellen. Als sie ihn gebracht hatte, sagte Goujon zu ihr: »Meine Mutter, Ihr müßt auf meine glückliche Befreiung trinken.«

»Von ganzem Herzen, mein Sohn!« versetzte sie. Als sie aber das Glas an den Mund setzte, gleich den andern, die sich anschickten, ein volles Glas zu Ehren Goujons auszuleeren, so gab der letztere das verabredete Zeichen. In demselben Augenblick sprang der Sergeant, das Bajonett am Gewehr, auf die Wirtin los, indem er drohte, sie zu durchbohren, wenn sie schreien oder nur den geringsten Widerstand leisten würde.

Zu gleicher Zeit warf sich ein anderer Grenadier auf Guillaume, indem er ihm dasselbe drohte, und ein anderer auf den Türken, der sich unter den Tisch warf.

Hierauf legte man die Wirtin, die vor Schreck in Ohnmacht gefallen war, auf ein Bett und befahl Guillaume, sich, ohne den geringsten Widerstand zu leisten, auf den Boden niederzulegen. Derselbe gehorchte, nachdem er kniefällig um Schonung seines Lebens gebeten, und lag regungslos da, gerade als ob er tot wäre.

Da nun jeder seine Aufgabe hatte, leerten die zwei anderen Grenadiere schleunigst ihre Tornister aus. Sie hatten darin einen vollständigen Anzug und alles, was nötig war, um Goujon von Kopf bis zu den Füßen neu einzukleiden.

Auch hatten sie sich mit einem kleinen Amboß, einem Hammer und einem Meißel versehen, mit denen sie Goujon bald von seiner Kette befreit hatten, worauf sie ihn wie einen Offizier mit dem Degen an der Seite bekleideten, denn der Sergeant hatte einen unter seinem Arm mitgebracht, indem er sagte, daß er für einen Offizier des Regiments wäre, der ihm den Auftrag gegeben, ihn in Dünkirchen zu kaufen.

Nachdem dies alles geschehen war, verließ Goujon mit dem Sergeanten und zwei Grenadieren die Schenke und erreichte bald das Tor von Nieupoort.

Die zwei anderen Grenadiere blieben noch kurze Zeit zurück, um über die drei Überwältigten, nämlich die Wirtin, den Wächter und den Türken, zu wachen, und indem einer zu dem andern sagte, daß sie einen Schluck Branntwein zu sich nehmen wollten, gingen sie in den Hausflur; jedoch schwuren sie, wie Grenadiere zu tun pflegen, wenn einer ihrer Gefangenen die geringste Bewegung machen würde, sogleich zurückkommen zu wollen, um alle drei zu erdolchen.

Auf diese Weise schlichen sich die beiden Grenadiere aus dem Haus und begaben sich eiligst auf den Weg nach Nieupoort, wo sie mit ihren Kameraden zusammentrafen.

Unsere drei Unglücklichen wagten sich nicht zu rühren. Der Schrecken ließ sie in der Meinung, daß die Grenadiere immer noch in dem Hause wären. Sie blieben in dieser Lage, bis die Magd mit den Austern eintrat. Da sie die Gefangenen bleich wie der Tod daliegen sah, so erkundigte sie sich, was mit ihnen geschehen sei, und teilte ihnen mit, daß weder im Hausflur noch im ganzen Hause jemand sei. Hierauf atmeten die drei wieder auf und bekamen wieder Mut. Guillaume, der schleunigst aufstand, floh nach Nieupoort, von dem er wußte, daß dort wie überall in Brabant und dem spanischen Flandern die Kirchen Asylstätten wären.

Als er dort ankam, ging er zu den Kapuzinern und fand bei ihnen Goujon, den Sergeanten und die vier Grenadiere, die sich auch dorthin geflüchtet hatten.

Ich jedoch war sehr beunruhigt und wünschte zu erfahren, was bei der Flucht meines Freundes Goujon vorgefallen war. Denn ich fürchtete sehr für ihn, da ich wußte, daß bei dergleichen Unternehmungen, wo so viel Vorsicht zu beobachten ist, oft die kleinste Sache alles vereiteln kann.

In der Unruhe, die mich erfüllte, blickte ich, auf dem Heck der Galeere sitzend, immer nach dem Kai, als ich den Türken Goujons, seine Kette auf der Schulter tragend, herankommen sah. Ich ward hierdurch versichert, daß Goujon ziemlich weit entfernt sei, was mich der Angst, die ich seinetwegen ausgestanden, gänzlich enthob.

Der Profoß, der auf dem Kai am Ende des Brettes der Galeere stand und den Türken mit der Kette auf der Schulter kommen sah, fragte denselben sogleich, wo Goujon wäre.

»Ach«, sagte der Türke, »der ist weit weg; mehr als fünfhundert Grenadiere sind mit Bomben, Kanonen und anderen Waffen gekommen, um ihn zu entführen.«

Die Furcht hatte die Gedanken dieses armen Türken dermaßen durcheinandergebracht, daß er davon wahnsinnig wurde und es sein Leben lang blieb.

Der Profoß, der nichts Vernünftiges aus dem Türken herausbringen konnte, sah wohl bald, daß er verrückt und Goujon geflüchtet war.

Da er nun fürchtete, deshalb vor den Kriegsrat gestellt zu werden, so machte er sich gleichfalls auf den Weg nach Nieupoort und begab sich wie die anderen zu den Kapuzinern, wo er in Freiheit war.

Der Kommandant des Regimentes d'Aubesson schrieb an den Hof, um die Begnadigung des Sergeanten, der vier Grenadiere und Goujons zu erwirken. Desgleichen schrieb der Kommandant der Galeeren wegen der Begnadigung seines Profosses und des Wächters. Da man in einem ähnlichen Fall der Befreiung dieselbe gewöhnlich nicht verweigerte, so wurde sie allen mit Ausnahme Goujons gewährt, von dem der König niemals sprechen hören noch ihm verzeihen wollte.

Daher flüchtete er heimlich und verkleidet aus der Stadt Nieupoort und schrieb mir einige Tage später von Brügge, mir anzeigend, daß er in dieser Stadt bleiben werde, bis sein Vater über sein künftiges Los bestimmt haben würde, davon ich in der Folge nie etwas erfahren konnte.

Man hatte mich in Verdacht, von seinem Plane gewußt zu haben, und brachte dies Monsieur de Langeron vor; doch hatte der mich viel zu gern, um auf ähnliche Anklagen zu hören.

Jeder andere würde jedoch die Bastonade erhalten haben; denn es ist Gesetz auf den Galeeren, daß, wenn einer von dem Entweichen seines Kameraden oder eines Ruderknechtes etwas weiß und den Profoß davon nicht benachrichtigt, er ohne Gnade die Bastonade erhält. Noch mehr, wenn ein Galeerensträfling von seiner Bank flüchtet, so erhalten die fünf übrigen derselben Bank und die zwölf der angrenzenden Bänke allesamt die Bastonade.

Es ist ein feinausgedachtes Gesetz, das zum Ziel hat, daß ein jeder über den anderen wacht, daß er nicht entwische. Doch ist dasselbe sehr ungerecht; denn es kann einer flüchten, ohne daß einer seiner Nachbarn es weiß. Doch für einen Galeerensträfling gibt es entweder gar keine oder doch nur sehr wenig Gerechtigkeit.

Die Marterqualen Sabatiers

Nach der Flucht Goujons mußte ich zusätzlich zu meinem Amte als Schreiber des Kommandanten und Majors noch das eines Verteilers der Lebensmittel der Galeerensträflinge übernehmen, das ich bis zum 1. Oktober des Jahres 1712 ausübte, da man uns von Dünkirchen nach Marseille verlegte.

Ich werde zu gegebener Zeit die Einzelheiten dieser Überführung erzählen; doch zuvor will ich eine andere Geschichte mitteilen, die mich wie einige andere meiner Glaubensbrüder in die äußerste Gefahr versetzte, unter der Bastonade zu sterben.

Ich muß bemerken, daß unsere Brüder aus den französischen Kirchen der Vereinigten Staaten der Niederlande den Reformierten, die auf den Galeeren Frankreichs litten, von Zeit zu Zeit eine Geldunterstützung zukommen ließen. Dieses Geld kam gewöhnlich über Amsterdam, von wo ein Geschäftsmann es durch einen seiner auswärtigen Handelspartner den Orten zukommen ließ, wo sich Häfen mit Galeeren befanden.

Einer meiner Verwandten in Amsterdam, welcher Ältester der Wallonischen Kirche war, glaubte mich auszuzeichnen, indem er mich mit dem Empfang desselben betraute. Doch ist das ein sehr gefährliches Amt, denn wird man dabei ertappt, so läuft man Gefahr, zu Tode geprügelt zu werden, wenn man den Kaufmann, der das Geld ausgezahlt hat, nicht anzeigt, wodurch ein solcher Kaufmann gänzlich zugrunde gerichtet sein würde.

Die Missionare von Marseille,* die uns immer auf das äußerste verfolgt haben, ergriffen mit dem größten Eifer jede Gelegenheit, unsere Leiden zu erneuern und zu vermehren. Da sie wußten, daß unsere Brüder in der Fremde uns von Zeit zu Zeit mit etwas Geld unterstützten, damit wir nicht vor Hunger stürben, und in der Meinung, daß sie uns durch Hunger fangen würden, wenn diese Hilfsquelle zum Versiegen gebracht würde, so machten sie bei Hofe den Vorschlag, den Intendanten von Marseille und Dünkirchen und den Majoren und anderen Offizieren der Galeeren Ordre zu geben, darauf zu achten, daß kein Kaufmann oder irgendein anderer an die Galeerensträflinge der reformierten Religion Geld auszahle oder Wechsel übergäbe.

Der Hof versäumte nicht, die gewünschten Verordnungen ergehen zu lassen, und befahl sie auf das strengste auszuführen und durch peinliche Strafverfahren gegen die Geldübermittler oder andere Leute vorzugehen, die überführt würden, gegen das Verbot verstoßen zu haben. Man kann sich denken, daß diese Missionare, vor denen sich alles beugte, auf das sorgfältigste Obacht geben ließen, daß uns keine Unterstützung zufloß. Ihre größte Aufmerksamkeit war darauf gerichtet, zu ermitteln, welche Kaufleute oder Bankiers uns durch ihre Verbindung mit dem Ausland mit Geld versahen, damit sie diese so streng bestraften, daß in der Folge kein anderer wieder dergleichen wagen würde.

Doch dies aufzuspüren gelang ihnen durch die Gnade Gottes niemals, obgleich jene Unterstützungen uns sehr oft zukamen. Ich muß aber hinzufügen, daß wir dies auch der Treue der türkischen Sklaven* zu verdanken hatten, die uns dabei aus lauter Mitleid und Güte wertvolle Hilfe leisteten.

Wenn ich an dieser Stelle von der Treue und Zuneigung, die die Türken uns bewiesen, rede, will ich dafür ein Beispiel anführen, das den Türken betrifft, der mir bei jenen Gelegenheiten in Dünkirchen Dienste leistete.

Ich habe oben schon erwähnt, daß ich beauftragt war, die Unterstützungen in Empfang zu nehmen und sie an unsere Glaubensbrüder zu verteilen.

Ich war in meiner Bank angekettet, ohne die Freiheit zu haben, in die Stadt zu gehen, und zwar aus Bosheit der Schiffspriester,* welche uns jene Vergünstigung nicht einräumten, die doch die anderen Galeerensträflinge, die wegen verbrecherischer Delikte verurteilt waren, genossen, indem sie einen Sou an den Profoß und ebensoviel an den Wächter zahlten, der sie in die Stadt begleitete.

Wie sollte ich es nun anfangen, um das Geld zu erhalten? Monsieur Piécourt schickte ein- oder zweimal durch seinen Kommis mir zu, was er beauftragt worden, mir auszuzahlen. Aber da die Verordnungen des Hofes dem Intendanten und den Offizieren unter Androhung strenger Bestrafung wieder eingeschärft worden waren, so wagte der Kommis von Monsieur Piécourt nicht mehr, sich der Gefahr auszusetzen. Sein Herr, der mir Mitteilung davon hatte machen lassen, bat mich, einen Vertrauensmann ausfindig zu machen, um das Geld bei ihm bei jeder Übersendung abholen zu lassen.

Ich war damals noch zu neu, um von dem Wohlwollen der Türken uns Reformierten gegenüber etwas zu wissen. Als ich jedoch dem Türken meiner Bank mein Herz ausschüttete, so sagte er mir mit Freuden seine Dienste zu, indem er die Hand an seinen Turban legte (was bei ihnen ein Zeichen der Herzensergießung vor Gott ist) und Gott von ganzer Seele dafür dankte, daß er ihm die Gnade gewähre, Barmherzigkeit zu üben selbst auf die Gefahr seines Lebens; denn der Türke wußte gar wohl, daß man ihn, falls er bei dieser Dienstleistung uns gegenüber ertappt würde, zu Tode geprügelt haben würde, um das Geständnis aus ihm herauszubringen, welcher Kaufmann uns Geld auszahlte.

Dieser Türke jedoch, der Jussuf hieß, diente mir über Jahre in jener Angelegenheit sehr treulich, ohne je die geringste Belohnung von mir annehmen zu wollen, da er behauptete, daß er dadurch sein gutes Werk vernichten und daß Gott ihn dafür bestrafen würde.

Dieser brave Türke wurde in dem Gefecht an der Themse getötet. Es war derselbe, dessen Arm mir, wie ich oben erzählte, in der Hand hängenblieb.

Ich war über seinen Tod sehr betrübt und wußte nicht, an wen ich mich wenden sollte, der mir bei einem so gefährlichen Geschäft helfen könnte. Ich brauchte mir jedoch keine Mühe zu geben, einen zu suchen, denn zehn oder zwölf kamen nacheinander zu mir und boten sich von selbst an, gerade wie man in der Welt sich um ein einträgliches Amt bewirbt.

Man muß dazu wissen, daß die Türken, wenn sie Gelegenheit haben, sich mildtätig zu erweisen oder andere gute Werke zu vollbringen, die Freude, die sie darüber empfinden, verschiedenen Leuten, ihren ›Papas‹ (so nennen sie ihre Theologen, deren ganze Wissenschaft im Koranlesen besteht), mitteilen, wobei sie dieselben um ihren Rat in bezug auf die guten Werke fragen, die sie verrichten wollen.

Obgleich ich nun meinen Jussuf inständigst gebeten hatte, niemandem etwas von dem Dienst zu sagen, den er mir leistete, so konnte er, aus Gründen seiner Religion, sich doch nicht enthalten, die Sache seinen ›Papas‹ mitzuteilen, wie ich nach seinem Tod erfuhr.

Als diese guten Leute daher sahen, daß ich in Verlegenheit war, weil ich nicht wußte, wem ich mich anvertrauen sollte, kamen sie alle nacheinander zu mir und boten mir ihre Dienste an, indem sie mir so fromme Gesinnungen und so viel Zuneigung zu den Leuten unserer Religion, die sie ihre Brüder in Gott nannten, an den Tag legten, daß ich davon bis zu Tränen gerührt war.

Ich wählte einen von ihnen namens Ali, der vor Freude außer sich war, daß er ein für ihn so gefährliches Amt erhielt. Er diente mir in demselben während vier Jahren, das heißt, bis zu der Zeit, da man uns von Dünkirchen wegbrachte, und er benahm sich dabei mit einem Eifer und einer Uneigennützigkeit ohnegleichen.

Dieser Türke war arm, und ich habe verschiedene Male versucht, ihn zu der Annahme von einem oder zwei Talern zu bewegen, wobei ich ihm sagte, daß diejenigen, welche uns das Geld schickten, wünschten, daß diejenigen, welche uns dienten, auch einen Nutzen davon haben sollten. Doch er verweigerte das Geschenk immer standhaft, indem er in seinem blühenden Stile sagte, daß das Geld ihm die Hände verbrennen würde. Und wenn ich ihm entgegnete, daß ich, wenn er das Geld nicht nähme, mich eines anderen bedienen würde, so geriet der arme Türke fast in Verzweiflung, indem er mich mit gefalteten Händen bat, ihm den Weg zum Himmel nicht zu verschließen.

Es sind das Leute, welche die Christen ›Barbaren‹ nennen und die dies in ihrer Moral so wenig sind, daß sie vielmehr diejenigen beschämen, die ihnen diesen Namen geben.

Jedoch muß man diese Türken von denjenigen unterscheiden, die, obgleich von derselben Religion, doch nicht dieselben Sitten haben. Die letzteren sind die Türken Afrikas, namentlich die der Königreiche Marokko, Algier, Tripolis usw., welche gemeiniglich liederliches, spitzbübisches, grausames, meineidiges, verräterisches und zu allen Schandtaten fähiges Gesindel sind. Deshalb hüteten wir uns, ihnen etwas anzuvertrauen.

Aber die Türken Asiens und Europas, namentlich die aus Bosnien und den an Ungarn und Transsilvanien angrenzenden Ländern, wie die von Konstantinopel usw., deren es eine große Menge auf den Galeeren Frankreichs gibt, die von den Kaiserlichen zu Sklaven gemacht worden und nach Italien und von da zur Bemannung der Galeeren nach Frankreich verkauft worden sind, sind im allgemeinen von sehr gutem Körperbau, weiß von Gesicht und blond von Haaren, führen sich gut auf, beobachten eifrig die Vorschriften ihrer Religion und sind redliche, ehrenhafte Leute, die sich besonders durch große Wohltätigkeit auszeichnen. Ja, sie übertreiben die Wohltätigkeit. Ich habe welche gesehen, die ihr ganzes Geld für einen in einen Käfig eingeschlossenen, zahmen Vogel hingaben, um sich das Vergnügen und den Trost zu verschaffen, ihm die Freiheit zu geben. Wenn sie ihre Mahlzeit einnehmen, so ist es die größte Schmach, die man ihnen antun kann, wenn diejenigen, welche vorübergehen, es mögen Christen, Türken oder andere, Freunde oder Feinde sein, nicht mit ihnen essen oder nicht wenigstens etwas von ihren Speisen kosten. Sie trinken weder Wein noch starken Likör. Auch essen sie nie Schweinefleisch, weil ihre Religion ihnen dies verbietet.

Die Türken Afrikas hingegen, die ich oben beschrieben habe und die man gewöhnlich Mauren nennt, betrinken sich trotz des Verbotes ihrer Religion in viehischer Weise und begehen, wenn sie können, die schrecklichsten Verbrechen. Deshalb hassen die asiatischen Türken, die man ›feine Türken‹ nennt, die afrikanischen Mauren tödlich und gehen nie mit ihnen um.

Ich hielt es für gut, mir dem Leser dieser Memoiren gegenüber diese Abschweifung zu erlauben, um ihm eine Vorstellung von der Redlichkeit dieser ›feinen‹ oder asiatischen Türken zu geben gegenüber ihren Religionsgenossen, welche in Afrika geboren sind.

Doch komme ich nun wieder auf die Geschichte, die ich zu erzählen versprochen habe.

Ich habe berichtet, daß ich Gott sei Dank durch die Treue Jussufs und später des braven Ali beim Empfang und der Verteilung der Unterstützungsgelder, womit ich einige Jahre hindurch auf den Galeeren betraut war, vor unangenehmen Erfahrungen bewahrt blieb. Doch in Marseille ging es gegenüber einem unserer Brüder, der dieselbe Aufgabe wie ich hatte, anders.

Die Missionare, nicht damit zufrieden, nur aufzupassen, einen zu ertappen, der den Reformierten auf den Galeeren Geld auszahlte, ließen oft die armen Glaubensgenossen untersuchen und nahmen ihnen alles Geld, Andachtsbücher und Briefe, die man vorfand, weg, ohne ihnen je etwas wiederzugeben. Diese Nachforschungen wurden sehr gründlich vorgenommen, und die Missionare, die bemerkt oder vermutet hatten, daß die Reformierten, wenn sie der Untersuchung gewärtig waren, ihre Effekten den katholischen Sträflingen oder einem Türken ihrer Bank zum Aufheben gaben, kamen auf den Gedanken, Stunde und Tag der Untersuchung sehr geheimzuhalten, um die Reformierten besser zu überraschen; und wenn sie eine Durchsuchung vornehmen wollten, so gaben sie den Unteroffizieren der Galeeren zur festgesetzten Stunde, welche die Reformierten nicht wußten, Ordre, sich auf ein gegebenes Zeichen auf die armen Leute zu stürzen und sie genau zu durchsuchen.

Wenn nun alles also darauf disponiert war, so feuerte man zur festgesetzten Stunde eine Kanone auf der königlichen Galeere ab, welches das gewöhnliche Zeichen war, auf das sogleich die Unteroffiziere, deren ein jeder schon seinen Reformierten im Auge hatte, unversehens auf denselben losstürzten und nahmen ihm weg, nicht ohne Peitschenhiebe, die immer das einzig wirksame Mittel waren, was er bei sich hatte.

Auf diese Weise überraschte man uns in Dünkirchen oft, wo man dieselben Untersuchungen mit uns anstellte. Doch seitdem der Bruder Bancilhon, der Verwalter über die Vorratskammer unseres Kommandanten, des Monsieur de Langeron, war, sich zu seinem Liebling aufgeschwungen hatte und dieses Wohlwollen auf alle Reformierten übergegangen war, benachrichtigte der Kommandant, der oft vom Hofe Ordre erhielt, dergleichen Untersuchungen anstellen zu lassen, im voraus den Bruder Bancilhon, wobei er zu ihm sagte: »Mein Freund Bancilhon, ›der Hahn hat gekräht‹.«

Dann waren wir alle bald auf unserer Hut, und wenn man unsere Taschen untersuchte, so fand man nie etwas.

Doch um auf Marseille zurückzukommen, so empfing einst einer unserer Brüder daselbst, namens Sabatier,* der das Amt des Empfangs und der Verteilung der Unterstützungsgelder hatte, solche durch Vermittlung seines vertrauten Türken, ohne daß sich ein Hindernis bei dem Empfang derselben gezeigt hätte. Doch es handelte sich nun darum, die Verteilung des Geldes an die übrigen Brüder vorzunehmen, die auf den verschiedenen Galeeren waren, und der brave Türke mußte dies sehr klug, wie er gewohnt war, anstellen.

Sabatier faltete den Geldanteil für jede Galeere in eine Liste der Namen der Teilhaber, die er durch seinen Türken an einen Bruder jeder Galeere schickte.

Nun traf es sich, daß der Profoß und der Aufseher auf den häufigen, zu seiner Verpflichtung nötigen Verkehr des Türken mit Sabatier, von dem er seine Aufträge entgegennahm, aufmerksam wurden und ihre Vermutungen dem Major der Galeere mitteilten. Dieser befahl, den Türken, wenn er sich zu Sabatier begeben würde, zu beobachten und abzuwarten, bis der besagte Türke die Galeere verließe, und ihn sodann zu ergreifen und zu untersuchen. Dies wurde ausgeführt, und man fand bei dem Türken ein Paket mit Geld und die Liste derjenigen, denen er dasselbe austeilen sollte. Man fragte den Türken, von wem er das Geld empfangen habe. Er wollte es nie und nimmer gestehen. Doch bedurfte man seiner Aussage nicht. Man hatte gesehen, daß es von Sabatier kam, der offen gestand, daß er das Geld dem Türken gegeben habe. Der Intendant,* der von diesem Fund sofort benachrichtigt worden war, freute sich außerordentlich darüber, daß er endlich den Bankier, der den Reformierten das Geld auszahlte, entdecken werde. Da aber der Intendant an der Gicht krank lag und sich nicht auf die Galeere begeben konnte, wo Sabatier sich befand, um ihm durch die Qual der Bastonade das Geständnis dessen auszupressen, was er so leidenschaftlich zu wissen begehrte, befahl er, daß man Sabatier mit einem Türken zusammenkettete und daß eine Wache der Galeere ihn zu ihm brächte.

Dies geschah. Sobald er Sabatier erblickte, redete er ihn zuerst sehr freundlich an und sprach gegen ihn die Hoffnung aus, er werde, da er sich für einen Bekenner der Wahrheit ausgäbe, auch ihm dieselbe auf seine Fragen sagen.

Sabatier erwiderte darauf, daß er die Wahrheit über alles, was seine Person beträfe, ohne irgendwelche Furcht sagen werde, auch auf die Gefahr hin, daß er sich dadurch den größten Martern aussetzen werde, ja selbst auf die Gefahr des eigenen Lebens hin.

»Wohlan«, sagte der Intendant, »wenn du mir die Wahrheit bekennst, so wird dir kein Leid geschehen.«

Zuerst fragte ihn der Intendant, ob das Paket und die Liste, die darumgewickelt war, von ihm kämen.

»Ja, Monsieur«, antwortete Sabatier.

Hierauf wurde er gefragt, an wen er das Paket geschickt habe.

Sabatier antwortete, daß er es an einen seiner Glaubensbrüder geschickt, um das Geld unter verschiedene andere, die auf der Liste standen, zu verteilen.

»Wozu dient das Geld?«

Sabatier erwiderte, daß es eine milde Spende sei, die man ihnen habe zukommen lassen, um ihnen damit in ihrer elenden Sklaverei etwas zu helfen.

»Woher ist euch das Geld zugeflossen?«

»Von Genf, Monsieur.«

»Bekommt ihr dergleichen oft?«

»Manchmal, wenn unsere Freunde merken, daß es uns daran mangelt.«

»Auf welchem Weg empfangt ihr es?«

»Durch einen Bankier aus Genf, der es uns auf dem Wege über einen Bankier in Marseille auszahlen läßt.«

»Wie heißt der Bankier, der es auszahlt?«

»Bis hierher«, sagte Sabatier entschlossen, »habe ich Ihnen die reine Wahrheit sagen können. Ich habe Euer Gnaden versprochen, nichts zu verschweigen, was mich betrifft, und wenn Sie finden, daß das, was ich gesagt und getan habe, verbrecherisch ist, so strafen Sie mich deswegen auf die Weise, wie es Ihnen beliebt. Doch einen Mann anzuzeigen, der nur aus Güte gehandelt hat und um uns eine Freude und Erleichterung zu bereiten und den meine Aussage, wie ich weiß, ins Verderben stürzen würde, das werde ich nie tun.«

»Wie, du Elender, du wagst mir zu verbergen, was du zu wissen selbst gestehst!« rief der Intendant. »Ich werde dich unter der Peitsche dein Leben aushauchen lassen, oder du wirst es mir sagen.«

»Töten Sie mich unter den schauderhaftesten Qualen«, sagte Sabatier, »doch von mir werden Sie nichts erfahren.«

Der Intendant, vor Wut außer sich, befahl der Wache, die Sabatier eskortiert hatte, ihn in seinem Beisein mit dem Stocke kräftig durchzuprügeln.

Die Wache, die Sabatier aus mehrjähriger Begleitung kannte und die sein trauriges Los jammerte, erwiderte dem Intendanten mit den Worten: »Monsieur, es ist ein so braver Mann; ich könnte ihn nicht schlagen.«

»Schuft«, brüllte der Intendant, »gib mir deinen Stock!« Als die Wache dies getan, ließ der grausame Intendant Sabatier an seinen Lehnstuhl herantreten und schlug ihn windelweich, bis der Stock zerbrach, ohne daß der arme Sabatier auch nur im geringsten geklagt oder seine Stellung verändert hätte, um den Schlägen des Wütenden auszuweichen.

Als dem Intendanten aber die Kräfte ausgingen und er ihn nicht mehr schlagen konnte, ließ er Sabatier zurück auf die Galeere führen und gab dem Major Befehl, ihm die Bastonade bis zum Tode zu geben, wenn er nicht den Namen des Bankiers verrate, der ihm das Geld ausgezahlt hatte.

Dies wurde sogleich, ohne sich auch nur mit irgendeiner Form eines Prozesses aufzuhalten, ausgeführt. Sabatier ertrug standhaft diese mehr als barbarische Behandlung, und solange er während der Marter noch sprechen konnte, rief er allein Gott an und bat ihn, ihm die Gnade zu gewähren, bis zum Tode, auf den er gefaßt war, unerschütterlich zu bleiben und seine Seele in seine göttliche Barmherzigkeit aufzunehmen.

Als er nicht mehr sprechen und kein Glied mehr rühren konnte, fuhr man dennoch fort, den armen, zerschundenen Leib mit aller Macht zu schlagen.

Der Wundarzt der Galeere, der achtgab, ob er noch atmete, sagte zu dem Major, daß Sabatier unfehlbar samt seinem Geheimnisse sterben würde, wenn er ihn auch nur noch ein wenig schlagen lasse; wenn man jedoch versuche, ihn wieder zum Leben zu bringen, so könne man von neuem anfangen, um ihn zum Geständnis seines Geheimnisses zu bringen.

Der Major willigte ein. Man rieb ihm den gänzlich aufgeplatzten Rücken mit starkem Essig und Salz ein. Der Schmerz, den ihm diese Behandlung verursachte, brachte ihn wieder zu sich; doch war er so schwach, daß man seine Marter nicht wieder beginnen konnte, ohne ihn mit dem ersten Schlag zu töten.

Man hielt es daher für angebracht, ihn ins Hospital zu bringen, um ihn wieder zu Kräften kommen zu lassen, damit er eine zweite Marter aushalten könne.

Doch nachdem er dort ziemlich lange zwischen Tod und Leben geschwebt hatte, hatte man ihn und seine Sache entweder mit der Zeit vergessen, oder seine Henker selbst hatten sich vor einer solchen Strafe wegen einer Sache entsetzt, die ihnen alles andere als Ehre einbrachte. Kurz, man unterwarf ihn nicht mehr der Bastonade, und er kam wieder auf die Beine; doch war er immer so kränklich und schwach im Kopfe, daß man ihn verschiedene Jahre in dem Lande, wo er dann starb, außerstande gesehen hat, die geringste Unterhaltung zu führen. Auch war seine Sprache so leise, daß man ihn kaum verstehen konnte.

Das ist ein hinreichendes Beispiel für die von den Missionaren von Marseille angeregte unerhörte Grausamkeit, das ich meinen Lesern vorzuführen mich nicht enthalten konnte. Ich greife nun den Faden meiner Geschichte wieder auf.

Die Schiffsprediger

Durch Wirkung der göttlichen Vorsehung war ich ohne irgendeine Gefahr der Verteiler von Unterstützungsgeldern gewesen, die Monsieur Piécourt mir zukommen ließ.

Um mir diese Aufgabe zu erleichtern, hatte ich, wie ich bereits erwähnte, einen Türken namens Ali ausgewählt, der einer der redlichsten und treuesten Menschen war, die ich je kennengelernt habe.

Ich wußte ungefähr die Zeit, da man die Unterstützungsgelder schickte, und sandte nur Ali, der wie die übrigen Türken ohne Wache überallhin gehen durfte, zu Monsieur Piécourt, der ihm das Geld an mich nebst einer Quittung übergab, die ich unterzeichnete und durch Ali nebst meinen für Holland bestimmten Briefen ihm wieder überbringen ließ.

Es ereignete sich jedoch, daß Monsieur Piécourt das Unglück hatte, mit seinem Geschäft pleite zu gehen. Dieser widrige Umstand war der Grund, daß der Zwischenhandel für unsere Unterstützungsgelder einem anderen Kaufmann von Dünkirchen namens Pénetrau übertragen wurde.

Dieser letztere hatte diese Sache zwei- oder dreimal mit ziemlicher Pünktlichkeit und Vorsicht erledigt und es mit um so mehr Sicherheit und Leichtigkeit getan, als mein Türke sich sehr gut auf die Ausführung meiner Aufträge verstand und wir außerdem auf der Galeere einen Schiffsprediger hatten, der gegen uns sehr nachsichtig war.

Das Wort ›Schiffsprediger‹ veranlaßt mich, hier etwas über diejenigen zu sagen, die gewöhnlich mit diesem Amte auf den Galeeren betraut sind.

Diese Geistlichen sind Weltpriester von der sogenannten Kongregation der ›Mission oder des heiligen Lazarus‹. Da die Vorsteher dieser Kongregation das Geheimnis verstanden, sich durch den Anschein von Einfalt und von Uneigennützigkeit in das Vertrauen des Königs zu schleichen, so fürchtete man in Marseille die Macht eines jeden einzelnen, der zu dieser Kongregation gehörte, außerordentlich.

Die Kongregation hatte zu ihrem Stifter Vincenz von Paula, der, obgleich nur ein einfacher Priester, durch den Ruf der Heiligkeit, den er sich erworben hatte, zu dem ehrenvollen Amt eines Beichtvaters der Königin-Mutter Ludwigs XIV. sich emporgeschwungen hatte.

Er erhielt später den Auftrag, Missionen zum Unterricht der Bauern und des gemeinen Volkes zu unternehmen. Dies führte zur Errichtung seines Ordens, der anfangs einen geringen Einfluß ausübte, aber später sich vergrößerte und in den vornehmsten Städten Frankreichs sich verschiedene Privilegien, Vorteile und Freiheiten erwarb, wie zum Beispiel die Leitung in der Ernennung der Dorfgeistlichen, der Prediger im Heer des Königs, auf den Schiffen und den Galeeren.

Diese Patres verstanden es nun so gut, sich bei Hofe in Gunst zu setzen, daß die Minister sie wie Orakel betrachteten und die Jesuiten sie als Leute ansahen, die sie hereingelegt hatten, weshalb sie sie nur mit neidischen und eifersüchtigen Blicken ansahen. Denn trotz ihrer Schlauheit hatten die Jesuiten ihren Aufstieg, zu dem sie die Haupttriebkraft gewesen waren, nicht vorhersehen können.

Indem sie diesen Orden durch ihr Vertrauen unterstützten, hatten sie nur gehofft, die Zahl ihrer Parteigänger zu vergrößern; doch hatten die Lazaristen in den Jesuiten zu gute Vorbilder vor Augen, um der Institution ihres Gründers zu folgen.

Sie hatten die Gesinnung der Jesuiten angenommen und nahmen daher auch leicht ihren Geist in sich auf. Unter dem Klerus ist der Ehrgeiz eine epidemische Krankheit, die sich tief im Innern versteckt hält.

So verhüllten auch die Lazaristen unter dem Mantel der Demut nur ihre ehrgeizigen Absichten. Sie taten dies mit so viel Geschick, daß diejenigen, welche sie mit Gnaden- und Gunstbezeigungen überhäuften, steif und fest meinten, über die entschiedenste Abneigung derselben gegen Ehre und Vergrößerung ihres Ordens triumphiert zu haben.

Sie wußten, wie sehr den Jesuiten das demütige Äußere, der Ausdruck der Kasteiung und das gesetzte Wesen zustatten gekommen waren. Um ihr Ziel desto sicherer zu erreichen, ahmten sie sie in ihrer Haltung und Kleidung nach und übertrafen sogar ihre Vorbilder, von denen sie sich durch einen Kragen von grober weißer Leinwand, einen Haarbüschel am Kinn und eine ausgesuchte Nachlässigkeit oder vielmehr eine ekelhafte Unsauberkeit unterschieden, die in Verbindung mit einer gewissen Kriecherei dem Publikum und dem Hofe so sehr imponierte, daß sie sich den Beifall beider erwarben, die Seelsorge in den Kapellen aller königlichen Häuser in die Hände bekamen und sich die Verwaltung einer ungeheuren Menge von Seminaren und den Besitz von unermeßlichen Gütern verschafften, die sie gegenwärtig genießen.

Es ist wahr, daß man oft leichter zu dem gesetzten Ziele kommt, indem man sich stellt, als entferne man sich von demselben, als wenn man die geeignetsten Mittel ergreift, um dahin zu gelangen.

Dieser Politik verdanken die Jesuiten und mehrere andere geistliche Orden ihre Reichtümer und eine Macht, die sie nur allzuoft zur Verfolgung der armen Reformierten auf Kosten der Humanität und der Religion mißbrauchen.

Von dieser Art sind besonders unsere Lazaristen, die sich zu meiner Zeit in Marseille so mächtig und gefürchtet gemacht hatten, daß sie, wenn ein Offizier des Königs ihr Mißfallen erregt hatte, bald sich ein königliches Handschreiben zu verschaffen wußten, das ihn in Ungnade versetzte. Deshalb wurden sie so gefürchtet und scheinbar so hoch geachtet, daß sich alles vor ihrer Tyrannei beugte.

Diese Patres der Mission hatten also die geistliche Leitung der Galeeren und stellten auf denselben die Geistlichen an, Leute wie sie, grausam und verfolgungssüchtig gegen die Reformierten, die sich auf denselben befanden.

Da aber unser Schiffsprediger gestorben war, als die sechs Galeeren aus dem Mittelländischen Meer in den Ozean zogen, so nahm Monsieur de Langeron wegen der Entfernung, die ihn hinderte, die Ernennung von seiten der Missionare abzuwarten, und weil er doch nicht ohne Schiffsprediger sein wollte, in Rochefort einen Mönch aus einem Kloster des Ordens der Dominikaner.

Dieser Schiffsprediger behandelte uns zu Anfang so schlecht, als er nur konnte; doch in der Folge wurde er milder und paßte sich der Handlungsweise unseres Kapitäns an, der sich sehr zu unseren Gunsten verändert hatte.

Auf die schlechte Behandlung, die wir zuerst erfahren hatten, folgte ein gefälliges Betragen gegen uns alle und besonders gegen mich, zumal seitdem ich Schreiber bei Monsieur de Langeron geworden war, ein Amt, das mir oft Gelegenheit gab, mit ihm zu sprechen.

Während der letzten drei Jahre, die ich in Dünkirchen zubrachte, in welcher Zeit die Galeeren immer abgetakelt waren, verging fast kein einziger Tag, an dem er nicht auf die Galeere kam, wo wir eine Stunde oder zwei zusammen verbrachten, ohne über Religion zu sprechen, wenigstens sehr wenig.

Er war ein gelehrter Mann und guter Prediger, und da ich durch

Vermittlung meiner Freunde oft Andachtsbücher aus Holland erhielt, unter anderen verschiedene Bände Predigten von Saurin,* so fragte er mich eines Tages, ob ich ihm nicht einige Predigten von unseren Kanzelrednern leihen könnte.

Obgleich diese Frage mir verdächtig erschien, so wagte ich doch, ihm ein Buch zu leihen, und fing mit einem Bande der Werke Saurins an, den er mir pünktlich wieder zurückgab.

Er fand daran so großen Geschmack, daß ich ihm alle Bücher, die ich besaß, lieh, selbst die ›Gerechten Vorurteile gegen den Papismus‹ von Jurieu,* die er mir ebenso pünktlich wie die übrigen zurückgab.

Eines Tages fragte er mich in der Unterhaltung, ob wir Reformierten nicht von Holland Geld empfingen. Ich hielt es für geraten, ihm auf diese Frage eine abschlägige Antwort zu erteilen, aus Furcht vor den Folgen, die andernfalls hätten entstehen können.

Man wird in der Folge dieser Memoiren sehen, daß es nicht unnütz war, daß ich mich über diesen Schiffsprediger ein wenig umständlich ausgelassen habe.

Die Abschweifung, die ich mir wegen des Unglücks von Sabatier erlaubte, hat mich ein wenig von meinem Gegenstande entfernt, und ich komme wieder auf die Gefahr zu sprechen, der ich mich selbst, wie ich vorher schon anführte, bei der Verteilung der Unterstützungsgelder aussetzte.

Ich habe schon gesagt, daß Monsieur Pénetrau, Kaufmann in Dünkirchen, den Zwischenhandel für diese hatte. Dieser Monsieur hätte mich eines Tages bald ins Unglück gestürzt.

Er erhielt Ordre von Amsterdam, mir hundert Taler auszuzahlen, und hatte dazu unter seiner Adresse den Avisbrief, um mir das Geld auszuhändigen.

Nun traf es sich, daß genannter Pénetrau mit seinem Geschäft am Rande des Ruins stand, und um seinem Auftraggeber in Amsterdam seine schlimme Lage nicht zu verraten, suchte er einen glaubwürdigen Vorwand, um sich vor der Auszahlung jener Summe an mich zu drücken.

Obgleich er wußte, daß er mich zur Aufrechthaltung seines Kredits aufopfern würde, ging er zu unserem Schiffsprediger und zeigte ihm an, daß er von Holland Ordre hätte, mir hundert Taler auszuzahlen; doch wolle er ihn erst um Erlaubnis fragen, weil die Verbote des Hofes ihn befürchten ließen, daß er sich sonst schlimme Händel zuziehen könnte.

Er bildete sich ein, daß der Schiffsprediger, weit entfernt, ihm die Erlaubnis zu geben, ihm die Auszahlung des Geldes ohne weiteres verbieten würde. Auf diese Weise würde er sich aus der Verlegenheit gezogen haben; ich aber würde einer großen Untersuchung unterworfen worden sein, die nicht ohne eine furchtbare Bastonade abgegangen wäre, um mich zum Geständnis zu bringen, wer die Zwischenhändler wären, die mir bisher Geld ausgezahlt hatten.

Der Schiffsprediger begriff sogleich die Folgen, die diese Sache haben konnte, und indem er Monsieur Pénetrau scharf ansah, sagte er zu ihm: »Ich bin sicher, Monsieur, daß es nicht das erste Mal ist, daß Sie ähnliche Zahlungen, ohne um Erlaubnis anzufragen, geleistet haben, und daß Ihre Auftraggeber in Holland nicht so dumm sind, Ihnen einen solchen Auftrag ohne weiteres anzuvertrauen und ohne durch Erfahrung sicher zu sein, daß Sie desselben auch würdig sind. Doch, wie dem auch sei, und da es nur auf meine Erlaubnis ankommt: Ich gebe Ihnen dieselbe gern.«

Pénetrau war über diese Antwort, die er nicht erwartet hatte, ganz außer Fassung. Er erwiderte dem Geistlichen, daß seine Erlaubnis ihm keine Sicherheit gäbe vor der Gefahr und daß er den Intendanten aufsuchen werde, um ihn um seine Erlaubnis zu bitten.

Der Geistliche war von dieser Antwort beleidigt und sagte barsch zu ihm: »Wie, Monsieur, nachdem Sie mir erklärt haben, daß meine Zustimmung für Sie bestimmend sei, wagen Sie mir zu sagen, daß Sie sich an den Intendanten wenden würden! Sie mögen es machen, wie Sie wollen, doch gebe ich Ihnen zu bedenken, daß ich, wenn Sie das Geringste hiervon dem Intendanten oder irgend jemandem mitteilen, Sie mit meinem langen Arm zu erreichen wissen werde, um es Sie büßen zu lassen.«

Pénetrau, am Ende seines Lateins, wußte nicht, was er sagen oder tun sollte, und gestand in seiner Verlegenheit, daß er ein wenig verschuldet sei und daß er, obgleich hundert Taler ihn nicht gerade unglücklich machen würden, doch für jetzt das Geld nicht habe; wenn ich jedoch vierzehn Tage warten wolle, ohne nach Holland zu melden, daß ich die Summe nicht erhalten hätte, so wolle er mir nach Ablauf dieser Frist dieselbe bar und auf den Heller genau auszahlen.

Der Geistliche sagte zu ihm, daß er wohl daran täte, sich ihm zu eröffnen, und daß er ihm das Ungebührliche seines Benehmens gegen ihn verzeihe. »Da ich aber«, fuhr er fort, »nicht in Gefahr kommen will, von Ihnen hinters Licht geführt zu werden, so schreiben

Sie mir, um mich Ihrer Pünktlichkeit zu vergewissern, einen an den Inhaber zahlbaren Wechsel über hundert Taler, fällig in vierzehn Tagen, welches Geld ich demjenigen, dem Sie es hätten auszahlen sollen, übergeben und worüber ich Ihnen eine Quittung ausstellen werde. Sie können hinsichtlich des Galeerensträflings sicher sein, und ich gebe Ihnen mein Wort, daß er vor Verfall Ihres Wechsels nicht nach Amsterdam schreiben wird.«

Pénetrau, erfreut über die günstige Wendung seiner Sache, stellte mit Vergnügen den Wechsel aus und übergab zu gleicher Zeit dem Geistlichen den Brief, den er für mich hatte. Alles dies ging vor sich, ohne daß ich davon etwas wußte.

Am selben Tag kam der Geistliche auf die Galeere und ließ mich in das Zimmer auf dem Heck des Schiffes rufen. Als ich vor ihn hintrat, sagte er mit einem ernsten Gesicht:

»Ich bin erstaunt, daß ein Bekenner der Wahrheit einen Mann meines Standes zu belügen wagt.«

Ich war ganz bestürzt über diesen Satz und sagte, daß ich nicht wüßte, was er damit sagen wolle.

»Haben Sie mir nicht versichert, daß Sie kein Geld, weder von Holland noch von irgendeinem anderen Ort empfangen? Ich habe in meiner Hand etwas, womit ich Sie der Lüge überführen kann«, und mit diesen Worten zeigte er mir den Wechsel, den Pénetrau ihm ausgestellt hatte.

»Kennen Sie das?« fragte er mich.

»Ja, Monsieur«, antwortete ich, »ich sehe, daß es eine Sache ist, die Ihnen gehört.«

»Sie gehört mir keineswegs«, sagte er, »sondern Ihnen.« Zu gleicher Zeit erzählte er mir, was zwischen Pénetrau und ihm vorgefallen war, und übergab mir den Avisbrief, indem er mir nochmals vorwarf, daß ich ihn belogen habe.

Ich nahm mir die Freiheit, ihm zu sagen, daß er mehr Schuld habe als ich, da er, obwohl wissend, daß ich eine solche Sache nicht gestehen dürfe, mich genötigt habe, sie zu leugnen, indem er mich darüber befragt habe.

Er gab das zu und sagte, daß ich mich darüber beruhigen möchte und daß er mir in vierzehn Tagen die hundert Taler bringen würde. An dem festgesetzten Tag tat er dies, und als er mir das Geld auszahlte, bot er mir seine Dienste mit den Worten an: »Schreiben Sie an Ihre Freunde in Holland, daß sie ihre Überweisungen an mich adressieren können, und seien Sie überzeugt, daß ich sie Ihnen pünktlich auszahlen werde. Auf diese Weise werden Sie außer aller Gefahr sein.«

Ich dankte ihm für seinen guten Willen, von dem ich mir jedoch nicht getraute, Gebrauch zu machen. Diese Zurückhaltung meinerseits verhinderte jedoch nicht, daß wir immer gute Freunde blieben.

Wir waren fünf Reformierte auf unserer Galeere, die er nie schikanierte; im Gegenteil, er erwies uns tausend Gefälligkeiten. Er dachte nicht wie die Jesuiten und die anderen Schiffsprediger der fünf übrigen Galeeren, die ihn gern dafür bestraft hätten, daß er gewagt hatte, ein menschlicheres und christlicheres Gefühl an den Tag zu legen als sie.

Da diesen Leuten nichts zu teuer ist, um sich zu rächen, so richteten sie ein Schreiben an den Bischof von Ypern, in dem sie unseren Schiffsprediger der Ketzerei anklagten und ihn beschuldigten, daß er den vermeintlichen Reformierten gewogen sei, sie begünstige und in Ruhe lasse, anstatt sie in den Schoß der römischen Kirche zurückzuführen.

Der Bischof zitierte unseren Schiffsprediger vor sich, damit er über seine Aufführung Rechenschaft ablege. Wegen dieses Befehls begab er sich nach Ypern und stellte sich dem Bischof vor, der ihm sagte, daß man ihn der Begünstigung der Reformierten auf seiner Galeere anklage, sowie daß er sie in Ruhe und Sicherheit lasse, ohne Sorge für ihre Bekehrung zu tragen.

»Monsignore«, erwiderte hierauf der Schiffsprediger mit Entschlossenheit, »wenn Euer Hochwürden mir befehlen, sie zu ermahnen und zu nötigen, die Wahrheiten der römischen Kirche anzuhören und anzunehmen, so tue ich das alle Tage, und niemand kann mir das Gegenteil davon beweisen. Wenn Sie mir jedoch zumuten, es den anderen Schiffsgeistlichen gleichzutun, die jene armen Unglücklichen grausam martern, so werde ich morgen in mein Kloster zurückkehren.«

Der Bischof sagte zu ihm, daß er mit seiner Aufführung zufrieden sei, ermunterte ihn, so fortzufahren, und erteilte sodann den anderen Geistlichen einen Verweis wegen ihrer Bekehrungsmethode.

Hiermit bin ich am Ende meines sowie meiner Leidensbrüder Aufenthaltes in Dünkirchen angelangt. Ich werde mit der Beschreibung einer neuen Art von Leiden, Strapazen und furchtbaren Qualen beginnen, die man uns von dem 1. Oktober 1712 an, da man uns von

Dünkirchen wegbrachte, bis zum 17. Januar 1713 erdulden ließ, da wir auf die Galeeren von Marseille versetzt wurden. Doch zuvor ist es nötig, ein wenig weiter auszuholen.

Heimliche Fortschaffung der reformierten Galeerensträflinge aus Dünkirchen

Jedermann weiß, daß in dem vorhin genannten Jahre die Königin von England einen besonderen Frieden* mit Frankreich abschloß und daß unter anderen Artikeln festgesetzt ward, daß den Engländern die Besitznahme der Stadt, der Befestigungen und des Hafens von Dünkirchen sowie die Zerstörung und Verschüttung des Hafens gestattet sein sollte.

Infolgedessen kamen die Engländer im Monat September mit vier- bis fünftausend Soldaten nach Dünkirchen und nahmen von der Stadt, den Forts und der Zitadelle, die von der französischen Besatzung geräumt wurde, Besitz.

Wie aber aus meiner Erzählung schon hervorging, war die französische Marine so geschwächt, daß man die Galeeren nicht auftakeln konnte, um in See zu stechen.

Daher kam Frankreich mit der Königin von England überein, daß die Galeeren mit ihren Mannschaften und Galeerensträflingen im Hafen blieben, bis man anfinge, den Hafen auszufüllen, was sich erst nach dem Winter tun ließ.

Auch ward festgesetzt, daß nichts ohne besondere Erlaubnis Ihrer Majestät der Königin von England den Hafen verlassen sollte, weder Schiffe, noch Mannschaften oder Galeerensträflinge.

Kaum hatten die Engländer die Posten besetzt und die Besatzung in die Stadt und in die Zitadelle gelegt, so kamen sie in Massen zu den Galeeren gelaufen, um neugierig die Schiffe zu betrachten, die der größte Teil noch nie gesehen hatte.

Unter anderen Offizieren waren auch mehrere französische Réfugiés. Diese hatten erfahren, daß man auf den Galeeren Reformierte habe, die wegen ihrer Religion verurteilt wären, und daß wir zweiundzwanzig wären.

Diese Offiziere zeigten bei dieser Gelegenheit ihren Eifer für ihre Religion, indem sie kamen, uns zu umarmen, mit uns, auf unsern Bänken sitzend, zu seufzen und zu weinen, und konnten sich nicht enthalten, Zeichen ihres Unwillens und ihres Mitleids zu geben, als sie unsere Ketten und die Leiden betrachteten, die die Folge dieser harten Sklaverei sind.

Sie blieben einen großen Teil des Tages mit ihren teuren, leidenden Brüdern zusammen, wobei sie weder den unbequemen Sitz noch das Ungeziefer und den übeln Geruch, den dieses Leiden erzeugt, scheuten und sich eine Ehre daraus machten, in Gegenwart der Offiziere der Galeeren, die ihr Tun mit ansahen, uns ans Herz zu drükken, zu trösten und zur Beständigkeit zu ermahnen.

Ihr Beispiel zog eine große Menge der vornehmsten englischen Offiziere herbei, die ihr Mitleid durch Handlungen an den Tag legten, die wahrer Protestanten würdig sind. Auch die Soldaten liefen in Menge herzu und schwuren nach der ihnen eigenen Art, ihren Eifer auszudrücken, daß sie uns mit dem Säbel in der Hand befreien würden, wenn man uns nicht gutwillig freigäbe.

Ich habe schon gesagt, daß alle Welt ungehindert auf die Galeeren gehen konnte; doch bei jener Gelegenheit baten die Schiffsprediger Monsieur de Langeron, er möge in Berücksichtigung des Ärgernisses, das, wie sie sagten, dadurch der katholischen Religion gegeben würde, befehlen, daß man niemanden mehr auf die Galeeren lasse.

Man versuchte dies Verbot; aber die englischen Soldaten, die auf die Galeeren gehen wollten und die man sehr höflich zurückzuweisen versuchte, legten statt aller Antwort die Hand an den Degen, wobei sie sagten, daß sie als Herren der Stadt und des Hafens auch Herren der Galeeren wären und daß sie, gutwillig oder mit Gewalt, sich den Zugang verschaffen würden.

Man war daher gezwungen, einem jeden, der Zutritt begehrte, das Brett frei zu lassen. Währenddessen besuchte mich ein englischer Oberst, dessen Namen ich vergessen habe, und sagte zu mir, daß Mylord Hill, der von der Königin von England zum Gouverneur von Dünkirchen berufen war, von unserer Haft und der Ursache unserer Sklaverei sicher nichts wisse, weshalb er mir riet, ein Gesuch an ihn zu richten, um ihn davon in Kenntnis zu setzen und seine Güte für unsere Befreiung anzuflehen.

Ich setzte dieses Gesuch so gut als möglich auf, und der Oberst übernahm es, dasselbe Mylord Hill zu überreichen. Am folgenden Tag schickte der Gouverneur seinen Sekretär zu mir, um mir sagen zu lassen, daß er die Mitteilung von unserer Haft, die ich ihm gemacht, gern entgegengenommen habe und daß er sich mit allem Eifer für unsere Befreiung verwenden würde. Doch da er nicht eigenmächtig darüber befinden dürfe, so werde er an die Königin schreiben, deren Befehle, die sicherlich zu unseren Gunsten ausfallen würden, seine Handlungen leiten würden. Einstweilen bäte er uns, noch vierzehn Tage geduldig auszuharren.

Der Sekretär fügte hinzu, daß Mylord Hill uns seine Börse anböte, wenn wir Geld brauchten. Ich erwiderte ihm, daß wir nur der Protektion Mylords bedürften und daß ich ihm großen Dank schuldig wäre für die Antwort, die er auf mein Gesuch gegeben, wie für den Eifer, den er zu unseren Gunsten an den Tag legte.

Ich teilte diese Antwort meinen Glaubensbrüdern mit, die auf den sechs Galeeren waren, indem ich sie zu gleicher Zeit ermahnte, mit den englischen Soldaten vorsichtig umzugehen und jede Unterredung zu vermeiden, die sie zu Gewalttätigkeiten reizen könnte, um uns unsere Freiheit zu verschaffen. Sie sollten ihnen im Gegenteil die Antwort ihres Gouverneurs mitteilen, die lautete, die Befehle der Königin ruhig abzuwarten.

Seitdem verhielten sich alle ruhig, und ein jeder von uns erwartete mit Geduld die Nachrichten aus England. Während der vierzehn Tage, die der Gouverneur uns versprochen hatte, sei es nun, daß er an die Königin geschrieben hatte oder nicht, befreundete er sich mit Monsieur de Langeron, unserem Kommandanten.

Eines Tages sagte Mylord zu ihm, daß er nicht begreife, wie der Hof Frankreichs die Unklugheit habe begehen können, uns nicht von Dünkirchen zu entfernen, ehe sie angekommen wären. Dem Hof könne doch nicht unbekannt sein, daß die englische Nation mit Abscheu die schlechte Behandlung betrachte, die man den Protestanten wegen ihrer Religion antue, und daß man sogar in allen Kirchen Englands Gott täglich für die Befreiung der Reformierten anrufe, die auf den Galeeren Frankreichs litten. Kurz, der Hof Frankreichs hätte voraussehen müssen, daß, wenn die Engländer einmal Herren von Dünkirchen und die zweiundzwanzig Protestanten, die wegen ihrer Religion in den Ketten stöhnten, unter dem Schutz der englischen Garnison wären, die Königin nicht umhinkönnte, sie freizulassen, wäre es auch nur, um die Unannehmlichkeiten zu vermeiden, in irgendeiner Weise den Soldaten zu gehorchen, die schon drohten, Gewalt anzuwenden, wenn man jene Leute nicht freigäbe.

Monsieur de Langeron mußte zugestehen, daß sein Hof tatsächlich einen Fehler begangen habe, und bat den Gouverneur, bei dieser

Gelegenheit bedachtsam vorzugehen und ihm seine Meinung darüber mitzuteilen, was zu tun sei, um jedem Vorfall vorzubeugen; er fügte hinzu, daß er wisse, der König, sein Herr, werde nie seine Einwilligung zur Freilassung dieser Reformierten geben.

Mylord Hill sagte zu ihm, er wisse ein Mittel, um jedem ärgerlichen Vorfall vorzubeugen. »Schreiben Sie«, sagte er, »an den Minister Ihres Hofes, daß er Ihnen Befehl erteile, die Leute heimlich zur See von Dünkirchen zu entfernen. Ich werde Ihnen dabei behilflich sein, und die Sache wird leicht und ohne Gefahr ausgeführt werden.«

Monsieur de Langeron befolgte diesen Rat sehr gern und erhielt bald den Befehl, in Übereinstimmung mit Mylord Hill unsere geheime Entführung zu betreiben, die auf folgende Weise geschah.

Am 1. Oktober, dem Fest des heiligen Remigius, sahen wir eine Fischerbarke an unsere Galeere angekettet. Man verbreitete das Gerücht, daß diese Barke mit Beschlag belegt worden sei, weil auf ihr Konterbande entdeckt wurde, und die Engländer nahmen dies für bare Münze.

Am Abend schlug man Zapfenstreich wie gewöhnlich, und ein jeder legte sich schlafen. Ich war in meiner Kammer und schlief ganz ruhig, als ich plötzlich aufgeweckt wurde, und zwar durch unseren Major, der mit einer Pistole bewaffnet und von zwei Galeerensoldaten begleitet war, die mir das Bajonett an die Kehle hielten und mir drohten, daß es bei dem geringsten Schrei oder Geräusch um mich geschehen sein würde.

Der Major, mit dem ich befreundet war, ermahnte mich freundlich, keinerlei Widerstand zu leisten; andernfalls würde er die Befehle, die er habe, mich zu töten, ausführen.

»Ach Gott!« sagte ich zu ihm, »Monsieur le Major, was habe ich getan, und was will man mit mir machen?«

»Du hast nichts getan«, sagte er, »und man wird dir nicht das geringste Leid zufügen, wenn du dich entsprechend verhältst.«

Darauf ließ er mich schleunigst in jene Fischerbarke hinabsteigen, von der ich oben gesprochen habe, und zwar bei Nacht und Nebel und in allergrößter Stille, aus Furcht, von der englischen Schildwache auf der Zitadelle, von der wir nicht sehr weit entfernt waren, bemerkt zu werden.

Als ich in die Barke stieg, fand ich dort die anderen einundzwanzig Glaubensbrüder, die man ebenso wie mich von ihren Bänken abgeholt hatte. Man kettete uns alle im unteren Raum der Barke an, was in aller Stille und Heimlichkeit vor sich ging; und obgleich man uns auf den Rücken hatte hinlegen lassen wie Schlachtvieh, so hatte doch jeder einen Galeerensoldaten bei sich, der uns das Bajonett an die Kehle hielt, damit wir ja nicht um Hilfe schrien oder auch nur einen Mucks von uns gäben. Danach legte die Barke ab, um den Hafen zu verlassen. Wir mußten an einem englischen Schiff vorbeifahren, das sich immer mitten im Hafen aufhielt, um nichts aus demselben hinauszulassen. Dieses Schiff ließ die Barke längsseits kommen und fragte, wohin sie ginge.

Der Besitzer der Barke, der ein Engländer war, antwortete in seiner Sprache, daß er für das Haus von Mylord Hill, von dem er einen Passierschein vorzeigte, auf Fischfang ginge.

Der Kapitän des Schiffes nahm den Schein und las folgendes, geschrieben und unterzeichnet von der Hand Mylord Hills: »Lassen Sie diese Barke, die auf Fischfang für mein Haus geht, aus dem Hafen hinaus.«

Nachdem der Kapitän dies gelesen, zeichnete er ihn ab und ließ die Barke auslaufen. Alle, die die Forts sowohl des Hafens als der Dämme kommandierten, taten desgleichen, und bald befanden wir uns auf offener See.

Hierauf verließen uns die Soldaten, stiegen auf das Verdeck der Barke und schlossen die Luken über uns, worauf man uns erlaubte, uns bequemer auf dem Sand, der der Barke als Ballast diente, einzurichten. Wir wußten, daß man nie in See ging, ohne Vorräte zu haben, wenn es auch nur Brot und Wasser wäre. Da wir nun beim Einstieg in die Barke nichts dergleichen gesehen hatten, so bildeten wir uns steif und fest ein, daß man uns versenken werde, während die Soldaten sich in der Schaluppe, die an die Barke angehängt war, an Land begeben würden. Man kann sich die Angst vorstellen, in die uns dieser Gedanke versetzte, und die schreckliche Lage, in der wir uns befanden. Da wir in dem unteren Raum ohne Licht waren, wir weder jemand sahen noch hörten, so malte unsere erhitzte Phantasie uns die Gefahr, in der wir zu sein meinten, nur desto lebhafter aus.

In diesem grausamen Wahne befangen, brachten wir die Nacht damit zu, daß wir unaufhörlich, wie Leute, die jeden Augenblick den Todesstreich erwarten, unsere Gebete an den Herrn richteten. Einige von uns, von Furcht ergriffen, steigerten unsere Aufregung noch, indem sie von Zeit zu Zeit schrien: »Brüder, wir gehen zugrunde; Wasser dringt in die Barke ein!«

Bei diesem Seufzen verdoppelte jeder seine Gebete, da er meinte, das letzte Stündlein seines Lebens habe geschlagen.

Es zeigte sich jedoch, daß ein Greis von siebzig Jahren nicht so fest wie wir im Glauben war, und sicherlich würde er uns zum Lachen gebracht haben, wenn wir uns in weniger niederdrückenden Umständen befunden hätten. Er saß auf seinem Bündel, und als er rufen hörte, daß Wasser in die Barke eindränge, richtete er sich empor, indem er mit der einen Hand sein Bündel hielt und mit der anderen eifrigst suchte, ob er nicht einen Nagel fände, um es dort anzuhängen. Da er in meiner Nähe war und durch sein Suchen mich in meinem Gebet störte, so fragte ich ihn, was er machte.

»Ich versuche«, sagte er, »mein Bündel so hoch wie möglich aufzuhängen, damit meine Siebensachen von dem eindringenden Wasser nicht naß werden können.«

»Denkt an Eure Seele, lieber Freund«, sagte ich zu ihm. »Wenn Ihr ertrinkt, so braucht Ihr keine Kleider mehr.«

»Ach«, sagte er, »das ist nur zu wahr«, und sogleich ließ er von der Suche nach einem Nagel ab.

Dies lehrt uns deutlich, daß wir im Grunde immer nur Menschen sind, die immer gern an der Erde kleben.

Wir spürten wohl, daß unsere Barke unter Segel ging, doch wußten wir nicht, was für Wind wir hatten. Als es Tag wurde, öffnete man die Luke, und da ich mich gerade darunter befand und, wenn ich aufstand, auf das Verdeck sehen konnte, so richtete ich mich schleunigst ganz auf, und die erste Person, die ich bemerkte, war unser Wachtmeister, der gewöhnlich der erste Sergeant von den vieren ist, die es in den Marinekompanien gibt.

Er gehörte zu meinen besten Bekannten, und es war nicht lange her, daß ich mich ihm bei unserem Kapitän gefällig erwiesen hatte.

»Ei, sind Sie hier, Monsieur Praire?« rief ich ihm zu.

»Ja, mein Freund«, erwiderte er lächelnd; »ich glaube, daß Sie diese Nacht nicht sehr gut geruht haben.«

»Doch wohin führen Sie uns?«

»Schauen Sie«, sagte er zu mir, »da ist Calais«, indem er mir die Stadt zeigte, vor der wir uns befanden. Er fügte hinzu, daß wir daselbst ausgeschifft werden würden, von wo wir uns nach einem kurzen Aufenthalt auf die Beine zu machen hätten.

»Doch, Monsieur«, sagte ich zu ihm, »weder Sie noch irgend jemand in der Welt wird es wohl fertigbringen, altersschwache Leute,

Krüppel oder Kranke wie ich (denn ich hatte damals das Wechselfieber) zu Fuß gehen zu lassen?«

»In diesem Fall läßt der König, der nie das Unmögliche verlangt, für die Schwachen Wagen stellen, und ich bin gewiß, daß man bei Ihrem Weg den Befehl gegeben hat, uns welche geben zu lassen.«

»Hier ist der Befehl«, sagte er, und er zeigte ihn mir; »sehen Sie, ob darauf mehr als ein Wagen verzeichnet ist, der für die vorrätigen Ketten und das Gepäck bestimmt ist.«

Da ich unseren Bestimmungsort, den er mir nicht hatte sagen wollen, zu erfahren wünschte, so schaute ich, statt den Anfang zu lesen, nach dem Ende und las dort folgende Zeilen: ›Nach Le Havre de Grâce, wo sie bis auf neue Ordre dem Intendanten übergeben werden sollen.‹

Ich hatte nun genug gesehen, um die Neugierde unserer Brüder zu befriedigen, denen ich unseren Bestimmungsort, wie ich gelesen, so leise wie möglich mitteilte, aus Furcht, der Wachtmeister könnte es hören.

Man brachte uns also in Calais an Land. Wir wurden in das Gefängnis gebracht, beladen mit unseren Ketten, und erhielten nach Art und Weise der Rekruten die Ration.

Am folgenden Tage morgens kettete uns der Profoß (denn es war nur einer, der uns begleitete) paarweise aneinander, einen jeden an einem Bein, und ließ dann eine lange Kette durch die runden Ringe an den Fesseln, womit wir zusammengekoppelt waren, hindurchgehen, so daß die elf Paare, die wir waren, ganz zusammengekettet waren.

Nun muß ich bemerken, daß unter uns alte Leute waren, die aus Altersschwäche oder Gebrechlichkeit nicht eine Viertelmeile zu Fuß gehen konnten, selbst wenn sie nicht mit Ketten belastet gewesen wären. Auch hatten wir Kranke und Erschöpfte unter uns. Außerdem waren wir das Laufen nicht mehr gewöhnt. Es war uns daher unmöglich, täglich vier oder fünf Meilen zurückzulegen, wie unsere Route vorschrieb. Nachdem man uns angekettet hatte, rief ich unseren Wachtmeister und sagte zu ihm: »Sehen Sie, Monsieur, ob es möglich ist, daß wir in dem Zustand, in dem Sie uns sehen, einen Marsch unternehmen können. Glauben Sie mir, lassen Sie uns einen oder zwei Karren für die Schwachen liefern; Sie haben das Recht, sie überall zu fordern, wo Sie durchkommen.«

»Ich kenne meine Ordre«, sagte er, »und ich werde dieselbe befolgen.«

Ich schwieg, und wir zogen los. Wir hatten aber kaum eine Viertelmeile zurückgelegt, als wir an einen kleinen Berg kamen, den wir ersteigen mußten. Dies erwies sich als unmöglich, denn drei oder vier von unseren Alten und Kranken fielen zu Boden und konnten auch nicht einen einzigen Schritt weiter tun. Da wir uns aber alle an einer und derselben Kette befanden, so konnten wir nicht vorwärtsgehen, es sei denn, wir hätten alle unsere Kraft angewandt, um jene nachzuziehen.

Unser Wachtmeister mit den Soldaten, die er befehligte, ermahnte uns mit schönen Worten, Mut zu schöpfen und unsere Kräfte zu verdoppeln; doch gegen das Unmögliche ist kein Kraut gewachsen.

Wir setzten uns alle nieder, um denen, die zu Boden gefallen waren, Zeit zum Ausruhen zu geben und dann den Marsch fortzusetzen, wenn es möglich wäre. Jedoch auch dies half nichts, was auch der Wachtmeister, der nicht wußte, wie dieser Verlegenheit zu entkommen, sagen mochte.

Ich rief ihn und sagte zu ihm, daß er in der gegenwärtigen äußersten Not von zwei Ratschlägen, die ich ihm geben würde, einen wählen solle. »Lassen Sie uns entweder niederschießen, oder, wie ich schon früher sagte, lassen Sie uns Wagen kommen, die uns fortschaffen. Sie werden mir erlauben, Ihnen zu bemerken, daß Sie nur zur See gedient haben und daher auch nicht wissen, was es mit einer Route, die der König zu Lande befiehlt, auf sich hat. In den Verordnungen, die er für den Marsch von Soldaten oder Rekruten oder Verbrechern gibt, versteht es sich von selbst, daß, wenn die Transportierten durchaus nicht marschieren können, ihre Führer ihnen Wagen verschaffen müssen, die sie auf Befehl des Königs in den Flecken, Städten oder Dörfern nehmen. Sie sind in dieser Situation, Monsieur; schicken Sie eine Abteilung Ihrer Soldaten zum ersten besten Dorf und lassen Sie soviel Wagen holen, als Sie zum Transport der Schwachen brauchen, und um Ihnen unseren Gehorsam gegen die Befehle Seiner Majestät betreffs der Route, die uns vorgeschrieben ist, zu beweisen, werden wir Ihnen sechs Livres täglich für das Mieten eines Wagens geben. Das wird Ihr Profit sein; denn da man die Wagen im Namen des Königs umsonst haben kann, so werden die sechs Livres Ihnen verbleiben.«

Der Wachtmeister hörte mich an, und einige seiner Soldaten, die von dieser Sache mehr als er verstanden, bestätigten, was ich ihm soeben gesagt hatte. Dies bestimmte ihn, meinem Rate zu folgen. Die

Bauern lieferten ihm zwei Wagen bis zum ersten Nachtlager und so weiter von Ort zu Ort bis Le Havre de Grâce.

Der Wachtmeister war ein guter Mann, der, wie man sagt, das Pulver nicht erfunden hatte. Man hatte ihn in Dünkirchen den Eid schwören lassen, daß er weder uns noch irgendeinem andern den Ort angeben solle, wohin er Ordre habe, uns zu bringen.

Die Furcht, daß eine Abteilung der Garnison von Aire, die bis nach Calais und Boulogne Streifzüge machte, uns aufbringen könnte, hatte die Veranlassung zu dieser Vorsicht gegeben.

Da wir nun eines Tages unterwegs waren, näherte sich der Wachtmeister, der immer zu Pferde war, dem Wagen, auf dem ich mich befand und knüpfte ein Gespräch mit mir an.

Als wir von gleichgültigen Dingen sprachen, fragte ich ihn nach unserem Bestimmungsort. Als ich sah, daß er mit der Sprache nicht herausrückte, sagte ich zu ihm, daß es unnütz sei, weil ich es schon ebensogut wie er wisse.

Er forderte mich auf, es ihm zu sagen, was ich sogleich tat, indem ich ihm sagte, was ich am Schluß der Marschroute, die er mir vor der Ankunft in Calais zeigte, gesehen und gelesen hatte.

Der gute Mann, der den Blick, den ich auf den letzten Punkt seiner Marschroute geworfen, nicht bemerkt hatte, war so erstaunt, in mir einen Mitwisser seines Geheimnisses zu sehen, von dem keiner seiner Leute das geringste wußte, daß er mich in aller Einfalt fragte, ob ich ein Zauberer oder ein Prophet sei.

Ich erwiderte ihm, daß ich ein viel zu rechtschaffener Mann sei, um ein Zauberer, und ein zu großer Sünder, um ein Prophet zu sein. »Übrigens«, fuhr ich fort, »ist keiner unter uns, der nicht ebensogut wie ich von der Sache wüßte, und Sie machen ein großes Geheimnis aus einer unter uns allgemein bekannten Tatsache.«

Ich machte mich ein wenig über seine vermeintliche Umsicht lustig und bemerkte aus den Vorsichtsmaßnahmen, die er alle Tage traf, daß er ernstlich meinte, es ginge bei uns nicht ganz mit rechten Dingen zu.

Wir hatten indes keine Veranlassung, uns während des Marsches über ihn zu beklagen. Er war im Gegenteil sehr korrekt und ließ uns in jedem Quartier, ganz wie den Rekruten, die Ration geben. Doch da er seine Ordre nicht überschreiten durfte, so konnte er uns zum Logis nur Gefängnisse oder Ställe geben, wenn es an den Orten, wohin wir kamen, keine Gefängnisse gab.

Aufenthalt in Le Havre de Grâce

Schließlich kamen wir in Le Havre de Grâce an, wo wir ein besseres und bequemeres Gefängnis hatten als bisher.

Es ist zu bemerken, daß es in dieser Stadt viele neue Konvertiten gibt, die trotz ihres erzwungenen Abfalles immer sehr eifrig für die reformierte Religion sind. Diese Leute, auf unsere Ankunft vorbereitet und damit bekannt, daß wir dem Intendanten der Marine übergeben werden sollten, begaben sich zu ihm und baten ihn, uns schonungsvoll zu behandeln, wobei sie ihm geltend machten, daß diese armen Gefesselten früher ihre Glaubensbrüder gewesen wären, die kein anderes Verbrechen begangen hätten, als Festigkeit und Standhaftigkeit für die Religion ihrer Väter zu beweisen. Auch fügten sie hinzu, daß sie ihm sehr dankbar sein würden, wenn er die Güte hätte, sie gut zu behandeln, und daß sie ihm mit ihrem Kopf dafür bürgten, daß nicht einer von uns seine Güte mißbrauchen und entfliehen würde.

Da die Männer dieser Deputation an den Intendanten zu den reichsten Kaufleuten der Stadt gehörten, so gab er ihnen in geneigter Weise zur Antwort, daß er uns in Rücksicht auf sie so gut als möglich behandeln würde.

»Ich habe Ordre vom Hof«, sagte er, »sie an einem sicheren Ort unterzubringen. Doch da dieselbe nicht ausdrücklich auf Gefängnis lautet, so werde ich ihnen ein bequemeres Quartier geben lassen. Und da der Hof mir einfach befiehlt, ihnen Brot und Bohnen zu essen zu geben, so können Sie darauf rechnen, daß sie dasselbe bekommen werden, was man auf meiner Tafel aufträgt. Übrigens haben Sie alle Freiheit, sie zu sehen und zu unterstützen.«

So stand alles zum besten, als wir in Le Havre de Grâce ankamen. Man ließ uns vor dem Arsenal des Königs absteigen, wo der Intendant uns einen großen Raum, der zur Seilerbahn gehörte, hatte einrichten und Strohsäcke, Matratzen und Decken als Lager bereitstellen lassen.

Als wir in den Raum, der zu ebener Erde lag, eintraten, fanden wir dort den Intendanten und unsere Beschützer vor, die, wie ich schon erwähnte, von unserer Religion waren.

Diese Männer empfingen uns auf das herzlichste und mit Tränen in den Augen, ohne zu befürchten, daß sie sich dadurch in der Gegenwart des Intendanten, der davon sehr gerührt war, etwas vergäben. Eigentümlich war hierbei, daß, während jene Männer uns ans Herz drückten, die Beamten des Zolls herbeikamen und den Intendanten um die Erlaubnis baten, unsere Taschen zu visitieren. Er gestattete ihnen dies, wobei er die Achseln zuckte und zu ihnen sagte, daß sie allem Anschein nach mehr Flöhe als Beute zu fassen bekämen. Dennoch durchsuchten sie uns überall, und wie man sich denken kann, ohne etwas zu finden.

Da sie aber unter unseren Siebensachen eine kleine verschlossene Kiste fanden, worin wir alle unsere Andachtsbücher aufbewahrten, so verlangten sie, auch diese zu untersuchen. Ich hatte den Schlüssel zu dieser Kiste und wollte ihn nicht hergeben, weil ich das Feuer für unsere kleine Bibliothek fürchtete.

Der Intendant, der dies bemerkte, sagte: »Mein Freund, geben Sie den Schlüssel nur ohne Furcht; die Leute müssen ihre Pflicht tun.«

Als ich ihn mit Zittern abgegeben und einer der Zollbeamten, der die Kiste öffnete, nur Bücher sah, rief er: »Hier ist die Bibliothek Calvins! Ins Feuer damit, ins Feuer!«

Der Intendant, der dies mit ansah, meinte zu ihm: »Lump, in was mischest du dich da? Tue, was deines Amtes ist, und gehe nicht weiter, oder ich werde dir zeigen, was du suchen sollst.« Der Beamte hatte hieran genug, verschloß die Kiste und ging zur Tür hinaus.

Sobald wir in unserer neuen Wohnung einquartiert waren, nahm man uns die große Kette, die uns alle zusammenhielt, ab und ließ uns nur die, welche uns paarweise zusammenkoppelte.

Der Intendant war so von uns eingenommen, daß er die Aufmerksamkeit hatte, uns zu fragen, ob wir mit unseren Wachen zufrieden wären. Wir versicherten ihm, daß wir während des Marsches die beste Behandlung, die sie uns nur hätten gewähren können, erfahren haben.

»Wohlan«, sagte er, »so lasse ich sie Ihnen«, und zu gleicher Zeit brachte er ihr Wachtkorps in einem Zimmer unter, das dem unsrigen gegenüber lag, und ließ uns Brot von seiner Tafel bringen, indem er sagte, das wäre unser Kommißbrot, das er für uns bestimmte.

Unsere Beschützer aber erklärten, daß sie mit seiner Erlaubnis von nun an Sorge tragen würden, uns mit Nahrung zu versorgen, und baten ihn inständigst, ihnen zu erlauben, uns von Zeit zu Zeit zu besuchen.

Hierauf rief der Intendant den Wachtmeister und befahl ihm, alle Tage ohne Unterschied allen denen, die es wünschten, von neun Uhr

morgens bis acht Uhr abends den Zutritt zu uns zu gestatten und keine unserer Andachtsübungen zu verhindern.

Der Wachtmeister fügte sich diesen Befehlen, und von Stund an ward unser Zimmer nicht mehr leer von Personen jeden Geschlechts und Alters. Wir verrichteten unser Gebet abends und morgens, und wenn wir aus den guten Predigten, die wir bei uns hatten, gelesen, sangen wir Psalmen, so daß unser Gefängnis einer kleinen Kirche glich. Man hörte nur das Weinen und Schluchzen jener guten Leute, die uns besuchten und uns fast nicht mehr verließen.

Als sie die Ketten, mit denen wir gefesselt und belastet waren, und unsere Ergebung, sie zu tragen, sahen, so machten sie sich über ihre Schwäche Vorwürfe und bedauerten, nicht bis zum Tod den Leiden widerstanden zu haben, die man ihnen auferlegt hatte, oder den Versprechungen, deren man sich bedient hatte, um sie der wahren Religion abtrünnig zu machen.

Ach, ich kann sagen, daß es eher der Anblick unseres Elendes war, der sie rührte, als, um es beim rechten Namen zu nennen, unsere Ermahnungen und Predigten. Denn zu einem so würdigen Amt fühlten wir uns weder berufen noch befähigt.

Das Verhalten dieser neuen Konvertiten zeigt deutlich, daß die römische Kirche, statt zu bekehren, nichts als Heuchler macht.

Der Eifer unserer schwachen Brüder, uns aufzusuchen, bewirkte jedoch, daß von dem Tage nach unserer Ankunft in Le Havre de Grâce alle Kirchen dieser Stadt und besonders die Hauptkirche von neuen Konvertiten trotz der Bitten und Drohungen des Stadtpfarrers, der sich darüber beim Intendanten beklagte, gänzlich leer waren.

Der Letztere begnügte sich jedoch, ihm zu antworten, daß er die Gewissen nicht zwingen könne und daß ein erklärter Ketzer mehr wert sei als ein verkappter Heuchler; daß ferner diese Gelegenheit das Gute hätte, daß man fortan in Le Havre de Grâce die guten Katholiken von den schlechten unterscheiden könne.

Diese Gründe, wie gewichtig sie auch waren, genügten jedoch dem Priester nicht. Er suchte uns manchmal auf und fand unser Zimmer immer voll von seinen Neubekehrten, die sich nicht scheuten, ihm zu sagen: »Da sehen Sie, Monsieur le Curé, brave Leute und gute Christen, die mehr Standhaftigkeit als wir gehabt haben.« Man kann sich denken, wie wenig solche Gespräche diesem Priester gefallen konnten.

Niemand konnte ergründen, welche Absicht der Hof damit verfolgte, daß er uns nach Le Havre de Grâce hatte schaffen lassen. Einige vermuteten, daß es geschehen sei, um uns nach Amerika zu verschicken, und ich habe immer geglaubt, daß es der Minister anfangs auch so beabsichtigt hatte. Denn wäre es zuerst ihr Entschluß gewesen, uns nach Paris zum Anschluß an die Kette der Galeerensträflinge zu schicken, wozu hätte man uns so weit vom Wege ab und nach Le Havre schaffen lassen, das von der Hauptstadt ebensoweit entfernt ist wie Dünkirchen? Man hätte uns den Weg doppelt zurücklegen lassen, da es von Dünkirchen nach Paris ebenso weit ist wie von Dünkirchen nach Le Havre.

Wahrscheinlich hat das Ärgernis, das wir den Katholiken der letzteren Stadt gaben, den Hof auf einen anderen Gedanken gebracht. Dem Stadtpfarrer von Le Havre war jedes Mittel recht, uns von dieser Stadt zu entfernen.

Wir haben dann auch erfahren, daß er an den Hof geschrieben, unser Aufenthalt habe unter den neuen Konvertiten eine große Unordnung gebracht, sodaß sie seit unserer Ankunft seine Kirche boykottiert hätten.

Es war dies genug, die Minister zum Erlaß eines Befehles an den Intendanten zu bewegen, nach welchem er uns, um jedwedes Aufsehen zu vermeiden, so heimlich als möglich wegbringen lassen sollte. Es war jedoch nicht nötig, solche Vorsichtsmaßnahmen zu treffen. Die Reformierten von Le Havre hatten keineswegs die Absicht, uns mit Gewalt zu befreien, und wir ließen uns wie Schafe zur Schlachtbank führen. Aber der Stadtpfarrer hatte uns allesamt in so schwarzen Farben geschildert, daß der Hof Verdacht gegen uns schöpfen mußte.

Ehe ich von dieser zweiten Fortschaffung, die auf ebenso heimliche Weise wie die aus Dünkirchen geschah, im einzelnen erzähle, will ich meinen Leser von einem kleinen Vorfall in Kenntnis setzen, der durch seine Sonderbarkeit ziemliches Staunen erregte und den Wachtmeister vollends in seinen Gedanken bestärkte, daß wir Propheten wären.

Am fünfzehnten Tag unseres Aufenthaltes in Le Havre gegen neun Uhr abends, als wir und unsere Wachen das Abendbrot einnehmen wollten, klopfte mir jemand plötzlich auf die Schulter. Als ich mich umdrehte, um zu sehen, wer es sei, erblickte ich eine junge vornehme Dame, die Tochter eines der ersten Bankiers der Stadt, der ich einige Tage zuvor einen Band Predigten zum Lesen geliehen hatte. Sie war in einen langen Umhang gehüllt, den sie öffnete, um mir eiligst unter Tränen zu sagen: »Hier, lieber Bruder, gebe ich Ihnen Ihr Buch wieder zurück. Gott sei mit Ihnen in allen Ihren Prüfungen. Man führt Sie diese Nacht um zwölf Uhr weg. Vier Karren sind dazu beordert, und die weiße Tür wird zu Eurem Weggang aus der Stadt offenbleiben.«

Ich dankte ihr für die Mühe, die sie sich gemacht, uns diese Nachricht selbst und zu so später Stunde zu überbringen, und fragte sie, wie sie in unser Zimmer habe gelangen können.

»Es nützt Ihnen nichts«, sagte sie, »dieses zu wissen; dagegen ist es wichtiger, Euch zu sagen, lieber Bekenner, daß man Euch nach Paris in das entsetzliche Gefängnis La Tournelle* schaffen wird, um Euch mit der großen Kette zu vereinigen, die jedes Jahr von dieser Stadt nach Marseille zieht. Ich habe Euch«, fuhr sie fort, »diese traurige Nachricht nur mitteilen wollen, um Euch die Ungewißheit über Euer Schicksal zu nehmen und damit Ihr Euch vorbereiten könnt, diese neue Prüfung standhaft zu ertragen.«

Sobald sie dies gesagt hatte, ging sie ebenso unbemerkt, wie sie eingetreten war, wieder davon. Keine unserer Wachen hat etwas von ihr bemerken können.

Es ist sehr wahrscheinlich, daß die junge Dame die Erlaubnis von dem Aufseher des Arsenals erhielt, durch sein Haus, das an die Seilerbahn, wo wir waren, anstieß, hereinzukommen. Aber wie dem auch sein möge, wir ließen uns von dem Geschehen nichts anmerken und fuhren fort, unser Abendbrot in Ruhe zu verzehren. Nachdem wir damit zu Ende waren, breiteten wir nicht, wie gewöhnlich, unsere Matratzen aus, um uns darauf niederzulegen, sondern fingen an, unsere Siebensachen zusammenzupacken. Während wir damit beschäftigt waren, kam unser Wachtmeister nach seiner Gewohnheit in unser Zimmer, um mit uns, während er seine Pfeife rauchte, ein Stündchen zu plaudern. Als er nun sah, daß wir, anstatt unsere Betten zurechtzumachen, unsere Sachen zusammenpackten, fragte er uns, was wir täten.

»Wir bereiten uns vor«, sagte ich, »um Mitternacht fortgebracht zu werden, und Sie werden auch nichts anderes zu tun haben.«

»Sie sind ein Narr!« sagte er zu mir; »Wie kommt ihr auf diese verrückte Idee?«

»Ich sage Ihnen«, erwiderte ich, »daß Punkt zwölf Uhr vier Wagen am Tor des Arsenals bereitstehen werden, um uns durch das Weiße Tor, das offenbleiben wird, aus der Stadt zu schaffen. Und Sie werden uns weiter bis nach Paris geleiten und am Gefängnis von La Tournelle abliefern, damit wir dort der großen Kette nach Marseille zugeteilt werden.«

»Ich sage Ihnen«, erwiderte er, »daß Sie ein Narr sind und daß an allem, was Sie eben gesagt haben, auch nicht das geringste wahr ist. Ich habe um acht Uhr wie gewöhnlich die Ordres von dem Intendanten geholt, und er hat mir gesagt, daß er nichts Neues habe.«

»Na, Monsieur«, sagte ich, »Sie werden es ja sehen.«

Kaum hatten wir diese Unterredung beendigt, so trat der Bediente des Intendanten herein, um dem Wachtmeister zu sagen, daß er sich sofort zum Intendanten begeben solle.

Es dauerte nicht lange, so kam der Wachtmeister zurück und trat schreiend und in die Hände schlagend in unser Zimmer ein.

»Im Namen Gottes«, wandte er sich an mich, »sagen Sie mir, ob Sie Zauberer oder Prophet sind? Ich glaube jedoch eher, daß Gott euch gewogen ist; denn ihr seid zu fromme und rechtschaffene Leute, als daß ihr den Teufel um Beistand anrufen könntet.«

»Nein, Monsieur«, sagte ich zu ihm, »wir sind weder das eine noch das andere, und es geht bei diesem allem, was Sie in solches Staunen versetzt, ganz natürlich zu.«

»Aber ich begreife doch von alledem nichts«, sagte der Wachtmeister, »denn ich habe aus dem Munde des Intendanten selbst vernommen, daß niemand in der Stadt etwas von eurem Weggang weiß außer ihm und mir; und was Sie mir auch sagen mögen, man wird mir nie ausreden, daß Gott mit euch ist.«

»Ich hoffe es«, sagte ich zu ihm; und er und wir fuhren nun fort, uns zum Weggang vorzubereiten.

Es ist mir, als hörte ich den Leser fragen, wie jene junge Dame von dem Geheimnis wissen konnte. Ich würde es selbst noch nicht wissen, wenn der Vater jener Dame es uns nicht im Gefängnis von Rouen gesagt hätte, wohin er kam, um uns den Betrag einer Kollekte zu überbringen, die man in Le Havre de Grâce für uns in der Absicht veranstaltet hatte, uns eine Unterstützung auf dem beschwerlichen Weg zu verschaffen, den wir von Paris nach Marseille zurückzulegen hatten.

Er sagte uns, daß seine Tochter mit dem Sekretär des Intendanten in Le Havre de Grâce verlobt wäre; daß der Intendant am Tage vor unserer Abreise eine Briefschaft vom Hofe erhalten habe, in der der Sekretär die uns betreffende Ordre gefunden und gelesen habe. »Und da der letztere wußte, daß meine Tochter«, sagte er uns, »euch sehr ins Herz geschlossen hat, so lief er zu ihr, um ihr diese Nachricht zu überbringen. Was jedoch ihren geheimnisvollen Zutritt zur Seilerbahn, wo ihr wart, betrifft, so weiß ich davon auch nicht mehr als ihr, da ich sie darüber nicht befragt habe.«

Das Gefängnis La Tournelle in Paris

Ich komme nun zu unserem Fortgang aus Le Havre. Pünktlich um Mitternacht holten die vier Wagen uns ab. Wir lachten insgeheim bei uns selbst über die mysteriöse Totenstille, die man bei unserer Wegführung beachtete. Von den Rädern der Wagen wie von den Pferden, die sie zogen, waren die Eisen abgenommen, damit man auf der Straße unseren Fortgang nicht hörte. Man bedeckte jeden Wagen mit einer Plane, als ob sie nichts enthielten als Warenballen oder Pakete, und führte uns ohne Laternen oder Fackeln aus der Stadt hinaus.

Bis nach Rouen passierte nichts Bemerkenswertes. Als wir dort ankamen, wurden wir vor das Rathaus geführt, um vom Bürgermeister die Ordre für unser Quartier zu erhalten, das wie gewöhnlich im Gefängnis war. Wir waren jedoch sehr überrascht, uns von dem Kerkermeister des Gefängnisses, wohin man uns führte, zurückgewiesen zu sehen. Der Wachtmeister zeigte ihm die Ordre des Bürgermeisters und drang in ihn, uns aufzunehmen. Der Kerkermeister verweigerte dies jedoch standhaft, indem er sagte, daß er lieber sein Amt aufgeben wolle, als uns unter seine Aufsicht zu nehmen.

Man schickte uns nach einem anderen Gefängnis, wo es uns nicht besser erging. Endlich sperrte man uns in einen Turm ein, der nur für die schlimmsten Verbrecher bestimmt war. Der Kerkermeister, der uns nur mit größtem Widerwillen aufnahm, ließ uns in einen schauderhaften Kerker sperren, und mit Hilfe von fünf oder sechs Gefängniswärtern, die blankgezogenen Säbel in der Hand, fesselte er unsere Füße an große Balken derart an, daß wir uns nicht regen konnten. Ohne uns Licht oder Brot noch etwas anderes zu geben, schloß er den Kerker zu und ging mit seinen Gefängniswärtern davon.

Wir hatten Hunger und Durst und schrien so laut wir konnten zwei Stunden lang, daß man uns nur etwas zu essen für unser Geld bringen möchte. Endlich kam jemand an das Schließpförtchen, und wir hörten, daß man sagte: »Diese Leute sprechen gut Französisch.«

Diese Worte machten uns klar, daß ein Mißverständnis und ein Geheimnis in dem Betragen bestand, das man uns gegenüber beachtete. Wir fuhren daher fort zu schreien und zu bitten, daß man uns für unser Geld, das wir bereit wären, im voraus zu zahlen, helfen möchte. Hierauf öffnete der Kerkermeister die Tür und trat, begleitet von seinen sechs Gefängniswärtern, ein; und nachdem er uns, einen nach dem anderen, genau angesehen hatte, fragte er uns, ob wir Franzosen von Nation wären. Wir bejahten es.

»Doch warum seid ihr nicht Christen«, fragte er uns, »und betet den Teufel an, der euch schlimmer macht, als er selbst ist?«

Wir antworteten ihm, daß er ohne Zweifel mit uns seinen Scherz treiben wolle und daß er uns mehr Freude damit machen würde, wenn er uns zu essen und zu trinken gäbe.

Zu gleicher Zeit gab ich ihm einen Louisdor mit der Bitte, uns für dieses Geld das zu bringen, was wir verlangten, indem ich hinzufügte, daß ich ihm, wenn es nicht genug wäre, mehr geben würde.

»Wahrlich«, sagte der Kerkermeister, »ihr scheint mir nicht so zu sein, wie man euch mir geschildert hat. Sagt mir also offen, was ihr seid; denn seit den acht Tagen, da man euch hier erwartet, spricht man von euch nur als von Leuten, die aus einem Lande des Nordens kämen und lauter Zauberer und so böse sind, daß man euer auf den Galeeren von Dünkirchen nie hat Herr werden können und daß man euch nach Marseille schickt, um euch zur Vernunft zu bringen. Deshalb habe ich euch auch mit solchem Widerwillen in dieses Gefängnis aufgenommen.«

An dieser abscheulichen Anschwärzung, die die Leute so sehr gegen uns eingenommen hatte, erkannte ich leicht, daß sie von den Jesuiten kam, die das Gerücht ausgesprengt hatten, um uns in der Stadt Rouen, wo es viele gute Reformierte gab, zu einem Gegenstand des Schauders und des Abscheus zu machen.

In diesem Sinne begann ich eine Unterhaltung mit dem Kerkermeister. Ich erzählte ihm unsere kleine Geschichte und nannte ihm den Grund, weshalb wir von Dünkirchen nach Marseille gehen mußten.

Bei dieser Gelegenheit kam unser Wachtmeister in den Kerker, um uns unsere tägliche Ration zu geben. Der Kerkermeister zog ihn beiseite und fragte ihn, ob wir auch so fügsam wären, wie wir schienen.

»Ja gewiß«, sagte der Wachtmeister, »ich würde es unternehmen, sie allein durch ganz Frankreich zu führen; und ihr ganzes Verbrechen ist, daß sie Hugenotten sind.«

»Ist es nichts weiter?« fragte der Kerkermeister; »die anständigsten Leute von Rouen gehören dieser Religion an. Ich halte von derselben nichts, aber ich mag die Leute, die zu ihr gehören; denn sie sind ordentlich.«

Er wandte sich an uns und sagte: »Ihr bleibt morgen hier; ich werde Sorge tragen, verschiedene eurer Leute zu benachrichtigen, die nicht säumen werden, euch zu besuchen, und meine Türen werden ihnen immer offenstehen.«

Er befahl darauf den Gefängniswärtern, uns von den Fesseln loszumachen und uns nur die gewöhnlichen Ketten zu lassen, während er Essen und Trinken für uns holte.

Am anderen Tag hielt er Wort und führte uns mehrere Leute der reformierten Religion zu, die die Nachricht von unserer Ankunft bald allgemein bekanntmachten, so daß an jenem Tage unser Kerker, der ziemlich groß war, nicht leer wurde. Hier war es auch, wo der Vater jener jungen Dame aus Le Havre de Grâce uns die Kollekte überbrachte, von der ich oben gesprochen habe.

Ich habe nie so glaubenseifrige Leute gesehen wie jene aus Rouen. Sie brachten uns durch ihre übertriebenen Lobreden auf die Standhaftigkeit unseres Glaubens in Verlegenheit und ermutigten uns in so rührender Weise zur Ausdauer, daß wir unsere Tränen nicht zurückhalten konnten. Ihr Eifer war so groß, daß ein Teil von ihnen, nachdem sie die Erlaubnis dazu bei dem Wachtmeister eingeholt hatten, uns bei unserem Fortgang durchaus öffentlich das Geleit bis eine Meile von der Stadt geben wollten, um uns zu helfen, unsere Ketten auf ihren Schultern zu tragen. Wir wollten dies jedoch nicht zulassen, teils um der Demut willen, zu welcher wir uns bekannten, teils um den Leuten Unannehmlichkeiten zu ersparen, die sie sich leicht zuziehen konnten.

Wir zogen also von Rouen los, und zwar immer zu Wagen. Ich kann die Güte nicht genug rühmen, die uns unser Wachtmeister während dieses Zuges bewies. Denn auch ohne die Geschenke, die er in Rouen von unseren Freunden erhielt, war er der festen Überzeugung, daß wir von Gott besonders begünstigte Heilige wären und die Gabe der Prophetie besäßen.

Wenn der Profoß seine gewöhnlichen Vosichtsmaßnahmen traf, sei es, daß er unsere Ketten untersuchte oder sonst, so sagte er zu ihm, daß er unnütze Sorge trage und daß wir gern freiwillig dahin gehen würden, wohin der König wollte. Andernfalls würden weder seine Vorsichtsmaßnahmen noch die aller Welt uns halten können. Wir mochten tun, was wir wollten, um ihn von seiner Meinung abzubringen, wir konnten es ihm nicht ausreden, daß in uns etwas Übernatürliches wäre.

Es war am 17. November 1712 gegen drei Uhr nachmittags, als wir in Paris ankamen. Wir stiegen vor dem Gefängnis La Tournelle ab, das ehedem ein Lustschloß unserer Könige gewesen war und jetzt als Zwischenaufenthalt für die Unglücklichen dient, die wegen irgendeines Verbrechens zu den Galeeren verurteilt sind.

Man brachte uns in den weitläufigen, aber düsteren Kerker der großen Kette. Das grauenvollste Schauspiel, das sich hier unseren Augen darbot, erfüllte uns um so mehr mit Schauder, als man uns zu der Zahl derer gesellen wollte, die dasselbe darstellten.

Ich gestehe, daß ich, sosehr ich auch an die Kerkerzellen, Ketten und andere Instrumente, welche die Tyrannei oder das Verbrechen erfunden haben, gewöhnt war, doch nicht die Kraft hatte, dem Zittern und dem Schauder, der mich ergriff, zu widerstehen, als ich diesen Ort betrachtete.

Da ich die ganze Schrecklichkeit desselben nicht schildern kann, so will ich mich begnügen, eine schwache Vorstellung davon zu geben.

Es ist ein einziger großer Kerker oder vielmehr ein weitläufiger Keller, der mit starken Balken aus Eichenholz belegt ist, die ungefähr drei Fuß voneinander entfernt liegen. Diese Balken sind zweieinhalben Fuß dick und so auf dem Boden aneinandergereiht und befestigt, daß man sie auf den ersten Blick für Bänke halten könnte, doch sind dieselben für einen viel unbequemeren Gebrauch bestimmt.

Auf diesen Balken sind starke, anderthalb Fuß lange Eisenketten angebracht, die zwei Fuß voneinander entfernt sind; und am Ende zweier dieser Ketten ist ein eisernes Halsband. Wenn nun die armen Galeerensträflinge in diesem Kerker ankommen, so läßt man sie halben Leibes niederlegen, so daß sich der Kopf auf den Balken stützt.

Dann legt man ihnen das eiserne Halsband an, das man auf einem Amboß mit starken Hammerschlägen festnietet. Da die Halsbandketten zwei Fuß voneinander entfernt sind und die Balken meistenteils eine Länge von vierzig Fuß haben, so kettet man zwanzig Menschen hintereinander daran, und an die anderen nach Verhältnis ihrer Länge.

Dieser rund angelegte Keller ist so groß, daß man in der angegebenen Weise bis zu fünfhundert Menschen anketten kann.

Es gibt nichts Schrecklicheres, als die Stellung und Lage dieser so angeketteten Unglücklichen zu sehen. Denn man stelle sich vor, daß ein so angeketteter Mensch sich nicht der Länge lang hinlegen kann, da der Balken, auf dem der Kopf ruht, zu hoch ist; noch kann er sich setzen und aufrecht halten, da der Balken dafür zu niedrig ist; weshalb ich die Lage eines solchen Menschen nicht anders schildern kann, als indem ich sage, daß er halb liegt und halb sitzt, weil ein Teil seines Körpers sich auf den Steinen oder Dielen des Fußbodens und der andere auf jenem Balken befindet.

Auf dieselbe Weise wurden auch wir angeschlossen; und wie sehr wir auch für Leiden, Strapazen und Schmerzen abgehärtet waren, so waren unser Körper und alle unsere Glieder nach drei Tagen und drei Nächten, die wir in dieser grausamen Lage zuzubringen gezwungen wurden, so gebrochen, daß wir es nicht mehr aushalten konnten. Am meisten litten unsere armen Alten, die alle Augenblicke schrien, daß sie sterben würden, da sie nicht mehr die Kraft hätten, eine ähnliche Marter auszuhalten.

Man wird mich hier vielleicht fragen: ›Wie können jene Unglücklichen, die man von allen Seiten Frankreichs nach Paris schleppt und die manchmal drei oder vier, ja oft fünf oder sechs Monate warten müssen, bis die große Kette nach Marseille aufbricht, so lange eine solche Marter ertragen?‹

Ich erwidere hierauf, daß eine große Zahl jener Unglücklichen unter der Last ihres Elends erliegen und daß diejenigen, die dem Tod durch die Stärke ihrer natürlichen Leibesbeschaffenheit entgehen, unsägliche Schmerzen erdulden, von denen sich jemand, der es nicht am eigenen Leibe verspürt hat, keinerlei Vorstellung machen kann.

Man hört in dieser Schreckenshöhle nur Seufzen und düsteres Klagen, die wohl geeignet sind, das Herz jedes anderen Menschen zu rühren, nur nicht das jener grausamen Unmenschen, die zur Wache an diesem schrecklichen Orte bestimmt sind.

Die Klagen sind für die Unglücklichen eine Erleichterung; aber auch diese Milderung entzieht man den erbarmungswürdigen Sklaven, die hier eingekerkert sind. Denn alle Nächte halten fünf oder sechs Schinder von Gefängniswärtern in diesem Kerker Wache und stürzen ohne Erbarmen auf diejenigen los, welche sprechen, schreien, seufzen oder klagen, indem sie auf dieselben barbarisch mit Ochsenziemern einhauen.

Die Kerkerkost ist ziemlich gut. Eine Art Klosterfrauen, die man ›Graue Schwestern‹ nennt, bringen alle Tage mittags Suppe, Fleisch und gutes Brot, welches man den Unglücklichen reichlich gibt.

Bei Gelegenheit dieser Klosterfrauen muß ich meinem Leser, um ihn ein wenig von dem Grauen zu zerstreuen, einen Charakterzug von der Oberin jener erzählen, die das Gefängnis La Tournelle mit Nahrung versehen.

Ihr Orden ist nicht sehr alt und hat zum Gründer den der Väter der Mission.* Ihr Anliegen ist, die Armen der Pfarreien von Paris zu bedienen, die sie alle Tage mit dem Lebensnotwendigsten versehen und sie sogar mit den Arzneien, deren sie bedürfen, versorgen. Sie haben außerdem die Leitung mehrerer Hospitäler, besonders derjenigen, die für das Militär gestiftet sind, und sie sind durch ihre Ordensregel verpflichtet, die Gefangenen zu besuchen und zu unterstützen. An einigen Orten sind sie auch beauftragt, Mädchen zu unterrichten, und man wird aus dem, was ich jetzt erzählen will, sich bald ein Urteil bilden können, ob sie dazu wohl fähig sind.

Die Mutter Oberin, die jeden Tag in unseren Kerker kam, um den Galeerensträflingen die Suppe auszuteilen, verweilte immer eine Viertelstunde bei mir und gab mir mehr zu essen, als ich bedurfte. Die anderen Sträflinge trieben trotz ihrer Leiden oft ihren Scherz mit mir, indem sie mich den Liebling der Mutter Äbtissin nannten. Eines Tages, nachdem sie mir meine Portion gegeben hatte, sagte sie zu mir unter anderem, es wäre recht schade, daß wir nicht Christen wären.

»Wer hat Ihnen dies gesagt, liebe Mutter?« fragte ich sie, »wir sind durch Gottes Gnade Christen.«

»Jawohl, ihr seid Christen; aber ihr glaubt an Moses!« erwiderte sie.

»Glauben Sie nicht«, fragte ich, »daß Moses ein großer Prophet war?«

»Ich«, sagte sie, »an diesen Betrüger, an diesen falschen Propheten glauben, der so viele Juden verführt hat, wie Mohammed die Türken verführt hat; ich, an Moses glauben, o nein! Dem Herrn sei Dank, ich bin einer solchen Ketzerei nicht fähig!«

Ich zuckte bei dieser lächerlichen Rede die Achseln und begnügte mich, ihr zu sagen, daß hier nicht der Ort noch die Zeit wäre, solche Sachen zu verhandeln; sondern ich bäte sie nur, was sie eben gesagt, zu beichten, dann würde sie sehen, daß ihr Beichtvater, wenn er unterrichteter als sie wäre, ihr gewiß sagen würde, daß ihre Aussage über Moses eine sehr große Sünde wäre.

Nun mag man urteilen, ob jene lieben Frauen zum Unterricht der Jugend befähigt sind.

Doch ich kehre zu dem zurück, was uns in La Tournelle begegnet ist. Ich habe oben erwähnt, daß wir nur drei Tage und drei Nächte auf den Balken angekettet blieben.

Ich werde erzählen, wie es geschah, daß wir bald davon befreit wurden. Ein guter Protestant aus Paris, namens Monsieur Girardot de Chancourt, ein reicher Kaufmann, hatte von unserer Ankunft in La Tournelle gehört und war zum Gouverneur dieses Gefängnisses gegangen und hatte ihn um die Erlaubnis gebeten, uns zu sehen und zu unterstützen. Der Gouverneur, sosehr er auch mit ihm befreundet war, wollte ihm niemals erlauben, unseren Kerker zu betreten und mit uns zu sprechen; denn man läßt keine anderen als Geistliche ein.

Monsieur Girardot konnte daher nichts weiter erreichen, als daß er uns vom Hof des Gefängnisses aus durch ein doppeltes eisernes Gitter sehen durfte, mit dem die Fenster des Kerkers versehen waren. Er konnte nicht einmal mit uns sprechen, da die Entfernung von ihm bis zu uns zu groß war; ja, er konnte nur mit Mühe einen von uns sehen, den er an dem roten Mantel erkannte. Da er uns aber in der schrecklichen Lage sah, in der wir uns befanden, den Kopf auf den Balken angekettet, so fragte er den Gouverneur, ob man uns nicht an den Beinen anschließen könnte wie einige der anderen Galeerensträflinge, die er in der Nähe des Fenstergitters innerhalb des Kerkers liegen sah. Der Gouverneur sagte zu ihm, daß diejenigen, die er so sähe, dafür monatlich eine gewisse Summe Geldes zahlten. Da sagte Monsieur Girardot: »Wenn Sie diesen armen Leuten diese Freiheit gewähren wollten und mit ihnen den Preis ausmachen, so würde ich denselben sofort für sie bezahlen.«

Der Gouverneur versprach ihm nachzusehen, ob es am Gitterfenster noch Plätze gäbe, um in diesem Fall seinen Wunsch zu erfüllen, worauf sich Monsieur Girardot verabschiedete.

Am anderen Morgen kam der Gouverneur in den Kerker und fragte den ersten besten von uns, der ihm vor das Gesicht kam, wer derjenige wäre, der mit der Kasse betraut wäre.

Man bezeichnete mich als solchen. Der Gouverneur kam zu mir und fragte mich, ob wir lieber am Gitterfenster liegen wollten, mit der Kette am Fuß.

Ich sagte, daß wir uns nichts Besseres wünschten; und endlich kamen wir überein, ihm fünfzig Taler für die Zeit zu zahlen, solange als die Kette in La Tournelle bleiben würde.

Ich zahlte auf der Stelle diese Summe aus der gemeinschaftlichen Börse, deren Schatzmeister ich war. Sogleich ließ der Gouverneur uns von den schauderhaften Balken losmachen und, mit der Kette am Fuß, so nahe als möglich an das Gitter bringen. Seit mehreren Jahren waren wir an die letztere Art der Ankettung gewöhnt, weshalb wir uns durch dieselbe erleichtert fanden.

Unsere Kette, die am Boden befestigt war und uns an einem Bein hielt, war zwei Ellen lang,* so daß wir aufrecht stehen, sitzen oder der ganzen Länge nach liegen konnten; daher befanden wir uns im Vergleich mit der früheren in einer sehr glücklichen Lage.

Monsieur Girardot besuchte uns und sprach mit uns, ohne daß es ihm irgendwelche Mühe machte, durch das Gitterwerk hindurch. Doch gebrauchte er dabei Klugheit und Umsicht wegen der anderen Galeerensträflinge, die uns umgaben.

Wir erfreuten uns dieser Erholung nur einen Monat, nach Ablauf dessen wir mit der Kette am 17. Dezember abziehen mußten. Der Leser wird mit Spannung die Beschreibung von diesem Abtransport lesen, die ich ihm daher im folgenden geben will.

Abtransport der Kette nach Marseille

Die Jesuiten haben die geistliche Leitung im Gefängnis La Tournelle. Acht Tage vor Abzug der Kette kam einer der Novizen, der uns als ein großer Ignorant in seinen Predigten erschien, alle Tage und predigte, um die armen Galeerensträflinge zur Beichte und zum Empfange des heiligen Sakramentes vorzubereiten. Dieser Pfaffe nahm immer denselben Text, nämlich die Stelle des Evangeliums:

›Kommet her zu mir alle, die ihr mühselig und beladen seid; ich will euch erquicken.‹*

Er suchte mit aller Anstrengung aus verschiedenen Stellen der Kirchenväter zu beweisen, daß der Heiland in den Worten dieses Textes lehre, daß man zu ihm nur durch die ›Ohrenbeichte‹ kommen könne.

Wir hörten seinen Sermon und entsetzten uns über seine Absurditäten; aber wir hatten nie Gelegenheit, mit ihm sprechen zu können, denn er fürchtete unser Gespräch wie das Höllenfeuer, da er glaubte, wir wären lauter sehr gefährliche Hugenottengeistliche, die wohl fähig wären, gute Katholiken irrezuführen, wie das Gerücht davon sich in Paris verbreitet hatte.

Daher machte auch der arme Novize bei seinem Eintreten sowohl als beim Hinausgehen aus dem Kerker immer einen großen Umweg, um nicht mit uns in Berührung zu kommen.

Indes nahmen mehrere Jesuitenpater allen jenen Unglücklichen die Beichte ab und brachten ihnen das heilige Sakrament, welches sie ihnen in jener schrecklichen Stellung, den Kopf auf dem Balken befestigt, darreichten; eine Handlung, die selbst uns ungeziemend erschien, die wir für das Mysterium derselben, das uns ein Greuel war, keinen Glauben hatten.

Ich bemerkte, daß man ihnen nach Überreichung der Hostie ein wenig Wein aus einem Becher zu trinken gab, und fragte daher einen von ihnen, ob sie die Kommunion unter beiderlei Gestalt empfingen. Er antwortete mir mit Nein und sagte, daß der Wein, den man ihnen in dem Becher reichte, nicht geweiht sei, sondern daß das nur eine Vorsichtsmaßnahme sei, deren man sich in La Tournelle bediene, um die Hostie hinunterzuspülen. Und zwar tat man dies, seitdem ein armer Galeerensträfling, anstatt die Hostie zu verschlucken, dieselbe im Munde behalten hatte, weil er mit dem Teufel einen Vertrag geschlossen, nach welchem er sich verpflichtete, ihm eine Hostie unter der Bedingung zu liefern, daß er unterwegs alle Galeerensträflinge in Freiheit setzen würde. Der Teufel hatte nicht verfehlt, dies in einer schönen Nacht auszuführen; denn nachdem er zum großen Staunen der Wächter die Fesseln der ganzen Kette zerbrochen, hatten sich alle Sträflinge aus dem Staube gemacht.*

Ich hätte denjenigen umarmen können, der mir diesen Bericht erstattete, ihn fragend, welchen Gebrauch der Teufel wohl von jener Hostie machen konnte, da sie nach ihrer Kommunion wirklich den

Leib und das Blut Christi, des Heilandes der Welt, enthielt, welcher gekommen war, auf Erden das Reich Gottes aufzurichten und Satan in den Abgrund zu stürzen.

Ich zog es jedoch vor, zu schweigen, um mir seitens der Jesuiten keine Unannehmlichkeit zuzuziehen, die sich alle Mühe gaben, den Leuten diese Fabel glaubhaft zu machen, so unsinnig sie auch ist und sowenig sie selbst daran glauben.

Ich habe eben gesagt, daß der Zug der Kette auf den 17. Dezember festgesetzt war. Tatsächlich führte man uns an diesem Tag um neun Uhr morgens aus dem Kerker heraus und in einen weitläufigen Hof vor dem Gefängnis.

Man fesselte uns am Hals paarweise mit einer starken, drei Fuß langen Kette, in deren Mitte ein runder Ring war, aneinander. Nachdem man uns so angekettet hatte, stellte man uns alle in einer Reihe hintereinander auf, ein Paar vor dem anderen, und hierauf zog man eine lange und starke Kette durch alle jene Ringe, so daß wir alle zusammengekettet waren.

Unsere Kette bildete eine sehr lange Reihe, denn wir waren ungefähr vierhundert.* Hierauf ließ man uns alle am Boden niedersetzen, da man erwartete, daß der Generalprokurator des Parlaments käme, um uns zu expedieren und den Händen des Hauptmanns der Kette zu überliefern.

Es war dies zu damaliger Zeit ein Mann namens Langlade, ein Gefreiter der Wache oder des Monsieur d'Argenson,* Polizeileutnant von Paris.

Gegen Mittag kamen der Generalprokurator und drei Räte des Parlaments nach La Tournelle, riefen uns alle bei unserem Namen, lasen einem jeden von uns den Hauptinhalt unseres Strafurteils vor und übergaben dieselben alle in die Hand des Hauptmanns der Kette.

Diese Formalität beschäftigte uns in dem Hof drei gute Stunden, während deren Monsieur Girardot, der unermüdlich zu unseren Gunsten tätig war, Monsieur d'Argenson inständigst bat, uns dem Hauptmann der Kette zu empfehlen.

Derselbe tat dies auch in allem Ernst, indem er dem genannten Hauptmann auftrug, uns vor den übrigen auszuzeichnen, uns alle Erleichterungen zu verschaffen, die in seinem Vermögen ständen, und ihm nach seiner Rückkehr von Marseille ein Zeugnis zu überbringen, durch welches wir bescheinigten, daß wir mit ihm zufrieden waren. Außerdem befahl er ihm an, mit Monsieur Girardot auszumachen, was unsere Erleichterung während des Zuges beträfe.

Zu diesem Zweck kam Monsieur Girardot in den Hof von La Tournelle, begrüßte den Generalprokurator und bat ihn, gütigst zu erlauben, daß er die zweiundzwanzig Reformierten, die bei der Kette waren, unterhielte und unterstützte. Als der Generalprokurator ihm dies mit großer Freundlichkeit gewährt hatte, kam er auf uns zu und umarmte uns alle von ganzem Herzen, die der christlichen Gesinnung würdig war, die ihn beseelte.

Hierauf unterhielt er sich mit dem Hauptmann, der zu ihm sagte, daß es nötig wäre, ihm das Geld, welches wir haben könnten, zu übergeben, weil man im ersten Quartier, wo die Kette haltmachte, dieselbe durchsuchen würde, und daß dann das Geld, das man bei den Galeerensträflingen fände, für sie verloren wäre.

Monsieur Girardot fragte uns, ob wir dem Hauptmann das Geld, das wir hätten, übergeben wollten. Wir sagten zu ihm, daß wir nichts Besseres verlangten; und da sich unser Geld in einer gemeinschaftlichen Börse befand, die ich verwahrte, so übergab ich sie auf der Stelle Monsieur Girardot, der dem Hauptmann das Geld vorzählte. Es bestand in sieben- oder achthundert Livres.

Hierauf sagte der Hauptmann zu Monsieur Girardot, daß es, weil wir eine Anzahl Kranker und Schwacher unter uns hatten, durchaus notwendig sei, uns mit einem oder zwei Wagen zu versehen, je nach Bedürfnis, welches wir unterwegs danach verspüren könnten. Er fügte hinzu, daß er diese Ausgabe auf seine Kosten nur machen könne, nachdem er die, welche nicht marschieren könnten, mit Stockschlägen antreiben würde, um sich dadurch zu überzeugen, daß sie sich nicht krank stellten, um gefahren zu werden.

Monsieur Girardot verstand sofort, was diese Worte zu bedeuten hatten, und kam sogleich mit ihm überein, daß wir dem Hauptmann hundert Taler und zwar auf der Stelle bezahlten, damit wir, wenn wir uns beklagten, nicht marschieren zu können, auf Wagen gesetzt würden, ohne daß wir Schläge erhielten oder andere schlechte Behandlung erführen; so daß, um es klar zu sagen, die hundert Taler, die er aus unserer gemeinschaftlichen Börse nahm, nichts anderes als ein Lösegeld für die Stockschläge auf dem Marsche waren.

Zu unserer Sicherheit ließ Monsieur Girardot den Hauptmann einen Empfangsschein unterzeichnen, mit dem Versprechen, daß er nach Zurückgabe unseres Geldes und der Bücherkiste (die er vertragsmäßig um den Preis der hundert Taler bis nach Marseille führen sollte) über alles eine Quittung nebst unserer Bescheinigung, daß wir mit ihm zufrieden waren, überbringen solle.

Als dies geschehen war und der Hauptmann seine Ordres und Ausfertigungen für den Abzug der Kette erhalten hatte, führte man uns gegen drei Uhr nachmittags aus La Tournelle und eine Strecke durch Paris hindurch, um in Charenton* Nachtquartier zu halten.

Eine große Menge von Leuten der reformierten Religion hielten sich auf den Straßen auf, durch welche die Kette ging, und ungeachtet der Rippenstöße, mit denen unsere rohen Bewacher sie abzuhalten suchten, uns nahe zu kommen, warfen sie sich doch auf uns, um uns zu umarmen; denn wir waren an den roten Mänteln kenntlich. Übrigens befanden wir zweiundzwanzig Reformierten uns am Ende der Kette.

Diese lieben Leute, unter denen viel Vornehme waren, riefen uns mit lauter Stimme zu: »Mut, ihr teuern Bekenner der Wahrheit; duldet standhaft für eine so schöne Sache, während wir nicht aufhören werden, Gott zu bitten, daß er euch die Gnade verleihe, in euren harten Prüfungen auszuhalten!« und andere Reden dieser Art, die für uns sehr tröstlich waren.

Vier Männer, Großkaufleute von Paris, begleiteten uns sogar bis Charenton, mit Erlaubnis des Hauptmanns, der mit einem von ihnen sehr befreundet war, und ließen sich von demselben das Versprechen geben, ihnen zu erlauben, uns in Charenton das Abendessen geben zu dürfen, und daß er uns von der großen Kette losmachen solle, damit wir uns mit jenen Männern in einem besonderen Zimmer der Wirtschaft, wo die Kette einquartiert würde, aufhalten könnten.

Wir kamen in Charenton gegen sechs Uhr abends bei Mondschein an. Es fror Stein und Bein, wie man zu sagen pflegt. Die Leiden, die wir beim Laufen hatten, und das außerordentliche Gewicht unserer Ketten, das nach Aussage des Hauptmanns selbst 150 Pfund für einen jeden schwer war, hatte uns von der Kälte, die wir in dem Hof vor La Tournelle ausgestanden hatten, wieder warm gemacht. Aber wir waren so sehr erhitzt, daß wir bei unserer Ankunft in Charenton wie im Schweiß gebadet waren.

Als wir in Charenton angekommen waren, quartierte man uns im Stalle einer Wirtschaft ein. Doch welch ein Quartier und ach welch eine Ruhe bereitete man uns, um uns von der großen Strapaze wieder zu erholen!

Die Kette wurde an die Raufe angenagelt, so daß wir uns weder niederlegen noch kaum auf dem Mist und der Streu der Pferde setzen konnten. Denn da der Hauptmann die Kette auf seine Kosten für zwanzig Livres pro Mann, den er in Marseille abliefert, dahinführt, so spart er selbst am Stroh, und wir haben daher auf dem ganzen Zuge keines gehabt.

Man ließ uns also auf solche Weise ausruhen (wenn man das eine Ruhe nennen darf, die schlimmer war als die Strapaze, die wir gehabt hatten) bis gegen neun Uhr abends, um uns auf eine andere Szene vorzubereiten, die über alle Maßen grausam war, wie ich sie sogleich schildern werde.

Währenddessen logierten unsere vier Messieurs aus Paris, die uns bis Charenton gefolgt waren, in derselben Wirtschaft, wo die Kette war, mieteten dort das größte Zimmer und bestellten das Abendessen für dreißig Personen, um uns zu bewirten; denn sie rechneten darauf, daß der Hauptmann sein Wort halten würde.

Doch lieber Gott, welche andere Bewirtung, als sie gedacht, hatten wir und sie selbst durch den Anblick eines Schauspiels, das mich immer noch schaudern läßt, wenn ich mich daran erinnere! Es war folgendes:

Um neun Uhr abends, da der Mond sehr hell schien und bei einem Nordwind eine Kälte herrschte, daß alles fror, machte man die Kette los und führte uns alle aus dem Stall in einen weiten, von einer Mauer eingeschlossenen Hof vor der Wirtschaft. Man stellte die Kette am Ende dieses Hofes in Reih und Glied auf; hierauf befahl man uns, Ochsenziemer in der Hand, die auf die Saumseligen wie Hagel herabregneten, uns unserer Kleider vollständig zu entledigen und sie zu unseren Füßen zu legen.

Wir mußten gehorchen, und wir zweiundzwanzig erfuhren ebenso wie die ganze Kette diese grausame Behandlung. Nachdem wir also entkleidet waren, nackt wie die Hand, befahl man der Kette, in Front bis zum anderen Ende des Hofes zu marschieren, wo wir zwei reichliche Stunden hindurch dem Nordwind ausgesetzt waren, während welcher Zeit die Wachen alle unsere Kleider durchsuchten, unter dem Vorwand, darin Messer, Feilen und andere Instrumente zu finden, die dazu dienen konnten, die Ketten zu durchschneiden oder zu zerbrechen.

Man kann sich leicht vorstellen, daß das Geld, das sich da vorfand, den Klauen dieser Harpyen nicht entschlüpfte. Sie nahmen alles, was ihnen in die Hände fiel, Taschentücher, Wäsche (wenn sie ein wenig gut war), Tabaksdosen, Scheren usw., und behielten alles, ohne es je wieder zurückzugeben. Und wenn die armen Leute sie um das, was man ihnen weggenommen hatte, baten, so wurden sie mit Kolbenstößen und Stockschlägen überhäuft.

Nachdem man unsere Siebensachen durchsucht hatte, befahl man der Kette, in Front wieder nach der Stelle zurückzumarschieren, wo wir unsere Kleider gelassen hatten. Aber, o grausames Schauspiel, der größte Teil dieser Unglücklichen war ebenso wie wir so steif von der großen Kälte, die wir ausgestanden hatten, daß es uns unmöglich war, zu marschieren, wie klein auch der Raum zwischen der Stelle, wo wir standen, und dem war, wo unsere Kleider lagen.

Da regnete es Stockschläge und Riemenhiebe; und als diese schauderhafte Behandlung kein Leben in die armen Leiber der Unglücklichen bringen konnte, die sozusagen ganz verfroren, und die einen totensteif, die andern sterbend, dalagen, so schleppten die barbarischen Wachen sie bei der Kette an ihrem Hals, wie gefallenes Vieh, davon, während von den Schlägen, die sie erhalten hatten, das Blut auf den Boden herabtropfte. Es starben an jenem Abend oder am folgenden Tag von uns achtzehn Mann.

Was uns zweiundzwanzig Reformierte anging, so schlug man uns weder, noch schleppte man uns davon, welche Schonung wir nächst Gott unseren hundert Talern zu verdanken hatten, die sich bei jener Gelegenheit als sehr gut angelegt erwiesen.

Die Wachen halfen uns vorwärts und trugen sogar einige in ihren Armen dorthin, wo unsere Kleider lagen, und wie durch ein Wunder geschah es, daß weder damals einer von uns umkam noch auf dem ganzen Zuge, auf dem man noch dreimal auf offenem Felde, bei ebenso starker, ja noch größerer Kälte als in Charenton jene barbarische Durchsuchung mit uns vornahm.

Es ist hierbei noch zu bemerken, daß während der grausamen Behandlung, die wir in Charenton erfuhren, jene vier Messieurs von Paris aus den Fenstern unseres Zimmers, das auf jenen Hof ging, alles sahen.

Sie schrien und klagten und baten den Hauptmann mit gefalteten Händen, uns zu schonen; doch er hörte nicht auf sie, und alles, was die werten Messieurs für uns tun konnten, war, daß sie uns zuriefen, wir möchten uns Gott empfehlen, wie man mit Verbrechern tut, die man eben hinrichten will.

Seit jener Zeit haben wir sie nicht wieder gesehen; denn man nagelte darauf unsere Kette wieder an die Raufe des Stalles wie zuvor an. Man kann sich denken, daß die Messieurs den Appetit und den Mut verloren, sich das große Abendessen, das sie für uns hatten anrichten lassen, auftischen zu lassen.

Der Hauptmann wollte ihnen nicht einmal erlauben, in den Stall zu gehen, um uns zu sehen und uns in unserer drückenden Lage zu helfen, noch uns die geringste Erfrischung bringen zu lassen, und wir mußten uns mit einem Stück Brot, etwas Käse und etwas schlechtem Wein begnügen, den der Hauptmann unter uns verteilen ließ.

Was uns am meisten half, uns wieder zu erwärmen, und was wahrscheinlich nächst Gott unser Leben rettete, war der Pferdemist in jenem Stalle, auf dem wir saßen oder halb lagen. Was mich betrifft, so erinnere ich mich, daß es mir gelang, mich gänzlich darin zu vergraben. Diejenigen, welche dasselbe tun konnten, befanden sich wohl, erwärmten sich und erholten sich bald wieder. So außergewöhnlich und garstig dieses Heilmittel auch war, so dankten wir Gott doch herzlich, daß er es uns verschafft hatte.

Am folgenden Morgen zogen wir von Charenton ab. Man lud einige von uns zweiundzwanzig, die darum nachsuchten, auf Wagen, ohne daß man sie im geringsten schlecht behandelte. Doch die anderen Unglücklichen, von den Leiden des vorigen Abends niedergedrückt und einige dem Tode nahe, konnten jene Vergünstigung nur erhalten, nachdem sie die Probe mit dem Ochsenziemer durchgemacht hatten.

Um sie auf die Wagen zu laden, machte man sie von der großen Kette los und schleppte sie mit derjenigen, die sie am Halse trugen, wie totes Vieh bis zu dem Wagen, auf den man sie wie tote Hunde warf und mit nackten, vom Wagen herabhängenden Beinen liegenließ, so daß sie ihnen in kurzer Zeit erfroren und unsägliche Qualen bereiteten.

Doch das war noch nicht das schlimmste, sondern wenn sie sich auf den Wagen über die Leiden, welche sie auszustehen hatten, beklagten oder darüber jammerten, so schlug man sie vollends mit Stockschlägen tot.

Man wird hier fragen, warum der Hauptmann der Kette nicht ihr Leben schonte, da er doch zwanzig Taler für jeden bekam, den er lebendig in Marseille ablieferte, während er nichts für die erhielt, die unterwegs starben.

Der Grund dafür ist klar. Der Hauptmann, der die Maroden auf seine Kosten fahren lassen mußte, fand bei den teuren Fahrpreisen seine Rechnung nicht gut. Denn um zum Beispiel einen Menschen bis nach Marseille fahren zu lassen, würde er mehr als vierzig Taler, ohne die Beköstigung, haben zahlen müssen.

Hieraus folgt, daß er mehr verdiente, wenn er sie tötete, als wenn er sie fahren ließ.

Übrigens war er dann der Sorge für sie los, indem er es dem Priester des nächsten Dorfes überließ, die Leichen zu begraben, und sich von ihm eine Bescheinigung darüber ausstellen ließ.

Wir durchzogen die Ile-de-France,* Burgund* und den Mâconnais* bis Lyon, wobei wir jeden Tag drei bis vier Meilen zurücklegten. Es ist dies sehr viel, wenn man bedenkt, daß wir mit Ketten beladen waren, alle Nächte in Ställen auf dem Mist schliefen, schlechte Kost erhielten, und wenn es taute, immer bis zu den Knien im Schlamm wateten, oft bei herabströmendem Regen, der nur mit der Zeit auf unserem Leibe trocknete, ohne das Ungeziefer und die Krätze zu erwähnen, das unzertrennliche Gefolge ähnlichen Elends.

An Ungeziefer hatten wir alle sehr zu leiden, doch von der Krätze, mit der alle jene Unglücklichen der Kette behaftet waren, waren wir zweiundzwanzig frei. Auch wurde nicht ein einziger von uns davon angesteckt, obgleich wir während des Marsches voneinander getrennt und mehrere von uns mit einigen jener Unglücklichen zusammengekoppelt worden waren. So war ich zum Beispiel mit einem zusammengekettet, der wegen Desertion verurteilt worden war. Er war ein guter Bursche. Man koppelte ihn mit mir in Dijon in Burgund zusammen, weil der Reformierte, der mit mir ging, zu Fuß nicht mehr fortkommen konnte und deshalb auf einen Wagen gesetzt wurde. Der arme Deserteur war mit jener abscheulichen Krankheit so sehr behaftet, daß es jeden Morgen ein Kunststück war, mich von ihm loszumachen. Denn da der Arme nur ein Hemd hatte, das auf seinem Leibe halb verfault war, und ferner der Eiter seines Ausschlags durch sein Hemd hindurchdrang und ich mich von ihm nicht im geringsten entfernen konnte, so klebte er so fest an meinem Mantel, daß er laut aufschrie, wenn wir zum Weiterziehen aufstehen mußten, und mich bat, ihm um Gottes willen zu helfen, sich von mir loszumachen. Dennoch wurde ich von der lästigen Krankheit nicht befallen, bei der man sich doch so leicht ansteckt.

Als wir in Lyon angekommen waren, brachte man die ganze Kette auf große flache Schiffe, um sie auf der Rhône bis zur Brücke Saint-Esprit hinabzuführen. Von da ging es zu Land nach Avignon und von Avignon nach Marseille, wo wir alle zweiundzwanzig, Gott sei Dank, wohlbehalten am 17. Januar 1713 anlangten.

Von den anderen waren viele unterwegs gestorben, und es gab nur wenige, die nicht krank waren, wovon mehrere im Hospital von Marseille starben.

Dies ist das Ende unseres Zuges von Dünkirchen nach Marseille, welche Reise, besonders von Paris an, mir mehr zu leiden gegeben hat als die zwölf vorhergehenden Jahre meines Gefängnisses und meines Aufenthaltes auf den Galeeren.

Gott sei gelobt, daß ich von nun an nur Ereignisse zu erzählen habe, die der Erlangung der uns so teuren Freiheit vorhergingen und dieselbe endlich herbeiführten; Ereignisse, die, Gott sei Dank, nichts Tragisches haben, die aber wohl verdienen, dem Leser bekanntgemacht zu werden.

Man wird hierin die schwarze Bosheit und den tiefverwurzelten Haß der Missionare von Marseille sowie die Gnade Gottes gegen seine Kinder ersehen, die über ihre unversöhnlichen Feinde zuletzt triumphiert.

Auf den Galeeren von Marseille

Man brachte alle zweiundzwanzig Reformierte auf die Galeere, die ›Grande Réale‹ hieß und zum Zwischenaufenthalt für die Neuangekommenen und die Kranken der fünfunddreißig Galeeren diente, die sich damals im Hafen von Marseille befanden.

Die Neuangekommenen bleiben stets nur kurze Zeit dort, da man sie bald auf die anderen Galeeren verteilt; aber wir zweiundzwanzig wurden nicht verteilt, weil man darauf rechnete, daß die sechs Galeerenbesatzungen von Dünkirchen nach Marseille kommen würden und daß man uns dann auf die Galeeren wieder versetzen würde, zu denen wir gehörten.

Wir vermehrten die Zahl unserer Brüder, die sich auf jener ›Grande Réale‹ befanden, auf über vierzig.

Diese empfingen uns mit offenen Armen und Tränen der Freude und des Schmerzes zugleich, der Freude, uns alle gesund und wohlbehalten, standhaft und in den Willen Gottes ergeben zu sehen; und des Schmerzes über die Leiden, die wir ausgestanden hatten; die göttliche Vorsehung preisend, daß sie uns unter so langen und schmerzlichen Prüfungen aufrecht erhalten habe.

Der Prior der Missionare von Marseille, namens Pater Garcin, hatte in der Zeit, da wir in Paris waren, auch dort geweilt. Er hatte uns im Gefängnis La Tournelle besucht und uns aus allen Kräften ermahnt und durch weltliche Versprechungen ermuntert, die Religion zu wechseln, denn das ist fast immer der Wortlaut ihrer Mission.

»Ihr seid hier«, sagte er zu uns, »und ihr könnt in zweimal vierundzwanzig Stunden befreit werden aus eurer Haft, wenn ihr übertreten wollt, und ich könnte es schon erreichen, in dieser kurzen Zeit eure Freiheit zu erlangen. Bedenkt«, fuhr er fort, »welchen Gefahren ihr euch aussetzen werdet. Es ist wahrscheinlich, daß drei Viertel auf dem Marsch von hier nach Marseille bei der rauhen Jahreszeit, die wir jetzt gerade haben, umkommen werden. Und dann, wenn diejenigen von euch, die dieser Gefahr entgehen, in Marseille sein werden, so werden sie es wie alle anderen Protestanten machen, die auf der Galeere waren, und alle unter meinen Händen ihrem Glauben abgeschworen haben.«

Wir antworteten ihm, daß diejenigen, von denen er spräche, nichts für uns und wir nichts für sie getan hätten und daß jeder für sein eigenes Schicksal selbst sorgen müsse.

Er ging davon und war eher wieder in Marseille als wir. Dieser Pater Garcin besuchte uns nun am Tag nach unserer Ankunft auf der ›Grande Réale‹, und nachdem er uns alle auf das Heck der Galeere hatte kommen lassen, zählte er uns; und als er dieselbe Anzahl vorfand, die er in Paris gesehen, sagte er: »Das ist sehr wunderbar, daß ihr alle davongekommen seid. Seid ihr noch nicht des Leidens überdrüssig?«

»Sie irren sich sehr, Monsieur«, sagte ich, »wenn Sie meinen, daß die Leiden unseren Glauben schwächen. Wir erfahren im Gegenteil, was der Psalmist sagt: ›Je mehr wir leiden, desto mehr denken wir an Gott.‹«

»Faseleien«, sagte er.

»Es ist keine solche Faselei«, erwiderte ich ihm, »wie diejenige, die Sie uns in Paris vorgemacht haben, daß nämlich alle unsere Brüder auf den Galeeren von Marseille unter Ihren Händen ihrem Glauben

abgeschworen hätten. Nicht ein einziger hat es getan, und wenn ich an Ihrer Stelle wäre, so würde ich mich mein Leben lang schämen, mich der Gefahr ausgesetzt zu haben, eine Sache zu behaupten, die mich des Betruges überführen würde.«

»Sie sind ein Räsoneur«, antwortete er mir barsch und ging davon.

Zwei oder drei Monate vergingen seit unserer Ankunft in Marseille, ohne daß uns etwas Außergewöhnliches zustieß; doch gegen Anfang April hielten die Missionare uns alle eine allgemeine Bekehrungspredigt, um uns zum Religionswechsel zu überreden, indem sie dabei eher weltliche Versprechungen als überzeugende Gründe anwandten.

Sie schmeichelten sich, daß sie wenigstens einige von uns, und wenn auch nur einen oder zwei, gewinnen würden, um einen diabolischen Plan, den sie sich ausgedacht hatten, auszuführen, wie man sogleich sehen wird. Ich muß jedoch ein wenig weiter ausholen, um die Sache verständlich zu machen.

Während des Kongresses von Utrecht,* den man zur Herstellung des allgemeinen Friedens veranstaltet hatte, lebten wir der Hoffnung, daß dieser Friede uns die Freiheit verschaffen würde.

Wir wußten, daß die protestantischen Mächte sich angelegentlich dafür interessierten. Doch Frankreich wollte davon nichts hören, und der Friede wurde geschlossen, ohne daß unser dabei Erwähnung geschah, so daß wir, aller Hoffnung seitens der Menschen beraubt, unser Vertrauen allein auf Gott setzten und uns seinem heiligen Willen ergaben.

So stand es mit uns seit dem Bekehrungsversuch der Missionare, die meinten, daß es ihnen, nachdem wir alle menschliche Hoffnung verloren hätten, leicht sein würde, uns durch schöne Versprechungen in Versuchung zu führen und einen zu verführen, um ihre Rolle zu spielen; aber es gelang ihnen durch Gottes Gnade nicht.

Wir wußten nichts von dem, was in England zu unseren Gunsten geschah; aber die Missionare, die alles in Erfahrung bringen, hatten Nachricht bekommen, daß die Königin Anna eifrigst ersucht wurde, sich für uns beim König von Frankreich zu verwenden; und als gute Politiker waren sie überzeugt, daß, wenn die Königin unsere Freiheit verlangte, der König aus Gründen, die alle Welt kennt,* sie nicht verweigern würde.

Daher faßten jene Patres den Entschluß, auf alle Weise sich unserer Freilassung zu widersetzen, indem sie den König, der sehr gern auf sie hörte, glauben machten, daß die Ketzer, die auf den Galeeren wären, alle in den Schoß der römischen Kirche zurückkehren würden, damit der König diesen Grund dem Gesuch, das die Königin Anna für unsere Freiheit bei ihm stellen würde, entgegenhalten könnte.

Da sie jedoch keinen von uns hatten überreden können, sich zu ergeben, und da sie doch einen brauchten, um ihren Plan auszuführen, was taten diese Schurken, um den König zu hintergehen? Sie köderten zwei arme Galeerensklaven, von denen der eine wegen Diebstahls, der andere wegen Desertion verurteilt war, alle beide römische Katholiken von Haus aus, und die seit mehreren Jahren ihres Aufenthaltes auf den Galeeren unausgesetzt sich zu dieser Religion bekannt hatten; ich sage, sie köderten sie, sich zu stellen, als ob sie der reformierten Religion zugehörten, und sich dann zu Katholiken machen zu lassen, wonach sie ihnen ihre Freiheit versprachen.

Die Bedingung war für die beiden Unglücklichen sehr verlockend. Deshalb ließen sie sich nicht lange nötigen, in den Vorschlag einzuwilligen.

Wir wußten von den Ränken durchaus nichts und waren ganz erstaunt, als eines Sonntags, da man die Messe auf den Galeeren hielt, diese beiden sogenannten Reformierten sich in ihren Mantel hüllten und auf ihre Bank niederlegten nach Art wirklicher Reformierter, bei denen man diesen Brauch duldete, er bedeutete, daß sie keinen Glauben an die Messe hätten.

Mein Leser wird mir gern erlauben, daß ich für einen Augenblick die Erzählung unterbreche, um ihm so kurz wie möglich den Ursprung jener Duldung zu sagen, der ohne Zweifel alle überrascht, die ihn nicht kennen und dagegen den Geist der römischen Geistlichkeit kennen, besonders der Missionare, die alles andere als geneigt waren, eine solche Ungehörigkeit gegen ein Mysterium, das sie so sehr preisen, ungestraft hingehen zu lassen. Die Sache verhält sich folgendermaßen.

Nach dem Frieden von Rijswijk versuchten die Missionare, die Protestanten der Galeeren zu zwingen, während der Messe niederzuknien und diese mit entblößtem Haupt und in derselben ehrerbietigen Haltung, die die römischen Katholiken beachten, anzuhören. Um dies ins Werk zu setzen, brachten sie ohne viele Mühe Monsieur de Bombelles,* den Generalmajor der Galeeren, den größten und heftigsten unserer Verfolger, auf ihre Seite. Sie beschlossen mit ihm, allen Reformierten die Bastonade geben zu lassen, bis sie einwilligten, jene Haltung zu beachten, wenn man die Messe lesen würde. Und um diese Exekution um so furchtbarer zu machen, je länger sie dauern würde, kam man überein, daß der Generalmajor an dem einen Ende der Galeere (es gab deren vierzig) anfangen und die Bastonade auf einer oder zwei Galeeren täglich geben lassen sollte und so fort bis zum anderen Ende, um dann wieder bei denen anzufangen, die hartnäckig blieben, und so fortzufahren, bis sie sich unterwürfen oder unter der Peitsche stürben.

Bombelle begann diese schreckliche Exekution und setzte sie jeden Tag fort, von einer Galeere zur anderen. Die Lieblingsausdrücke aber, deren er sich bediente, um die armen Märtyrer zum Gehorsam zu mahnen, waren folgende, die einen mit Schauder erfüllen:

»Hund«, sagte er, »knie nieder, wenn man die Messe lesen wird, und bete in dieser Haltung, wenn du nicht zu Gott beten willst, zum Teufel. Was macht das schon?«

Alle, die jener Marter unterworfen wurden, hielten diese in heiliger und mutiger Weise aus, indem sie mitten unter ihren Leiden Gott lobten.

Indes benachrichtigten einige gute Seelen die Gesandten der protestantischen Mächte davon, die sich am Hofe Frankreichs befanden und die, entrüstet über eine so scheußliche Ungerechtigkeit, dem König Vorstellungen machten und unter anderem anführten, daß es die äußerste Ungerechtigkeit wäre, daß Leute, die schon die Galeerenstrafe deshalb erlitten, weil sie sich der römischen Kirche nicht haben anschließen wollen, durch neue Strafen mißhandelt würden, um sie mit Gewalt in den Schoß jener Kirche zu bringen.

Der König gab zu, daß dies sehr ungerecht wäre, und erklärte, daß man sich dieser Gewalttätigkeit wider seine Befehle schuldig gemacht habe, und schickte sofort Ordre nach Marseille, die jenen Exzessen ein Ende machte und den vermeintlichen Reformierten der Galeeren eine Genugtuung für das erlittene Unrecht verschaffen sollte. Man tat dies in ziemlich schwacher Weise, indem man sagte, daß es ein Mißverständnis gewesen, das nicht wieder vorkommen sollte.

Und seit jener Zeit duldete man es, daß die Reformierten sich auf ihre Bank niederlegten, wenn man die Messe auf den Galeeren las, wie ich oben gesagt habe.

Ich nehme den Faden der Geschichte von jenen zwei falschen Reformierten wieder auf, die die Missionare angeworben hatten.

Als nämlich jene Elenden sich während der Messe auf ihre Bank niedergelegt hatten, so bemerkte der Aufseher, der die Wache hatte und gewöhnlich achtgab, daß jeder bei solcher Gelegenheit seiner Pflicht nachkommt, die beiden, die die geziemende Haltung nicht beachteten, und fragte sie nach dem Grund ihres Verhaltens.

Sie antworteten ihm und schwuren dabei, daß sie Hugenotten wären, wie es schon ihre Eltern waren. Die Aufseher setzten die Schiffsprediger davon in Kenntnis; denn die Szene ereignete sich auf zwei verschiedenen Galeeren. Die Priester ermahnten sie, in den Schoß der katholischen Kirche zu kommen. Sie sträubten sich zuerst ein wenig und ergaben sich endlich.

Wir wußten wohl, daß dies nur ein Streich der Missionare war, doch vermochten wir nicht zu ergründen, worauf er abzielte, und wir entdeckten dies erst einige Tage später, da die Missionare es selbst an den Tag brachten, wie man sogleich sehen wird.

Die beiden falschen Hugenotten, nachdem sie öffentlich und feierlich abgeschworen hatten, erhielten, um dieser schönen Bekehrung ein größeres Ansehen zu geben, wenig Tage später vom Hofe ihre Begnadigung und wurden auf der Stelle in die volle Freiheit entlassen.

Am selben Tage ihrer Freilassung gingen der Pater Garcin und ein anderer Missionar von Galeere zu Galeere, um die Huld des Königs, die, wie sie sagten, zweien unserer Brüder gewährt worden sei, bekanntzumachen.

Sie kamen daher auch auf die ›Grande Réale‹, auf der wir über vierzig Reformierte, wie ich schon gesagt habe, uns befanden, und befahlen dem Profoß, uns alle loszuketten, um zu einer Unterredung mit ihnen in das Zimmer auf dem Heck der Galeere zu kommen.

Wir begaben uns dorthin, und nach einigen schmeichlerischen Höflichkeiten, die diese Patres immer auf der Zunge haben, begannen sie ihre Ansprache wie folgt:

»Messieurs, Sie kennen die Mühen und Sorgen, die wir uns immer zu Ihrer Bekehrung gemacht haben, besonders letzthin, da wir an alle eine allgemeine Ermahnung gerichtet haben, ohne jedoch irgendeinen Erfolg zu verzeichnen, den wir erhofft hatten. Da aber Gott seine Gnade darreicht, wie es ihm beliebt, so haben zwei der Eurigen, denen der Herr gegeben hat, auf uns willig zu hören, die Wahrheiten, darin wir sie unterrichtet haben, angenommen und unter unseren Händen mit großem Eifer abgeschworen.

Da wir nun wissen, daß nichts Seiner Majestät größeres Vergnügen macht als die Bekehrung seiner irrenden Untertanen, so haben wir nicht verfehlt, dem König die gute Nachricht mitzuteilen, und nun seht, was er Monsieur de Pontchartrain, seinem Minister, aufgetragen hat, uns zu schreiben.«

Hierauf las er uns den Brief des Ministers vor, der im wesentlichen enthielt, daß Seine Majestät sich sehr freue, zu hören, daß zwei der größten kalvinistischen Ketzer der Galeeren unter ihren Händen ihrer Irrlehre abgeschworen hätten und daß Seine Majestät hoffe, daß nach den ihm gegebenen Versicherungen alle übrigen, die sich noch auf den Galeeren befänden, dem guten Beispiel bald nachfolgen würden. Zugleich verspräche Seine Majestät ihnen in diesem Fall nicht nur ihre Freilassung, sondern auch seine königliche Huld geradeso, als ob sie gute Untertanen wären.

Es war uns leicht, aus diesem Brief zu schließen, daß die Missionare diese Hebel in Bewegung gesetzt hatten, um Seine Majestät zu überzeugen, daß jene zwei Bekehrten diejenigen von uns wären, auf die sich die anderen stützten, und daß Seine Majestät, von diesem Irrtum befangen, auf keinerlei Bittgesuch für uns hören würde, indem er immer entgegenhalten würde, daß wir alle schon bekehrt wären oder uns auf dem Wege dorthin befänden.

Man ersehe hieraus die Frechheit dieser Missionare, die den König durch diesen Schurkenstreich zu hintergehen suchten. Man erwäge auch die Gottlosigkeit dieser Betrüger, die ohne Scheu mit der Religion ein freches Spiel treiben und die Wahrheit ihrer verruchten Lüge aufopfern.

Nichts ist diesen Patres zu heilig, wenn sie nur das Ziel ihrer verderblichen Absichten erreichen. Gottlosigkeit, Lüge, Heuchelei, Grausamkeiten und die schauderhaftesten Verbrechen sind in ihren Augen nur kleine Sünden, wenn sie nur zur Vernichtung der Ketzerei und zur Stillung des Hasses und der Rache gegen ihre Feinde verübt werden, die es nur deshalb sind, weil sie nicht wie sie denken.

Es ist dies ein Probestück von dem Charakter jener berüchtigten Lenker der Gewissen, die zugleich die grausamsten und furchtbarsten Feinde der armen Reformierten sind. Der Leser wird in der Folge dieser Memoiren sehen, wessen sie noch fähig sind.

Nachdem Pater Garcin, der Prior der Missionare von Marseille, uns den Brief von Monsieur de Pontchartrain vorgelesen hatte, redete er noch zu uns mit vielem Pathos, wobei er die Güte des Königs gegen seine Untertanen hervorhob, der sich nicht allein damit begnüge, ihnen weltliche Güter zu verschaffen, sondern seine Aufmerksamkeit auch auf ihr Seelenheil richte, wovon dieser Brief, den er seinem Minister aufgetragen zu schreiben, ein mehr als hinreichender Beweis wäre.

Hierauf verbreitete er sich über die Güte und Milde der römischen Kirche, die nach dem Beispiel des Heilands der Welt die Leute nur durch die Überzeugung von der Wahrheit des heiligen Evangeliums bekehre.

»Und führt nicht gegen uns an«, rief der Pater aus, »daß wir euch verfolgten, um euch in den Schoß der Kirche zurückzuführen. Fern ist uns jener Grundsatz der Verfolgung, den ihr uns so oft vorwerft. Wir erklären euch, daß wir ihn verabscheuen, und wir geben zu, daß es niemandem, entsprechend dem Gebot des Evangeliums, zusteht, die anderen aus Gründen der Religion zu verfolgen.

Gehet daher in euch«, fuhr der Pater fort, »und übergebt euch der königlichen und heiligen Verwendung Seiner Majestät und der süßen Überzeugung der Wahrheiten, die wir euch von ganzem Herzen und mit einem wahren Eifer für euer Heil verkündigen.«

Nachdem er seine Rede beendigt hatte, nahm einer von uns das Wort und bezeugte, daß wir sehr erkenntlich für die gütigen Anerbietungen seien, die Seine Majestät uns durch seinen Minister machen ließe, daß wir in den Gefühlen wahrer und guter Untertanen Seiner Majestät verharrten, daß wir aber auch, was unseren heiligen Glauben betraf, entschlossen wären, denselben mit Gottes gnädiger Hilfe mit Herz und Mund bis ans Ende zu bekennen.

Hier unterbrach ihn Pater Garcin, indem er zu ihm sagte, daß er nicht für alle antworten könne; er verlange übrigens nicht augenblicklich eine Antwort von uns, da er es jedem einzelnen überlasse, über das, was er gesagt habe, besonders nachzudenken.

Da wir diesen Patres nichts mehr zu sagen hatten (denn es waren zwei), verließen wir das Zimmer, wo sie noch eine Weile blieben, wahrscheinlich um zu sehen, ob nicht wenigstens einige von uns kommen würden, um ihnen zu erklären, daß sie überzeugt worden wären.

Die Profosse fingen an, uns wieder in unseren Bänken anzuketten;

doch da wir über vierzig waren und es wohl eine Stunde dauerte, bis das Anketten beendigt war, so knüpfte ich ein Gespräch mit dreien unserer Brüder an, bis die Reihe an uns käme.

Ich sagte zu ihnen, daß ich nicht mehr zurückhalten könne, was mein Herz bewegte, und daß ich wünschte, auf die Betrügerei des Pater Garcin zu antworten, der behauptete, daß wir nicht verfolgt würden. Meine Brüder legten mir dar, daß ich wohl den harten und grausamen Charakter dieser Väter erkannt hätte, daß aber unsere Einwände, wie bescheiden sie auch wären, nur dazu führten, uns Mißhandlungen zuzuziehen.

»Brüder«, sagte ich zu ihnen, »wir haben so viele Mißhandlungen erduldet, die Gott durch seine Gnade uns hat mit Freuden für seine Sache ertragen lassen, daß etwas mehr uns gewiß nicht in Verwunderung versetzen wird und daß wir mit Hilfe der göttlichen Gnade es, wenn es sein muß, auch noch ertragen werden. Deshalb bitte ich euch, daß wir vier wieder in das Zimmer gehen, wo die Patres noch sind, damit ich in eurer Gegenwart meinem Herzen Luft machen kann. Ich werde das Wort führen und verspreche, daß kein beleidigendes oder anstößiges Wort von meiner Seite ihnen einen Vorwand bieten soll, uns zu mißhandeln.«

Sie ließen sich überreden, und wir traten wieder in das Zimmer ein, wo die Patres noch waren. Als sie uns wiederkommen sahen, nahmen sie eine fröhliche Miene an, die uns überzeugte, daß sie glaubten, wir hätten ernstliche Betrachtungen über ihre Ansprache angestellt und kämen, uns als überzeugt zu bekennen.

Sie grüßten uns auf das freundlichste und boten uns Platz an. Ich hatte den drei Brüdern, die mich begleiteten, versprochen, daß ich das Wort ergreifen würde. So tat ich auch, sobald als Pater Garcin mich gefragt, worum es sich handle und ob wir über seine Worte und über das Versprechen des Königs für den Fall, daß wir unsere Irrtümer abschwören, nachgedacht hätten.

Ich antwortete ihm, daß wir vollständig von der Güte und Aufrichtigkeit Seiner Majestät überzeugt wären und daß es sich nur noch darum handle, ein Bedenken aus dem Wege zu räumen. Wir kämen nämlich zu ihnen mit der Bitte, uns eine Aufklärung über das, was wir ihnen vorlegen würden, zu geben.

Ich gestehe, daß ich gewissermaßen ein wenig den Heuchler spielte, indem ich mir mit Fleiß das Ansehen gab, als kämen wir, um zu kapitulieren und uns dann zu ergeben. Ich hatte mir diese List ausgedacht, um sie in die Falle zu locken, die ich ihnen stellte, und ich hatte das Vergnügen, sie, wie ich gewünscht hatte, hineinfallen zu sehen.

Ich wollte ihnen nach und nach das Bekenntnis abringen, daß wir der Religion wegen verfolgt wären, und benahm mich dabei wie folgt. Die drei Brüder, die mich begleiteten, waren indes über mein Auftreten in großer Unruhe, denn ich hatte sie aus Mangel an Zeit nicht davon unterrichten können. Doch machte ihnen der Ausgang große Freude.

Ich sagte also zu jenem Pater, daß ich eine ernste Betrachtung über die jüngsten Ereignisse angestellt habe; doch bleibe uns immer noch ein großes Hindernis gegenüber dem, was sie unsere Bekehrung nannten; und daß wir kämen, ihm dasselbe vorzulegen mit der Bitte, es aus dem Weg zu räumen.

»Wohlan, so ist es recht«, rief ganz erfreut Pater Garcin. »Sprechen Sie, Monsieur, und ich werde Sie über alle Ihre Bedenken zufriedenstellen.«

Hierauf nahm ich das Wort in demselben Ton und sagte zu ihm: »Ich kann Ihnen versichern, Monsieur, daß ich, Gott und meinen Eltern sei dafür Dank gesagt, ziemlich gut in den Grundsätzen der reformierten Religion erzogen und unterrichtet worden bin. Aber ich gestehe Ihnen, daß nichts mich mehr darin befestigt, als daß ich mich gerade wegen derselben verfolgt sehe. Denn, wenn ich denke, daß Jesus Christus, seine Apostel und so viele treue Christen gemäß der Weissagung dieses göttlichen Heilands verfolgt worden sind, so kann ich nicht anders als glauben, daß ich mich auf dem wahren Heilswege befinde, indem ich wie sie verfolgt werde.

Wenn Sie daher, Monsieur«, fuhr ich fort, »mir beweisen können, daß wir nicht verfolgt werden, wie Sie es vorhin behaupteten, so gestehe ich, daß Sie über mich viel gewinnen werden.«

»Ich bin entzückt«, erwiderte Pater Garcin, »daß Sie mir Ihr Bedenken so klar aufgedeckt haben, und um so mehr entzückt, da es nichts Leichteres gibt, als es zu heben, indem ich Ihnen beweise, daß Sie nicht der Religion wegen verfolgt werden, und zwar folgendermaßen:

Wissen Sie«, fragte er mich, »was eine Verfolgung ist?«

»Ach, Monsieur«, sagte ich, »mein Zustand und derjenige meiner leidenden Brüder hat uns nur zu gut damit bekannt gemacht.«

»Bagatelle«, sagte er, »das ist es eben, was Sie täuscht; Sie halten

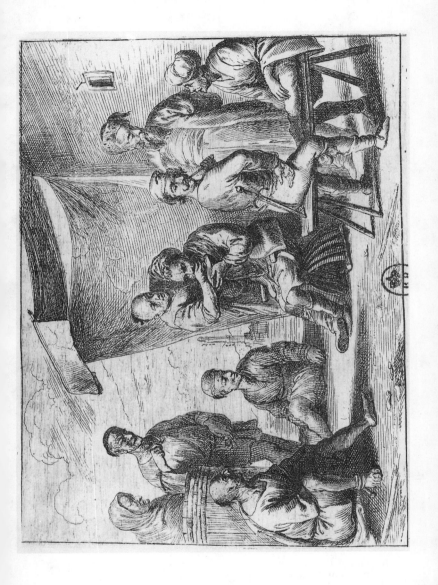

Züchtigung für Verfolgung; ich werde Sie davon überzeugen. Warum«, fragte er mich, »sind Sie auf den Galeeren, und welches ist der Grund Ihrer Verurteilung?«

Ich antwortete ihm, daß ich, mich in meinem Vaterland verfolgt sehend, das Königreich habe verlassen wollen, um mich zu meiner Religion frei zu bekennen, und daß man mich an der Grenze festgenommen und deshalb zu den Galeeren verurteilt hätte.

»Ist es also nicht so«, rief Pater Garcin, »wie ich Ihnen soeben gesagt habe, daß Sie nicht wissen, was Verfolgung ist? Ich will Sie also darüber belehren, indem ich Ihnen sage, daß Verfolgung wegen der Religion das ist, wenn man Sie mißhandelt, um Sie zu zwingen, der Religion, zu der Sie sich bekennen, zu entsagen. Nun hat die Religion mit Ihrer Sache gar nichts zu tun. Der Beweis dafür ist folgender: Der König hat allen seinen Untertanen verboten, ohne seine Erlaubnis das Reich zu verlassen; Sie haben es verlassen wollen, und man bestraft Sie dafür, den Befehlen des Königs zuwidergehandelt zu haben. Dies betrifft die Polizei des Staates und nicht die Kirche, noch die Religion.«

Hierauf wandte er sich an einen unserer anwesenden Brüder, um ihn gleichfalls zu fragen, warum er auf den Galeeren wäre. »Weil ich zu Gott gebetet habe, Monsieur, in einer Versammlung«, antwortete dieser.

»Wieder eine Übertretung der Befehle des Königs«, erwiderte Pater Garcin. »Der König hat verboten«, sagte er, »sich an irgendeinem Ort zum Gebet zu versammeln, außer in den Pfarr- und anderen Kirchen des Reiches. Sie tun das Gegenteil, und Sie werden wegen Übertretung der Befehle des Königs bestraft.«

Ein anderer von unseren Brüdern sagte zu ihm, daß während einer Krankheit der Priester an sein Bett gekommen sei, um eine Erklärung von ihm entgegenzunehmen, ob er in der reformierten oder in der katholisch-römischen Religion leben und sterben wolle. Er habe geantwortet, in der reformierten. Als er von jener Krankheit wiederhergestellt worden sei, habe man ihn festgenommen und zu den Galeeren verurteilt.

»Wieder eine Übertretung der Gesetze des Königs«, sagte Pater Garcin. »Seine Majestät will, daß alle seine Untertanen in der römischen Religion leben und sterben. Sie haben sich widersetzt, das heißt den Gesetzen des Königs zuwiderhandeln.«

»Also, Messieurs«, sagte er, »haben Sie alle den Befehlen des Königs zuwidergehandelt, und die Kirche hat mit Ihrer Sache nichts zu schaffen. Sie hat weder Ihrem Prozesse beigestimmt, noch ihn geleitet. Kurz, alles ist ohne sie und ihr Wissen geschehen.«

Ich sah wohl, daß ich Mühe haben würde, das Zugeständnis von ihm zu erhalten, daß wir der Religion wegen verurteilt wären, wenn ich nicht meine Hypokritenmiene beibehielte.

Ich stellte mich daher dumm und sagte zu ihm, daß ich mit der gegebenen Erklärung über den Begriff der Verfolgung zufrieden wäre und daß es sich jetzt darum handle, zu wissen, ob man, eine völlige Aufklärung über die anderen Zweifel, die mir noch blieben, abwartend, mich nicht freilassen würde, bevor ich meinem Glauben abgeschworen habe.

»O gewiß nicht«, antwortete Pater Garcin; »Sie werden die Galeeren nicht eher verlassen, bis Sie förmlich abgeschworen haben.«

»Und wenn ich dies getan«, fragte ich, »darf ich dann hoffen, die Galeeren bald verlassen zu dürfen?«

»Nach vierzehn Tagen«, sagte Pater Garcin auf Priesterwort; »denn Sie sehen, daß für einen solchen Fall der König es Ihnen verspricht.«

Hierauf nahm ich meine natürliche Miene wieder an, um ihm in allem Ernste zu sagen, daß ich heute die Macht der Wahrheit erführe, welche die geschickteste Lüge durchdringe.

»Sie haben sich angestrengt, Monsieur«, fuhr ich fort, »durch Ihre sophistischen Räsonnements zu beweisen, daß wir nicht der Religion wegen verfolgt würden, und ich bringe Sie ohne irgendwelche Philosophie oder Rhetorik durch zwei einfache und natürliche Fragen zu dem Geständnis, daß es nichts anderes als die Religion ist, die mich und meine Brüder auf den Galeeren gefangenhält. Sie haben bestimmt ausgesprochen, daß wir, wenn wir förmlich abschwören, die Galeeren sofort verlassen und daß es im Gegenteil für uns nie eine Freiheit geben wird, wenn wir nicht abschwören.«

Ich hätte meine Betrachtungen über sein Zugeständnis weiter treiben können, um ihn von dem Lächerlichen seiner Sophismen zu überzeugen, aber dieser Pater sah sich durch das Wort aus seinem eigenen Mund so gut gefangen, daß ihn die Wut übermannte und er die Unterredung in brutaler Weise abbrach, uns Bösewichte, halsstarrige Menschen nennend, dem Profoß zurief, daß er uns sofort in unseren Bänken anketten solle, wobei er ihm untersagte, uns die geringste Erleichterung unserer Ketten zu verschaffen.

Man kann hieraus den teuflischen Charakter dieser betrügerischen und grausamen Missionare erkennen. Doch gehe ich nun zu dem über, was unsere Freilassung herbeiführte.

Der Freilassungsbefehl

Der Friede von Utrecht wurde geschlossen, ohne daß man etwas für uns hatte erreichen können. Der Marquis de Rochegude,* ein französischer Edelmann, der in die Schweiz geflüchtet war und von da nach Utrecht gesandt worden war, um sich für die armen Bekenner auf den Galeeren Frankreichs zu verwenden, wollte jedoch trotz aller Beschwerden und Strapazen, welche die Kräfte seines hohen Alters weit überstiegen, noch einen letzten Versuch zu unseren Gunsten machen.

Er reiste von Utrecht nach dem Norden ab und erhielt von dem König von Schweden, Karl XII., einen Empfehlungsbrief an die Königin von England, einen desgleichen von den Königen von Dänemark, Preußen und anderen protestantischen Fürsten, von den Generalstaaten der Vereinigten Provinzen,* von den protestantischen Kantonen der Schweiz, kurz von allen protestantischen Mächten, die uns der mächtigen Fürsprache Ihrer Britannischen Majestät zugunsten unserer Freiheit empfahlen.

Der Marquis setzte über das Meer und sprach bei Mylord Oxford (damals Großschatzmeister von England) vor, der ihm eine Audienz bei Ihrer Majestät verschaffen sollte.

Mylord fragte ihn, welche Angelegenheit er der Königin vorzutragen habe. »Ich habe«, sagte der Marquis, »alle diese Briefe Ihrer Majestät vorzulegen«, die er ihm nannte.

»Geben Sie sie mir«, erwiderte Mylord, »ich werde sie nachdrücklichst unterstützen.«

»Das kann ich nicht«, sagte der Marquis, »denn ich habe von allen Mächten Ordre, sie Ihrer Majestät persönlich auszuhändigen, wenn nicht, sie ihnen sofort zurückzustellen.«

Hierauf verschaffte Mylord Oxford ihm die gewünschte Audienz. Er übergab alle jene Briefe Ihrer Majestät, wobei er ihr mitteilte, von wem sie kämen.

Die Königin ließ sie durch den Staatssekretär in Empfang nehmen und sagte zu dem Marquis, daß sie dieselben prüfen und ihm Antwort erteilen lassen würde, worauf sich der Marquis empfahl.

Es vergingen wohl vierzehn Tage, in denen der Marquis auch nicht das geringste über seine Angelegenheit vernahm.

Gegen Ende der zwei Wochen erfuhr der Marquis, daß die Königin im Park von St. James einen Spaziergang machen werde. Er begab sich dorthin, um sich Ihrer Majestät zu zeigen, was ihm auch gelang. Sobald ihn aber die Königin bemerkt hatte, ließ sie ihn zu sich rufen und sagte zu ihm: »Monsieur de Rochegude, ich bitte Sie, die armen Leute auf den Galeeren Frankreichs wissen zu lassen, daß sie unverzüglich ihre Freiheit erhalten werden.«

Diese huldvolle und günstige Antwort ließ keinen Zweifel übrig. Deshalb säumte der Marquis nicht, uns dieselbe über Genf mitzuteilen, und wir schöpften nun wieder Hoffnung, die wir von menschlicher Seite nicht mehr erwartet hatten, und lobten Gott für das glückliche Ereignis.

Kurze Zeit darauf kam eine Ordre vom Hofe an den Intendanten von Marseille, eine Liste von allen Protestanten, die auf den Galeeren wären, an den Hof zu schicken.

Dies wurde ausgeführt, und wenige Tage darauf, gegen Ende Mai, kam ein Befehl an den Intendanten, 136 von jenen Protestanten freizulassen, die Name für Name auf einer Liste genannt waren.

Man weiß nicht, aus welchen Gründen der Hof nicht alle freiließ, denn wir waren über dreihundert, die alle wegen derselben Sache in Haft waren. Die anderen wurden erst nach einem Jahr freigegeben.

Nachdem der Intendant jenen Befehl erhalten hatte, teilte er die Namen den Missionaren mit, die Gift und Galle spien, indem sie sagten, man habe den König hintergangen, und es wäre eine ewige Schmach für die römische Kirche, uns freizulassen.

Sie baten zu gleicher Zeit den Intendanten, die Ausführung seiner Befehle aufzuschieben und ihnen vierzehn Tage Zeit zu gewähren, damit sie einen Eilboten an den Hof schicken könnten, um ihn zu bestimmen, seine Befehle zurückzunehmen und dieselben unterdes geheimzuhalten, bis sie die Antwort erhalten hätten, die sie erwarteten.

Der Intendant, der jenen Patres nichts verweigern konnte, ohne sich ihren Haß zuzuziehen, gewährte ihre Bitte und hielt den Befehl, den er für die Freilassung jener 136 Protestanten erhalten hatte, geheim.

Aber sogleich am folgenden Tage wurden wir heimlich davon durch einen Mann des Intendanten benachrichtigt, der uns auf der

›Grande Réale‹ zu verschiedenen Malen die Namen derjenigen, die auf der Liste waren, mitteilte.

Ich war in jener Zeit sehr aufgeregt; denn da ich der letztgenannte war und da man uns diese Liste nur stückweise mitteilte, so war ich drei Tage lang in der größten Unruhe, weil ich nicht wußte, ob ich daraufstand oder nicht.

Endlich wurde ich samt den übrigen getröstet, die an jenem Glück teilhatten. Doch man denke sich die Betrübnis unserer anderen Brüder, die nicht auf der Liste standen. Sie trösteten sich jedoch einigermaßen mit der Hoffnung, daß die Reihe auch an sie bald kommen würde, da ja die Königin von England unser aller Freiheit verlangt und erlangt hatte. Doch was leidet man nicht zwischen Furcht und Hoffnung! In dieser Lage befanden wir hundertsechsunddreißig uns indes drei Wochen lang; denn derjenige, der uns die Liste geschickt hatte, ließ uns zu gleicher Zeit wissen, daß die Missionare an den Hof geschrieben hätten, um zu versuchen, jenen Befehl rückgängig zu machen und unsere Freilassung zu verhindern.

Wir wußten aus mehr als einer Erfahrung, daß diese Patres weitreichende Beziehungen hatten und daß man ihnen nicht leicht etwas abschlagen konnte. Man wird eingestehen, daß unsere Befürchtung nicht unbegründet war. Wir wurden von derselben daher dermaßen gemartert, daß wir Tag und Nacht davon nicht schlafen konnten.

Der Eilbote der Missionare kam endlich nach Marseille zurück; doch brachte er zum großen Erstaunen der Patres keine Antwort, weder eine gute noch eine schlechte, woraus der Intendant schloß, daß der König auf der Ausführung seines Befehls bestehe.

Jedoch die Missionare verloren noch nicht alle Hoffnung, sondern baten den Intendanten um weitere acht Tage, um einen zweiten Boten abzuwarten, den sie dem ersten nachgeschickt hatten.

Dieser kam mit demselben Ergebnis vom Hofe zurück. Da wir jedoch währenddem den Befehl hinsichtlich der Freilassung der hundertsechsunddreißig nicht hatten geheimhalten können, so suchten die Missionare, in der Gewißheit, alles rückgängig zu machen, uns auf den Galeeren auf und sagten bei jeder Gelegenheit, daß wir uns in unserer Rechnung sehr irrten und daß wir sicher nicht freigegeben würden.

Nach Ankunft jenes letzten Boten waren sie in Verlegenheit, entfalteten aber desto mehr ihre Bosheit, um sich weiter unserer Freilassung entgegenzusetzen. Sie fragten den Intendanten, auf welche Weise er uns freilassen wolle.

Als der Intendant ihnen die Antwort gegeben: »Vollständige Freiheit, zu gehen, wohin es uns belieben würde«, so ereiferten sie sich so sehr über diesen Punkt und behaupteten mit solchem Eifer, daß Ketzer wie wir, wenn sie sich über das ganze Königreich verbreiteten, nicht nur die Neubekehrten, sondern sogar die guten Katholiken verderben würden, daß sie den Intendanten zu der Erklärung nötigten, daß wir nur unter der Bedingung freigelassen würden, wenn wir auf der Stelle zur See das Königreich verließen, um dasselbe nicht wieder zu betreten, bei Strafe lebenslänglicher Galeeren.

Es war dies wieder eine feine und boshafte Politik; denn wie sollten wir zur See das Königreich verlassen? Gab es doch kein Schiff in dem Hafen, um uns nach Holland oder England zu führen.

Auch wären wir nicht imstande gewesen, eines aus dem Hafen zu mieten, das für so viele Leute gereicht hätte, denn das würde eine beträchtliche Summe gekostet haben, die wir nicht hatten. Das war es auch, was die Missionare vorhersahen und was uns nach ihrer Meinung alle Hilfe abschnitt.

Es ist Brauch, daß man, wenn man Galeerensträflinge freilassen will, es ihnen einige Tage zuvor anzeigt. Eines Tages erhielten daher die Profosse der Galeeren vom Intendanten Befehl, uns hundertsechsunddreißig in das Arsenal von Marseille zu führen. Dies geschah, und nachdem der Intendant jeden von uns bei seinem Namen aufgerufen hatte, erklärte er uns, daß der König auf Verwendung der Königin von England uns unsere Freiheit gewähre, unter der Bedingung, daß wir das Königreich zur See auf unsere Kosten verließen.

Wir hielten dem Intendanten vor, daß diese Bedingung für uns sehr kostspielig und sogar fast unausführbar wäre, da wir nicht imstande wären, Schiffe zu mieten, die uns transportierten.

»Das ist eure Sache«, sagte er, »der König will nicht einen Sou für euch ausgeben.«

»Wenn dem so ist, Monseigneur«, sagten wir, »so befehlen Sie bitte, daß man uns gestattet, eine Gelegenheit zu suchen, um zur See das Königreich zu verlassen.«

»Das ist nur recht und billig!« sagte er; und auf der Stelle gab er den Profossen den Befehl, uns den ganzen Hafen entlang mit einer Wache gehen zu lassen, damit wir, sooft wir es wünschten, ein Schiff zu mieten suchen könnten.

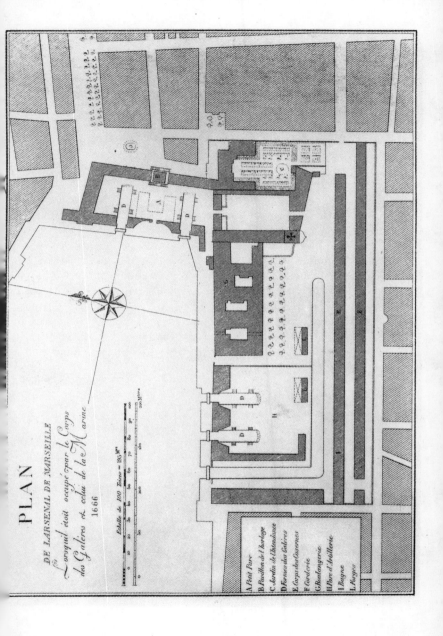

Indes erfanden die Missionare, um unserer Freilassung noch mehr Hindernisse in den Weg zu legen, einen anderen Plan. Sie forderten uns nämlich auf, zu erklären, wohin wir uns begeben wollten, und dabei hatten sie folgende Absicht.

Sie wußten, daß ein jeder von uns seine Eltern oder Verwandten außerhalb des Königreiches hatte, die einen in Holland, die anderen in England, andere in der Schweiz oder anderswo; und sie dachten so: Demjenigen, der sagen wird, nach Holland, wird man erklären, daß er warten muß, bis holländische Schiffe im Hafen von Marseille lagen, um ihn dorthin zu bringen; ebenso würde man dem sagen, der nach England wolle, und denjenigen, die nach der Schweiz oder Genf verlangten, würde man sagen, daß sie sich nach Italien übersetzen lassen müßten; doch erwarteten sie, daß die letzteren die kleinste Zahl ausmachen würden.

Nach diesem Plan, den wir nicht kannten, wäre es uns unmöglich geworden, ihren Klauen zu entkommen. Doch durch Zufall oder vielmehr durch geheime Zulassung Gottes, der unsere Freilassung beschlossen hatte, wurden die boshaften Missionare in ihrer Erwartung getäuscht.

Nachdem man uns nämlich in das Arsenal hatte kommen lassen, um einem jeden von uns jene Erklärung abzufordern, was wir nicht wußten, ließ man uns auf eine Galerie steigen, an deren Ende die Kanzlei des Kommissars der Marine war, der sich dort mit zwei jener ›ehrwürdigen‹ Patres befand.

Diese Galerie war ziemlich eng, und wir mußten dort der Reihe nach einer hinter dem anderen stehen und warten, was man uns mitteilen würde. Nun traf es sich glücklicherweise, daß derjenige der hundertsechsunddreißig, der an der Spitze der Liste stand, seine Freunde in Genf hatte.

Man rief ihn daher, und nachdem man ihn gefragt, wohin er gehen wolle, sagte er: »Nach Genf.« Derjenige, welcher hinter jenem stand, glaubte, daß alle ›nach Genf‹ sagen müßten; und indem er sich umkehrte, sagte er zu seinem Nachbar: »Gib weiter, daß alle sagen sollen: ›Nach Genf‹.«

Dies geschah. Als nun der Kommissar mehrere gerufen und gehört hatte, daß sie alle antworteten: ›Nach Genf‹, so sagte er: »Ich glaube, daß alle nach Genf gehen wollen.« Sofort sagten wir alle auf einmal: »Ja, Monsieur, nach Genf.«

Der Kommissar schrieb dies nieder und zeigte uns an, daß wir uns nur Schiffe zu verschaffen hätten, die uns nach Italien überführten. Denn da man, wie jedermann weiß, von Marseille nach Genf nicht zur See fahren kann und da man uns nicht erlaubt hatte, Frankreich zu passieren, so konnten wir keinen anderen Weg dahin einschlagen als über Italien, was ein großer Umweg ist. Indes dieser Zufall, daß wir alle sagten: ›nach Genf‹, machte es uns möglich, bald freigelassen zu werden, wie man bald sehen wird.

Wir beschäftigten uns daher damit, ein Schiff nach Italien zu suchen. Eines Tages, als wir sehr traurig waren, keines finden zu können, sprach ein Steuermann der Galeere ›La Favorite‹, namens Patron Jovas, einen unserer Brüder, der zu seiner Galeere gehörte, an.

Dieser Steuermann hatte eine Tartane, eine Art von Barke, die auf dem Mittelländischen Meer fahren. Dieser Patron sagte also zu jenem Bruder, daß er es gern übernehmen würde, uns von Marseille nach Villefranche zu fahren, was ein Seehafen der Grafschaft Nizza ist und dem Herzog von Savoyen,* nachmaligem König von Sardinien, gehört. Es liege also außerhalb Frankreichs; und wir könnten von dort über Piemont nach Genf gehen.

Dieser Vorschlag gefiel uns, und wir wurden mit dem Patron handelseinig, daß er uns hundertsechsunddreißig um sechs Livres für jeden Mann übersetzen und mit den nötigen Lebensmitteln versehen sollte.

Wir waren voller Freude, diese Gelegenheit gefunden zu haben, und Patron Jovas kam dabei auf seine Rechnung; denn es war ein gutes Mietgeld für eine so kurze Fahrt, da Villefranche nur ungefähr zwanzig oder fünfundzwanzig Meilen von Marseille entfernt ist.

Es handelte sich jetzt darum, den Intendanten zu benachrichtigen, daß wir ein Schiff gefunden hätten. Einer der Unsrigen ging mit dem Patron zu ihm.

Der Intendant war damit zufrieden und sagte, daß er uns alsbald unsere Freilassungspapiere oder Pässe ausstellen wolle. Wir hofften schon am nächsten Tag freigelassen zu werden. Jedoch jene elenden Missionare legten wieder ein Hindernis in den Weg.

Nachdem sie gehört hatten, daß wir nach Villefranche fahren wollten, suchten sie den Intendanten auf und warfen ihm vor, daß dieser Ort zu nahe an den Grenzen Frankreichs wäre, so daß wir uns alle wieder dorthin zurückbegeben könnten, und daß man uns nach Genua, Livorno oder Oneglia transportieren müßte.

Nichts als Bosheit und Zorn von jenen grausamen Missionaren, die uns noch von fern verfolgen wollten, wie sie es in der Nähe getan hatten; denn sie wußten wohl, daß der Weg von Villefranche nach Genf um die Hälfte kürzer war als der von Livorno oder Genua, abgesehen von der großen Schwierigkeit der Wege von den letzteren Orten aus, da wir alle die anstrengenden Bergpässe der Alpen zu überwinden hatten, die für uns gar nicht zu passieren waren, weil wir in unserer Gruppe Greise, Gichtbrüchige und Lahme hatten. Auch weiß jeder, daß keine Art von Wagen auf diesen hohen Bergen fortkommt, ja daß kaum Maulesel, die ja eigentlich für solche Wege wie geschaffen sind, sie erklimmen können.

Jene grausamen Menschen wußten wohl auch, daß es sehr natürlich war, daß wir nicht versuchen würden, wieder nach Frankreich zurückzukehren, wenn wir einmal draußen waren, und daß wir vielmehr Grund hatten, uns davon zu entfernen und es zu fliehen, da wir sozusagen noch aus den Wunden bluteten, die man uns dort beigebracht hatte.

Der Intendant sah ebensowohl wie alle andern ein, daß es ein boshafter Vorwand der Missionare war, um uns zu quälen. Jedoch muß sich alles und jeder ohne Widerrede vor ihrem Willen beugen.

Der Intendant ließ uns daher mitteilen, daß der Kontrakt, den wir mit dem Patron Jovas abgeschlossen hätten, nicht ausgeführt werden könne, weil Villefranche, wie ich schon bemerkte, zu nahe wäre.

Wir waren daher jetzt wieder ohne Reisemöglichkeit, und unsere Abreise war uns ebenso ferngerückt wie am ersten Tag.

Wir zeigten diese unangenehme Nachricht dem Patron Jovas an, der nicht wenig gegen die Missionare losdonnerte. Indes tröstete er uns; denn, sei es aus Haß gegen die letzteren oder aus Güte gegen uns, oder weil er seinen Vorteil bei der Sache im Auge hatte, kurz, er sagte, daß unser Handel mit ihm doch gültig bleiben würde und daß er uns für den bestimmten Preis von sechs Livres pro Mann dahin führen wollte, wohin die Missionare wollten, sei es auch bis in den Archipel.

Zugleich bat er uns, daß einer von uns mit ihm zum Intendanten ginge, um demselben diese Erklärung abzugeben, was auch geschah.

Der Intendant schien damit sehr zufrieden und war herzlich froh, die Sache endlich einmal loszuwerden; denn wir erfuhren, daß er zu den Missionaren gesagt habe, daß sein Kopf nur an einem Faden hinge, wenn er die so bestimmt gegebenen Befehle des Königs nicht ausführe, und daß es ihm sehr schlimm ergehen würde, wenn die Königin von England sich über den Verzug der Sache beschwerte.

Er sagte daher, daß wir Anstalt machen könnten, sofort freigelassen zu werden. Aber die grausamen Missionare, immer ereifert, uns zu verfolgen, und noch immer einen Gegenbefehl vom Hofe abwartend, erfanden eine andere List.

Sie sagten zu dem Intendanten, daß die Tartane des Patron Jovas zu klein wäre, um in ihrem Schiffsraum 136 Menschen zu fassen, und daß man daher den größten Teil derselben auf dem Verdeck lassen müßte; dann würden wir Herren jener Barke sein, könnten den Patron und seine Seeleute ins Meer werfen und dann, wohin wir wollten, segeln. Deshalb könnten sie ihre Einwilligung zu einem für Leib und Seele jenes Patrons und seiner Leute so gefährlichen Unternehmen nicht geben, sondern wir müßten auf Schiffen fortgebracht werden, die geeignet wären, uns in dem Schiffsraum einzuschließen.

Was geschah? Der Intendant sah die Unsinnigkeit dieses Vorwandes wohl ein, doch wagte er nicht, sich zu widersetzen. Es gingen neue Befehle von ihm aus, daß wir uns Schiffe verschaffen sollten, die uns alle im Schiffsraum halten könnten.

Wieder wurde von diesem Hindernis dem Patron Jovas Bericht erstattet, und wieder ließ derselbe in seinem Zorn und seiner Entrüstung gegen die Missionare, wiewohl ganz im stillen, tausend Verwünschungen los; jedoch es half dies alles nichts.

Man mußte daher eine andere Möglichkeit finden. Der Patron, immer mehr bemüht, unsere Überfahrt nach Italien durchzusetzen, erklärte feierlich, daß er, und sollte er auch nichts hierbei gewinnen, ja sogar von sich aus noch zusetzen, sich nicht von der Sache würde abbringen lassen. Er ließ uns in dieser Hoffnung und ging davon, um über die Ausführung seines Unternehmens nachzudenken.

Am folgenden Tage säumte er nicht, uns die gute Nachricht zu überbringen, daß er die Sache fertig habe und nicht glaube, daß die Missionare etwas dagegen einzuwenden hätten.

Er habe nämlich auf seine Kosten und Gefahr zwei Barken gemietet, die größer wären als die seinige und deren jede leicht fünfzig Menschen in ihrem Schiffsraum bergen könnte, während die seinige sechsunddreißig fassen würde.

Wir mußten noch zum Intendanten gehen, der sogleich allen Ernstes daran dachte, uns schleunigst freizulassen; um jedoch den Missionaren jeden Vorwand zu neuer Verzögerung zu nehmen, schickte er seinen Sekretär ab, um die drei Tartanen zu untersuchen und sich zu überzeugen, ob sie uns in ihrem Schiffsraum fassen könnten.

Wir bestachen den Visitator, damit er einen günstigen Bericht erstattete, was er auch wirklich tat, und es wurde von dem Intendanten beschlossen, daß die sechsunddreißig, die Patron Jovas in seine Tartane aufnehmen sollte, in zwei Tagen, nämlich am 17. Juni 1713, freigelassen, und die anderen Barken in einer Zwischenzeit von drei Tagen voneinander, eine jede mit den ihr zugeteilten fünfzig Leuten, abgeschickt werden sollten.

Als dies beschlossen worden war und die Missionare sahen, daß sie mit ihren Schlauheiten nichts mehr erreichen konnten, so widersetzten sie sich unserer Abreise nur noch durch einen Versuch, die Patrone der Barken einzuschüchtern.

Sie ließen dieselben nämlich durch eine Ordre, die sie erwirkten, einen Vertrag unterschreiben, nach dem sie sich solidarisch verpflichteten, uns nicht in Villefranche, sondern in Oneglia, Livorno oder Genua auszuschiffen, und zwar im Falle der Übertretung bei Strafe von vierhundert Livres Geldbuße, Konfiskation ihrer Barken und willkürlicher Leibesstrafe. Die Patrone unterzeichneten dies gutwillig.

Hierauf gaben die Missionare ihre Verfolgungen gänzlich auf, und Pater Garcin, ihr Prior, war darüber so ärgerlich, daß er Marseille verließ, um nicht den traurigen und betrübenden Anblick unserer Freilassung zu haben.

DRITTER TEIL

DIE FREILASSUNG

Abreise von Marseille

Am 17. Juni endlich, jenem glücklichen Tage, da die Gnade Gottes sich durch den Triumph, den sie uns über unsere unversöhnlichen Feinde gewährte, so sichtbar offenbarte, ließ man die sechsunddreißig Leute, die für die Barke des Patron Jovas erwählt waren, und unter denen ich mich befand, nach dem Arsenal kommen.

Der Kommissar der Marine las uns die Befehle des Königs, die dem Passierschein eines jeden beigefügt waren, vor. Ebenso las man dem Patron Jovas, der zugegen war, den Vertrag vor, den er unterzeichnet hatte.

Nachdem dies geschehen war, befahl der Kommissar einem Profoß, uns auch die letzte Fessel abzunehmen, was dieser sofort tat; hierauf übergab er alle unsere Pässe oder Freischeine, wie man sie nennt, dem Patron Jovas und sagte zu ihm, daß wir ihm hiermit übergeben seien, er uns zu seiner Barke bringen und uns so bald als möglich abtransportieren könne.

Wir verließen nun, aller Ketten ledig, das Arsenal und folgten wie eine Herde Schafe unserem Patron, der uns an die Stelle des Kais führte, wo seine Barke lag.

Wir gingen pflichtgemäß an Bord und stiegen in den Schiffsraum hinab, wo nichts als Sand für den Ballast vorhanden war. Doch der Wind war so widrig, um aus dem Hafen auszulaufen, und das Meer sehr stürmisch, daß es unmöglich war, unter Segel zu gehen. Als der

Patron Jovas sah, daß wir ohne weiteres in seine Barke stiegen, um uns nach dem Willen der Missionare darin eingeschlossen zu halten, sagte er zu uns: »Glauben Sie, Messieurs, daß ich ebenso grausam gegen Sie sein werde wie jene Teufel von Missionaren und daß ich Sie wie Gefangene in meiner Barke einschließen will, da Sie doch frei sind? Wir können den Hafen nicht eher verlassen, als bis der Wind sich dreht, und Gott weiß, wann er sich drehen wird. Vertrauen Sie mir«, sagte er, »und gehen Sie alle in die Stadt und suchen sich Quartier und Nachtlager in guten Betten, statt daß Sie in meiner Barke bleiben, wo nichts als Sand ist. Ich habe keine Angst, daß Sie mir entfliehen werden. Ich weiß vielmehr, daß Sie mich aufsuchen und drängen werden, Sie bald aus der Reichweite Ihrer Feinde hier zu bringen. Ich weiß, daß ich für Sie einstehen kann, und habe nichts zu befürchten, wenn ich Sie nur dahin bringe, wohin meine Befehle lauten. Gehen Sie daher nur in die Stadt! Ich brauche nicht zu wissen, wo Sie logieren werden. Beobachten Sie nur das Wetter, und wenn Sie sehen, daß der Wind sich gedreht hat, so kommen Sie zu meiner Barke, damit wir auslaufen können.«

Man kann sich die Bosheit der Missionare so recht vorstellen, wenn man dieser die Güte dieses einfachen, jedoch vernünftigen Patrons entgegenstellt, der, obgleich beauftragt, uns in Gewahrsam zu halten, begreift, daß die Lage unserer Dinge selbst uns bewacht und ihn außer aller Gefahr setzt, daß dagegen die Missionare uns nur so viele Schwierigkeiten und Schikanen bereitet haben, um uns aus reiner Bosheit zu quälen.

Wir befolgten daher den Rat, den unser gütiger Patron uns gab, und quartierten uns alle sechsunddreißig in der Stadt in verschiedenen Herbergen ein. Jedoch waren wir nicht ohne Unruhe darüber, daß wir den Hafen wegen des widrigen Windes nicht verlassen konnten, da wir immer noch einen Widerstand von seiten der Missionare fürchteten.

Deshalb begaben wir uns am Morgen des folgenden Tages zum Kommissar der Marine, um ihm unsere Aufwartung zu machen und ihn zu bitten, daß man uns die Verzögerung unserer Abreise wegen des Wetters nicht übelnehmen möchte, das uns hinderte, den Befehlen des Königs pünktlich zu gehorchen.

Der Kommissar empfing uns sehr freundlich und bezeigte uns seine Zufriedenheit mit unserem Verhalten, indem er gütig hinzufügte: »Der König hat euch nicht freigelassen, um euch auf dem

Meere umkommen zu lassen; bleibt in der Stadt, solange das Wetter euch am Auslaufen hindert; doch rate ich euch, nicht zu den Toren hinauszugehen, und sobald das Wetter es erlauben wird, stecht in See. Gott gebe euch eine gute und glückliche Reise.« Man muß wissen, daß dieser Kommissar ursprünglich reformiert war.

Das Wetter hatte sich drei Tage hindurch nicht gebessert; danach aber sprang der Wind um und wurde gut, um den Hafen zu verlassen; doch stürmte es noch fort, und das Meer war davon sehr unruhig. Wir begaben uns trotzdem zum Hafen zu unserer Barke. Wir trafen dort den Patron Jovas, der uns sagte, daß wir zwar den Hafen verlassen könnten, aber ein böses Wetter auf der See haben würden. Wir erwiderten ihm, daß wir, wenn er es nicht für sehr gefährlich auf der See halte, ihn bäten, mit uns auszulaufen, da wir lieber in den Händen Gottes als in denen der Menschen sein wollten.

»Ich wußte es wohl«, meinte er, »daß Sie mich drängen würden, von hier wegzukommen und daß Sie immer bereitwilliger sind, mir zu folgen, als ich, Sie zu führen. Wohlan«, fuhr er fort, »gehen Sie an Bord, und wir werden unter dem Schirme Gottes in See stechen.«

Wir nahmen einige Vorräte mit uns an Bord und stachen in See. Aber, lieber Gott, wie sehr bereuten wir, dem Rat unseres Patrons nicht gefolgt und ein günstigeres Wetter abgewartet zu haben! Das Meer wütete; und obgleich der Wind für unsere Fahrt ziemlich gut war, so wurde unsere Barke von den Wellen doch so sehr hin und her geworfen, daß wir glaubten, jeden Augenblick dem Untergang nahe zu sein.

Zugleich waren wir alle seekrank, daß wir Blut und Galle brachen, was unseren Patron mit solchem Mitleid erfüllte, daß er, als er vor Toulon kam, dort vor dem Wetter auf der großen Reede Zwischenaufenthalt nahm, damit wir uns ein wenig erholen konnten.

Wir glaubten auf der großen Reede außerhalb der Reichweite aller Nachstellungen zu sein, doch hatten wir uns getäuscht. Denn gegen fünf Uhr abends kamen ein Sergeant und zwei Soldaten der Marine von Toulon in einer Schaluppe an Bord unserer Barke und forderten den Patron auf, mit einem von ihnen zum Intendanten zu gehen, um Rechenschaft über seine Reise zu geben.

Wir zitterten vor Angst, da wir bedachten, daß auf unseren Pässen ausdrücklich verzeichnet stand, daß wir das Königreich verlassen sollten, ohne es wieder zu betreten, bei lebenslänglicher Strafe auf

den Galeeren. Auch zogen wir in Betracht, daß ein Intendant, der nicht wohlgeneigt wäre, unsere Gründe anzuhören, uns vorläufig festnehmen lassen könnte, und daß, wenn er unsere Festnahme den Missionaren von Marseille anzeigte, die nur zehn Meilen von Toulon entfernt waren, sie uns des Ungehorsams und der Übertretung der Befehle des Königs anklagen würden, dies uns alles große Komplikationen einbringen könnte.

Der Patron Jovas geriet darüber auch in große Beunruhigung. Er nahm jedoch unsere Pässe und stieg in die Schaluppe der Soldaten, um zum Intendanten zu gehen und mit ihm zu sprechen.

Wir baten ihn um die Erlaubnis, daß einige von uns ihn begleiteten, was er uns bereitwilligst gestattete. Ich war einer der vier, die mitgingen.

Während wir dem Hafen zuruderten, kam mir ein Gedanke, der uns durch die Gnade Gottes sehr zum Vorteile ward. Es war folgender: Man muß wissen, daß in jener Zeit die Pest in der Levante herrschte. Dies bewog alle diejenigen, die von Marseille, sei es zur See oder zu Land, abreisten, sich vorsichtshalber mit einem Gesundheitsbrief zu versehen, welche Vorsicht auch der Patron Jovas befolgt hatte.

Der Schreiber des Gesundheitsbüros, der nicht genug Platz für alle unsere Namen auf den gedruckten Bescheinigungen fand, die man in einem solchen Falle ausstellt, und wobei man einige Linien leer läßt, um die betreffenden Namen darauf zu schreiben, setzte der Kürze wegen hin: ›Man lasse passieren sechsunddreißig Mann, die auf den Befehl des Königs nach Italien gehen und sich gesund befinden usw.‹

Hierauf gründete ich meinen Plan. Ich sagte nämlich zum Patron, er möge versuchen, ob das Vorzeigen dieser Bescheinigung allein dem Intendanten nicht genügen würde. Er billigte das.

Als wir angekommen waren, fragte der Intendant den Patron, woher er käme, wohin er ginge und womit sein Schiff beladen wäre. »Mit sechsunddreißig Mann, Monseigneur«, antwortete der Patron, »und hier ist ihre Bestimmung«, fügte er hinzu, indem er den Gesundheitsbrief vorzeigte.

Der Intendant kam sofort auf den Gedanken, daß es sich hier um eine geheime Expedition des Hofes handle, die zu ergründen ihm nicht zustand. Und tatsächlich hatte die Sache einen mysteriösen Anschein, denn wir vier, die wir vor dem Intendanten standen, hatten in

Marseille unsere Sträflingskleider abgelegt und uns auf dem Trödelmarkt so gut als möglich mit Kleidern versehen, so daß der Intendant aus unserem Anzuge schloß, wir wären verkleidet.

Er sagte daher zu dem Patron, daß er von der Sache nichts weiter zu wissen verlange, und indem er sich an uns wandte, fügte er hinzu, daß wir uns ausruhen und in der Stadt, solange es uns beliebte, aufhalten könnten. Auch bot er uns an, uns freizuhalten, wenn wir es wünschten.

Wir dankten ihm für seine Güte und zogen uns zurück, sehr zufrieden mit dem glücklichen Erfolg unserer kleinen Kriegslist.

Wir baten hierauf den Patron, alle unsere Leute an Land zu lassen, damit sie in der Stadt schliefen und sich von der Seekrankheit, an der wir in der Barke gelitten hatten, erholen könnten. Dies geschah. Am andern Morgen jedoch ganz früh begaben wir uns wieder auf unsere Tartane, um die Reise fortzusetzen.

Aufenthalt in Nizza bei Monsieur Bonijoli

Nachdem wir von Toulon aus drei Tage lang bei ruhigstem Seegang gesegelt waren, langten wir auf der Reede des Hafens von Villefranche an.

Ich habe schon erwähnt, daß Villefranche außerhalb Frankreichs liegt und daß die Stadt, die zur Grafschaft Nizza gehört, unter der Herrschaft des Königs von Sardinien stand.

Nachdem wir auf jener Reede Anker geworfen hatten, fragten wir unseren Patron, ob er so gut sein wolle, uns an Land zu lassen, damit wir in Villefranche schliefen und uns während der Nacht erholten, um uns Tages darauf auf seinen Befehl wieder in die Barke zu begeben.

»Ich will Ihnen dieses Vergnügen gern bereiten, Messieurs«, sagte er, »in der Hoffnung, daß Sie meine Güte nicht mißbrauchen werden, denn wenn Sie einmal dort sind, so steht es in Ihrer Macht, wieder an Bord zu kommen oder nicht; und wenn Sie mir dies antun würden, so würden Sie mich in die größte Verlegenheit bringen, denn Sie kennen den Vertrag, den ich unterzeichnet habe, Sie nicht in diesem Hafen von Bord zu lassen.«

Wir gaben ihm unser Ehrenwort, uns seinen Befehlen zu unterwerfen und abzureisen, wann er wollte. Er vertraute uns ohne das geringste Bedenken und setzte uns ans Land, und wir nahmen in vier oder fünf Herbergen Wohnung, die im Hafenviertel lagen.

Am folgenden Tag, der ein Sonntag war, stellten wir uns wieder an Bord ein; aber unser Patron sagte, daß er mit jemandem in der Stadt Nizza, die nur eine kleine Meile von Villefranche entfernt ist, zu sprechen habe. Er wolle dorthin gehen und die Messe hören. Wenn er wieder zurückkomme, so wolle er uns treffen, um uns an Bord zu nehmen.

Ich sagte zu ihm, daß ich, wenn er wollte, mit ihm gehen würde, um Nizza zu sehen. Er gestattete es gern, und da sich drei andere unserer Brüder mir anschlossen, so gingen wir alle fünf nach dieser Stadt.

Als wir hinkamen, sagte der Patron, daß er die Messe hören wolle und daß wir ihn in der ersten Schenke, die wir finden würden, erwarten könnten.

Wir stießen hierauf auf eine große Straße, und da Sonntag war, an dem alle Läden und Häuser geschlossen waren, so sah man fast niemanden. Doch bald bemerkten wir einen kleinen Mann, der auf uns zukam.

Wir hatten anfangs auf ihn gar nicht achtgegeben, doch er näherte sich uns, grüßte uns sehr höflich und bat uns, es ihm nicht übelzunehmen, wenn er uns fragte, woher wir kämen.

Wir antworteten ihm: »Von Marseille.«

Bei dieser Antwort wurde er aufgeregt, wagte aber nicht, uns sogleich zu fragen, ob wir von den Galeeren kämen; denn es ist eine große Beleidigung für jemanden, es sei denn, daß er auf den Galeeren gewesen ist.

»Aber, Messieurs, ich bitte Sie«, fuhr er fort, »sind Sie auf Befehl des Königs fortgegangen?«

»Ja, Monsieur«, erwiderten wir, »wir kommen von den Galeeren Frankreichs.«

»Ach, lieber Gott«, fragte er, »gehören Sie vielleicht zu denen, die man, weil sie anderer Religion sind, vor einigen Tagen freigelassen hat?«

Wir bejahten es. Als der Mann das hörte, war er vor Freude ganz außer sich und bat uns, ihm zu folgen.

Wir taten es ohne Zaudern. Desgleichen unser Patron, der eine Falle für uns in der Sache fürchtete; denn den Italienern ist nicht zu trauen.

Dieser Mann führte uns in sein Haus, das eher das Palais eines großen Herrn zu sein schien als das eines Kaufmannes.

Sobald wir eingetreten waren und die Türe geschlossen hatten, umarmte er uns und weinte vor Freude dabei. Dann rief er seine Frau und seine Kinder. »Kommt«, sagte er zu ihnen, »seht und umarmt unsere lieben Brüder, die die großen Leiden auf den französischen Galeeren hinter sich haben.«

Seine Frau, zwei Söhne und zwei Töchter umarmten uns der Reihe nach, indem sie Gott für unsere Freiheit dankten.

Sodann bat uns Monsieur Bonijoli, dies war sein Name, uns gebührend mit guten Kleidern zu versehen, um dem Gebete beizuwohnen, das er halten wollte.

Wir knieten nieder, der Patron Jovas ebenso wie die anderen, und Monsieur Bonijoli verrichtete wegen unserer Freilassung das heißeste und erhabenste Gebet, das ich je gehört habe. Wir brachen alle in Tränen aus, der Patron wie die übrigen, und er versicherte uns nachher, daß er glaubte, im Paradies gewesen zu sein.

Nach dem Gebet bereitete man das Frühstück, und nach mehreren frommen Gesprächen über die mächtige Gnade Gottes, die uns hatte über unsere Feinde triumphieren lassen, indem sie uns die Standhaftigkeit gegeben, die Wahrheit seines heiligen Evangeliums zu behaupten, fragte er uns, wieviel von uns freigelassen worden wären.

Wir sagten ihm: »Sechsunddreißig.«

»Dies stimmt mit meinem Briefe«, meinte er, »aber wo sind denn die übrigen?«

»In Villefranche«, antworteten wir. Hierauf erzählten wir ihm unsere ganze Geschichte und durch welchen Zufall wir uns in Nizza befänden.

»Doch nun sagen Sie uns bitte, Monsieur«, baten wir ihn, »wer Sie sind und durch welchen Zufall Sie uns auf der Straße erkannt haben.«

»Ich bin«, sagte er, »aus Nîmes im Languedoc. Ich verließ meine Vaterstadt nach dem Widerruf des Ediktes von Nantes, und unter dem Schutz des Duc von Savoyen, jetzt König von Sardinien, ließ ich mich in dieser Stadt nieder, wo ich so glücklich in meinen Handelsgeschäften gewesen bin, daß ich unter dem Segen Gottes mir ein recht beträchtliches Vermögen erworben habe und daß ich, obgleich sich in der Stadt kein einziger Protestant außer mir und meiner Familie befindet, hier in vollständiger Ruhe lebe, was die Religion betrifft. Freilich hat mich unser Souverän darin immer beschützt, indem er nicht duldete, daß irgendeiner seiner Untertanen, es seien Geistliche oder Laien, mich im geringsten beunruhigte. Und um Ihre zweite Frage zu beantworten, muß ich Ihnen sagen, daß einer meiner Geschäftsfreunde aus Marseille mir an demselben Tage Ihrer Freilassung geschrieben und mich gebeten hat, Sie, wenn der Zufall wollte, daß Sie meinen Ort passierten, auf das beste zu unterstützen.

Sie haben gesehen, durch welchen Zufall ich Sie heute morgen auf der Straße getroffen habe, und ich bin überzeugt, daß es die göttliche Vorsehung ist, die dieses glückliche Zusammentreffen gefügt und welche mir eingegeben hat, gerade um diese Zeit das Haus zu verlassen, was ich sonst nie am Sonntag zu tun pflege.«

Nachdem wir einander in dieser Weise religiös erbaut hatten, wobei wir die geheimen Wege bewunderten, deren Gott sich bedient, um seine Macht sowohl zu offenbaren, als seine Gnade und seine Barmherzigkeit gegen die, die ihn fürchten und seinen heiligen Namen anrufen, überlegten wir, wie wir es anfangen könnten, unsere Reise nach Genf fortzusetzen. Die Schwierigkeiten, die sich dabei herausstellten, erschienen uns auf den ersten Blick unüberwindbar.

Patron Jovas zeigte eine Abschrift der Verpflichtung vor, die er in Marseille unterzeichnet hatte und die ihm unter Androhung der schon oben erwähnten Strafen untersagte, uns in Villefranche an Land zu setzen.

Es würde nicht schwer gewesen sein, das, was er getan, unter dem Vorwand eines widrigen Wetters, wofür die Schiffer immer entschuldigt sind, zu rechtfertigen. Jedoch seine Reise von dort zur See nicht bis nach Oneglia, Livorno oder Genua zu verfolgen, das würde eine offenbare Übertretung gewesen sein.

Es ist wahr, wir hätten ungestraft den Patron Jovas im Stich lassen können, da wir außerhalb des Hoheitsgebietes von Frankreich und vor jedem Zwang sicher waren.

Jedoch unsere Ehre und unser Gewissen widersetzten sich dem. Auf der andern Seite schien Monsieur Bonijoli um uns außerordentlich besorgt, wenn wir in einem jener drei Häfen von Oneglia, Livorno oder Genua uns ausschiffen lassen wollten. Er gab zu bedenken, daß wir von dort nach Genf Mühen und Hindernisse zu bestehen haben würden, die ihm unüberwindlich schienen angesichts der zahlreichen und für unsere Alten und Kranken unwegsamen Gebirge. Außerdem würden wir für eine so große Gruppe nur zu außerordentlich hohen und unsere Mittel weit übersteigenden Preisen Tiere zum Reiten bekommen, und daß wir aus Mangel an aller Hilfe uns gezwungen sehen würden, das Mittel zu ergreifen, das wir in Marseille vermieden hatten, nämlich ein Schiff zu mieten, das uns nach Holland oder England brächte, was uns teils zu beschwerlich sein, teils einen großen Aufenthalt verursachen würde.

Was also tun, um so vielen Schwierigkeiten abzuhelfen? Es gab, wie es schien, keinen andern Ausweg als den, dem Patron Jovas das gegebene Versprechen nicht zu halten. Doch wollten wir dies nicht tun, selbst auf die Gefahr unseres Lebens.

Dieser arme Mann nahm während des Rates, den wir in seiner Gegenwart hielten, immer eine demütig bittende Stellung ein, da er unaufhörlich fürchtete, daß unser Beschluß ihn ins Verderben stürze und daß die Missionare ihn bis aufs äußerste verfolgen würden, wenn wir unseren Weg von Nizza nach Genf nähmen.

Monsieur Bonijoli und wir versicherten ihm feierlichst vor Gott, daß wir ihn wegen seiner Befehle nicht in Gefahr bringen würden; daß wir sein Wohl unserem eignen leichteren Fortkommen vorzögen und daß wir, wenn wir keinen andern Weg zu seiner Entlastung und Sicherheit sähen, uns unverzüglich in seiner Barke wieder einschiffen würden.

Nach dieser Versicherung beruhigte sich unser Patron; doch wir waren nicht weiter als zuvor und schauten einander an, ohne zu irgendeinem Entschluß kommen zu können, als plötzlich Monsieur Bonijoli ausrief, daß ihm ein Mittel eingefallen sei, das er für sicher halte und das er auf der Stelle versuchen wolle.

Man muß dazu wissen, daß der König von Frankreich beim Frieden von Utrecht die Stadt und Grafschaft Nizza dem Duc von Savoyen übergeben hatte und daß er nach Räumung des Gebietes in Nizza einen Kommissar gelassen hatte, der die finanziellen und anderen zwischen dem Hof von Frankreich und Turin schwebenden Angelegenheiten regeln sollte.

Dieser französische Kommissar hieß Carboneau. Es war ein junger Edelmann, der, obgleich von Geburt kein Gascogner, doch vortrefflich verstand, sich das Ansehen eines solchen zu geben.

Jedermann weiß, daß die Leute aus dieser Provinz sehr gern für freigebig angesehen sein wollen und daß sie immer bereit sind, denen, die sie zu ihren Herzensfreunden annehmen, ihre Dienste anzubieten und zu leisten.

Er stand auf diesem Fuße mit Monsieur Bonijoli; denn da letzterer der einzige Franzose in Nizza war und da seine Söhne und Töchter, die sehr gut erzogen waren, ungefähr im Alter des Kommissars waren, so hatte der Kommissar bei Monsieur Bonijoli sich ein solches Vertrauen erworben und war mit ihm und seiner Familie so befreundet geworden, daß er bei ihnen wie ein Kind des Hauses gehalten wurde. Auf seine Verbindung mit diesem französischen Kommissar nun baute Monsieur Bonijoli seinen Plan, den man sogleich kennenlernen wird und der vortrefflich gelang.

Er bat den Patron Jovas, ihm die Abschrift seiner Verpflichtung anzuvertrauen, was der Patron sehr gern tat. Hierauf bat er uns, ein wenig Geduld zu haben. Sodann ging er hinweg und kam eine Stunde später in Begleitung des französischen Kommissars zurück.

Der Kommissar verhörte den Patron Jovas mit einer wichtigen Amtsmiene. Er fragte ihn, woher er käme, woher er sei und womit seine Barke beladen sei.

Als der Patron ihm auf alles geantwortet hatte, befahl der Kommissar ihm im Namen des Königs von Frankreich, seine sechsunddreißig Leute an Land zu setzen und nach Nizza zu führen, indem er ihm bei Strafe des Ungehorsams verbot, den Hafen von Villefranche mit seiner Barke ohne seine Ordres zu verlassen.

Der Patron fügte sich, ging auf der Stelle nach Villefranche und führte die übrigen unserer Brüder nach Nizza. Monsieur Bonijoli, nachdem er ihnen einen seines Eifers würdigen Empfang bereitet hatte, quartierte sie in verschiedenen Herbergen auf seine Kosten ein und befahl, sie gut zu bewirten.

Uns vier behielt er in seinem Hause, wo er uns während der drei Tage, die wir in dieser Stadt zubrachten, auf das beste beköstigte.

Die drei Tage wurden dazu benützt, die Eitelkeit des Kommissars zu befriedigen. Er ließ uns jeden Morgen vor sein Haus kommen, und auf einem Balkon im Schlafrock erscheinend und mit einer Liste unserer Namen in der Hand, rief er einen nach dem andern auf, fragte uns mit wichtigtuerischer Miene, über die wir heimlich lachen mußten, nach unserer Herkunft, dem Namen unserer Eltern, Alter und anderen ähnlichen unnützen Dingen, was alles nur geschah, um sein kleines Ansehen, das er als sehr groß erachtete, einer Menge von Bürgern der Stadt zu zeigen, die sich vor seinem Hause versammelten, um zu sehen, was vorging.

Monsieur Bonijoli hatte uns schon im voraus davon in Kenntnis gesetzt, daß dieser Kommissar sich darauf etwas einbildete, und ermahnte uns, daß wir klugerweise uns in das fügen sollten, was er von uns verlangen würde.

Doch ging seine Selbstgefälligkeit ein wenig über das gewöhnliche Maß hinaus, denn er ließ uns eine oder zwei Stunden vor seinem Hause stehen, den Hut in der Hand, in untertäniger Haltung, die wir ihm gegenüber genötigt waren zu bewahren, jedoch sicherlich nicht bewahrt haben würden, da wir ja außerhalb der Herrschaft Frankreichs waren, wenn wir nicht gehofft hätten, daß dieser Kommissar uns helfen würde, daß wir den Weg von Nizza nach Genf nehmen können.

Tatsächlich ließ er am dritten Tag dieses Exerzitiums, nachdem er des Weihrauches, den er um sich verbreitet, genug genossen hatte, den Patron Jovas zu sich kommen und gab ihm ein Papier in die Hand, indem er ihm befahl, es zu lesen, ob er damit zufrieden sei.

Dieses sehr glaubwürdige Papier, verziert mit dem aufgedruckten Wappen des Königs und in großen Buchstaben die Aufschrift ›Im Namen des Königs‹ tragend, lautete dahin, daß er, Finanzkommissar Seiner Allerchristlichsten Majestät, nachdem er erfahren habe, daß eine französische Barke, die bis zum Eingang des genannten Hafens durch zwei neapolitanische Korsaren verfolgt wurde, in den Hafen von Villefranche eingelaufen sei, sich nach der genannten begeben und diese Barke gefunden habe. Dieselbe sei von Marseille und beladen mit sechsunddreißig Mann, die von den Galeeren Frankreichs freigelassen worden wären und nach Italien gingen. Er habe sowohl die Barke als die Leute visitiert und examiniert und gefunden, daß sie von allen Lebensmitteln entblößt und nicht imstande wären, sich welche zu verschaffen. Außerdem lauerten die zwei neapolitanischen Korsaren auf dem Meere vor dem Hafen von Villefranche, bis die Barke auslaufe, um sich derselben zu bemächtigen. Diese Erwägung sowohl als die des Zustandes, in welchem jene sechsunddreißig Leute sich befänden, da sie ohne Lebensmittel und Geld wären, habe ihn, den Kommissar, der die Interessen des französischen Königreichs stets zu wahren bemüht sei, bewogen, im Namen des Königs dem Patron jener Barke, namens Jovas, zu befehlen, jene sechsunddreißig Leute an Land zu setzen, damit sie von hier ihren Weg nach Genf, dem Orte ihrer Bestimmung, einschlügen. Endlich habe er, der Kommissar, trotz des Einspruches, welchen genannter Patron kraft einer von ihm zu Marseille unterzeichneten Verpflichtung erhoben habe, nach welcher er sich unter großen Strafen verbindlich gemacht, jene Leute nicht in Villefranche an Land zu setzen, ihn dazu genötigt und gezwungen kraft seiner Autorität, mit welcher Seine Majestät ihn in der Grafschaft von Nizza betraut habe usw.

Nachdem der Kommissar diese Erklärung dem Patron Jovas eingehändigt hatte, fragte er ihn, ob er damit zufrieden wäre.

»Sehr zufrieden«, antwortete der Patron.

»Wohlan«, erwiderte der Kommissar, »du kannst nach Marseille absegeln, wann es dir beliebt, und du kannst alle Schuld, die man dir zur Last legen wird, getrost auf mich abwälzen, da ich dich gezwungen habe, mir zu gehorchen.«

Man kann sich leicht vorstellen, daß der Patron hiermit zufrieden war. Er sah sich einer längeren Reise enthoben und hatte sein Geld, das wir ihm sogleich auszahlten, leicht gewonnen.

Er schiffte sich daher nach Marseille ein, und als er Abschied von uns nahm, versprach er uns, die beiden anderen Barken, die er unterwegs antreffen würde, zu benachrichtigen, daß sie nach Villefranche kommen sollten, wo sie dieselbe Behandlung wie er von seiten jenes ehrenwerten Kommissars erfahren würden, der es nicht verschmäht hatte, soviel falsche Vorwände zu erfinden aus Gefälligkeit gegen ihn und gegen uns.

Die Folge hat gezeigt, daß Patron Jovas Wort gehalten hat, denn die beiden anderen Barken kamen nach Villefranche und wurden auf dieselbe Weise behandelt wie er. So landeten alle hundertsechsunddreißig Freigelassenen in dem genannten Hafen und reisten von da nach Genf.

Reise von Nizza nach Genf

Nachdem der Patron Jovas mit seiner Barke ausgelaufen war, machte Monsieur Bonijoli Anstalten, uns abreisen zu lassen. Er mietete sechsunddreißig Tiere zum Reiten, meistenteils Maulesel, die uns auf seine Kosten nach Turin bringen sollten, mit einem Vorreiter oder Führer, der uns dahin geleitete.

Wir reisten also von Nizza Anfang Juli ab, nämlich wir sechsunddreißig, ein jeder auf seinem Tier. Wir hatten einige gebrechliche Alte, die uns viel zu schaffen machten, da sie nicht reiten konnten.

Unter vielen Strapazen überstiegen wir eine Menge ungeheurer

Berge, namentlich den, welchen man den Col de Tende nennt, dessen Gipfel so hoch ist, daß er immer in den Wolken zu sein scheint. Und obgleich ein sehr heißer Sommer war und man am Fuße jenes Berges vor Hitze fast verbrannte, so hatten wir auf seinem Gipfel eine solche Kälte auszustehen, daß wir von den Tieren abstiegen und zu Fuß gehen mußten, damit wir uns wieder erwärmten.

In dieser ungeheuren Höhe gibt es immer nur Eis und Schnee. Doch hat man keine Mühe, den Berg zu ersteigen, so hoch und steil er auch ist, denn der Weg hinauf beträgt drei Meilen, und man hat ihn sehr bequem angelegt, da man im Zickzack hinaufgeht, so daß man von der Steile des Berges nichts spürt.

Wir stiegen wieder hinab, um in die Ebenen von Piemont, dem schönsten und angenehmsten Land der Welt, zu gelangen. Ohne mich damit aufzuhalten, die Städte, Flecken und Dörfer, durch die wir kamen und deren Namen mir zum größten Teil entfallen sind, zu beschreiben, bemerke ich nur kurz, daß wir in Turin, der Hauptstadt von Piemont und der Residenz Seiner Majestät des Königs von Sardinien, ankamen.

Wir logierten in Herbergen, und bereits am folgenden Tag frühmorgens wurden wir von mehreren protestantischen Franzosen besucht, von denen es immer eine stattliche Anzahl dort gibt, die sich des Handels wegen in dieser Stadt aufhalten und, um dem Gottesdienst beizuwohnen, in die benachbarten Täler der Waldenser* gehen.

Diese Leute, denen Monsieur Bonijoli unsere Ankunft angezeigt hatte, empfingen uns mit Eifer und Herzlichkeit und hielten uns während der drei Tage unseres Aufenthaltes in dieser großen Stadt in allem frei.

Nachdem sie uns zur Fortsetzung unseres Weges mit Reittieren versorgt hatten, ersuchten sie den König von Sardinien, uns einen Paß ausstellen zu lassen, mit dem wir seine Staaten bis Genf passieren durften.

Seine Majestät, es war damals König Victor-Amédée, wollte uns sehen. Für diese Audienz wählten wir sechs unserer Brüder aus. Die Gesandten von Holland und England fanden sich dabei ein. Seine Majestät empfing uns sehr gnädig und befragte uns eine halbe Stunde über die Zeit, die wir auf den Galeeren zugebracht, den Grund der Verurteilung und die Leiden, die wir ausgestanden hatten.

Nachdem wir ihm in kurzen Worten auf alles geantwortet hatten, wandte er sich zu den Gesandten und sagte zu ihnen: »Das ist grausam und barbarisch!« Hierauf fragte Seine Majestät uns, ob wir Geld hätten, um unsere Reise fortzusetzen.

Wir antworteten, daß wir zwar nicht viel hätten, aber daß unsere Brüder, namentlich Monsieur Bonijoli von Nizza, die Güte gehabt hätten, uns bis nach Turin freizuhalten, und daß unsere Brüder in Turin sich anschickten, dasselbe bis Genf für uns zu tun.

Man hatte uns darauf aufmerksam gemacht, auf jene Frage in dieser Weise zu antworten, worauf Seine Majestät zu uns sagte: »Ihr könnt in Turin bleiben, solange es euch gefallen wird, so könnt ihr in meine Kanzlei kommen, um dort einen Paß in Empfang zu nehmen, den bereitzuhalten ich den Befehl erteilen werde.«

Wir sagten zu Seiner Majestät, daß wir, wenn es dem König recht wäre, schon am folgenden Tage abreisen würden. Hierauf meinte der König: »So geht denn unter dem Schutze Gottes«, und sogleich befahl er dem Staatssekretär, uns einen förderlichen Paß auszustellen, was auch geschah.

Dieser Paß galt nicht nur für alle Staaten des Königs, sondern befahl auch allen seinen Untertanen, uns zu helfen und mit allem zu unterstützen, was wir während unserer Reise benötigen würden.

Wir brauchten dies jedoch nicht in Anspruch zu nehmen, was wir Gott und unseren Brüdern in Turin zu danken hatten, die uns im Überfluß mit allem versorgten und uns bis Genf freihielten.

Es befand sich in Turin ein junger Mann aus letztgenannter Stadt, ein Uhrmacher von Profession, der nach Genf gehen wollte und uns bat, seine Gesellschaft auf unserer Reise anzunehmen. Nachdem wir ihm dies gern gewährt hatten, folgte er uns zu Fuß bis zwei Tagereisen von Genf, wo er Abschied von uns nahm, indem er sagte, daß er von dort aus einen Weg für Fußgänger wisse, auf dem er einen Tag eher nach Hause käme.

Wir wünschten ihm eine glückliche Reise. Tatsächlich kam er einen Tag vor uns in Genf an, und als er dort erzählte, daß sechsunddreißig Bekenner, die von den Galeeren Frankreichs freigelassen worden wären, am folgenden Tag in Genf eintreffen würden, so ließ der ehrwürdige Magistrat dieser Stadt ihn rufen, damit er vor demselben jene Nachricht bestätigte.

Den folgenden Tag, an einem Sonntag, kamen wir in ein kleines Dorf auf einem Berg, ungefähr eine Meile von Genf gelegen, von wo wir diese Stadt mit einer Freude sahen, die nur mit der der Israeliten beim Anblick des Landes Kanaan* verglichen werden kann.

Es war gegen Mittag, als wir in jenem Dorfe ankamen, und wir wollten unsere Reise fortsetzen, ohne uns aufzuhalten, um zu Mittag zu essen. So groß war unsere Sehnsucht, sobald als möglich in einer Stadt zu sein, die wir als unser Jerusalem betrachteten. Doch unser Vorreiter sagte uns, daß die Tore von Genf erst nach dem Gottesdienst, das ist um vier Uhr nachmittags, geöffnet würden. Wir mußten daher in diesem Dorfe bis zu jener Zeit bleiben, nach Ablauf deren wir alle weiterritten. Als wir der Stadt näher kamen, bemerkten wir eine große Menge Volkes, welche herauskam.

Unser Vorreiter war darüber erstaunt, aber sein Staunen wuchs, als wir in der Ebene von Plain-Palais, eine Viertelmeile von der Stadt, drei Karossen uns entgegenkommen sahen, die von Hellebardieren umgeben waren, und eine zahllose Menge Volkes jeglichen Geschlechtes und Alters, das den drei Karossen folgte.

Sobald wir kurz vor ihnen waren, kam ein Diener des Magistrats auf uns zu und bat uns abzusteigen, um mit Respekt und nach Gebühr Ihre Exzellenzen von Genf zu begrüßen, die uns entgegenkämen, um uns willkommen zu heißen.

Wir gehorchten. Als die drei Karossen sich genähert hatten, stieg aus jeder eine Magistratsperson und ein Geistlicher, die uns umarmten unter Freudentränen und so innigen Ausdrücken von Glückwünschen und Lobeserhebungen über unsere Standhaftigkeit und Ergebenheit, daß sie bei weitem das übertrafen, was wir verdienten.

Wir antworteten, indem wir die Gnade Gottes lobten und verherrlichten, die allein uns in unseren großen Leiden aufrechterhalten hatte. Nach diesem herzlichen Empfang gaben Ihre Exzellenzen dem Volke die Erlaubnis, sich uns zu nähern.

Hierauf sah man das rührendste Schauspiel, das man sich nur vorstellen kann. Denn mehrere Einwohner von Genf hatten verschiedene ihrer Verwandten auf den Galeeren; da nun diese guten Bürger nicht wußten, ob diejenigen, nach denen sie sich seit so vielen Jahren sehnten, unter uns wären, so hörte man von dem Augenblick an, da Ihre Exzellenzen dem Volke erlaubten, sich uns zu nähern, nichts als ein Durcheinanderschreien: »Mein Sohn soundso, mein Gatte, mein Bruder, bist du da?«

Man kann sich den herzlichen Empfang denken, der denen von uns zuteil wurde, die sich unter jenen Ersehnten befanden.

Im allgemeinen fiel die ganze Menge uns um den Hals mit unaussprechlichem Entzücken der Freude, den Herrn lobend und preisend für die Gnade, die Er uns erwiesen.

Und als Ihre Exzellenzen uns befahlen, wieder aufzusteigen, um unsern Einzug in die Stadt zu halten, so konnten wir nur mit Mühe dies tun, da wir uns nicht aus den Armen dieser frommen und eifrigen Brüder befreien konnten, die noch zu befürchten schienen, daß sie uns wieder aus den Augen verlieren könnten.

Endlich stiegen wir wieder zu Pferde und folgten Ihren Exzellenzen, die uns wie im Triumph in die Stadt führten. Man hatte in Genf ein prachtvolles Gebäude errichtet, um in diesem die Bürger, die in Not geraten waren, unterzubringen und zu versorgen. Dieses Gebäude war eben vollendet und möbliert worden, und es war noch von niemandem bezogen. Ihre Exzellenzen beschlossen, es einzuweihen, indem sie uns darin logierten.

Sie führten uns also hin, und wir stiegen in einem weitläufigen Hof ab. Das ganze Volk strömte dorthin. Diejenigen, die ihre Eltern in der Gruppe hatten, baten Ihre Exzellenzen, ihnen zu erlauben, sie mit sich in ihre Häuser zu nehmen, was ihnen sehr gern gestattet wurde.

Monsieur Bousquet, einer von uns, hatte in Genf seine Mutter und zwei Schwestern, die gekommen waren, ihn nach Hause zu bringen. Da er mein enger Freund war, so bat er Ihre Exzellenzen um die Erlaubnis, mich mit sich zu nehmen, was sie ihm auch ohne die geringste Schwierigkeit gestatteten.

Diesem Beispiel folgend, schrien alle Bürger, Männer und Frauen, indem sie Ihre Exzellenzen um dieselbe Vergünstigung baten, nämlich die teuren Glaubensbrüder in ihre Häuser aufnehmen zu dürfen.

Nachdem Ihre Exzellenzen zuerst einigen dies erlaubt hatten, entstand eine heilige Eifersucht unter den anderen, die murrten und sich beklagten, indem sie sagten, daß man sie nicht als gute und treue Bürger betrachte, wenn man ihnen nicht dieselbe Gunst erweise, so daß Ihre Exzellenzen uns alle ihrem Eifer überlassen mußten und daß nicht ein einziger in der ›Maison française‹, so heißt jenes prachtvolle Gebäude, blieb.

Was mich betrifft, so verweilte ich nicht lange in Genf. Nachdem ich nämlich zufällig eine Berline* gefunden, die den Gesandten des Königs von Preußen nach Genf gebracht hatte und leer wieder zurückfuhr, so wurde ich und noch sechs von unserer Gruppe mit dem

Kutscher handelseinig, daß er uns bis Frankfurt am Main fahren solle.

Die Herren von Genf hatten die Güte, unseren Wagen zu bezahlen, und versahen uns mit Geld zu sonstigen Ausgaben.

Reise von Genf nach Amsterdam

Wir sieben reisten also von Genf in jener Berline ab und kamen in Frankfurt gesund an. Doch darf ich den christlichen Edelmut der Bürger von Bern nicht unerwähnt lassen.

Der Großschultheiß dieser Stadt, der von Genf aus benachrichtigt worden war, daß wir Bern passieren würden, erließ einen Befehl an das Stadttor, daß die Wache, wenn eine Berline mit sieben Personen dort ankäme, dieselbe anhalten und dem Hauptmann der Wache, dem jener Großschultheiß seinen Befehl gegeben hatte, anzeigen solle.

Als wir daher am Stadttor ankamen, war unser Kutscher sehr erstaunt, daß er von der Wache angehalten wurde. Dieselbe rief den Hauptmann, der den Kutscher auf Hochdeutsch, das wir nicht verstanden, fragte, woher er käme, wohin er ginge und wer wir wären.

Auf die letzte Frage wußte der Kutscher nicht, was er antworten solle, denn um dem Glaubenseifer und Liebesdiensten der Protestanten, durch deren Städte wir kamen, zu entgehen, hatten wir dem Kutscher verboten, zu sagen, daß wir von den Galeeren kämen.

Der Kutscher, über die Frage des Hauptmanns sehr erstaunt, zumal die Sache in Bern nicht üblich war, und etwas Schlimmes befürchtend, wandte sich ganz bestürzt an uns und sagte: »Messieurs, ich kann nicht vermeiden, zu sagen, wer Sie sind.«

Wir erwiderten ihm hierauf, er solle es nur sagen. Als dies geschehen war, gab der Hauptmann ihm Befehl, einer Eskorte von vier Soldaten und einem Sergeanten zu folgen.

Darüber wurde unser Kutscher, der ein guter Deutscher war, noch ängstlicher, denn er glaubte steif und fest, daß man ihn mit seinem Wagen arretieren wolle.

Er hörte nicht auf, sich gegenüber der Eskorte zu rechtfertigen, indem er sagte, daß er nichts begangen habe, weder gegen den Staat noch gegen irgend jemand.

Der Sergeant, welcher seinen Spaß darüber hatte, brachte ihm nach und nach die Sache bei, bis die Eskorte uns zu dem Gasthaus der Stadt, welches ›Zum Hahn‹ hieß, gebracht hatte.

Das ist der Ort, wo die Gesandten und andere vornehme Persönlichkeiten vom Staat freigehalten werden. Als wir ausgestiegen waren, fanden wir dort den Staatssekretär vor, der uns in ebenso herzlicher Weise willkommen hieß, als ob wir seine Kinder wären.

Er sagte uns, daß er der Staatssekretär sei, und er tat gut daran, sich uns vorzustellen, denn wir würden ihn nie dafür erkannt haben, weder an seinen Kleidern noch an seiner Equipage; so wenig unterscheiden sich in jenem Land die einfachen Bürger von den Herren.

Er fügte hinzu, daß er Befehl habe, uns Gesellschaft zu leisten und uns die ganze Zeit, die wir in Bern zu bleiben gedächten, mit aller Auszeichnung freizuhalten.

Wir wurden in jenem Gasthof großartig bewirtet, und der Staatssekretär, der uns erst am Abend verließ, beschäftigte uns vier Tage hindurch mit Besuchen bei Ihren Exzellenzen von Bern, vom Großschultheiß bis zum geringsten Beamten dieser Regierung.

Wir wurden überall empfangen und ans Herz gedrückt, als ob wir die liebsten Mitglieder ihrer Familien wären. Man bat uns in der liebevollsten Weise, sie mit unserer Gegenwart in ihrer Stadt einige Wochen hindurch, und solange wir wünschten, zu beehren (so drückten sie sich aus).

Wir würden uns auch in der Tat dort länger aufgehalten haben, wenn unser Kutscher nicht Ihre Exzellenzen inständigst gebeten hätte, uns abreisen zu lassen, da er sich unverzüglich nach Berlin begeben müsse. Unser Aufenthalt dauerte daher nur vier Tage, danach ließ uns der Staatssekretär ein gutes Frühstück bereiten und drückte beim Abschied einem jeden von uns zwanzig Reichstaler im Namen Ihrer Exzellenzen in die Hand.

Wir baten ihn, den Herren unsere aufrichtige Dankbarkeit dafür zu bezeigen, und reisten in unserer Berline ab, die uns nach Frankfurt am Main brachte.

Es ereignete sich auf dieser Reise nichts, was wert wäre, in diesen Memoiren verzeichnet zu werden; denn wir reisten immer inkognito, aus Furcht, wieder durch einen freundlichen Empfang aufgehalten zu werden, den man uns in allen protestantischen Ländern, die wir zu passieren hatten, in der Schweiz und in Deutschland, bereitet haben würde.

Anfang August kamen wir in Frankfurt an. Wir waren hier durch die Bürgerschaft von Genf an Monsieur Sarazin, Kaufmann und Ältesten der Reformierten Kirche von Bockenheim, eine kleine Meile von Frankfurt, empfohlen. Denn wie jedermann weiß, gibt es in der Stadt Frankfurt keine reformierte Kirche, sondern alle diejenigen, welche die Gemeinschaft dieser Kirche bilden, sowohl Deutsche als Franzosen, wohnen in Frankfurt und müssen nach Bockenheim gehen, um dem Gottesdienst beizuwohnen.

Wir kamen an einem Sonnabend, dem Tage der Vorbereitung auf das heilige Abendmahl, in Frankfurt an. Wir stiegen bei Monsieur Sarazin, der uns erwartete, ab und sahen dort bald die Mitglieder des Konsistoriums, sowohl Deutsche als Franzosen, ankommen.

Sie empfingen uns mit unbeschreiblichen Freudenbezeigungen, führten uns zu Wagen nach Bockenheim, um dort die Vorbereitungspredigt anzuhören, die Monsieur Matthieu, französischer Pfarrer jener Kirche, hielt.

Diese freundlichen Menschen baten uns inständigst, den folgenden Tag mit ihnen zu kommunizieren; doch fühlten wir uns nicht genug dazu vorbereitet, besonders ich, der ich aus Mangel an Gelegenheit noch nie kommuniziert hatte.

Nach Schluß der Predigt kehrten wir nach Frankfurt zu Monsieur Sarazin zurück, der uns in seinem Hause auf das prächtigste bewirtete.

Am folgenden Tage führte er uns nach Bockenheim, und nach der Kirche ließ man uns alle in das Zimmer des Konsistoriums eintreten, wo wir mit allen Mitgliedern dieses Kollegiums, Deutschen und Franzosen, ein frugales Mahl einnahmen.

Alle, die dort waren, drangen in uns, einige Tage in Frankfurt zu bleiben, doch wir baten sie so sehr, uns zu erlauben, unsere Reise nach Holland fortzusetzen, daß sie einwilligten. Die Sorge für unsere Abreise und unseren Unterhalt wurde Monsieur Sarazin übertragen, der das mit viel Eifer betrieb. Er kaufte uns ein leichtes Schiff, das mit einem Zelt bedeckt und mit zwei Leuten zum Rudern ausgerüstet war und das uns bis nach Köln fahren sollte. Er ließ uns auch die nötigen Vorräte hineinschaffen und gab den Schiffern den Befehl, uns jeden Abend an den bequemsten und passendsten Orten an Land zu setzen, um Nachtquartier zu erhalten und uns zu erfrischen; besonders sollten sie sich soviel wie möglich in der Nähe des Landes, und zwar auf der Seite des Deutschen Reichs, halten, wo die Soldaten dieser Nation den Fluß entlang Quartier bezogen hatten.

Da die französische Armee, die damals Landau belagerte,* sich auf der anderen Seite befand, so fürchteten wir sehr, in ihre Hände zu fallen. Daher führte uns Monsieur Sarazin, bevor wir uns einschifften, auf das Rathaus, um den Magistrat um einen Paß für uns zu bitten. Diese Herren (lauter Lutheraner, wie man weiß) bezeigten uns sehr viel Freundlichkeit und beglückwünschten uns zu unserer Freilassung. Sie gingen sogar so weit, uns zu sagen, daß wir das ›Salz der Erde‹ wären, ein Titel, der uns bedrückte, da wir unserer Schwachheiten uns sehr wohl bewußt waren, die einen unermeßlichen Abstand bildeten zwischen den heiligen Schülern des Herrn Jesu, welchen jener heilige Name gebührte, und zwischen uns, die wir uns als so schwache Sünder fühlten. Deshalb bezeugten wir dies durch unsere Antwort, indem wir Gott die Ehre gaben, der allein durch seine Gnade unsere Standhaftigkeit und Ergebung in seinen heiligen Willen befestigt hatte.

Alle Anwesenden schienen so zufrieden mit unseren Worten, daß ich einige unter ihnen sah, die Tränen vergossen; und nachdem sie uns zu treuem Aushalten ermutigt und der Fürsorge von Monsieur Sarazin empfohlen hatten, gaben sie uns einen außerordentlich sorgfältigen Paß, den sie uns gratis ausstellten. Wir bedankten uns bei ihnen sehr herzlich und zogen uns sodann zurück.

Monsieur Sarazin führte uns zu dem Schiff, das er für uns hatte zurüsten lassen, und wir schifften uns ein, wobei wir diesem wackeren Manne unsere große Dankbarkeit für so viele Beweise der Güte, die er uns gegeben, bezeigten.

Unsere Fahrt bis Köln dauerte ziemlich lange, weil wir, immer nahe am Ufer auf deutscher Seite hinfahrend, wo die Armee, wie ich schon erwähnte, ihre Standorte hatte, bei jedem Posten oder Wachtkorps angehalten wurden, um unseren Paß vorzuzeigen und bescheinigen zu lassen.

Wir wurden zuweilen durch die Franzosen, die auf dem andern Ufer waren, angegriffen, doch Gott sei Dank kamen wir mit einem Schrecken davon.

Acht Tage nach unserer Abreise von Frankfurt kamen wir gesund in Köln an. Wir verkauften hier unser Schiff und fuhren am folgenden Tag, nachdem wir einige Glaubensbrüder besucht hatten, denen Monsieur Sarazin uns empfohlen und die uns sehr gut aufnahmen, auf der Postbarke nach Dortrecht.

In Dortrecht angekommen, reisten wir von dort, ohne uns aufzuhalten, nach Rotterdam ab, wo wir mit aller nur möglichen Freundschaft von der zahlreichen, sowohl französischen als holländischen Gemeinde dieser Stadt aufgenommen wurden.

Wir blieben daselbst zwei Tage, in welcher Zeit wir überall freigehalten wurden.

Endlich kamen wir am Ziele unserer Reise, in Amsterdam, an. Wenn ich die brüderliche Aufnahme, die uns in dieser großen, für die Bekenner der Wahrheit unserer heiligen Religion so eifrigen Stadt zuteil wurde, schildern wollte, so würde ich kein Ende finden. Deshalb würde es mir unmöglich sein, dieselbe zu beschreiben.

Wir gingen zusammen zu der ehrwürdigen Gesellschaft des Konsistoriums der Wallonischen Kirche, um ihnen unsere Dankbarkeit für die beständige Güte zu bezeigen, die sie uns während einer so langen Reihe von Jahren bewiesen hatten, indem sie uns so wirksam unsere großen Leiden zu lindern halfen.

Diese fromme Gesellschaft war so gütig, uns zu versichern, daß sie auch fürderhin alles in ihren Kräften stehende für uns und unsere Leidensgenossen tun werde.

Hierauf ernannte dieselbe zwei Mitglieder aus ihrer Mitte, die uns begleiten und dem holländischen Konsistorium vorstellen sollten, das sich zu dem Zwecke unseres Empfangs versammelt hatte.

Auch hier wurden uns Beweise von Glaubenseifer und Liebe gegeben, die leichter zu empfinden als auszudrücken sind. Diese Menschen umarmten uns alle mit Freudentränen in den Augen und ermutigten uns auf das rührendste, unseren heiligen Glauben zu beweisen, indem wir die Kirche durch ein makelloses Leben stärkten, das dem standhaften Zeugnisse der Bekenner der Wahrheit entspräche, die auf den Galeeren zu behaupten Gott durch seine Gnade uns gewürdigt habe.

Hierauf beschloß die ehrwürdige Gesellschaft eine reiche Unterstützung, um uns zur Anschaffung des Nötigen zu verhelfen, und dankte den Deputierten der Wallonischen Kirche, die die Güte gehabt hatten, uns ihrer Gesellschaft vorzustellen, indem sie ihnen bezeigten, daß sie es ihnen zu danken wüßten.

Wir blieben nun während drei oder vier Wochen sozusagen auf der Wanderschaft, weil wir wegen der Freundlichkeit, die uns ein jeder bewies, nicht daran denken konnten, uns fest niederzulassen.

Namentlich zogen mich meine lieben Landsleute aus Bergerac an; ein jeder von uns hatte die seinigen. Die Bekanntschaft mit den Familien, die verschiedenen Verfolgungen, die Verwandtschaft und besonders die Freundschaft, welche unsere Unterhaltungen beseelte, fesselte uns an sie in so inniger Weise, daß wir uns nicht von ihnen trennen konnten.

Ich fing jedoch an, ernstlich daran zu denken, mich mit etwas Nützlichem zu beschäftigen, als die Herren des Konsistoriums der Wallonischen Kirche mich baten, mich den Deputierten anzuschließen, die man nach England zu senden beschlossen hatte, und zwar in doppelter Absicht: einmal, um Ihrer Britannischen Majestät für die Freilassung zu danken, die sie für uns erwirkt hatte, und sodann, um den Bitten, die man an Ihre Majestät wegen der Freilassung derer richtete, die noch auf den Galeeren waren und deren Zahl ungefähr zweihundert betrug, einigen Nachdruck zu verleihen.

Man kann sich leicht denken, daß ich gern in den Vorschlag einwilligte. Ich reise daher mit zweien unserer Brüder nach London ab, und in kurzem waren wir dort zwölf Deputierte, alles Galeerensklaven, wie man uns nannte.

Die Galeerensklaven vor der Königin von England

Monsieur de Miremont und Monsieur de Rochegude stellten uns der Königin vor, die uns die Ehre erwies, ihr die Hand küssen zu dürfen.

Der Marquis de Miremont* richtete an Ihre Majestät eine kurze, aber sehr rührende Rede über den Eifer Ihrer Majestät und über ihre Macht, die Freilassung der Bekenner der Wahrheit aus den Händen derer erwirkt zu haben, die geschworen hatten, ihre Leiden zu verlängern, solange sie leben würden usw.

Aus dem Munde Ihrer Majestät erhielten wir die Versicherung, daß sie sich sehr über unsere Freilassung freue und daß sie hoffe, auch bald diejenigen freigegeben zu sehen, die noch auf den Galeeren wären. Hierauf zogen wir uns zurück.

Monsieur le Marquis de Rochegude, der die Hofpolitik gründlich kannte, hielt es für angebracht, uns dem Duc d'Aumont vorzustellen, der damals Gesandter des Königs von Frankreich am Hofe Londons war, und da er bei diesem Gesandten selbst den Wunsch wecken wollte, uns zu sehen, so machte er ihm seine Aufwartung und erzählte ihm von der Deputation, welche die protestantischen Galeerensklaven, deren Freilassung von Ihrer Allerchristlichsten Majestät erwirkt worden sei, nach London geschickt hätten, um sich bei der Königin für ihre günstige Verwendung bei dem König von Frankreich zu bedanken. Zugleich bemerkte er, daß die Deputierten, zwölf an der Zahl, schon gekommen wären, um Seiner Exzellenz ihre schuldige Hochachtung zu beweisen, wenn sie gewagt hätten, sich diese Freiheit zu nehmen.

Der Marquis hatte darauf gerechnet, daß dieser Schritt für die Freiheit derer nützlich werden könnte, die auf den Galeeren zurückgeblieben waren.

Da der Gesandte sehr neugierig zu sein schien, uns zu sehen, so wurde beschlossen, daß der Marquis am folgenden Tage uns zur Audienz bei Seiner Exzellenz vorführen sollte.

Seine Exzellenz empfing uns sehr huldvoll, indem er einem jeden von uns die Hand gab und uns zu unserer Freilassung beglückwünschte. Er fragte uns, wie lange wir die Galeerenstrafe erlitten hätten und aus welchem Grund wir dazu verurteilt worden wären.

Jeder von uns antwortete auf die Frage besonders, denn die Zeit und Gründe waren verschieden. Wir hatten zuvor Seiner Exzellenz unser Kompliment gemacht, indem wir Seiner Allerchristlichsten Majestät in der Person ihres Gesandten für die Gnade dankten, die sie uns gewährt hatte, und indem wir baten, diejenigen, welche noch auf den Galeeren gefangen waren, auch freizulassen.

Wir richteten darauf unser Gesuch an Seine Exzellenz, indem wir inständigst baten, seinen Einfluß bei Hof zur Freilassung der armen Leute geltend zu machen, die nicht schuldiger waren als wir und die von der königlichen Fürsprache Ihrer Britannischen Majestät bei Seiner Allerchristlichsten Majestät dieselbe Gnade erhalten hätten; der König habe bewilligt, daß alle Galeerensklaven, zumal die aus Gründen der Religion verurteilt worden wären, freigelassen würden; man habe jedoch nur einhundertsechsunddreißig freigegeben und hielte ungefähr noch zweihundert zurück.

Seine Exzellenz schien über diese Unterscheidung erstaunt und sagte zu uns, daß er dies nicht begreife, es müßten denn jene, welche zurückgeblieben wären, irgendein anderes Verbrechen begangen haben.

Wir behaupteten das Gegenteil, indem jeder von uns die glaubwürdigsten Beweise anführte. Ich nahm mir die Freiheit, Seine Exzellenz zu bitten, mir gnädigst einen Augenblick seine Aufmerksamkeit zu schenken auf das Beispiel, das ich ihm anführen wollte und das klar und deutlich beweisen würde, daß kein Unterschied der Verbrechen vorliege, die unsere Brüder auf den Galeeren zurückhielten.

Ich war der jüngste in der Gruppe und der am wenigsten gesetzte, und ich hatte mich selbst überwunden, indem ich mich erkühnte, diese Sache vor Seiner Exzellenz zu verhandeln; aber ich bat ihn um diese Erlaubnis mit einer solchen Miene voller Zuversicht, ihn zu überzeugen, daß er darauf einging, mit Güte und Geduld mich anzuhören.

Ich erzählte ihm kurz die Ursache meiner Flucht aus dem Königreich; daß ich, durch Freundschaft mit einem jungen Mann aus Bergerac, namens Daniel Legras, verbunden, mit ihm zusammen davongegangen sei und daß wir alle beide in Marienburg arretiert und dort durch denselben Urteilsspruch auf lebenslänglich zu den Galeeren verurteilt worden seien; das Parlament von Tournai habe dieses Urteil bestätigt, indem es uns beide als desselben Falles für überführt erklärte; kurz, wir stünden beide auf demselben Blatt, das unser Urteil enthalte, ohne irgendeinen Unterschied, sei es eines besonderen Verbrechens oder anderer Übertretung eines Gebotes. Dennoch wäre ich freigegeben worden, und mein Freund sei zurückgeblieben, was deutlich beweise, daß der Hof von Frankreich nicht einen Unterschied des Verbrechens habe beobachten wollen, indem er nur einhundertsechsunddreißig Leute freiließ.

Der Gesandte war so gerecht, sich durch dieses Exempel überzeugen zu lassen, und bat mich, ihm dasselbe schriftlich zu geben, was auch geschah; auch sagte er, daß der Minister der Marine oder seine Sekretäre wahrscheinlich dieses Versehen begangen hätten.

Hierauf wandte sich Seine Exzellenz an den Marquis de Rochegude, dankte ihm, daß er uns ihm vorgeführt habe, und fügte hinzu, daß die Aufklärungen, die wir ihm gegeben hatten, ihm genügten, und daß er an den Hof Frankreichs schreiben wolle, um diesen Mißbrauch in das rechte Licht zu stellen und als eine Ungerechtigkeit darzutun.

»Und um Ihnen zu beweisen«, sagte er noch zu Monsieur de Rochegude, »daß ich aufrichtig spreche, so bemühen Sie sich morgen zu mir, da an diesem Tag die Post nach Frankreich abgeht, damit Sie selbst meinen Brief, den ich Ihnen vorlesen und in Ihrer Gegenwart versiegeln werde, in Empfang nehmen und ihn danach auf der Post abgeben lassen. Sie sehen hieraus«, fuhr er fort, »wie ich diese Sache um der armen Leute willen mir zu eigen mache.« Und indem er sich an seinen Gesandtschaftssekretär namens Abbé Nadal wandte, sagte er: »Sehen Sie, Monsieur l'Abbé, die braven Leute, die mitten unter ihren religiösen Vorurteilen ihre Aufrichtigkeit und Redlichkeit an den Tag legen.«

Dieser Abbé antwortete nur durch eine Neigung des Kopfes und zeigte deutlich in der Folge, daß der Beifall und das Wohlwollen, mit dem sein Herr uns ehrte, nicht nach seinem Geschmack waren.

Am folgenden Tag ging nämlich der Marquis de Rochegude zu dem Gesandten, um seinen Brief gemäß der Verabredung in Empfang zu nehmen, und Seine Exzellenz empfing ihn auch auf die höflichste Weise und sagte zu ihm, daß sein Brief geschrieben sei. Aber als er den Abbé Nadal rief und ihn fragte, wo der Brief wäre, so sagte der Abbé: »Welcher Brief, Monsieur?«

»Der Brief«, erwiderte der Gesandte mit denselben Worten, »betreffs der Bekenner auf den Galeeren.«

Dieser ehrenvolle Titel ›Bekenner‹, den Seine Exzellenz uns gab, ließ den Abbé schaudern; und da sein Herr noch immer darauf bestand, zu erfahren, wo der Brief sei, so antwortete der Sekretär kalt, daß er auf der Kanzlei Seiner Exzellenz wäre.

»So geben Sie ihn also her!« befahl der Gesandte ihm.

Hierauf sagte der Abbé zu ihm, daß er ihm etwas unter vier Augen mitzuteilen habe; und nachdem er ihm etwas in das Ohr geflüstert hatte, sagte der Gesandte zu dem Marquis, daß sein Sekretär ihn erinnere, daß er in seinem Briefe von einigen besonderen Umständen geschrieben habe, die die Sache der Galeerensklaven nicht beträfen. Er bäte ihn daher, ihn der Aushändigung des Briefes zu entheben, doch könne er darauf rechnen, daß derselbe noch am nämlichen Tage befördert werden würde.

Monsieur de Rochegude sah wohl, woran er war und daß der Abbé Nadal seinen Herrn von dem Entschluß abgebracht hatte, jenen Brief abzuschicken. In der Folge versicherte zwar der Gesandte Monsieur de Rochegude, daß der Brief abgeschickt worden sei; doch weder er noch wir glaubten daran, und unsere Brüder wurden erst ein Jahr später infolge einer neuerlichen Intervention der Königin von England freigelassen.

Ich habe geglaubt, diesen besonderen Umstand in diese Memoiren aufnehmen zu müssen, um zu zeigen, wie jene ehrenwerten Leute uns bemitleideten und bestrebt waren, uns zu helfen, und daß nur die römischen Geistlichen uns haßten und überall die Ausführung unserer

Pläne verhinderten. Dieser Abbé Nadal war einer von jenen Geistlichen. Er war Prediger und zugleich Sekretär der Gesandtschaft. Er gab während seines Aufenthaltes in London mit dem Duc d'Aumont mehrere Beweise seiner feindseligen Gesinnung gegen die Protestanten.

Der Gesandte war gutmütig und gemäßigt, und mag es auch, wie man sagt, Weihwasser des Hofes oder der Politik gewesen sein, so hat er sich doch immer sehr human gegenüber den Protestanten gezeigt; aber der Abbé Nadal verdarb ihn.

Dieser Abbé hatte die Offiziere in dem Hause des Gesandten dermaßen gewonnen und sie so sehr gegen die französischen Réfugiés aufgehetzt, daß fast kein Tag verging, an dem diese braven Leute nicht Beleidigungen erfuhren.

Jene Offiziere waren so dreist und frech geworden, daß sie unsere Leute sogar in den Kirchen belästigten. Eines Sonntags früh, als der Prediger Armand du Bordieu in der großen Savoie (dieses ist der Name der französischen Hauptkirche) predigte und ungefähr in der Mitte seiner Predigt war, hatte einer der Offiziere des Duc d'Aumont die Frechheit, ganz laut zu rufen: »Du hast gelogen«, worauf er sich so schnell als möglich davonmachte, denn diese Unverschämtheit regte das Volk dermaßen auf, daß man ihn in Stücke gerissen haben würde, wenn man seiner habhaft geworden wäre.

Ein anderes Mal, ich habe es mit eigenen Augen gesehen, befand sich ein Offizier jenes Gesandten im Café Français, in der Nähe der Londoner Börse, und sagte den Réfugiés alle Schande und Laster nach.

Als ihm einer riet, daß er in seinen Reden vorsichtiger sein sollte, da sie sich, Gott sei Dank, in einem Lande der Freiheit und vor den Verfolgungen Frankreichs sicher befänden, so ergriff jener Unverschämte wieder das Wort und sagte in sehr grober Weise: »Glauben Sie mir, Messieurs, der König von Frankreich hat Arme, die lang genug sind, um Sie zu erreichen, auch wenn Sie weit über dem Meer sind, und ich hoffe, Sie werden es bald fühlen.«

Ein Kaufmann von London jedoch, namens Banal, ein braver Réfugié, ließ seinem Zorn gegen diesen Offizier die Zügel schießen und gab ihm eine so tüchtige Ohrfeige, wie ich noch nie gesehen habe, wobei er sagte: »Dieser Arm, der nicht so lang ist wie der deines Königs, wird dich schneller erreichen.«

Der Offizier wollte die Hand an den Degen legen, jedoch alle

Franzosen, die sich dort befanden, warfen sich auf ihn, versetzten ihm mehrere Schläge und kamen überein, ihn zum Fenster hinaus zwei Stockwerk tief hinabzuwerfen, was gewiß geschehen wäre, wenn nicht die Besitzerin des Cafés gekommen wäre und händeringend gebeten hätte, daß man ihn zur Tür hinausgehen lassen solle.

Man tat dies mit Rücksicht auf die Frau, nicht ohne ihn gehörig durchgebleut zu haben. Er lief zu dem Gesandten, um sich bei ihm zu beschweren, der jedoch, weit entfernt, ihn zu rechtfertigen, sagte zu ihm, daß er eine solche Handlung von den Réfugiés verdient und eine zweite Strafe von seiten des Königs zu erwarten habe und daß er nicht wolle, daß seine Offiziere bei der Gesandtschaft jemanden beleidigten.

Dieser Gesandte war von Natur aus rechtschaffen und zugleich ein guter Staatsmann; doch wie dem auch sei, ich bin überzeugt, daß Seine Allerchristlichste Majestät von ihrer Seite die Behandlung dieses Offiziers ebenso mißbilligt haben würde wie die jenes andern, der in der Savoie-Kirche den obenerwähnten Skandal anrichtete, und daß der König sie dafür bestraft haben würde.

Jedoch was tun die Jesuiten und ihresgleichen nicht alles? Sie suchen uns nur zu verfolgen selbst in den sichersten Zufluchtsorten. Man kann sich daher eine Vorstellung davon machen, wie gnädig sie uns behandelt haben, als wir noch in ihrer Gewalt waren.

Ich komme aber wieder zu dem zurück, was mich betrifft, um diese Memoiren mit dem Jahre 1713 zu schließen. Dies ist das Jahr, mit dem ich zu Anfang beschlossen habe zu schließen, da es in der Folge meines Lebens nichts gibt, was meinen Leser interessieren könnte. Denn ich hatte mir vorgenommen, diesen von den Verfolgungen Bericht zu erstatten, die man mich der Religion wegen in den Gefängnissen und auf den Galeeren Frankreichs dreizehn Jahre hindurch hat erleiden lassen.

Nachdem ich mich in London ungefähr zwei und einen halben Monat aufgehalten hatte und mich nichts mehr dort zurückhielt, reiste ich im Dezember mit Erlaubnis des Marquis de Rochegude wieder von dort ab.

Ein Teil unserer Brüder blieb dort, um sich bei der Königin für die Freilassung unserer noch auf den Galeeren befindlichen Brüder zu verwenden. Ich kam gesund in Den Haag an, wo ich denen, die sich für die Sache interessierten, über das, was in London geschehen war, Bericht erstattete, ohne das Lob zu vergessen, das eine große

Anzahl wackerer Leute dieser großen Stadt, sowohl Engländer als französische Réfugiés, verdienen, die uns in einer ganz und gar christlichen und liebevollen Weise aufnahmen.

Abgesehen von den verschiedenen Geschenken, die wir von einzelnen Personen erhielten, hielt das Konsistorium der Savoie-Kirche uns während unseres ganzen Aufenthaltes in London völlig frei.

Ich hielt mich einige Wochen in Den Haag auf. Der Pastor Basnage bat mich darum, mit mir bei verschiedenen vornehmen Leuten vorzusprechen, die sich für uns einsetzten, um uns eine Pension auszuwirken, die uns Ihre Hochmögenden gewährten.

Wir hatten diese Wohltat auf keine Weise verdient, und wir können dieselbe nur ihrer christlichen Mildtätigkeit zuschreiben.

Was mich persönlich betrifft, so bewahre ich dafür in meinem Herzen eine Erkenntlichkeit, die in Worten nicht auszudrücken ist, und wenn ich die Großmut jener Hochmögenden bedenke, kann ich nur ihre Frömmigkeit, ihren Eifer für die Ehre Gottes und ihre Nächstenliebe bewundern, die sie treibt, stets dem heiligen Gebot nachzukommen, ›allen Gutes zu tun, vornehmlich aber an denen, die dem Glauben dienen‹.

Gott möge selbst der Vergelter ihrer Tugenden sein und bis an das Ende der Welt diese Republik mit seinen köstlichsten Segnungen überhäufen!

VIERTER TEIL

BESCHREIBUNG EINER AUSGERÜSTETEN GALEERE UND IHRE KONSTRUKTION

Da es hier in diesem Lande viele Leute gibt, die nicht wissen, was eine Galeere ist, so werde ich ihrer Wißbegierde zu Hilfe kommen und am Ende dieser Memoiren eine Beschreibung davon geben.

Eine gewöhnliche Galeere ist an ihrem Kiel 150 Fuß lang und 40 Fuß breit, der französische Fuß zu 12 Zoll* gerechnet, ein Maß, das hier ein für allemal beachtet wird.

Sie hat kein Zwischendeck, und ihre Brücke oder ihr Oberdeck bedeckt ihren Schiffsraum, der an seiner niedrigsten Stelle 6 Fuß tief ist, nämlich an jeder Bordseite, während er in der Mitte der Galeere 7 Fuß tief ist. Denn das Oberdeck ist rund und geht von einem Ende der Galeere bis zum andern mit einem Fuß Neigung von seiner Mitte an bis zu dem Bord der Galeere auf jeder Seite, so daß dieses Oberdeck ungefähr wie diejenigen auf den Schiffen Amsterdams ist, die man mit Trinkwasser befrachtet und ›Wäter-schuyten‹ nennt. Denn wie diese sind sie, wenn sie beladen sind, völlig im Wasser, das auf dem Verdeck zu- und abfließt, wegen der Neigung desselben nach beiden Seiten, so ist es auch mit einer Galeere, die, wenn sie aufgetakelt, gerüstet und beladen ist, sich ganz im Wasser befindet, und das Wasser fließt zu und ab, um so mehr als der Köker oder der Gang, welcher auf der Höhe des Oberdeckes verläuft und einen langen Kasten von einer dicken Bretterverkleidung bildet, das Wasser aufhält, das sonst bei hohem Seegang durch die an den Stellen, wo die Masten aufgepflanzt sind, befindlichen Öffnungen in den Schiffsraum eindringen würde. Denn was die Luken betrifft, durch die man in

den Schiffsraum hinabsteigt, so sind sie durch eine dicke Bretterverkleidung ebenso hoch wie der Köker erhöht.

Man wird nun vielleicht meinen, daß die Ruderer in ihrer Bank und die Schiffsmannschaft immer im Wasser waten. Doch dem ist nicht so; denn in jeder Bank ist eine ›Banquette‹, das heißt eine kleine Bank, die aus einer Planke besteht, die man, wenn man will, wegnehmen kann und die einen Fuß hoch in der Weise angebracht ist, daß das auf dem Oberdeck zu- und abfließende Wasser unter der Banquette weggeht und daher die Füße der Ruderer nicht erreicht. Und für die Soldaten und Seeleute geht eine Art Galerie, die man ›die Bande‹ nennt, längs der Galeere zur Rechten und Linken hin. Diese Bande oder Galerie ist ebenso hoch wie der Köker; sie ist 2 Fuß breit und zieht sich der Länge nach am Ende der Brücke hin. Hier halten sich die Soldaten und Seeleute auf; doch können sie sich nicht darauf niederlegen, sondern müssen sehr unbequem auf ihrem Pack Kleider sitzen. Die Offiziere haben es nicht bequemer, wenn die Galeere auf See ist, mit einem Wort, niemand hat Platz, sich zu legen, auch nicht im Schiffsraum, der mit Lebensmitteln oder Takelwerk angefüllt ist.

Schiffsraum einer Galeere

Der Schiffsraum ist in sechs Kammern eingeteilt, nämlich:

1. Der ›Gavon‹, eine Art kleine Kajüte unterhalb des Hinterteiles des Schiffes. Er enthält nur ein kleines Bett, wo der Kapitän schläft.

2. Der ›Escandolat‹ oder die Offizkammer, in der alle Vorräte des Kapitäns, wie sein Leinenzeug, Silbergeschirr, Küchengerät usw. aufbewahrt werden.

3. Die ›Kompagne‹. Diese Kammer enthält die flüssigen Lebensmittel für die Schiffsmannschaft, wie Bier, Wein, Öl, Essig, Trinkwasser. Man tut jedoch auch Speck, eingesalzenes Fleisch, Stockfisch, Käse, nie aber Butter hinein.

4. Der ›Paillot‹. Diese Kammer enthält die trockenen Lebensmittel für die Schiffsmannschaft, nämlich Schiffszwieback, Erbsen, Bohnen, Reis usw.

5. Die ›Taverne‹. Diese Kammer befindet sich in der Mitte der Galeere. Sie enthält den Wein, den der Aufseher maßweise zu seinem Profit verkaufen läßt. Aus dieser Kammer gelangt man in die ›Pul-

verkammer‹, zu der nur der Oberkanonier den Schlüssel und die Aufsicht hat. Diese Kammer dient auch dazu, die Segel und Zelte der Galeeren zu verschließen.

6. Die ›Chambre de Proue‹ enthält die Taue der Anker und anderes Takelwerk; auch ist hier die Kiste des Wundarztes, und wenn man zur See ist, so bringt man hier die Kranken unter, die auf Rollen von Seilwerk sehr unbequem liegen. Im Winter und wenn die Galeeren abgetakelt sind, verlegt man die Kranken ins Spital der Stadt.

Ruderbänke

Eine Galeere hat 50 Bänke, nämlich 25 auf jeder Seite. Diese Bänke sind 10 Fuß lang und bestehen eigentlich aus Balken, die $\frac{1}{2}$ Fuß dick sind und 4 Fuß voneinander entfernt liegen. Diese Entfernung bildet die Bänke, und die Balken ruhen auf Zapfen oder Stützen, die bis zur Sitzhöhe der Ruderer reichen. Die Bänke erstrecken sich von der Bande bis zum Köker und sind mit Polstern von Kälberhaaren oder alter Packleinwand versehen, die mit einem Ochsenfell bedeckt sind.

Diese Bänke, auf solche Weise mit Ochsenfellen ausgestattet, die bis zur ›Banquette‹ herabhängen, sind nicht unähnlich großen Kasten oder Bettladen, wo die sechs Galeerenruderer angekettet sind.

Längs der Galeere, zur Rechten und Linken, hart an der Bande, geht ein starker Balken hin, der einen Fuß dick ist und den Bord der Galeeren bildet. Dieser Balken heißt ›der Aposti‹. An demselben sind die Ruder befestigt; die Schaufel oder das Blatt des Ruders geht nach außen, während das starke Ende nach dem Köker zu ausläuft, und zwar in der Weise, daß die Ruder, die 50 Fuß lang sind, ungefähr 13 Fuß lang sich nach innen zu erstrecken, von dem ›Aposti‹ bis zu dem Köker.

Diese 13 Fuß, welche den stärksten und schwersten Teil bilden, wiegen ebensoviel wie die 37 Fuß desselben Ruders, die außen sind, so daß die Ruder, wenn sie auf dem ›Aposti‹ ruhen, sich im Gleichgewicht befinden, ohne das man nicht würde rudern können.

An den dicken Enden der Ruder, die man wegen ihrer Stärke nicht mit der Hand umspannen kann, sind hölzerne Griffe angebracht, die derart angenagelt sind, daß jeder der sechs Ruderer seinen Platz hat, an dem er das Ruder mit Hilfe jener Griffe faßt.

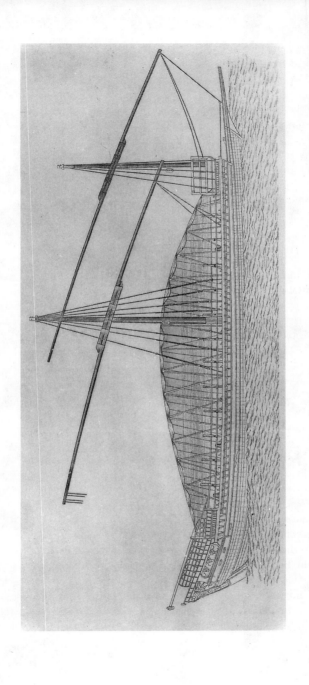

Von dem Köker

Der Köker der Galeere ist aus zwei dicken und starken Plankenwänden von Eichenholz gemacht, die auf dem Oberdeck in der Mitte der Galeere von dem Hinterteil des Schiffes bis zum Vorderteil aufgerichtet sind. Diese beiden Plankenwände sind drei und einen halben Fuß voneinander entfernt und bilden gleichsam einen Kasten, der dazu dient, die Zelte und die Sachen der Besatzung hineinzulegen.

Dieser Köker ist mit querübergelegten Brettern bedeckt, von denen jede Bank das ihrige hat, um sie zu reinigen und um den Köker zu öffnen und zu verschließen, wenn es nötig ist.

Dieser Köker, der also mit diesen Brettern bedeckt ist, bildet einen Weg mitten durch die Galeere hindurch, auf welchem man die Bänke der Ruderer zur Rechten und Linken hat.

Man kann von hinten nach vorn auf der Galeere nur auf diesem Köker gehen, und nur sehr schwer können zwei nebeneinander Platz finden, da sie Gefahr laufen, in die Bänke zur Rechten und Linken hinabzufallen.

Ich habe schon gesagt, daß der Köker das Wasser, das auf dem Oberdeck der Galeere zu- und abfließt, aufhält und verhindert, bei hohem Seegang in den Schiffsraum einzudringen.

Von den Masten einer gerüsteten Galeere

Eine Galeere hat zwei Masten, einen großen und einen kleineren.

Der ›Großmast‹, in der Mitte der Galeere aufgepflanzt, ist 60 Fuß lang, ohne Mastkorb und Haupttau oder Strickleiter, um hinaufzusteigen, und die Matrosen aus der Provence sind so geschickt im Hinaufsteigen des Mastes an einem einzigen herabhängenden Seile, daß selbst die Katzen sie an Schnelligkeit dabei nicht übertreffen.

Dieser Mast, der kein anderes Tauwerk hat als die sogenannte ›Amarre‹, an welches man die Segelstange anknüpft, gleicht einem aufgestellten Kegel.

Die ›Vergue‹ oder ›Antenne‹, Segelstange, ist noch einmal so lang wie der Mast und daher 120 Fuß lang.

Der kleine Mast, den man ›Tringuet‹ nennt und der vorn oder auf dem Vorderteil der Galeere aufgepflanzt ist, ist 40 Fuß lang und von derselben Form wie der Großmast. Seine Segelstange ist 80 Fuß lang.

Man erfand zu meiner Zeit in Dünkirchen einen dritten Mast, den man ›Artimon‹ nannte und, wenn man es für nötig fand, hinten auf der Galeere, gegenüber der ›Guérite‹ aufpflanzte. Das ist das Zimmer auf dem Hinterteil der Galeere, wo sich die Offizier-Majore aufhalten.

Dieser Mast ist 20 Fuß lang, und die Länge seiner Segelstange beträgt 40 Fuß. Man bedient sich derselben nur, um das Schiff zu wenden, und man pflanzt ihn nur in der Not auf, besonders seitdem man in der Folge in Dünkirchen ein Steuerruder erfand, das man ganz vorn an der Spitze des Vorderteils der Galeere anbrachte, wenn man es für nötig fand; weil man, wenn man im Gefecht ist und kehrtmachen muß, um sich zurückzuziehen, große Mühe hat, die Galeere wegen ihrer ungeheuren Länge zu wenden, und dem Feinde dadurch Gelegenheit gibt, viele Leute unschädlich zu machen und zu töten, während man die Galeere wendet und ihm ihre Flanke darbietet. Denn man braucht oft mehr als eine halbe Stunde Zeit, um sie zu wenden. Aber mit Hilfe dieses Steuerruders am Vorderteile des Schiffes und der Erfindung, den Ruderschlag zu verändern, um rückwärts zu rudern und so das Hinterteil des Schiffes zum Vorderteil zu machen, zieht man sich aus dem Kampf zurück, ohne daß es nötig ist, das Schiff zu wenden, und man bietet dem Feinde, wenn man sich kämpfend zurückzieht, immer das Vorderteil dar, wo sich die Geschütze befinden. Dieses Manöver und dieser Wechsel im Rudern geschieht in einem Augenblick und erfolgt auf ein Zeichen, das mit einer Pfeife gegeben wird.

Von den Rudern auf einer Galeere

Der Oberaufseher, welcher die ›Chiourme‹, das heißt, die Galeerensklavenmannschaft, befehligt und durch seine Grausamkeit und Roheit diese armen Unglücklichen in steter Angst erhält, steht immer vor dem Hinterteil des Schiffes in der Nähe des Kapitäns, um seine Befehle entgegenzunehmen.

Zwei Unteraufseher sind auf dem Köker, der eine in der Mitte der Galeere, der andere vorn. Diese zwei Unteraufseher, die Peitsche in der Hand, mit der sie voller Kraft auf den nackten Rücken der Galeerensträflinge eifrig loshauen, passen immer auf die Befehle des Oberaufsehers auf. Sobald dieser die Befehle des Kapitäns zum

Rudern erhalten hat, gibt er auf einer silbernen Pfeife, die an einer Kette um seinen Hals hängt, ein bestimmtes Zeichen. Die beiden Unteraufseher wiederholen das Zeichen auf ihrer Pfeife, worauf die Ruderer, die, das Ruder in der Hand, sich ganz bereit halten, allesamt auf einmal und in so genauem Takt zu rudern anfangen, daß die 50 Ruder alle und mit einem Schlag auf das Wasser hinabfallen und eintauchen, gerade als ob es nur ein einziges Ruder wäre. Auf diese Weise fahren sie fort, ohne daß es eines anderen Befehls bedarf, bis sie auf einen anderen Pfiff, der das Zeichen dazu gibt, einhalten und zu rudern aufhören.

Es kommt sehr viel darauf an, daß sie auf diese Weise allesamt gleichzeitig rudern; denn wenn eines oder das andere der Ruder aus dem Takt kommt und zu früh oder zu spät sich erhebt oder niederfällt, dann zerstoßen sich die Ruderer vor diesem aus dem Takte gekommenen Ruder, wenn sie sich auf die Bank niederlassen, an demselben Ruder den Kopf, und ebenso stoßen dieselben Ruderer, die mit ihrem Ruder fehlgeschlagen haben, mit ihrem Kopf an das Ruder, das hinter ihnen geht.

Doch geht es nicht damit ab, daß sie sich den Kopf zerstoßen. Der Aufseher schlägt auch noch gewaltig auf sie los, so daß es im Interesse ihrer eigenen Haut ist, genau auf Tempo und Takt aufzupassen.

Das Sprichwort hat wohl recht zu sagen, wenn man bei einer harten und beschwerlichen Arbeit ist: ›Ich arbeite wie ein Rudersklave.‹ Denn es ist in der Tat die härteste Anstrengung, die man sich nur denken kann.

Man stelle sich die Sache folgendermaßen vor. Sechs Leute, die angekettet und halbnackt auf ihrer Bank sitzen, das Ruder in der Hand haltend, treten mit einem Fuß auf die ›Pédagne‹, was ein starkes, an der ›Banquette‹ befestigtes Balkenstück ist, und mit dem anderen auf die Bank vor ihnen, und strecken den Körper nach vorn mit steifen Armen, um ihr Ruder vorwärts bis unter den Leib der Vordermänner, die dieselbe Bewegung machen, zu stoßen; nachdem sie auf diese Weise ihr Ruder nach vorn geschoben haben, heben sie es in die Höhe, um damit in das Wasser zu schlagen; und zu gleicher Zeit werfen sie sich oder stürzen sie vielmehr rückwärts, um sich auf ihre Bank niederzusetzen, die wegen des heftigen Niederfallens mit einer Art Kissen versehen ist, wie ich oben schon gesagt habe.

Man muß es jedoch gesehen haben, um es zu glauben, daß diese unglücklichen Ruderer eine so harte Arbeit aushalten können, und jeder, der noch nie das Rudern auf einer Galeere gesehen hat, wird sich, wenn er es zum ersten Mal sieht, nicht vorstellen können, daß die Unglücklichen es eine halbe Stunde aushalten können. Dies beweist deutlich, daß man durch Gewalt und Grausamkeit das Unmögliche sozusagen möglich machen kann.

Und es ist sehr wahr, daß man mit einer Galeere nur auf solche Weise das Meer befahren kann und daß dazu eine Galeerensklavenmannschaft unumgänglich nötig ist, über welche die Aufseher die härteste Gewalt anwenden können, um sie zum Rudern zu bewegen, und zwar nicht nur eine oder zwei Stunden, sondern sogar, wie man weiß, zehn bis zwölf Stunden hintereinander.

Ich bin selbst dabeigewesen, als wir vierundzwanzig Stunden hindurch mit allen Kräften rudern mußten, ohne einen Augenblick auszuruhen.

Bei solchen Gelegenheiten steckten uns die Aufseher und andere Schiffsleute ein Stück in Wein getauchten Zwieback in den Mund, ohne daß wir die Hände vom Ruder zu erheben brauchten, um zu verhindern, daß wir ohnmächtig werden.

Dann hört man nur Geheul von diesen Unglücklichen, denen unter den mörderischen Peitschenhieben, die man ihnen versetzt, das Blut vom Rücken herabrieselt. Man hört nur das Klatschen der Peitsche auf dem Rücken dieser armen Menschen. Man hört nur die Beschimpfungen und schauderhaftesten Flüche der Aufseher, die vor Wut schäumen, wenn ihre Galeere nicht in Reihe und Glied mit den anderen bleibt und nicht ebensogut vorwärtskommt wie eine andere. Man hört nur, wie der Kapitän und die Offiziere den Aufsehern zurufen, daß sie, obgleich schon müde und matt vom heftigen Schlagen, ihre Hiebe verdoppeln sollen. Und wenn einer jener unglücklichen Rudersklaven am Ruder elendiglich stirbt, wie es oft vorkommt, so schlägt man auf ihn los, solange noch das geringste Leben in ihm zu spüren ist; und wenn er nicht mehr atmet, so wirft man ihn in das Meer wie ein gefallenes Stück Vieh, ohne das geringste Mitleid zu empfinden.

Ich habe weiter oben gesagt, daß es sehr wahr ist, daß man mit den Galeeren nicht auf See gehen kann, wenn man nicht diese Grausamkeiten gegen die Sklaven anwendet, die man weniger achtet als das Vieh. Eine Galeerenmannschaft, zusammengesetzt aus den stärksten und zur Arbeit des Ruderns wohlgeübtesten, freien Männern, würde diese Anstrengung nicht aushalten.

Ich weiß dies aus Erfahrung. Im Jahre 1703 ließ man in Dünkirchen vier Halbgaleeren bauen, um sie nach Antwerpen zu schicken, damit sie auf der Schelde verkehren sollten. Diese Halbgaleeren waren ausgezeichnet eingerichtet und von derselben Bauart wie die großen. Die Ruder waren 25 Fuß lang, und drei Leute auf jeder Bank waren zum Rudern angestellt. Man wollte dazu nur besonders gedungene Ruderknechte verwenden, das heißt Leute, die in dieser Arbeit sehr geübt, aber ganz frei waren; denn man getraute sich nicht, Sklaven dazu zu nehmen, die wegen der Nähe der feindlichen Grenze leicht entfliehen konnten; auch fürchtete man bei Gelegenheit der häufigen Kämpfe, die man mit diesen Halbgaleeren unternehmen wollte, Aufruhr von seiten der Galeerensträflinge.

Man rüstete sie daher in Dünkirchen aus, um sie von dort zur See nach Ostende und von da auf dem Kanal von Brügge bis Gent zu schicken, wo die Schelde vorüberfließt. Als man sich anschickte, in See zu stechen, so konnte man nur mit großer Mühe die vier Halbgaleeren mit Hilfe der freien Ruderer bis auf die Reede von Dünkirchen bringen, von wo man wieder in den Hafen einlaufen mußte, weil man nicht weiterfahren konnte. Der Kommandant war genötigt, über die Unmöglichkeit, ohne Galeerensklavenmannschaft in See zu gehen, an den Minister zu berichten, worauf der Minister Ordre gab, einen Vorrudersklaven an jeder Bank anzustellen, der mit zwei freien Männern rudern sollte. Dies geschah, und hierauf führte man jene Schiffe nach Ostende zur See, obgleich mit großer Mühe, und zwar deshalb, weil der Aufseher seine Grausamkeiten gegen die freien Leute nicht auszunützen wagte; wodurch meine Aussage bestätigt wird, nämlich, daß man mit den Galeeren nie wird zur See gehen können ohne Galeerensklaven, gegen welche die Aufseher ungestraft ihre herzlose Grausamkeit ausüben dürfen. Denn es ist zu bemerken, daß, wenn ein Aufseher auf einer Galeere fehlt und der Kapitän einen solchen sucht, er bei denen, die sich dazu melden, auf keine andere Fähigkeit Rücksicht nimmt als auf die, brutal und herzlos zu sein. Wenn einer diese Eigenschaften dann im höchsten Grade hat, so ist er der beste Aufseher Frankreichs. Sie sind im Grunde auch nur um dieser einzigen Eigenschaften willen geachtet.

Monsieur de Langeron, unser Kapitän, bezeichnete sie nur mit dem Titel ›Henker‹, und wenn er irgendwelche Befehle geben wollte, die sie betrafen, so sagte er: »Holla, man rufe den ersten Henker!«, wobei er den ersten Aufseher meinte, und so den zweiten und dritten.

Wenn er aber wollte, daß die Mannschaft ihr Essen erhielt, so hatte er die Gewohnheit, zu dem Aufseher zu sagen: »Holla, Henker, laß den Hunden den Hafer geben!« Das hieß so viel, als daß man der Mannschaft die Bohnen austeilen lassen sollte. Ich weiß nicht, ob er diesen Vergleich daher nahm, daß die Hunde keinen Hafer fressen können, ebenso wie die Sträflinge nur bei größtem Hunger diese Bohnen kauen können, die sehr schlecht gekocht und hart wie Kieselsteine sind, ohne andere Zubereitung, als dem Namen nach mit ein wenig Öl und ein wenig Salz in einem großen Kessel gekocht, der 50 kleine Eimer von dieser gräulichen Suppe enthält.

Was mich betrifft, so habe ich, obwohl ich hundert Mal davon zu essen versuchte, doch nie etwas hinunterbringen können, und in meinem größten Hunger tauchte ich lieber mein Brot in reines Wasser mit ein wenig Essig, als daß ich es mit jener Suppe aß, die so ekelhaft stank, daß man sich die Nase zuhalten mußte.

Doch ist dies die ganze Nahrung, die man den Sträflingen gibt; nämlich Brot, Wasser und diese unverdaulichen Bohnen, von denen jeder vier Unzen* erhält, wenn sie richtig ausgeteilt werden, und wenn der Verteiler nichts davon stiehlt; doch kommt das sehr selten vor.

Ich bin oft so neugierig gewesen, die Portion eines jeden auf meiner Bank zu zählen, und es war viel, wenn sich dreißig Bohnen für jeden vorfanden. Es sind dies jene kleinen schwarzen Bohnen, die man an Tauben verfüttert und die man im Holländischen Pferdebohnen nennt.

Wenn ich von der harten Arbeit des Ruderns spreche, muß ich jedoch sagen, daß jene Gelegenheiten, bei denen man die Galeerensklavenmannschaft so sehr anstrengt, nicht häufig vorkommen. Man schont sie, wenn man vorhersieht, daß man ihre Kräfte besonders nötig brauchen wird, wie ein Fuhrmann seine Pferde soviel wie möglich schont. Zum Beispiel wenn man sich bei einem günstigen Wind auf See befindet, so spannt man die Segel auf, und die Galeerensklaven ruhen aus; denn Segelsetzen geschieht nur von den Matrosen und freien Leuten. Ebenso wenn eine Galeere von einem Hafen nach einem anderen fährt und die Entfernung vierundzwanzig Stunden oder mehr beträgt, so macht man, wie man sagt, Quartier, das heißt, die Hälfte der Galeere rudert eine und eine halbe Stunde, während die andere Hälfte ausruht, und so abwechselnd. Man verstehe jedoch wohl, daß die Hälfte, welche rudert, die Hälfte von beiden Seiten der

Galeere ist, nämlich zwölf Ruder auf jeder Seite von hinten an gerechnet bis zur Mitte der Galeere; dieses macht 24 Ruder für das Quartier des Hinterteiles und dreizehn Ruder auf jeder Seite von dem Zentrum an bis zum Vorderteile, was 26 Ruder für das Quartier des Vorderteils ausmacht. Auf einen einzigen Pfiff erheben sich diese zwei Quartiere in einem Augenblick. Man kommandiert keine Bewegung für Segel oder für Ruder mündlich, sondern alles geschieht auf einen Pfiff, den die Schiffsmannschaft und die Galeerensklaven vollkommen verstehen. Dieses Pfeifen bildet eine Sprache, die man durch den langen und häufigen Gebrauch erlernt.

Das Kommando mit der Pfeife geschieht durch die Aufseher, nachdem sie die Ordre des Kapitäns dazu erhalten haben. Alle Bewegungen und Arbeiten, die ausgeführt werden müssen, werden durch die verschiedenen Töne der Pfeife bezeichnet.

Man bezeichnet damit sogar die Personen nach ihren verschiedenen Ämtern, und diejenigen, die dieses Pfeifen hören und nichts davon verstehen, glauben Nachtigallen schlagen zu hören. Ich erinnere mich, daß unser Aufseher einmal eine Lerche in einem Käfig aufzog; dieses Tier hatte die verschiedenen Töne der Pfeife des Aufsehers so gut nachzuahmen gelernt, daß es uns oft zu verschiedenen Bewegungen veranlaßte, die gar nicht kommandiert waren, so daß der Kapitän dem Aufseher befahl, den Vogel abzuschaffen, was er auch tat, denn derselbe ließ uns keine Ruhe.

Es ist nicht zu verwundern, daß die Aufseher der Galeeren gegen die Galeerensklaven so grausam und hartherzig sind; es ist ihr Beruf, zu dem sie von Jugend auf erzogen werden, und sie würden, wie ich gesagt habe, auch nicht imstande sein, auf andere Weise ihre Galeere vorwärts zu bringen. Was ich jedoch unbegreiflich finde und was auch meinen Lesern unerhört erscheinen wird, das ist, daß die Kapitäne und höheren Offiziere, die alles Leute von guter Familie und Bildung sind, auf diese Grausamkeit drängen und den Aufsehern fortwährend befehlen, unbarmherzig zuzuschlagen.

Es gibt jedoch nichts Wahreres. Als Beispiel davon diene folgendes. Als wir vor der Themse jene englische Fregatte, mit Namen ›Nachtigall‹, aufbrachten, wie ich weiter oben erzählt habe, ließ man bei Anbruch der Nacht aus Besorgnis, man möchte nicht früh genug die Fregatte erreichen, aus allen Kräften darauflosrudern.

Als unser Leutnant dem Aufseher befahl, die Peitschenhiebe auf die Galeerensklaven zu verdoppeln, und der Aufseher ihm sagte, daß er, obgleich er sein Möglichstes täte, nicht absehe, wie wir die Fregatte der einbrechenden Nacht wegen nehmen könnten; so antwortete ihm der Leutnant, daß er, wenn er die Fregatte nicht in seine Gewalt bekäme, sich lieber selbst an der Segelstange der Galeere aufhängen wolle.

»Verdopple deine Hiebe, Henker, um die Hunde da anzutreiben und einzuschüchtern«, sagte er, indem er auf die Galeerensträflinge deutete. »Mache es, wie ich es oft auf den Galeeren von Malta habe tun sehen. Haue einem dieser Hunde den Arm ab und gebrauche ihn als Knüppel, um die anderen damit zu schlagen.« Und dieser rohe Leutnant wollte den Aufseher zwingen, diese Grausamkeit wirklich auszuführen.

Der Aufseher jedoch, der nicht ganz so unmenschlich wie der Leutnant war, wollte dergleichen nicht tun, und eine halbe Stunde später, als wir an Bord der Fregatte waren, tötete der erste Schuß, der auf uns gerichtet wurde, den grausamen Leutnant auf dem Köker.

Ja, es geschah, als ob sein Leichnam nicht des Begräbnisses wert sei, daß derselbe, obgleich man alle mögliche Vorsicht anwandte, um ihn an Land zu bringen, und obgleich wir nicht drei Tage nach dem Tod des Mannes zur See waren, so stark in Verwesung ging, daß es unmöglich war, ihn länger an Bord zu lassen, und man mußte ihn kurz vor Dünkirchen ins Meer werfen.

Ein andermal war unsere Galeere in Boulogne, nahe bei Calais, wo damals die Residenz desselben Duc d'Aumont war, den wir bereits als Gesandten am Hofe Englands sahen. Monsieur de Langeron, unser Kapitän, bewirtete ihn auf der Galeere, und da das Meer ziemlich ruhig war und man diesem vornehmen Manne ein Vergnügen bereiten wollte, so schlug er ihm vor, eine kurze Fahrt auf See zu machen, was angenommen wurde. Wir ruderten gemächlich bis in die Nähe von Dover; und da der Duc bei Betrachtung des harten Dienstes und elenden Zustandes der Galeerensklaven unter anderm gesagt hatte, daß er nicht begreife, wie diese armen Menschen schlafen könnten, da sie so zusammengedrängt wären und nicht die geringste Bequemlichkeit hätten, um sich auf ihren Bänken niederzulegen, so erwiderte der Kapitän: »Ich weiß wohl das Geheimnis, sie in tiefen Schlaf zu wiegen, und ich werde Sie davon durch eine Prise Opium überzeugen, die ich ihnen bereiten werde.«

Hierauf rief er den Aufseher und gab ihm den Befehl, das Schiff zu wenden, um nach Boulogne zurückzukehren. Den Wind und die

Flut hatten wir vor uns, und wir waren an die zehn Meilen von diesem Hafen entfernt. Als das Schiff gewendet war, befahl der Kapitän, aus allen Kräften vorwärts zu rudern und ›passe-vogue‹ oder ›volle Kraft voraus‹ zu machen. Dieses ›passe-vogue‹ erfordert die furchtbarste Anstrengung, die man sich vorstellen kann, denn man muß das Tempo oder den Takt des Ruderschlags verdoppeln, was in einer Stunde mehr ermüdet, als sonst in vier Stunden gewöhnlichen Ruderschlags der Fall ist. Außerdem muß man bedenken, daß es fast unmöglich ist, bei einem solchen ›passe-vogue‹ den Ruderschlag nicht oft zu verfehlen, in welchem Falle die Peitschenhiebe wie Hagel niederprasseln.

Endlich kamen wir in Boulogne an, jedoch so müde und matt von Schlägen, daß wir weder Arm noch Bein regen konnten, und der Kapitän befahl dem Aufseher, daß er die Galeerensklaven sich niederlegen lassen sollte, was auf einen Pfiff geschieht. Während dieser Zeit begaben sich der Duc d'Aumont und die Offiziere zur Tafel, und als sie zur Mitternacht vom Tische aufstanden, sagte der Kapitän zum Duc, daß er ihm die Wirkung seines Opiums zeigen wolle, und führte ihn auf den Köker, wo sie die armen Galeerensklaven sahen, von denen der größte Teil schlief, während andere, die wegen der Schmerzen, welche sie erlitten, kein Auge schließen konnten, sich jedoch stellten, als ob sie schliefen; denn der Kapitän hatte es so befohlen, da er nicht wollte, daß sein Opium ohne die Wirkung blieb, die er dem Duc versprochen hatte. Aber welch schauderhaftes Schauspiel stellte er ihm dar! Sechs Unglückliche auf jeder Bank niedergekauert und auf einem Haufen zusammenhockend, einer auf dem andern, ganz nackt; denn keiner hatte die Kraft gehabt, sein Hemd anzulegen; der größte Teil blutend von den erhaltenen Peitschenhieben und ihr ganzer Körper bedeckt mit Schweiß.

»Sie sehen, Monsieur«, sagte der Kapitän zu dem Duc, »ob ich nicht das Geheimnis besitze, diese Leute gut einzuschläfern. Ich werde Ihnen zeigen, daß ich sie auch aufzuwecken verstehe, wie ich sie einschläfern kann.«

Hierauf gab er den Aufsehern seine Befehle, die zum Aufstehen pfiffen. Dies war das Jämmerlichste, was man sich denken kann. Fast niemand konnte aufstehen, so steif waren ihre Beine und ihr ganzer Körper, und nur mit Hilfe tüchtiger Peitschenhiebe konnte man sie zum Aufstehen bringen, indem man sie tausend lächerliche und sehr schmerzhafte Stellungen machen ließ. Aus diesen Beispielen mag man urteilen, ob die Kapitäne und höheren Offiziere nicht ebenso grausam sind wie die Aufseher selbst.

Von den Segeln einer Galeere

Jeder Mast einer Galeere trägt nur ein Segel; aber man hat verschiedene, größere oder kleinere Segel, um sich derselben je nach dem Wind zu bedienen. Es ist kein Unterschied in der Gestalt der Segel, sowohl deren des großen als des kleinen Mastes.

Wenn man segeln will, so läßt man die Segelstange ganz auf die Bänke herab, und die Galeerensklaven knüpfen das Segel an die Segelstange. Wenn nun der Wind nicht zu stark ist, so zieht man die Segelstange bis zur Höhe des Mastes hinauf, und je nachdem sich die Segelstange erhebt, breitet sich das Segel aus. Da diese Segelstange noch einmal so lang ist als der Mast, so läuft das starke Ende derselben fast ganz unten am Fuß des Mastes aus, so daß das dünne Ende oder die Spitze der Stange oben am Mast und 40 Fuß höher als das Ende des Hauptmastes ist.

Dies macht, daß dieses Segel, dessen Spitze an dem dünnen Ende der Segelstange angeknüpft ist, wenn es ausgespannt ist, die Form eines Taubenflügels hat; denn alle Segel der Galeere sind solche, die man ›lateinische‹ oder Rutensegel nennt und die dreieckig sind.

Wenn der Wind zu stark ist, so würde es gefährlich sein, die Segelstange aufzuziehen, sobald das Segel daran befestigt ist; denn wenn der Wind in das Segel bläst, ehe die Segelstange an ihrem Platz oben auf dem Mast und zur Aufnahme des geeigneten Windes eingerichtet ist, so würde das Segel die Galeere umwerfen können. Deshalb ist man sehr vorsichtig und rollt, um die Gefahr zu vermeiden, das Segel, nachdem man es an die Segelstange befestigt hat, auf und befestigt es so aufgerollt an die Segelstange mit einer dürren Grasart, die man ›Seebinsen‹ nennt und die stark genug sind, um das Segel an der Segelstange festzuhalten.

Nachdem man die Segelstange hinaufgewunden hat und sie, wie man will, zur Aufnahme des nötigen Windes geordnet, zieht man das Seil des Segels mit aller Kraft herab, was bewirkt, daß alle jene Meerbinsen zerreißen und das Segel in einem Augenblick ausgespannt ist. Ebenso macht man es, um das Segel des kleinen Mastes auszuspannen.

Die Matrosen steigen nie an der Segelstange hinauf, um das Segel an- und loszumachen, und jedesmal, wenn man es ausführen will, muß man die Segelstange herablassen. Wenn man zum Gefecht zieht, so knüpft man die Segelstangen sehr sorgfältig mit verschiedenen Seilen und sogar mit eisernen Ketten an. Denn wenn unglücklicherweise eine Kanonenkugel die ›Amarre‹, welches ein sechs Zoll starkes Seil ist und die Segelstange in ihrer Mitte festhält, zerrisse, so würde die Segelstange auf die Galeere herabfallen. Da aber die Segelstange von einer sehr beträchtlichen Schwere und Stärke ist, so würde ihr Fall die Galeeren in den Grund bohren oder wenigstens eine Menge Leute zerschmettern.

Von den Geschützen auf einer gerüsteten Galeere

Eine Galeere trägt fünf Stück bronzene Kanonen, die sich alle auf dem Vorderteil der Galeeren befinden. Die hauptsächlichste dieser Kanonen ist die, welche man den ›Coursier‹ nennt.

Dieser Name hat seinen Ursprung von der Lage dieser Kanone; denn sie ist, wie in einem Kasten, in dem Coursier, das heißt Köker, eingeschlossen, der von der Mitte oder dem Zentrum der Galeere bis zum Vorderteil des Schiffes reicht.

Diese Kanone ist ein 36-Pfünder und ruht auf Rinnen von starken Eichenbrettern, die inwendig an den Rand des Kökers angenagelt sind. Diese Rinnen sind abschüssig oder schräglaufend; ihre Höhen sind auf dem Vorderteil des Schiffes und verlaufen, sich mehr und mehr neigend, bis zum Fuße des Hauptmastes.

Wenn man mit dieser Kanone schießen will, so lädt man sie in ihrem Kasten, welcher also der Köker ist, und mit Hilfe von zwei Tauen, von denen das eine rechts, das andere links angebracht ist, zieht man sie nach vorn. Da sie nun auf den wohlgeschmierten Rinnen liegt, so läuft sie ohne viele Mühe bis zu ihrer Stückpforte, die auf dem Vorderteil des Schiffes ist, worauf man sie mit Hilfe von Keilen, die man am hinteren Teil derselben anbringt, wie man will, richtet.

Wenn man mit dieser Kanone schießt, so geht sie von selbst durch die Kraft ihres Rückschlages zurück bis ganz an das untere Ende der Rinne und befindet sich somit wieder in ihrem Kasten, ohne daß man irgendwelche Mühe hat, sie wieder dahin zu bringen. Hier lädt man sie wieder, indem man dasselbe Manöver macht, um sie an die Stückpforte zu bringen, und so verfährt man jedesmal, wenn man mit ihr schießen will. Diese Kanone ist nach Art der Feldschlangen gemacht und trägt außerordentlich weit und kann dem Feinde viel Schaden zufügen, denn die Galeere ist niedrig, und wenn die Kanone das Schiff, auf welches man schießt, trifft, so geschieht es fast immer längs der Oberfläche des Wassers, so daß das feindliche Schiff leicht in den Grund gebohrt werden kann, besonders wenn das Meer ruhig ist; denn da in diesem Falle die Galeere nur wenig oder gar keine Bewegung macht, so trägt die Kanone viel sicherer nach dem Zielpunkt, wohin man sie gerichtet hat.

Zu beiden Seiten dieser Kanone sind vier andere, zwei auf jeder Seite. Die zwei Kanonen auf der rechten Seite sind die eine ein 24-Pfünder und die andere ein 18-Pfünder, die zwei Kanonen auf der linken Seite sind von demselben Kaliber.

Diese vier Kanonen sind auf dem Vorderkastell des Schiffes aufgestellt, das man die ›Rambade‹ nennt. Es ist dies eine Erhöhung oder Brücke am Ende der Galeere, um 6 Fuß erhöht, welche die ganze Breite des Vorderteils der Galeere einnimmt; diese Brücke ist 10 Fuß lang und so breit wie die Galeere, nämlich etwa 40 Fuß.

Auf dieser Brücke oder ›Rambade‹ halten sich die Matrosen und Seeleute auf, um das Manöver mit dem Segel des kleinen Mastes zu machen, und wenn eine Galeere sich zum Entern anschickt, so ist auf dieser ›Rambade‹ der Ehrenposten; denn von hier springt man auf das feindliche Schiff; auch kommandiert hier der Erste Offizier die Grenadiere oder andere Soldaten, die zum Entern bestimmt sind.

Ich komme wieder zu meinen vier Kanonen zurück. Sie sind auf guten Lafetten aufgestellt, die auf dem Oberdeck der Galeere befestigt sind; und diese gehen nicht rückwärts, wenn man mit ihnen schießt, wie der ›Coursier‹ tut. Diese Geschütze werden immer von erfahrenen Kanonieren sehr gut bedient.

*Von der Kost der Schiffsmannschaft
und der Galeerensklaven
auf einer gerüsteten Galeere*

Wenn eine Galeere gerüstet ist, so werden die Offiziere, Soldaten und Seeleute, die die Schiffsmannschaft bilden, 200 an der Zahl, die ich hier unten beschreiben werde, von dem Tage der Rüstung bis zum Tage der Abrüstung verköstigt; und nach ihrem Rang wird ihnen die Ration verabreicht.

Die Ober-Offiziere, sechs an der Zahl, haben jeder täglich 22 Unzen Schiffszwieback, Markgewicht, und wöchentlich
    2 Pfund Speck
    2 Pfund gesalzenes Rindfleisch
    2 Pfund Stockfisch
    2 Pfund Käse
    ½ Pfund Olivenöl
    1 Pfund Reis
    2 Pfund Erbsen
    7 Maß Wein Pariser Messung

Die Seeoffiziere, 27 an Zahl, haben 22 Unzen Brot oder Schiffszwieback täglich und wöchentlich
    1 Pfund Speck
    1 Pfund gesalzenes Fleisch
    1 Pfund Stockfisch
    1 Pfund Käse
    4 Unzen Olivenöl
    ¼ Pfund Reis
    1 Pfund Erbsen
    7 Halbsester* Wein

Die Soldaten, an Zahl hundert, 25 Ruderseeleute, 26 Matrosen der ›Rambade‹, 8 Hellebardiere, 3 Schiffsjungen, im ganzen 162 Mann, erhalten gleiche Ration, nämlich 22 Unzen Schiffszwieback ein jeder täglich und wöchentlich
    1 Pfund Speck
    1 Pfund eingesalzenes Fleisch
    1 Pfund Stockfisch
    ½ Pfund Käse
    ¼ Pfund Öl
    ½ Pfund Erbsen
    7 Halbsester Wein

Die Galeerensklavenmannschaft, 300 an der Zahl, hat 26 Unzen Schiffszwieback und 4 Unzen Bohnen täglich.

Liste der 500 Mann, welche die Schiffsmannschaft und Sklavenmannschaft der Galeere bilden, ihre Verrichtung und ihr Sold

1 Kapitän hat zwölftausend Livres jährlich; und wenn die Galeere gerüstet ist, hat er fünfhundert Livres monatlich für seine Tafel, an der fünf Offiziermajore und der Schiffsprediger speisen.
> 1 Leutnant hat viertausend Livres jährlich.
> 1 Unterleutnant hat zweitausend Livres jährlich.
> 1 Fähnrich hat zwölfhundert Livres jährlich.
> 1 Fahnengardist, der vom Admiral der Galeeren bezahlt wird, hat siebenhundert Livres jährlich.

Dies macht zusammen fünf Offiziermajore.

Ober-Offizier
> 1 Schiffsprediger hat sechzig Livres monatlich.
> 1 Steuermann hat fünfzig Livres monatlich.
> 1 Schreiber des Königs oder Kommissar hat fünfzig Livres monatlich.
> 1 Oberwundarzt hat 50 Livres monatlich.
> 1 Oberaufseher hat 30 Livres monatlich.
> 1 Oberkanonier hat 30 Livres monatlich.

See- oder subalterne Offiziere
> 4 Timoniers, welches die sind, die am Steuerruder sind, haben jeder zwanzig Livres monatlich.
> 1 Untersteuermann hat 25 Livres monatlich.
> 2 Unteraufseher haben jeder 20 Livres monatlich.
> 1 Profoß hat 20 Livres monatlich.
> 1 Unterprofoß hat 15 Livres monatlich.
> 1 Barillat, welches der ist, der die Sorge für die Fässer auf sich hat, hat 25 Livres monatlich.
> 1 Remolat, welches der ist, welcher die Sorge für die Ruder auf sich hat, hat 20 Livres monatlich.
> 1 Oberkalfaterer hat 20 Livres monatlich.
> 4 Caps de Garde, welches die sind, die über die Matrosen und in den Schaluppen befehlen, haben jeder 15 Livres monatlich.
> 1 Kapitän der Seesoldaten, welcher die Ruderseeleute kommandiert und selbst wie ein anderer, wenn es Not ist, rudert, hat 12 Livres monatlich.

1 Majordome, welches der ist, der die Verwaltung der Lebensmittel auf sich hat, erhält 12 Livres monatlich.

1 Capitaine d'Armes, welcher der erste Sergeant der Kompanie ist, hat 18 Livres monatlich.

4 Sergeanten, jeder 15 Livres monatlich.

4 Korporäle haben 9 Livres monatlich,

sind insgesamt 38 Offiziermajore, höheren und niederen Ranges.

100 Soldaten, jeder 7½ Livres monatlich.

25 Ruderseeleute, welche mit den Sträflingen rudern und die Stelle derjenigen ersetzen, die gestorben oder krank sind, haben jeder 7 Livres monatlich.

26 Matrosen der ›Rambade‹, die für die Bedienung der Segel da sind, haben jeder 9 Livres monatlich.

8 Hellebardiere, welches die sind, denen die Bewachung der Galeerensklaven übertragen ist und welche sie mit dem Säbel an der Seite begleiten, wenn sie in der Stadt sind, haben 7 Livres jeder monatlich.

3 Schiffsjungen, welche man nach der Pfeife abrichtet, um aus ihnen Aufseher zu bilden, und welche man zur Grausamkeit und Unbarmherzigkeit erzieht; sie haben 5 Livres jeder monatlich.

200 Galeerensträflinge;

50 Türken;

500 Mann, welche die Schiffsmannschaft und Galeerensklavenmannschaft einer gerüsteten Galeere bilden.

NB. Die Matrosen der ›Rambade‹ erhalten nur Lohn und Kost, wenn die Galeere gerüstet ist; wenn man sie abrüstet, so verabschiedet man sie. Für alle übrigen Offiziere und Schiffsleute läuft die Bezahlung immer fort durch Winter und Sommer. Nur wenn die Galeere abgerüstet ist, bekommen sie keine Kost. In Dünkirchen quartierte man sie in den Kasernen ein, aber in Marseille verschaffte sich jeder sein Logis auf seine Kosten.

*Von den Bequemlichkeiten, welche die Offiziere
für ihr Nachtlager haben, wenn die Galeere vor Anker
auf einer Reede oder in einem Hafen liegt*

Die Offiziere ebenso wie die übrige Mannschaft legen sich nie zum Schlafen nieder, wenn die Galeere auf See geht, sei es mit Rudern oder Segeln; denn es ist kein Platz auf derselben frei vom Manöver, wo sich jemand ausruhen könnte.

Der Schiffsraum sogar ist voll von Lebensmitteln, Segeln, Tauwerk und anderen Apparaten der Galeere, und nur die Schiffsjungen von jeder Kammer bringen dort Tag und Nacht zu. Die Soldaten sitzen auf ihrem Kleiderpack auf der Bande oder Galerie, die ich bei Gelegenheit des Baues der Schiffe beschrieben habe. Die Matrosen, Seeleute und niedern Offiziere setzen sich, so gut es geht, auf der ›Rambade‹ und andern ziemlich unbequemen Plätzen nieder. Die Offiziermajore sitzen auf Stühlen oder Lehnsesseln in der ›Guerite‹ oder dem Zimmer im Hinterteil des Schiffes. Aber wenn die Galeere vor Anker oder in einem Hafen liegt, so spannt man das Zelt auf, das aus starkem Zeug, gemischt aus Baumwolle oder Zwirn, blau und weiß gestreift, gemacht ist.

Dieses Zelt reicht von einem Ende der Galeere bis zum andern; man richtet es mittelst großer hölzerner Pfähle auf, welche man ›Hebeböcke‹ nennt, die in gewisser Entfernung voneinander aufgestellt sind. Sie sind von verschiedener Länge, um dem Zelte die Form des ›Eselsrückens‹ zu geben. Dasselbe ist an seinem Ende beim Hinterteil des Schiffes ungefähr 8 Fuß, in der Mitte der Galeere 20 Fuß und an seinem Ende beim Vorderteil des Schiffes ungefähr 6 Fuß hoch. Der Rand reicht bis zum Bord der Galeere an jeder Seite.

Dieses Zelt, gut gespannt und an dem ›Aposti‹ befestigt, bedeckt die ganze Galeere und ist in Form und Gewebe so beschaffen, daß kein Regen, sei er auch noch so stark, durchdringen kann.

Wenn daher dieses Zelt aufgerichtet ist, so ruht jedermann aus, und während des Tages beschäftigt sich jeder, sei es, daß er ißt oder daß er näht und baumwollene Strümpfe strickt, die alle Galeerensträflinge zu fertigen verstehen. Die Matrosen und Seeleute unterhalten sich und tanzen nach dem Tambourin, worin die Provenzalen sich auszeichnen. Ein Mann hat dieses Tambourin an seinem Halse hängen, das gebaut ist wie eine Kriegstrommel, aber länger. Mit einer Hand schlägt er mit einer Gerte auf das Tambourin, um den

Takt zu schlagen, in der anderen Hand hat er eine kleine Flöte, auf der er spielt, und es ist ein wahres Vergnügen, diese Seeleute aus der Provence nach dem Ton dieses Instrumentes tanzen und springen zu sehen. Wenn die Nacht gekommen ist und nachdem man gegessen hat, so richten die Galeerensklaven in jeder Bank, die für die Offiziere bestimmt ist, eine Tafel her, die 6 Fuß lang und 3 Fuß breit ist.

Diese Tafel wird auf zwei Querbalken oder starke Stäbe gelegt, die teils von Holz, teils von Eisen sind. Die Querbalken werden gestützt durch 4 Zapfen, von denen zwei in der einen und zwei in der nächsten Bank eingeschlagen sind. Diese Tafel, die auf solche Weise auf den zwei Querbalken ruht, erhebt sich ungefähr 3 Fuß hoch über die Brücke. Die Offiziere haben gute Matratzen von Wolle und Roßhaaren, die man tagsüber im Schiffsraum aufbewahrt. Die Matratzen legt man auf die Tafel, jede an ihren Platz; darauf legt man ein Kissen, das auf einem Gestell von Holz ruht, dann die Tücher und Bettdecken; worauf man das Ganze mit einem Vorhang umgibt von sehr starkem Baumwollenzeug, dessen Spitze man oben an dem Zelt vermittelst eines Strickes und einer Rolle befestigt, die zu diesem Zweck angebracht ist. Dieser Vorhang, auf solche Weise oben geordnet, umgibt mit seinem Rand, der sehr breit ist, das Bett, als wenn es das beste Himmelbett wäre; und alle diese Betten mit ihren blau- und weißgestreiften Vorhängen und auf jeder Seite des Kökers angebracht, welcher gleichsam die Straße oder den Weg bildet, sind ein recht hübscher Anblick von einem Ende der Galeere bis zum anderen, besonders da die Galeere immer durch verschiedene Laternen, die an dem Zelt von dem Hinterteil des Schiffes bis zum Vorderteil herabhängen, sehr gut erleuchtet ist.

Die ganze Herrichtung der Betten geschieht in einem Augenblick, worauf man den Galeerensklaven durch einen Pfiff das Zeichen zum Niederlegen gibt.

Die Offiziere und die Schiffsmannschaft gehen zu Bett, wann sie wollen; aber sobald man den Galeerensklaven befohlen hat, sich niederzulegen, so darf kein einziger von ihnen mehr stehen, noch reden, noch sich im geringsten bewegen. Und wenn doch jemand zum ›Aposti‹ oder Schiffsbord gehen muß, um dort seine Notdurft zu verrichten, muß er ›à la bande‹ rufen, so darf er, wenn der Profoß oder Wachhabende ihm die Erlaubnis mit der Antwort »Geh« erteilt und ihm einen Wächter mitgegeben hat. Ansonsten herrscht auf der Galeere tiefste Ruhe, als ob niemand an Bord wäre.

Die Seesoldaten errichten auf jeder Seite der ›Rambade‹ oder des Vorderkastells, das außerhalb des großen Zeltes ist, ein Zeltbett und schlafen alle unter diesem, vor dem Regen und der Kühle der Nacht geschützt. Die Soldaten kauern, so gut es geht, auf der Bande, und die Galeerensklaven sitzen in ihrer Bank auf dem Fußtritt und stützen den Kopf gegen die Bank.

Auf diese Weise nimmt jeder Platz, um zu schlafen, wenn die Galeere gerüstet ist. Aber im Winter, wenn die Galeere abgerüstet ist und die Offiziere und Schiffsmannschaften zu Lande einquartiert sind, mit Ausnahme der Profosse, Aufseher und Hellebardiere, die sich weder tags noch nachts von der Galeere entfernen dürfen, dann haben die Galeerensklaven mehr Platz, nehmen sich ein Stückchen Brett oder sonst etwas mehr und schlafen bequemer, obgleich hart, indem sie sich mit ihren Mänteln zudecken.

Von dem Unterschied einer gewöhnlichen Galeere
von denjenigen, welche man ›La Grande Réale‹
und ›La Patronne‹ nennt

Die Galeere, die ›La Grande Réale‹ heißt, ist im Bau nicht von einer gewöhnlichen Galeere zu unterscheiden, außer, daß sie größer ist und 180 Fuß lang und 48 Fuß breit ist. Sie hat 60 Ruderbänke und 7 Rudersklaven an jedem Ruder.

Die höheren und subalternen Offiziere sind von gleicher Zahl wie die einer gewöhnlichen Galeere; aber es gibt mehr Offiziermajore. Sie wird vom General der Galeeren kommandiert, wenn er zur See geht, was selten vorkommt. Aber diese Galeere hat immer als Kapitän einen Geschwaderchef und trägt die viereckige Flagge am Hauptmast. Die anderen Geschwaderchefs tragen sie nur am kleinen Mast.

Offiziermajore der Galeere ›La Grande Réale‹
  1 Kapitän,
  1 Kapitänleutnant,
  1 Leutnant,
  1 Unterleutnant,
  1 Fähnrich,
  4 Fahnengardisten. Wenn der Admiral an Bord ist, so sind alle Fahnengardisten da, weil die große Fahne weht.
  1 Hauptmajor,

1 Hauptkommissar,
   1 oder 2 freiwillige Offiziere.
Sind insgesamt 12.
 120 Soldaten,
  35 Matrosen der Rambade,
  35 Ruderseeleute,
 360 Galeerensträflinge,
  60 Türkensklaven,
sind insgesamt 622.
   6 Offiziere höheren Ranges,
  27 Subalterne Offiziere,
  10 Hellebardiere,
   5 Schiffsjungen,
670 im ganzen.

Wenn der General an Bord ist, macht es 700 Mann, wegen der Fahnengardisten, die alle da sind.

Die Galeere ›La Patronne‹ hat denselben Bau wie die ›La Grande Réale‹ und dieselbe Größe, auch ist die Zahl der Schiffsmannschaft dieselbe, außer daß einige Offiziermajore weniger sind. Jedoch hat sie ihren Kapitän, der ein Geschwaderchef ist und die viereckige Flagge am großen Mast trägt, wenn die ›La Grande Réale‹ nicht auf See ist. Die Mäntel der Galeerensklaven und ihre Mützen sind blau, während die der Sträflinge auf den andern Galeeren rot sind.

Ränge der Offiziermajore der Galeeren
   Ein Kapitän hat den Rang eines Obersten.
   Ein Leutnant den eines Oberstleutnants.
   Ein Unterleutnant den eines Kapitäns.
   Ein Fähnrich den eines Leutnants.
   Ein Geschwaderchef den eines Generalleutnants.
   Ein Generalleutnant den eines Generals.

Von den Schaluppen einer gerüsteten Galeere

Eine gerüstete Galeere hat immer 2 Schaluppen, eine große und eine kleinere. Die große, welche man den ›Caïque‹ nennt, hat 10 freie Leute, von denen ein jeder mit einem Ruder rudert, und 1 Untersteuermann, der es steuert.

Diese Schaluppe dient dazu, den Anker zu lichten, wenn man einen Ankerplatz verlassen will. Auch dient sie dazu, das Trinkwasser und andere Sachen der Galeere zuzuführen.

Die kleine Schaluppe, die man das ›Canot‹ nennt, hat 8 freie Leute, die mit ihrem Untersteuermann rudern. Sie ist einzig und allein für den Gebrauch der Offiziermajore bestimmt. Wenn man von einem Hafen oder einer Reede ablegt, so bringt man diese 2 Schaluppen mit Flaschenzügen auf die Galeere, die eine zur rechten, die andere zur linken Seite. Sie ruhen auf zwei Armen, welche man ›Chevalets‹ nennt und die 6 Fuß hoch über den Bänken sind, die sie bedecken, so daß sie keinen Platz wegnehmen und keinem Manöver hinderlich sind; denn die Ruderer rudern ebenso leicht unter diesen so angebrachten Schaluppen, als wenn keine da wären.

Wenn man auf See mit irgendeinem Schiff, auf das man stößt, parlamentieren will, so kann im Nu dieses ›Canot‹ herabgelassen werden, und ebenso geschieht es mit dem ›Caïque‹, wenn man ihn nötig hat. Ebenso leicht bringt man sie wieder an ihren Platz, wenn dieselben ihren Dienst erfüllt haben. Sobald man den Anker auswirft, läßt man alle beide herab, indem man sie hinter der Galeere befestigt. Dies geschieht immer mit großer Vorsicht, aus Besorgnis, daß die Sklaven und besonders die Türken, die immer losgekettet sind und nur einen eisernen Ring bei Tag und Nacht am Bein tragen, mit Hilfe dieser Schaluppe entfliehen könnten. Man erlaubt ihnen jedoch ebenso wie den Leuten der Schiffsmannschaft hineinzugehen, um dort zu rauchen, denn auf den Galeeren darf niemand rauchen bei Strafe, daß ihnen Nase und Ohren abgeschnitten werden. Selbst die Offiziermajore und der Kapitän würden nicht wagen, auf den Galeeren zu rauchen; so streng ist das Verbot vom König, und zwar wegen einer französischen Galeere, die vor langen Jahren in die Luft flog, weil das Pulver in Brand geraten war und man glaubte, daß dieses Unglück durch einen Türken verursacht worden sei, der in der Nähe der Pulverkammer rauchte.

Von der Kleidung der Galeerensklaven

Jeder Galeerensklave erhält jedes Jahr zwei Hemden von einer Leinwand, die etwas weniger grob ist als diejenige, deren man sich hierzulande zum Reinigen der Häuser bedient, und die man ›Dweyldoeck‹

nennt; zwei Unterhosen von derselben Leinwand, die ohne Beine wie ein Weiberunterrock genäht sind, weil man sie wegen der Kette über den Kopf anziehen muß. Diese Hose, so als Rock gefertigt, reicht bis zu den Knien hinab. Ferner ein Paar Strümpfe oder Socken aus einem dicken roten Stoff und keine Schuhe.

Aber wenn man die Galeerensträflinge an Land bringt, damit sie dort für den Dienst der Galeere arbeiten, wie es oft im Winter geschieht, dann liefert ihnen der Profoß Schuhe, die er ihnen wieder abnimmt, wenn sie auf die Galeere zurückkehren.

Alle zwei Jahre bekommen sie einen Mantel von einem groben roten Stoff. Man braucht kein geschickter Schneider zu sein, um solch einen Mantel zu nähen. Er ist aus einem Stück dieses Stoffes gemacht, welches doppelt gelegt wird, die eine Hälfte für die Vorderseite, die andere für die Rückseite bestimmt, und oben wird eine Öffnung geschnitten, um den Kopf durchzustecken. In dieser Lage wird nun der Stoff auf beiden Seiten zugenäht und mit zwei kleinen Ärmeln versehen, die ohne irgendwelchen Schnitt oder Façon sind und bis zum Ellbogen reichen. Diese Art ›Casaque‹ hat die Form des Kleidungsstückes, das man in Holland einen ›Kiel‹ nennt, den die Fuhrleute gewöhnlich über ihren Kleidern tragen, doch nicht so lang; denn die der Galeerensträflinge reichen vorn nur ein wenig über die Knie, und der hintere Teil hängt einen halben Fuß länger herab. Außerdem gibt man ihnen alle Jahre eine sehr kurze, rote wollene Mütze; denn sie darf nicht die Ohren bedecken. Man gibt ihnen auch alle zwei Jahre einen Regenmantel von starkem Zeug, aus Kälberhaaren und grober Wolle gewebt.

Dieser Mantel ist wie ein Schlafrock gemacht und reicht bis zur Ferse herab; es ist eine Kapuze daran, ähnlich der eines Kapuzinermönchs. Dies ist das beste Stück von der ganzen Kleidung eines Galeerensklaven, denn dieser Mantel dient ihm als Matratze und als Bettdecke während der Nacht, und im Winter hüllt er sich auch tagsüber hinein.

Von der Beschäftigung der Galeerensklaven im Winter, wenn die Galeere abgerüstet ist

Sobald der Befehl vom Hofe zur Abrüstung der Galeeren eingetroffen ist, was gewöhnlich gegen Ende Oktober geschieht, so wird von den Galeeren, ehe sie in den Hafen einlaufen, ihr Pulver abgeladen; denn man läuft nie in einen Hafen mit dem Pulver ein.

Hierauf bringt man sie hinein und stellt sie längs dem Kai in der Reihe nach dem Altersrange der Kapitäne auf, das Hinterteil der Galeere dem Kai gegenüber. Man schlägt eine Brücke, die man ›la Planche‹ oder das Brett nennt, um von der Galeere auf den Kai zu gehen; man läßt die Masten herab, welche man in den Köker einschließt, und läßt die Segelstange ihrer ganzen Länge nach auf den Bänken liegen. Man nimmt hierauf das Geschütz, den Kriegs- und Mundvorrat, Segel, Tauwerk, Anker usw. herab. Man verabschiedet die Matrosen der ›Rambade‹, die nicht unterhalten werden, und die Lotsen. Die übrige Schiffsmannschaft wohnt in Dünkirchen in den Kasernen. Die Offiziermajore hatten dort ihre Zeltbetten, doch wohnten sie nur selten dort, da der größte Teil sein Winterquartier in Paris oder in der Heimat nimmt. Diejenigen, welche zurückbleiben, um sich auszuzeichnen, mieteten die schönsten Häuser der Stadt, denn diese Messieurs gehörten fast alle den ersten Familien des Königreichs an und sind zum größten Teil die letztgeborenen ihrer Familie, die, wie man weiß, von dem väterlichen Vermögen nur die Erziehung erhalten und sonst von den Bezügen durch den König leben.

Deshalb sind sie fast alle Malteserritter, die das Gelübde der Keuschheit ablegen und sich nicht verheiraten dürfen, und da nach ihrem Tode alles, was sie zurücklassen, ihrem Orden verfällt, so lassen sie sich nicht sehr angelegen sein, Güter zu hinterlassen, sondern sie leben auf großem Fuß, was sie auch tun können, da ihre Besoldung sehr hoch ist.

Wenn nun die Galeere völlig leer ist, so hat die Galeerensklavenmannschaft genug Raum, daß jeder derselben sein elendes und armseliges Winterquartier dort aufschlagen kann. Jede Bank verschafft sich einige Bretterstücke, die sie quer über die Bänke legen und wo sie ihr Bett richten; sie legen anstelle einer Matratze unter ihren Kopf einen alten Fetzen von einer Kapuze und bedecken oder hüllen sich vielmehr ein in ihren Mantel.

Die Vorruderer, welche die ersten am Ruder und deshalb die Anführer der Bank sind, schlafen besser; sie haben die ›Banquette‹ für sich, welches der Fußtritt der Bank und zwei Fuß breit und lang genug ist, um sich der Länge nach darauf niederzulegen. Der Zweitfolgende legt sich auch ziemlich bequem der Länge nach auf dem ›Ramier‹ nieder, welches die Stelle der Bank auf dem Verdeck ist, wo das

Ruder ausläuft; und da im Winter die Ruder weggenommen sind, so dient dieser Platz für den zweiten Ruderer als Bett. Die vier anderen richten sich mit ihren Bretterstücken ein, wie ich oben erzählt habe, oder auf der Bande.

Sobald es kalt wird, richtet man statt eines Zeltes zwei übereinander auf. Das untere ist gewöhnlich von starkem Stoff ähnlich dem der Mäntel. Dies hält die Galeere ziemlich warm, wenigstens verhindert es, daß man nicht vor Kälte stirbt; denn diejenigen, die hieran nicht gewöhnt sind und sich in ihrem Hause an einem hübschen Feuer wärmen, würden es, wenn es ein wenig stark friert, nicht vierundzwanzig Stunden aushalten können, ohne zu erfrieren.

Wenn diese armen Galeerensträflinge ein wenig Feuer zu ihrer Erwärmung und Stroh zum Nachtlager haben könnten, so würden sie sich sehr glücklich schätzen; doch dergleichen kommt nie auf die Galeeren.

Bei Tagesanbruch lassen die Aufseher, die ebenso wie die Profosse und Hellebardiere zur Bewachung der Galeerensklaven immer auf den Galeeren schlafen, ihre Pfeifen ertönen, um die Galeerensklaven zu wecken und aufstehen zu lassen. Dies geschieht stets zur selben Stunde. Denn die Galeere, auf der sich das Kommando befindet, gibt abends nach Sonnenuntergang und morgens einen Kanonenschuß, der das Zeichen ist zum Schlafen und Aufstehen der Galeerensklaven; und wenn einer am Morgen faul ist und nicht sogleich auf den Pfiff des Aufsehers aufsteht, so wird es ihm gewiß nicht an Peitschenhieben fehlen. Sobald die Galeerensklaven aufgestanden sind, ist ihre erste Sorge, ihr Bett zusammenzulegen und die Bank in Ordnung zu bringen, sie zu kehren und mehrere Eimer Wasser hineinzuschütten, um sie zu reinigen. Man richtet das Zelt auf mit starken, zwanzig Fuß langen Stäben, die man ›Boute-fort‹ nennt und die man auf jeder Seite der Galeere aufstellt, um Licht und Luft zu haben. Aber wenn es kalt ist, so öffnet man das Zelt nur von der Seite, die vor dem Wind geschützt ist. Nachdem dieses geschehen, setzt sich jeder in die Bank und arbeitet mit seinen Händen etwas zu seinem Vorteil.

Man muß wissen, daß niemand von den Galeerensklaven unbeschäftigt sein darf. Die Aufseher, die den ganzen Tag über die Galeerensklaven beobachten, fragen sofort jeden, den sie unbeschäftigt sehen, mit der Peitsche in der Hand, warum er nicht arbeite. Wenn er sagt, daß er kein Handwerk verstehe, so läßt der Aufseher ihm Garn geben, damit er daraus Strümpfe strickt; und wenn er nicht stricken kann, so gibt er einem Galeerensklaven seiner Bank auf, es ihm beizubringen. Diese Arbeit ist bald gelernt; aber da es immer Leute gibt, die außer daß sie Taugenichtse sind, auch nicht leicht lernen oder sich gar widersetzen, etwas zu lernen, so wird das sicherlich von den Aufsehern bald bemerkt, die sie tüchtig durchprügeln.

Wenn sie sehen, daß ein solcher Faulenzer oder Starrkopf gar nichts von allem, was man ihn lehrt, lernen will, dann geben sie ihm wohl eine Kanonenkugel zu putzen, wobei sie ihm drohen, wenn er sie nicht vom Morgen bis zum Abend so glänzend wie Silber gemacht hat, ihm alle Knochen mit Peitschenhieben zu zerbrechen.

Eine Kanonenkugel zu putzen ist aber eine Unmöglichkeit, und wenn dieser arme Mensch sein ganzes Leben lang daran arbeiten und allen Sand und allen Tripel* der ganzen Welt dazu verbrauchen möchte, so würde er seinen Zweck nicht erreichen. Folglich wird er immer unfehlbar der Peitsche verfallen, und dies wiederholt sich alle Tage, bis der arme Kerl sich endlich entschließt, das Stricken zu lernen; denn ein Aufseher gibt nie nach.

Es gibt mehrere unter den Galeerensklaven, die ein Handwerk verstehen und dasselbe andere lehren, wie Schneider, Schuster, Perückenmacher, Graveur, Uhrmacher usw. Diese sind im Verhältnis zu jenen, die nur stricken können, glücklich; denn im Winter, wenn die Galeeren abgerüstet sind, erlaubt man ihnen, kleine Bretterbuden auf dem Kai des Hafens aufzurichten, was ein jeder seiner Galeere gegenüber tut. Der Profoß kettet sie jeden Morgen dort an, und abends schließt er sie wieder auf der Galeere an. Für diese Mühe wie für die, über sie zu wachen, erhält der Profoß einen Sou pro Tag, den ein jeder von ihnen pünktlich entrichtet. Die Türken beherrschen zum größten Teil kein Handwerk, und man zwingt sie nicht zum Stricken; denn da sie von selbst ziemlich anstellig sind und nie angekettet werden, so zahlen sie dem Profoß täglich einen Sou und streifen in der Stadt herum, indem sie bei den Bürgern, die sie beschäftigen wollen, arbeiten, sei es, daß sie Holz spalten oder andere schwere Arbeit verrichten; und jeden Abend kehren sie dann wieder auf die Galeere zurück, und man kennt fast kein Beispiel, daß einer versucht hätte zu entfliehen.

Auch würde ihnen dies nicht so leicht werden, so frei wie sie auch sein mögen; denn sie sind an ihrem gewöhnlich von der Sonne gebräunten Teint und ihrer fränkischen Sprache (einem Gemisch von

Französisch, Italienisch, Spanisch usw.), welche ein wahres Kauderwelsch ist, so leicht zu erkennen, daß sie eine halbe Meile von der Stadt schon erkannt und zur Galeere zurückgebracht würden. Es sind nämlich zwanzig Taler Prämie denen in der Stadt oder außerhalb zugesichert, die einen Türken oder Sträfling, der entronnen ist, zurückbringen; auch brauchen die Galeeren nur, wenn ein Sträfling entflieht, eine Kanone in gewissen Abständen abzufeuern, um die Flucht anzuzeigen.

Hierauf machen alle Bauern, besonders in Marseille, Jagd auf dieses Wild mit ihren Flinten und Jagdhunden, und es ist fast unmöglich, daß der arme Flüchtling nicht in ihre Hände fällt. Ich habe davon verschiedene Beispiele in Marseille erlebt.

Was Dünkirchen betrifft, so hatten die Flamländer ein Grauen vor dieser Jagd, aber die Soldateska, die Dünkirchen und Umgebung bevölkerte, nahm es nicht so genau, wenn es galt, zwanzig Taler zu gewinnen. Hier will ich einschalten, daß es in Marseille vorgekommen ist (was ich jedoch nur vom Hörensagen weiß, doch ist die Sache deshalb nicht weniger gewiß), daß ein Sohn seinen eigenen Vater wieder auf die Galeere brachte, von wo jener geflüchtet war.

Es ist wahr, daß der Intendant einen solchen Abscheu vor dieser Tat hatte, daß er nach Auszahlung der zwanzig Taler an den Sohn als seinen verruchten Lohn, ihn als Galeerensklaven an die Kette legen ließ, ohne zu sagen, warum und ohne Urteil, so daß derselbe, ebenso wie sein unglücklicher Vater, sein ganzes Leben lang dort blieb. Man sieht hieraus, wie wahr es ist, daß das Volk der Provenzalen im allgemeinen treulos, grausam und unmenschlich ist.

Ich erinnere mich, daß, als unsere Kette durch die Provence zog, um nach Marseille zu gehen, wir unsere hölzernen Näpfe denen hinreichten, die wir auf unseren Durchmärschen in den Dörfern antrafen, und sie baten, uns ein wenig Wasser zu geben, um unseren Durst zu stillen. Aber sie waren alle so grausam, unsere Bitten abzuschlagen. Selbst die Frauen, an die wir uns wandten, als an das gewöhnlich für Mitleid empfänglichere Geschlecht, schimpften auf uns in ihrer provenzalischen Sprache. »Marsch, marsch«, riefen sie uns zu, »dort, wohin du gehst, wird es dir nicht an Wasser fehlen.«

Ich komme wieder auf die Beschäftigung der Galeerensklaven im Winter zurück. Man sieht also längs der Kais, wo die Galeeren liegen, eine lange Reihe jener Buden mit zwei, drei oder vier Galeerensklaven, von denen ein jeder sein Handwerk oder Gewerbe treibt, um sich einige Sous zu verdienen. Ich sage Gewerbe, denn es gibt einige, die sich nur mit Wahrsagen und dergleichen beschäftigen. Andere gehen weiter und ahmen den Zauberern nach, um gestohlene oder verlorene Sachen wieder herbeizuschaffen. Ihre ganze Zauberei besteht jedoch im Geldmachen. Ich will hier ein Beispiel erzählen, das sich zu meiner Zeit in Marseille ereignete.

Es gab auf der ›La Grande Réale‹, wo ich damals war, einen alten Galeerensträfling namens Vater Laviné. Dieser Mann stand in dem Ruf, gestohlene oder verlorene Sachen unfehlbar wieder auffinden zu können.

Eines Tages hatte ein Kaufmann von Marseille vergessen, zwanzig Louisdor in seiner Kasse zu verschließen, die in seinem Kontor auf dem Pult liegengeblieben und verschwunden waren. Nachdem dieser Kaufmann alle möglichen Nachforschungen, um seine 20 Louisdor wiederzubekommen, vergeblich angestellt hatte, wandte er sich an den verschmitzten Zauberer Laviné, der ihm versicherte, daß er ihm seine Louisdor, auch sollten sie in der Hölle sein, wieder verschaffen würde. Er wird mit ihm um einen Louisdor handelseinig und bittet den Kaufmann, ihm eine Liste von allen den Personen zu geben, die zu seiner Familie und Dienerschaft gehörten. Er befahl ferner, daß alle die Personen sich am folgenden Tage frühmorgens in dem Haus des Kaufmanns einfinden sollten, ohne daß eine einzige Person fehlte. Auch dies geschah. An demselben Morgen kam Laviné zu dem Kaufmann, indem er in seinen Händen einen ganz schwarzen Hahn und eine alte, ganz schmierige Scharteke trug, die er für sein Zauberbuch ausgab.

Sobald er eingetreten war, fragte er den Kaufmann, ob alle Leute seines Hauses da wären. Als dieser die Frage bejaht hatte, so ließ Laviné alle in einem Zimmer zusammenkommen. Ein anderes Zimmer lag diesem gegenüber, und Laviné bat den Kaufmann, die beiden Zimmer gut zu verschließen, so daß sie ganz dunkel wären, worauf er mit lauter Stimme in einer fremden und ganz unverständlichen Sprache einige Stellen aus seinem Zauberbuch vorlas. Sodann teilte er mit lauter Stimme dem Kaufmann mit, daß er wisse, daß der Dieb seiner Louisdors in dem Zimmer wäre. Er werde ihn bald am Krähen seines Hahnes erkennen, der nie seine Sache verfehle; doch bäte er ihn, nicht zu erschrecken, wenn der Teufel den Dieb hole; »denn«, sagte er, »es ist dies sein Lohn, und der Teufel tut nie etwas umsonst«. Dies sagte er mit einer Miene, welche die Ungläubigsten hinter das Licht führen konnte. Hierauf bestrich er in der Dunkelheit, ohne daß es jemand sah, den Rücken seines Hahnes mit Ruß, und indem er sich an die Tür des Zimmers stellte, das dem gegenüber lag, wo alle Leute des Hauses sich befanden, so rief er sie alle einen nach dem andern beim Namen, indem er ihnen befahl, daß ein jeder im Vorbeigehen an ihm die Hand auf seinen Hahn lege, den er an seinen Füßen hielt, indem er sie nach seinem untrüglichen Zauberbuch versicherte, daß der Hahn, sobald er die Hand des Diebes auf seinem Rücken spüre, krähen würde, und »habt acht«, sagte er, »auf die Klaue des Teufels, der ihn wie eine Fliege davontragen wird!«

Es traf sich nun, daß eine Magd zugegen war, die den Diebstahl begangen hatte. Trotzdem sie sich aber schuldig fühlte, wollte sie doch die Probe lieber bestehen, als die Tat eingestehen, und kam daher auf einen listigen Einfall, um zu verhindern, daß der Teufel sie, wenn der Hahn unter ihrer Hand krähte, davontrüge. Sie beschloß unter dem Schutz der Dunkelheit vorbeizugehen, ohne den Hahn zu berühren. Laviné ruft nun alle Leute des Zimmers auf und sagt zu ihnen, während sie vorbeigehen, daß sie mit der Hand über den Hahn streichen sollen. Jeder tat es ganz beherzt, mit Ausnahme der schuldigen Magd, die mit der Hand am Hahn seitwärts vorüberstreifte, ohne ihn zu berühren, so daß diese Musterung kein Krähen des Hahns bewirkte. Doch Laviné ließ jetzt alle Fensterläden dieses Zimmers öffnen und befahl einem jeden, seine Hand offen herzuhalten, und siehe, die Hand aller war schwarz von dem Ruß, der auf dem Rücken des Hahnes war, und nur die der Magd war weiß. Sofort schrie Laviné: »Hier ist die Diebin der Louisdors; ich will sogleich den Teufel rufen, daß er sie hole.« Die Magd ward so bestürzt, daß sie kniefällig um Verzeihung bat, den Diebstahl gestand und die Louisdors herausgab.

Dieser Laviné war so reich an Erfindungen, daß er bei jeder Gelegenheit eine neue machte. Ich weiß deren mehrere, die er mir selbst erzählt hat, welche jedoch diese Memoiren zu weitläufig machen würden, deren Zweck es nicht ist, solche kurzweiligen Geschichten zu erzählen. Ich habe diese nur erzählt, um ein Beispiel von dem Gewerbe der Galeerensträflinge zu geben, durch welche sie die guten Leute um ihr Geld bringen.

Es gibt auch in diesen Buden alle Arten von Taschenspielern und dergleichen Leute, welche die Vorübergehenden bitten, ihnen einen Taler zu wechseln und ihnen ihre kleine Münze, indem sie dieselbe berühren, wegnehmen oder wegzaubern, ohne daß diese im geringsten etwas davon bemerken. Wenn sie dann ihren Streich ausgeführt haben, so ändern sie ihre Absicht unter irgendeinem Vorwand und lassen den Taler nicht wechseln. Es gibt auch unter ihnen Schreiber, die besten Notare der Welt, um falsche Testamente, falsche Zeugnisse, falsche Heiratsbriefe, falsche Entlassungsscheine für Soldaten auszustellen; doch dies letztere ist für sie sehr gefährlich, denn wenn es herauskommt, so werden sie ohne Erbarmen gehängt. Sie haben Siegel aller Arten; Siegel von Städten, Siegel von Bischöfen, Erzbischöfen, Kardinälen usw. Sie haben auch einen guten Vorrat aller Arten von Schrifttypen, um sie bei Gelegenheit nachzumachen; sie haben alle Sorten Papier von verschiedenen Zeichen und sind sehr geschickt, mehrere Zeilen aus der Schrift eines authentischen Aktes auszulöschen und hinwegzubringen und andere von denselben Schriftzügen hineinzuschreiben, ohne daß man es bemerkt. Kurz, es sind sehr geschickte Spitzbuben, die sehr billig arbeiten, um Kunden herbeizulocken.

Die Handwerker, welche in den Buden arbeiten, sind nicht weniger verschmitzt. Der Schneider stiehlt den Stoff; der Schuhmacher macht Schuhe, deren Sohle ein hölzernes Täfelchen ist, welches er mit einer Stockfischhaut bedeckt, die er oben darauf leimt und in welche er künstliche Punkte macht, die der Naht einer Sohle völlig ähnlich sind. Diese in solcher Weise aufgeleimte Haut scheint der Farbe und der Stärke nach das beste Leder der Welt zu sein. Der billige Preis, den sie fordern, macht, daß eine Menge einfältiger Leute sich von ihnen fangen lassen.

Wenn ich alle Gaunerstreiche beschreiben wollte, so würde ich nicht fertig werden. Es gibt auch viele Türken in diesen Buden, die aber nicht dort arbeiten, sondern nur Handel treiben. Die einen machen die Trödler, die anderen verkaufen Branntwein, Kaffee und ähnliche Sachen. Doch sind alle im allgemeinen große Hehler aller Arten von Diebstählen, und wenn sie dabei erwischt werden, so brauchen sie dieselben nur zurückzugeben. Es ging jedoch nicht so mit einem Türken der Galeere, auf der ich in Dünkirchen war. Der Fall verdient seiner Merkwürdigkeit wegen hier erzählt zu werden. Es ist folgender.

Zwei Diebe stahlen eines Tages in der großen Kirche von Dünkirchen verschiedene kostbare Sachen, unter andern die silberne Büchse mit dem heiligen Öl, welches zur Spendung des Sakramentes bestimmt ist.

Sie trugen die Büchse zum Türken unserer Galeere, namens Galafas, der in seiner Bude war, und verkauften sie ihm. Galafas fragte die Diebe nach dem Kauf, ob es nicht eine ›heilige Sache‹ wäre.

Die Diebe gestanden es ihm ein, was Galafas ein wenig beunruhigte, der glaubte, die Form dieser Büchse ändern zu müssen. Zu diesem Zweck nimmt er das Öl mit der Wolle, das darin war, heraus, schmiert damit, um sich alles recht zunutze zu machen, seine Schuhe und schlägt mit einem Hammer die Büchse flach, um ihr eine andere Form zu geben. Hierauf machte er ein Loch in die Erde innerhalb seiner Bude, und verscharrte darin die auf jene Weise flach geschlagene Büchse. Aber zum Unglück wurde einer der Räuber gefangen und des Diebstahls überführt. Man fragte, was er mit dieser Büchse mit dem heiligen Öl gemacht habe. Er gestand, daß er sie dem Türken Galafas verkauft habe. Man führt den Dieb zu der Bude des Galafas, der die Tat offen gesteht; man fragt ihn, wo die Büchse wäre. Er zeigt die Stelle, wo er sie eingegraben hatte. Man benachrichtigt sofort den Pfarrer der Stadt, damit er persönlich käme, um die kostbare und heilige Reliquie, die kein anderer als ein Priester anrühren durfte, zu heben.

Der Geistliche läuft mit seinen Priestern im Chorhemd und mit dem Kreuze wie in einer Prozession herbei. Man gräbt in der Erde an der Stelle, die der Türke ihnen bezeichnete. Man findet daselbst die mit Hammerschlägen breitgeschlagene Büchse, und da man kein Öl vergossen sah, so fragte man den Türken, was er mit dem Öl, das in der Büchse war, gemacht habe.

»Ich habe damit meine Schuhe geschmiert«, sagte er. »Wenn ich Salat gehabt hätte, so würde ich ihn damit angemacht haben; denn ich habe das Öl gekostet, welches sehr gut war.«

Hierauf schrien alle Priester: »O diese Gottlosigkeit, o diese Kirchenschänder!« Und der Türke fing an zu lachen und sie zu verspotten.

Hierauf ließ man dem Türken seine Schuhe ausziehen. Ja, der Priester zog sie ihm selbst aus; denn wer außer ihm hätte gewagt, seine profanen Hände an die durch das heilige Öl geweihten Schuhe zu legen?

Endlich tat man unter feierlichen Zeremonien, und indem sich alle an die Brust schlugen, die Schuhe des Galafas, die breitgeschlagene Büchse und alle Erde, die mit derselben in Berührung gekommen sein mochte, in ein Altartuch, das vier Priester, wobei ein jeder einen Zipfel des Tuchs hielt, unter Trauerhymnen nach der großen Kirche trugen, wo alles unter dem Altar eingegraben wurde.

Es fehlte natürlich nicht an Wundern, die in der Bude des Galafas geschahen. Jede Nacht sah man dort himmlische Erscheinungen, bald zwei Engel, die auf dem Dach der Bude saßen, bald die Heilige Jungfrau, die weinte, ein anderes Mal eine Schar von Engeln, die einen feierlichen Umzug um die Bude hielten, und wer weiß, wie viele andere Erscheinungen.

Aber obgleich diese Bude ganz nahe und unserer Galeere gegenüber war, wo ich sie Tag und Nacht sehen konnte, so hörte ich doch nie etwas von jenem Spuk, und als ich mich eines Tages mit unserem Schiffsprediger, mit dem ich befreundet war, darüber aussprach, so antwortete er mir, daß mein Unglaube mich blind mache und daß mir ›kräftige Irrtümer gesendet worden wären‹.

Ich antwortete ihm: »Um der Lüge zu glauben.« Er gab mir einen leisen Schlag auf die Wangen, wobei er lächelnd davonging.

Ich denke, daß man ungeduldig sein wird, zu erfahren, was mit dem Türken geschehen ist. Ich will es also erzählen. Die Bude des Galafas wurde geschlossen, dann zerstört, und man setzte den Platz außer allen Gebrauch, indem man daselbst Steine und Trümmer wie zu einem Denkmal des begangenen Sakrilegs anhäufte. Man brachte Galafas auf die Galeere, geschlossen mit doppelten Ketten und Handschellen. Doch arbeitete niemand an seinem Prozeß wegen eines Konfliktes der Gerichtsbarkeit. Der Kriegsrat der Galeeren behauptete das Recht derselben, während die Geistlichkeit sich dasselbe zueignen wollte. Es lag auch noch ein anderer Grund vor, aus welchem der Kommandant den Galafas nicht der Gewalt der Geistlichkeit überliefern wollte, nämlich weil der Hof seit längeren Jahren angeordnet hatte, daß kein Gerichtshof des Königreichs sich eines Sträflings oder Sklaven der Galeere bemächtigen dürfe, der nicht vorher durch einen Gnadenakt des Königs von der Galeerenstrafe befreit worden war und ohne daß der Sträfling oder Sklave aus freiem Willen diese Gnade angenommen habe, welche anzunehmen oder auszuschlagen ihm erlaubt wäre. Im letzteren Falle mußte er jedoch sein Leben lang auf den Galeeren bleiben.

Die Geistlichkeit von Dünkirchen, hiervon wohl unterrichtet, suchte bei Hof um jene Gnade nach, die sie leicht erlangte.

Indes blieb Galafas mit doppelten Ketten geschlossen und war auf das Schlimmste gefaßt, als eines Tages der Major der Galeeren ihm seine Freilassung anzeigte und ihn beglückwünschte, daß der König ihm, statt ihn unter den Händen des Gerichts umkommen zu lassen, Gnade habe angedeihen lassen. Galafas, der die Schlinge nicht kannte, die man ihm legte, nahm die Gnade mit Freuden an. Auf der Stelle ließ ihn der Major losketten, und als er ihm den Freiheitsbrief oder Paß gab, sagte er zu ihm, daß er frei wäre.

Galafas wollte mit einem Sprunge die Galeere verlassen; aber die Geistlichkeit, die diese Sache angezettelt hatte und nur besorgt war, daß Galafas seine Freilassung nicht annehmen würde, hatte die Helfershelfer des Gerichtes auf dem Kai an den Zugängen der Galeere so gut aufgestellt, daß der arme Türke, sobald er dieselbe verlassen hatte, festgehalten und in das Stadtgefängnis gebracht wurde. Es half ihm nichts, daß er schrie, der König habe ihm wegen alles Vergangenen Gnade angedeihen lassen. Man antwortete ihm, daß Seine Majestät ihn nur begnadigt habe in bezug auf seine Gefangenschaft als Sklave und nicht wegen des Verbrechens, das er begangen habe. Kurz, er mußte es sich gefallen lassen. Das Gericht machte ihm auf das Ansuchen der Geistlichkeit seinen Prozeß in aller Form, und nachdem Galafas des Sakrileges im ersten Grade beschuldigt und überführt worden war, verurteilte man ihn, daß er lebendig verbrannt und seine Asche in den Wind gestreut würde.

Galafas appellierte deshalb an das Parlament von Douai. Man führte ihn dorthin ab, um sein Urteil bestätigen zu lassen. Aber da lange Zeit verging seit seiner Festnehmung und seinem Aufenthalt in Douai, so machten die Türken auf den Galeeren von Dünkirchen es möglich, einen Brief nach Konstantinopel gelangen zu lassen, der dem Sultan ausgehändigt wurde. Derselbe ließ sogleich den französischen Gesandten rufen und erklärte ihm, daß er, wenn man Galafas wegen einer solchen Handlung, die die Türken für kein Verbrechen hielten, hinrichten würde, fünfhundert französische Christensklaven mit derselben Todesstrafe ums Leben bringen würde.

Auf diese Erklärung hin beeilte sich der französische Gesandte, einen Eilboten an seinen Hof abzuschicken, der dem Parlament in Douai seine Befehle gab, kraft deren Galafas damit wegkommen sollte, daß er längs dem Kai von Dünkirchen gestäupt und statt des Sklavendienstes wie bisher lebenslänglich zu den Galeeren verurteilt wurde. Dies gereichte ihm in der Folge zu seinem Glück, denn kurze Zeit darauf wurde er völlig freigelassen, sei es aus Politik gegen den Sultan oder wegen 400 Livres, die er für seine Freilassung gab. Ich habe diese Erzählung so viel wie möglich abgekürzt, um meinen Leser nicht zu langweilen.

Ich komme aber nun wieder zur Beschäftigung der Galeerensklaven zurück. Während ein Teil derselben sich auf dem Kai in seinen Buden beschäftigt, sind die übrigen, welche die größere Zahl ausmachen, an der Kette in ihren Bänken beschäftigt, mit Ausnahme von einigen, die sich tagsüber mit Hilfe eines Sou losketten lassen. Diese letzteren können auf der ganzen Galeere herumgehen und ihrer Beschäftigung nachgehen. Die meisten dieser Losgeketteten machen die Marketender; sie verkaufen Tabak (denn im Winter darf man rauchen), Branntwein usw. Andere haben in ihrer Bank einen kleinen Laden mit Butter, Käse, Essig, Pfeffer, Rindsleber und gekochten Kaldaunen, die sie an die Galeerensklaven für wenig Geld verkaufen; denn für fünf oder sechs Heller, die einen halben Sou machen, versorgt man sich daselbst, um sein Mittagsmahl zu halten, mit dem Brot, das der König gibt. Mit Ausnahme derer also, die losgekettet sind, weil sie einen Sou täglich bezahlen, sitzen alle anderen in ihrer Bank und stricken Strümpfe. Man wird mich fragen, woher die Galeerensklaven die Wolle zu ihrer Arbeit nehmen.

Dies geschieht folgendermaßen. Mehrere Türken, wenigstens diejenigen, welche Geld haben, machen dieses Geschäft, wobei sie einen offenbaren Profit haben, besonders in Marseille, wo es eine Menge Kaufleute gibt, die einen schwunghaften Handel mit diesen baumwollenen Strümpfen treiben. Diese Kaufleute liefern den Türken soviel Wolle, wie sie wollen, und die Türken bezahlen ihnen die Wolle in Strümpfen zu einem Preis, daß jeder auf seine Rechnung kommt. Diese Türken liefern den Sträflingen soviel Pfund Garn zum Stricken, um daraus Strümpfe verschiedener Größe zu machen, indem es ihnen gleichgültig ist, ob große oder kleine Strümpfe gestrickt werden, weil der Strickerlohn sich nach dem Gewicht richtet; so daß der Sträfling, der zum Beispiel zehn Pfund Garn hat, dasselbe Gewicht in gestrickten Strümpfen in der Größe, in der man sie bestellt hatte, abliefern muß; und der Türke zahlt ihm als Machelohn so viel für das Pfund, als sie ausgemacht haben; jedoch ist es gewöhnlich ein fester Preis. Der Sträfling muß sich sehr hüten, etwas von der Baumwolle zu entwenden, die man ihm anvertraut hat; wenn daran das geringste fehlt oder wenn der Sträfling die Wolle an einen feuchten Ort gelegt hat, um ihr das Gewicht wieder zu erstatten, das er ihr entzogen, so gibt man ihm eine grausame Bastonade. Dies kommt häufig vor, denn die Sträflinge sind dem Trunke so sehr ergeben, daß eine große Zahl unter ihnen, um sich zu betrinken, sich jener grausamen Strafe aussetzen, vor der sie nichts retten kann. Sie haben nicht einmal die Hoffnung, ihren Diebstahl zu verbergen. Ein Dieb, ein Mörder und alle anderen Verbrecher schmeicheln sich immer, daß ihr Verbrechen nicht an den Tag kommen werde, doch diese können deshalb nicht die geringste Hoffnung hegen. Doch geschieht es sehr oft, daß sie nach Empfang der Wolle von ihren Meistern (so nennen sie sie) dieselbe an den ersten besten Türken einer anderen Galeere verkaufen, der zu diesem Zweck von einer Galeere zur andern geht. Nachdem sie das Geld erhalten haben, setzen sich drei oder vier zusammen, um solange zu trinken, wie das Geld reicht, und oft, wenn es alle ist, verkaufen diese verbündeten Trinker die Wolle, welche sie von ihrem Meister haben. Wenn sie nun nichts mehr haben, so erwarten sie ruhig und über ihre bevorstehende Bastonade scherzend, daß ihr Meister kommt und ihnen die Arbeit abfordert. Ich vergaß zu sagen, daß der Machelohn vorausbezahlt wird, was der Grund ist, daß sie ihre Wolle verkaufen. Denn sie betrinken sich mit dem Geld des Machelohns, und in diesem Zustand beschwören sie die unvermeidliche Gefahr herauf. Wenn nun der Türke kommt und verlangt die Arbeit, so sagen sie zu ihm trotzig: »Hier mache dich bezahlt«, indem sie auf ihren Rücken schlagen. Der Türke beklagt sich deshalb bei dem Aufseher, und morgens um neun Uhr, wenn der Major regelmäßig zur Rapporterstattung kommt, so versammeln sich alle Aufseher um ihn, und jeder berichtet über das, was auf der Galeere vorfiel. Hierauf läßt man ohne allen Prozeß den Wollverkäufern die Kleider ausziehen und gibt ihnen die Bastonade, wie ich oben beschrieben habe; fünfundzwanzig, dreißig oder im Wiederholungsfalle fünfzig Hiebe. Diese letzteren kommen selten mit dem Leben davon.

Ich habe einen auf unserer Galeere gekannt, der die Arbeit von seinem Meister erhalten und das Arbeitsgeld mit einem seiner Kameraden, namens Saint-Maur, vertrunken hatte. Da er nun noch durstig war, so riet ihm Saint-Maur, die Wolle zu verkaufen. Der andere wollte deshalb Schwierigkeiten machen, indem er die Bastonade anführte, aber Saint-Maur ermutigte ihn, indem er zu ihm sagte: »Kamerad, wenn du die Bastonade bekommst, so werde ich dir zeigen, daß ich ein ehrlicher Mensch bin und daß ich sie ebensowohl wie du erhalten werde.« Als ob die Schläge des einen die des andern lindern könnten! Endlich wurde man unter dieser Bedingung einig. Sie betranken sich wie toll, singend und scherzend, solange das Geld für die Wolle dauerte; und als sie die Arbeit dem Meister abliefern sollten, so zeigten sie ihm statt aller Zahlung den Rücken. Der Major ließ dem Delinquenten die Bastonade geben. Während man seinen Kameraden schlug, zog sich Saint-Maur aus, um sich zu demselben Tanz vorzubereiten. Die Kameraden seiner Bank redeten ihm umsonst aus, sich die Bastonade mutwilligerweise geben zu lassen. »Ich bin ein ehrlicher Mann«, sagte er, »ich habe mein Teil von dem Geld der Wolle vertrunken; es ist nur recht und billig, daß ich meine Zeche bezahle.«

Nachdem der Major dem Verkäufer der Wolle die Bastonade hatte geben lassen, schickte er sich an, die Galeere zu verlassen, denn er hatte nichts mit Saint-Maur zu tun. Doch dieser rief ihn, und der Major kam herbei, um zu sehen, was er ihm zu sagen habe. »Monsieur«, sagte Saint-Maur, »ich wollte Sie nur bitten, mir ebensoviel Schläge geben zu lassen, wie mein guter Freund soeben bekommen hat«, indem er ihm seine Ehre und gegebenes Wort anführte. Der Major, empört über die Verwegenheit dieses Halunken, ließ ihm eine solche Bastonade geben, daß er wenige Tage darauf starb.

Hieraus kann man den Schluß ziehen, daß das Laster diese unglücklichen Menschen immer verfolgt, die für ihre Verbrechen leiden; und daß sie, anstatt durch eine so harte Züchtigung gebessert zu werden, gegen den Stachel löcken, ihm trotzen und sich darüber in einem solchen Grade verstocken, daß es scheint, als ob sie alles menschliche Gefühl aufgegeben hätten, um alle Bosheit des Teufels in sich aufzunehmen.

Man kann sich nichts Schauderhafteres an Bosheit denken, wie diese Elenden im höchsten Grade besitzen. Die gräßlichsten Gotteslästerungen, dafür sie mit allem Fleiß neue Weisen zu erfinden suchen, die greulichsten Verbrechen, die sie begangen zu haben sich rühmen, lassen einem die Haare vor Schauder zu Berge stehen. Sie mögen jedoch wollen oder nicht, so zwingen die Schiffsprediger sie, wenigstens einmal im Jahre den Pflichten ihrer Religion nachzukommen. Sie gehen alle zu Ostern zur Beichte und empfangen die geweihte Hostie oder die Kommunion.

Doch, lieber Gott, in welchem Zustand treten diese Unglücklichen hinzu? Rasend vor Zorn, die Schiffsprediger und Aufseher verfluchend, die sie dazu zwingen, empfangen sie das Sakrament, das die

Priester und Gläubigen der römischen Kirche als die erhabenste und heiligste Sache ihrer Religion betrachten; sie empfangen es, sage ich, mit so wenig Anschein von Buße und Andacht, als ob sie in einer Schenke wären, um zu zechen. Die Geistlichen achten darauf nicht weiter. Wenn sie nur die Sträflinge dahin bringen, diese Pflicht der Katholiken zu erfüllen, so kümmern sie sich nicht um das übrige. Man muß jedoch gestehen, daß nicht alle Galeerensklaven, die um ihrer Verbrechen wegen verurteilt sind, in gleicher Weise böse und verrucht sind. Ich habe unter ihnen sehr brave Leute kennengelernt, die sittlich gut lebten. Es gab deren welche, die wegen Desertion verurteilt worden waren, unter denen sich gute Bauern und Handwerker befanden, die man mit Gewalt oder List geworben hatte; ferner andere, weil sie Konterbande vertrieben hatten; andere, die, obgleich wegen Totschlags verurteilt, doch nur aus Notwehr den anderen ums Leben gebracht hatten; endlich sogar einige (und ich habe solche gekannt), die unschuldig an dem Verbrechen waren, wegen dessen man sie verurteilt hatte, und die ihre Unschuld in der Folge bewiesen haben. Alle diese Leute, wenigstens der größte Teil davon, unterschieden sich durch ihre Lebensweise und zeigten sich ganz anders als jene ruchlosen Bösewichter, die dazu auferzogen und daran gewöhnt worden waren, die schrecklichsten Verbrechen zu verüben. Dennoch, wie ich im Laufe dieser Memoiren schon bemerkt zu haben glaube, bewiesen alle diese Bösewichter, wie schlimm sie auch waren, immer viel Rücksicht und Achtung gegen uns Reformierte. Sie nannten uns stets nur ›Monsieur‹ und würden nie an uns vorübergegangen sein, ohne uns zu grüßen. Ich habe deren fünf in meiner Bank in Dünkirchen gekannt, von denen der eine wegen Meuchelmords verurteilt war, ein anderer wegen Schändung und Mordes, der dritte wegen Straßenraubes, der vierte ebenfalls wegen Diebstahls, der fünfte war ein türkischer Sklave. Aber ich kann in Wahrheit sagen, daß diese Leute, so lasterhaft sie auch waren, eine wahre Hochachtung mir gegenüber hegten und wetteiferten, mir kleine Dienste zu erweisen. Wenn die schlimmsten unter ihnen von uns sprachen, so trugen sie kein Bedenken zu sagen: »Diese Messieurs sind achtungswert, weil sie nichts Böses getan haben, das ihr Leiden verdient, und weil sie als rechtschaffene Leute, welche sie sind, leben.«

Die Offiziere sogar, wenigstens zum größten Teil, achteten uns ebensosehr wie die Schiffsmannschaft; und wenn irgendein Streit oder Uneinigkeit unter den anderen Sträflingen vorkam und ein Reformierter imstande war, darüber zu entscheiden oder über die Wahrheit des Geschehens Zeugnis abzulegen, so ließ man es immer auf seine Entscheidung ankommen.

Daraus geht hervor, wie wahr es ist, daß die Tugend, selbst wenn sie unter die Lasterhaften verschlagen wird, nur desto mehr hervorleuchtet.

Ich bitte den Leser, hier in seinen Betrachtungen nicht so weit zu gehen, daß er meine, wir wollten uns selbst beweihräuchern. Was mich wenigstens betrifft, so habe ich immer in mir die Gebrechen eines schwachen und sündigen Menschen vor Gott gefühlt. Und nur seiner in uns wirkenden Gnade schreibe ich die Standhaftigkeit im Bekenntnis seines heiligen Namens zu. Aber ich glaube, meinen lieben Brüdern und Leidensgenossen die schuldige Gerechtigkeit widerfahren lassen zu müssen; denn sie haben durch dieselbe göttliche Gnade nicht allein in ihrer harten und langen Prüfung standhaft ausgeharrt, sondern auch gottesfürchtig gelebt und auf den Galeeren ein untadelhaftes Leben geführt.

Ich komme wieder auf die Beschäftigung der Galeerensklaven im Winter zurück. Ich habe gesagt, daß die Galeerensklaven in den Buden, sowie auf den Galeeren, immer damit beschäftigt waren, sich einige Sous zu ihrem Lebensunterhalt zu verdienen. Die Aufseher lassen sich dies sehr angelegen sein, und es liegt dieses in ihrem eigenen Interesse; denn indem sie den Wein in ihrer Schenke zu ihrem Nutzen verkaufen lassen, so fließt aller Gewinn von den Galeerensklaven, zum größten Teil wenigstens, auf diese Weise in ihre Börse. Ein anderer Grund dafür ist, daß es unmöglich erscheint, daß die Galeerensklaven mit dem Brot und Wasser, was der König ihnen gibt, leben können. Man füge hinzu, daß die Beschäftigung dieser Unglücklichen, zu ihrem Lebensunterhalt zu arbeiten, sie daran hindert, alle ihre Gedanken auf die Flucht von der Galeere zu richten.

Außer der Beschäftigung der Galeerensträflinge mit Arbeit, um sich etwas zu verdienen, haben sie den Dienst auf der Galeere sowohl außerhalb als innerhalb derselben. Der Dienst außerhalb besteht in folgendem: alle Tage werden zwanzig oder vierundzwanzig Sträflinge von jeder Galeere dazu abkommandiert, was man ›à la fatigue‹ nennt. Nämlich man beschäftigt sie im Arsenal der Marine damit, das Takelwerk, die Apparate und Utensilien der Galeeren und Schiffe des Königs zu überholen und die Masten, Anker, Geschütze usw. oft ohne Not an einen anderen Platz zu bringen, was eine

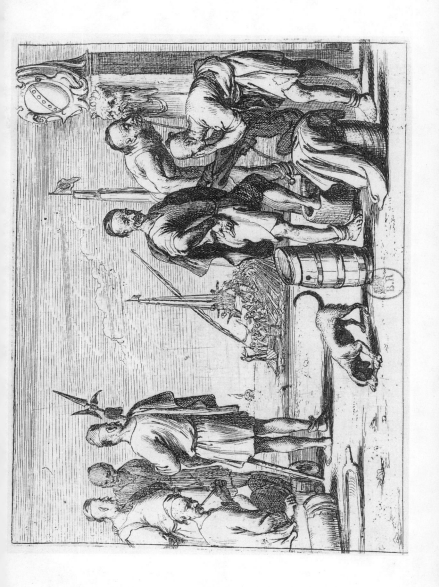

schwere Arbeit ist. Man führt die Galeerensklaven auf folgende Weise dahin.

Man kettet sie paarweise an den Beinen an, und jeder hat um die Lenden einen Gürtel, woran ein eiserner Haken hängt, an dem jeder der beiden seine Kette anhakt, die ihm daher bis zu den Knien reicht. Auf diese Weise sind es ihre Lenden, die das Gewicht der Kette tragen, die ohne die Hilfe jenes Hakens sie am Gehen und Bewegen hindern würde. Diese zwei so angeketteten Leute nennt man eine ›Koppel‹. Die zehn oder zwölf Koppeln von jeder Galeere versammeln sich alle vor der Galeere, auf der sich das Kommando befindet. Jede Galeere läßt ihre Koppel durch einen einzigen Hellebardier führen, und ein Aufseher oder Unteraufseher, den man dazu beordert, begleitet sie von dort bis zum Arsenal und läßt, den Knüttel oder die Peitsche in der Hand, die Galeerensklaven die Arbeiten, die ihnen aufgetragen sind, verrichten; und am Abend werden alle diese Koppeln wieder auf ihre Galeere zurückgeführt. Die Türken sind davon nicht ausgenommen. Was mich betrifft, so bin ich nie bei dieser ›Fatigue‹ gewesen; indem ich einem Galeerensklaven drei oder vier Sous gab, der für mich dahin ging, so war ich derselben enthoben. Ein jeder hatte die Freiheit, es ebenso zu machen.

Der sogenannte Innendienst auf der Galeere ist nicht weniger beschwerlich. Man macht daselbst die ›Bourasque‹ wenigstens zweimal in der Woche, und gewisse Galeeren, deren Aufseher genauer oder, um es besser zu sagen, boshafter sind, lassen sie alle Tage machen. Diese ›Bourasque‹ oder ›Veresque‹ ist die Reinigung der Galeere. Wenn man dieselbe machen läßt, so gibt der erste Aufseher einen Pfiff, der das Zeichen dazu ist. Die beiden Unteraufseher bewaffnen sich mit ihrem Knüttel auf dem Köker, indem sie von Bank zu Bank laufen, um die Faulen auf Trab zu bringen. Jede Bank wird Stück für Stück abgenommen. Man muß mit einem Schabeisen, davon jede Bank eines hat, alle Stücke der Bank, die Banquette, den Fußtritt, den Gegenfußtritt und die Hölzer oder Bretter rein schaben.

Nachdem dies geschehen, sehen die Aufseher von Bank zu Bank nach, ob alles ganz blank und sauber abgeschabt ist. Während dieser Untersuchung fällt der Knüttel auf die nackten Rücken der Galeerensträflinge wie Regen herab.

Ist das Abschaben vorüber, so läßt man sie das Oberdeck mit Eimern von Wasser, das man aus dem Meere schöpft, abwaschen. Das alles geschieht nach dem Ton der Pfeife und mit gänzlich entblößtem Oberkörper; und ist man damit fertig, so stellt man jede Sache wieder an ihren Platz und bringt die Bank in Ordnung. Diese Arbeit dauert gut drei Stunden.

Außer dieser Arbeit und den täglichen Beschäftigungen während des Winters kommen sehr oft außergewöhnliche vor. Dies geschieht, wenn hochgestellte Fremde in der Stadt sind. Zuweilen gewährt der Gouverneur ihnen das Vergnügen, die Galeeren zu besteigen, um ihnen den Dienst auf Deck vorzuführen, den ich soeben beschrieben habe. Ein anderes Mal ist es der Intendant oder der Kommissar der Marine, doch meistens sind es die Kapitäne und Leutnants der Galeere, die ihren Freunden Feste geben, indem sie dieselben mit einem Frühstück oder sogar mit einem glänzenden Mittagsmahl auf ihren Galeeren bewirten.

Wir waren auf der unsrigen, die ja Flaggschiff war, fast immer mit dieser außergewöhnlichen Strapaze belästigt, weil unser Kommandant, der sehr viel Aufwand betrieb, eine hübsche Instrumentalmusik unterhielt, die von zwölf Musikern auf verschiedenen Instrumenten ausgeführt wurde. Dieselben waren alles Galeerensträflinge und durch ihre roten Kleider mit gelben Aufschlägen und polnischen, goldbetreßten Samtmützen, woraus ihre Livree bestand, ausgezeichnet. Der Dirigent und Gründer dieser Musikalgruppe war ein gewisser Gondi, einer der vierundzwanzig Musiker des Königs, der wegen ausschweifenden Lebenswandels vom Hofe verwiesen worden war. Er hatte sich darauf beim Militär anwerben lassen und desertierte. Als er wieder aufgegriffen worden war, wurde er zu den Galeeren verurteilt und auf die des Kommandanten in Dünkirchen gebracht. Er war einer der besten Musiker Frankreichs und spielte mehrere Instrumente. Seine Gruppe zog uns sehr viele beschwerliche Besuche zu. Die Mühen bestanden aber in folgendem.

Man fing gewöhnlich damit an, eine ›Bourasque‹ oder Reinigung der Galeere zu veranstalten. Man ließ den Galeerensklaven Kopf und Bart scheren, frische Wäsche anlegen, ihre rote Kutte anziehen und ihre Mütze von derselben Farbe aufsetzen. Nachdem dies geschehen, denke man sich die ganze Galeerensklavenmannschaft, die in ihren Bänken auf der Pedagne sitzt, so daß man von einem Ende der Galeere zum andern nur Köpfe von Leuten mit roter Mütze sieht. In dieser Stellung erwartet man die Kavaliere und Damen, die bei ihrem Eintritt nacheinander auf der Galeere von den Galeerensklaven durch den rauhen und dumpfen Ruf ›Ho!‹ begrüßt wurden.

Dieser Ruf erfolgt von allen Galeerensklaven zugleich auf einen Pfiff, so daß man nur eine Stimme hört. Jeder Kavalier und jede Dame erhielt ein ›Ho!‹ zum Gruß, wenn ihr Rang nicht eine Auszeichnung erfordert. Dann schreit man ›Ho, ho!‹ Wenn es ein General oder ein Duc oder Pair von Frankreich ist, so schreit man ›Ho, ho, ho!‹, doch dies ist das meiste; denn der König selbst würde nicht mehr erhalten. Deshalb nennt man diesen letzteren Gruß den Königsgruß. Während dieses Grußes schlagen die Tamboure Appell oder Marsch gemäß dem Gruße, und die Soldaten, sehr sauber angezogen, sind auf der Bande zu beiden Seiten der Galeere mit dem Gewehr auf der Schulter aufgestellt. Und da man bei solchen Gelegenheiten die Masten aufrichtet und oft die Ruder, die Flaggen von allen Farben und die Wimpel aufsteckt und da die großen roten und feuergelben Wimpel, in zahlloser Menge aufgehängt, im Winde flattern, so ergibt dies alles zusammen einen sehr schönen Anblick. Die ›Guerite‹ oder das Zimmer des Hinterteils, welche als Laube eingerichtet ist und keine andere Decke als ein starkes Wachstuch zum Schutz gegen den Regen hat, ist bei jenen Gelegenheiten hoher Besuche mit einem rotsamtnen Schirmdach bedeckt, an dem ringsum reiche Goldfransen herabhängen.

Man füge zu dieser Pracht den Zierat des Schnitzwerkes am Hinterteil des Schiffes, das bis zum Wasserspiegel herab ganz vergoldet ist, und die in den Bänken herabgelassenen und nach außen in Flügelform erhobenen Ruder, die alle ganz bunt bemalt sind. Eine Galeere, die dergestalt mit all ihrem Schmuck angetan ist, bietet dem Auge ein Schauspiel dar, das die Bewunderung derer erregt, die nur das Äußere sehen.

Doch diejenigen, welche ihre Gedanken auf das Elend von dreihundert Galeerensklaven richten, welche die Mannschaft ausmachen, die von Ungeziefer zernagt sind und deren Rücken von Peitschenhieben durchfurcht ist, die, mager und gebräunt vom rauhen Wetter und dem Mangel an Nahrung, Tag und Nacht angekettet und der Willkür von drei grausamen Aufsehern anheimgegeben, die sie schlechter behandeln als das gemeinste Vieh: denen, sage ich, die solche Betrachtungen anstellen, wird ihre Bewunderung über jenes prachtvolle Äußere recht vergehen.

Die Kavaliere und Damen, welche die Galeere von einem Ende zum anderen auf dem Köker durchschritten haben, kehren wieder nach dem Hinterteil des Schiffes zurück, wo sie sich auf Lehnsesseln niederlassen. Nachdem der Aufseher vom Kapitän den Befehl erhalten hat, kommandiert er die Mannschaft nach dem Ton der Pfeife zum Exerzitium.

Auf das erste Zeichen oder den ersten Pfiff nimmt jeder seine Mütze vom Kopf, auf das zweite fällt die Kutte, auf das dritte das Hemd. Hierauf sieht man nur nackte Oberkörper. Sodann läßt man sie ein Exerzitium machen, was im Provenzalischen die ›Moniné‹ heißt, das heißt die Affen. Dann verschwinden alle Leute in ihren Bänken, hierauf müssen sie den Zeigefinger in die Höhe heben, so daß man nur Finger sieht, dann den Arm, dann den Kopf, dann ein Bein, dann die beiden Beine; sofort stehen sie ganz aufrecht auf ihren Füßen; dann müssen sie alle den Mund öffnen, dann allesamt husten, sich umarmen, sich einander niederwerfen und andere verschiedene, ungebührliche und lächerliche Stellungen machen, die anstatt die Zuschauer zu belustigen, rechtschaffene Leute mit Schauder gegen dieses Exerzitium erfüllen müssen, bei dem man Menschen, und was noch mehr ist, Christen wie Vieh behandelt. Diese Arten von Übungen werden, wie ich gesagt habe, sehr häufig im Winter wie im Sommer veranstaltet.

Dies ist also die Beschäftigung der Galeerensklavenmannschaft während des Winters. Wenn es März wird, werden diese Beschäftigungen jeden Tag durch neue Strapazen vermehrt. Man räumt aus dem Schiffsraum den ganzen Ballast der Galeere, der aus lauter kleinen Kieselsteinen besteht, die so groß wie Taubeneier sind. Alle diese Kieselsteine werden aus dem Schiffsraum durch die Luken in Weidenkörben heraufgebracht, die man, mit diesen Steinen gefüllt, von Hand zu Hand bis zum Kai vor der Galeere schaffen läßt, wo zwei Leute von jeder Bank kommandiert sind, mit Eimern Wasser aus der See zu schöpfen und den ungeheuren Haufen von Kieselsteinen zu waschen und sie rein wie Perlen zu machen. Wenn sie trocken sind, so bringt man sie wieder in die Galeere. Diese Strapaze dauert sieben bis acht Tage, mit einbegriffen die Zeit, welche man, währenddem der Ballast an Land ist, darauf verwendet, die Galeere umzulegen, um sie auszubessern und zu kalfatern, was auch den Galeerensklaven eine große Anstrengung verursacht.

Wenn die Galeere wieder aufgerichtet ist, so bringt jeder Tag, bis man sie rüstet, eine neue Beschäftigung mit sich. Erstens prüft man die Ankertaue auf der Galeere, darauf wird das neue Takelwerk eingerichtet, indem man es um die Galeere herumwindet oder mit den

Armen zerrt, um es geschmeidiger zu machen. Diese Beschäftigung dauert mehrere Tage. Hierauf folgt die Untersuchung der Segel; und wenn man neue machen muß, so schneidet der Oberaufseher sie zu, und die Sträflinge nähen sie, denn es ist kein Segelmacher auf den Galeeren. Man muß auch die neuen Zelte nähen, die alten ausbessern, desgleichen die Vorhänge der ›Rambade‹ und diejenigen, welche zu den Zeltbetten der Offiziere dienen, und endlich eine Menge andere Arbeiten, die alle aufzuführen mir unmöglich ist. Dies dauert bis Anfang April, welches gewöhnlich die Zeit ist, in welcher der Hof seine Befehle zur Rüstung der Galeeren schickt.

Diese Ausrüstung beginnt mit der Reinigung des untersten Teiles des Schiffes. Zu diesem Zweck wendet man eine Galeere um und kehrt sie auf eine andere, die sie stützt, so daß der Kiel dieser umgewendeten Galeere außerhalb des Wassers liegt. Hierauf reibt man diese ganze Seite der Galeere vom Kiel bis nach oben mit Unschlitt ein, worauf man sie nach der anderen Seite umkehrt und auf dieselbe Weise einreibt.

Dies nennt man ›Espalmage‹, das die härteste von allen Arbeiten nach dem Rudern ist. Hierauf rüstet man die Galeere aus mit ihren Geschützen, Waffen, Ankern, Takelwerk, Lebensmitteln und Munition, und diese ganze Arbeit geschieht durch die Galeerensklavenmannschaft, die davon so erschöpft wird, daß man oft genötigt ist zu warten, um zur See zu gehen, damit man ihr Zeit gibt, sich zu erholen.

Von welchem Nutzen die Galeeren für einen Staat sind im Gegensatz zu den Kriegsschiffen

Es ist eine ausgemachte Sache, daß die Galeeren für einen Staat, er sei republikanischer oder monarchischer Verfassung, wegen der außerordentlichen zu ihrer Unterhaltung erforderlichen Kosten eine große Last sind. Es ist leicht, dies zu begreifen, wenn man sich erinnert, daß die Galeeren immer unterhalten werden, sowohl im Frieden als im Kriege, im Winter abgerüstet wie im Sommer gerüstet. Ihre zahlreiche Mannschaft, sowohl Offiziere, Feld- als Seesoldaten, erhalten immer dieselbe Besoldung, die viel höher ist als die der Mannschaft auf den Kriegsschiffen, die in Friedenszeiten oder wenn sie abgerüstet sind, keine andere Unterhaltung als die der Offiziermajore erfordern. Ich erkenne an, daß die Galeeren Italiens nicht ganz so viel kosten wie die Galeeren Frankreichs, und zwar wegen der Einsparung, die diese Republiken dabei machen.

Jedermann weiß, daß verschiedene Galeeren dieser Republiken vermögenden Privatleuten, die unter dem Schutze ihrer Staaten stehen, gehören und daß diese Staaten, wenn sie derselben bedürfen, an jene Privatleute Subsidiengelder zahlen, was eine große Ersparung bedeutet.

Übrigens ziehen diese Staaten Italiens aus den Galeeren Nutzen, teils, indem dieselben ihre Küsten vor den Einfällen der Türken oder Araber, denen sie immer ausgesetzt sind, schützen, teils, weil dieselben fortwährend gegen diese Feinde auslaufen, von denen sie sogar durch die Sklaven, die sie machen, Nutzen ziehen. Dies gleicht einigermaßen die Kosten, die sie verursachen, aus. Mit den Galeeren Frankreichs ist es nicht so; sie werden nicht dazu verwendet, die Küsten vor dem Überfall der Ungläubigen zu schützen. Diese Küsten sind ihrer Lage nach dem viel weniger ausgesetzt; und Frankreich weiß durch seine Macht den Übermut und Erpressungen der Seeräuber sehr wohl zurückzuweisen, ohne genötigt zu sein, seine Galeeren zu ihrer Verfolgung auszusenden. Von welchem Nutzen sind daher die Galeeren Frankreichs für den Staat? Ich antworte gemäß meiner geringen Einsicht und gemäß der Erfahrung, welche ich in dieser Sache in zwölf Jahren gemacht habe, die ich auf diesen Schiffen auf dem Ozean zugebracht habe. Die Galeeren haben während jener Zeit mehr Erfolg gehabt, als sie während eines Jahrhunderts auf dem Mittelländischen Meere hatten; und dennoch beschränken sich alle diese Erfolge auf zwei oder drei feindliche Kriegsschiffe, die sie aufgebracht haben, während sie nicht ein Kauffahrteischiff eroberten, obgleich das Meer damit bedeckt war. Ich spreche hier nicht von den beständigen Bedrohungen der Küsten Englands, sondern von denjenigen in einem sehr kleinen Teil des Kanales; wobei man nichts anderes ausrichtete, als daß man Kanonenschüsse in den Sand der Dünen abfeuerte, ohne je dabei eine Landung gemacht oder versucht zu haben, ausgenommen die verunglückte bei Harwich. Man wird fragen, welche Absicht konnte daher Frankreich haben, während der Herrschaft Ludwigs XIV. vierzig Galeeren mit so ungeheuren Kosten zu unterhalten?

Ich sehe keine anderen als folgende: Erstlich, um seine große Macht zu zeigen; zweitens, um eine große Anzahl Edelleute zu unterhalten, zum größten Teil letztgeborene ihrer Familie, die von ihrem väterlichen Vermögen nichts anderes geerbt haben als die Erziehung. Der größte Teil bestand aus Malteserrittern, welcher Stand ihnen wenig oder gar kein Einkommen gab, weshalb sie, um ihren Adel und Stand aufrechtzuerhalten, auf die Besoldung durch den König angewiesen waren, der sie nach Verdienst und Geburt avancieren ließ; und zwar gibt die Unterhaltung von einer so großen Anzahl von Galeeren dazu zahlreiche Gelegenheit; denn fast alle Offiziermajore der Galeeren sind Malteserritter.

Dritter Grund: Da das Königreich Frankreich sehr groß und sehr bevölkert ist, so ist es natürlich, daß sich dort sehr viel Verbrecher jeder Art finden, und um sie im Zaum zu halten und ihre Verbrechen zu bestrafen, war eine so große Zahl von Galeeren nötig.

Außerdem verurteilte man in jener Zeit die Deserteure von den Truppen zu den Galeeren, was die Galeerensklavenmannschaft reichlich vermehrte.

Was den Nutzen betrifft, den der Staat daraus zieht, so ist er sehr unbedeutend. In Friedenszeiten dienen die Galeeren nur zuweilen zum Transport hoher Personen wie Kardinälen, Gesandten usw. nach Rom oder nach anderen Staaten Italiens, auf Ordre des Königs. In diesem Falle werden eine oder zwei Galeeren abkommandiert. Ansonsten bleiben sie im Hafen von Marseille, ohne irgend etwas zu tun; oder wenn man ein Geschwader von fünf oder sechs rüstet, so geschieht es nur, um vor den Küsten Italiens zu streifen, damit Flagge gezeigt und respektiert oder die Galeerensklaven- und Schiffsmannschaft geübt wird.

Es bleibt nur noch übrig, zu fragen, wozu die Galeeren in Kriegszeiten nützen? Ich antworte wie oben, daß sie, besonders auf dem Ozean, sehr wenig nützen, wo die Galeeren nur mit viel Mühe vorwärtskommen wegen der Ebbe und Flut, die sich an den Küsten viel heftiger bemerkbar machen als auf offener See.

Nun erlaubt der Bau der Galeeren ihnen nicht, sich da hinein zu begeben, noch sich von der Küste zu entfernen; und wenn sie dazu gezwungen werden, um sich von einem Hafen nach einem anderen entfernteren zu begeben, so wenden sie dabei alle Vorsicht an und tun es nur bei sehr ruhigem Wetter und wenn die See ganz ruhig ist. Und da dies auf dem Ozean sehr selten der Fall ist, so bringen sie unendliche Zeit damit im Hafen hin, um eine passende Gelegenheit abzuwarten.

Aus denselben Gründen sind die Galeeren nicht geeignet, gegen den Feind anzugehen, und sie finden daher sehr selten Gelegenheit, ihn zu bekämpfen, weil sie sich nur sehr wenig von der Küste entfernen können, um feindliche Kriegs- und Kauffahrteischiffe ausfindig zu machen, die am besten auf hoher See schiffen. Außerdem haben sie einen anderen sehr großen Nachteil für den Kampf; die Galeeren können sich nämlich durchaus in keinen Kampf einlassen, außer bei ruhigem Wetter. Nur dann können sie etwas ausrichten; denn dann steht es ihnen frei, die gefürchtetsten Kriegsschiffe anzugreifen oder ihnen auszuweichen, und sie können sich ungestört zurückziehen, nachdem sie solche Schiffe angegriffen und beschädigt haben. Wenn aber rechter Wind aufkommt, daß die Schiffe sich der Segel bedienen können, so würden zehn Galeeren es nicht wagen, die kleinste Fregatte anzugreifen, sondern sie ziehen sich unverzüglich in ihren Hafen zurück; denn wenn genug Wind aufkommt, so würde ihnen eine solche Fregatte, wenn sie mit allen Segeln auf die Galeere losgeht, leicht auf den Leib rücken und sie wegen des niedrigen und leichten Baues dieser Art Schiffe in den Grund bohren.

Zuletzt wollen wir noch sehen, ob die Galeeren dazu taugen, eine Flotte in einem Gefecht zu unterstützen. Sie würden gewiß dazu taugen, wenn Zeit und Ort des Gefechtes ihnen gerade günstig wäre. In diesem Falle können die Galeeren sehr gut dazu dienen, die entmasteten und beschädigten Fahrzeuge aus dem Treffen zu bugsieren und zurückzuziehen sowie ein anderes an Ort und Stelle zu bugsieren. Aber hierzu ist aus den obengenannten Gründen ein ruhiges und ganz windstilles Wetter erforderlich. Es ist jedoch gerade schwierig für die Galeeren, wenn sie sich in einem solchen Seegefecht befinden, weil ein Kriegsschiff, das den Feind zu stellen sucht, sich nicht den Ort zum Angreifen auswählen kann und daß er fast immer auf offener See ist, die Galeeren hingegen wagen sich nicht vierundzwanzig Stunden vom Bereich des Landes weg. Außerdem können die Kriegsschiffe nur mit einem ziemlich starken Wind manövrieren, um den Feind zu bekämpfen, während die Galeeren einen solchen Wind nicht aushalten, so daß es fast unmöglich ist, daß die Galeeren an einem Seegefecht teilnehmen.

Das Nützlichste, was dieselben tun können, würde darin bestehen, einen Ausfall zum Feindesland zu machen, um irgendein Dorf zu plündern oder anzuzünden. Jedoch können diese Ausfälle dabei nur wenig Erfolg haben, weil die Galeeren nur sehr wenig Truppen zur

Verstärkung an Bord nehmen können, da sie für diese zu wenig Platz haben. Denn die fünfhundert Mann, welche die Schiffsmannschaft und die Sklavenmannschaft einer Galeere bilden, lassen keinen weiteren Platz zu, und von den fünfhundert Mann kann man nur fünfzig oder sechzig Mann von jeder Galeere an Land setzen, während die übrigen sich nicht von dort rühren dürfen, um dreihundert Mann Galeerensklaven zu bewachen, die mehr von ihnen zu fürchten sind als der Feind draußen. Deshalb unternahmen die Galeeren von Dünkirchen während zwölf Jahren, die sie dort waren, nie Ausfälle, weder an die Küste Hollands noch an die Englands. Aus allem diesen kann man leicht schließen, daß die Galeeren auf dem Ozean nur von geringem Nutzen sind.

Auf dem Mittelländischen Meer manövrieren die Galeeren leichter, teils, weil es auf diesem Meer keine Ebbe und Flut gibt, teils wegen der ruhigen See, die hier zumeist herrscht, im Gegensatz zum Ozean. Doch finden sich dieselben Schwierigkeiten bei einem Verbund der Galeeren mit Kriegsschiffen, die den Feind stellen, um ihn zu bekämpfen; denn die Kriegsschiffe brauchen starken Wind, um manövrierfähig zu sein, während die Galeeren einen solchen nicht aushalten können, ohne sich der Gefahr des Unterganges auszusetzen.

Der ganze Vorteil also, den man von den Galeeren auf dem Mittelländischen Meer haben kann, ist der, daß wegen des hier oft herrschenden geringen Seegangs sich feindliche Kriegs- oder Kauffahrteischiffe finden können, die von der Flaute überrascht werden. Dann haben es die Galeeren, die ein solches Schiff antreffen, leicht, dasselbe aufzubringen oder es in den Grund zu bohren, wenn es zu stark ist, um es durch Entern zu übermannen.

Dies ist der einzige Nutzen, den man sich von den Galeeren auf dem Mittelländischen Meer vorstellen kann; denn was die Ausfälle an der Küste Italiens oder Kataloniens betrifft, so unternimmt man dergleichen nie aus dem oben angeführten Grund.

Es kann auch zu einem Treffen kommen zwischen einem Galeerengeschwader und einem anderen des Feindes. Doch diese Zusammenstöße finden selten statt, weil solche Treffen nichts Erhebliches entscheiden und weil dabei nur Schläge zu holen sind. Denn wenn der Feind sich in ein Treffen eingelassen hat und sieht, daß er unterliegt, so hat er denselben Vorteil, um zu fliehen, wie sein Feind, ihn zu verfolgen. Da es sich nur darum handelt, zu rudern und nicht zu segeln, so ist es ihnen gleichgültig, ob eine Galeere den Wind vor sich oder gegen sich hat.

Und was ich sage, ist so wahr, da man nie erlebt hat, daß Galeeren gegen Galeeren kämpften. Man weiß nur von einem solchen Treffen in dem Kriege, der dem Pyrenäischen Frieden* voranging. Damals traf ein französisches Galeerengeschwader mit einem spanischen im Mittelländischen Meer zusammen, und das Gefecht war sehr blutig.* Ich habe einen alten Türken, einen Sklaven auf unseren Galeeren, gekannt, der an diesem Gefecht teilgenommen hatte. Er sagte, daß die spanischen Galeeren sich an die französischen zum Entern angehakt hätten und daß die letzteren den kürzeren gezogen haben würden, wenn man nicht auf den Einfall gekommen wäre, den Galeerensklaven in jeder Bank einen Korb voll Kieselsteine zu geben, um die Spanier zurückzutreiben, indem man den Galeerensklaven die Freiheit versprach, wenn die Spanier zurückgetrieben würden. Die Sache gelang den Galeerensklaven, denn die Spanier wurden durch den Steinhagel genötigt, die Beute fahrenzulassen. Aber nicht eine einzige Galeere, weder auf der einen noch auf der anderen Seite, ging dabei zugrunde. Doch hielt man den französischen Galeerensklaven nicht Wort, und es war, wie das italienische Sprichwort sagt: ›Passata la festa, gabato il santo‹, das heißt: ›Wenn das Fest vorüber ist, hintergeht man den Heiligen.‹ Seit damals hat es ein Treffen zwischen feindlichen Galeeren nie wieder gegeben; denn da es der schwächsten Partei leicht ist, den Zusammenstoß zu vermeiden, so geschieht dies auch immer, sobald sich eine Gelegenheit bietet.

Die Galeeren haben einen anderen großen Nachteil, wenn sich eine Gelegenheit bietet, gegen Kriegsschiffe zu kämpfen. Denn dreihundert Mann, welche die Galeerensklavenmannschaft ausmachen, sind ebensoviel Feinde, die beständig darauf sinnen, sich ihre Freiheit zu verschaffen, sei es mit offener Gewalt oder auf andere Weise. Und um ihren Aufruhr zu verhindern, ist man genötigt, gegen sie ebensoviel und noch mehr Vorsicht zu beachten wie gegen den Feind selbst, den man angreifen will. Deshalb legt man den Rudersklaven Handschellen an, und man richtet zwei Kanonen auf dem Hinterteil des Schiffes, mit gehackten Eisen geladen, so daß die eine nach der rechten und die andere nach der linken Seite der Galeere zielt, um sie im Fall des geringsten Aufruhrs auf die Galeerensklaven loszufeuern. Außerdem sind von fünfhundert Soldaten, die auf der Galeere sind, fünfzig zur Bewachung der Galeerensklaven beordert und haben immer im Falle des Aufruhrs das geladene Gewehr auf sie angelegt.

Und trotz aller dieser Vorsichtsmaßnahmen sind die Offiziere nicht wenig beunruhigt und haben immer mehr Furcht vor den Galeerensklaven als vor dem Feinde. Denn wenn die Galeerensklaven nur im geringsten revoltieren, so würde man zum äußersten Mittel greifen müssen, nämlich den größten Teil von ihnen zu töten, wodurch man das Übel nur schlimmer machen würde. Denn da die Galeerensklaven die Beine der Galeere sind, so würde ihr Untergang damit unvermeidlich sein.

Dies war es, was ich über die Galeeren im allgemeinen habe bemerken können in bezug auf ihre starken und ihre schwachen Seiten, im Gegensatz zu den Kriegsschiffen, die bei weitem nicht soviel Schwierigkeiten oder Nachteile haben, um die Galeeren zu bekämpfen, als die letzteren haben, um die Kriegsschiffe zu bekämpfen. Aus diesem allen kann man schließen, daß der Aufwand für die Unterhaltung der Galeeren sehr groß und ihr Nutzen sehr gering ist. Deshalb hat Frankreich die Bedeutung dieser Sache wohl erkannt durch die Verminderung von drei Vierteln seiner Galeeren während der Regentschaft und Minderjährigkeit des heute so glorreich regierenden Ludwig XV.*

Nach Beendigung dieser Memoiren bemerke ich, daß ich vergessen habe, an der rechten Stelle, nämlich im Laufe der Geschichte des Treffens und der Eroberung der englischen Fregatte ›Nachtigall‹, zu erzählen, wie es dem Kapitän Smith, schmachvollen Andenkens, erging. Er erhielt wenige Zeit darauf den verdienten Lohn seines Verrates durch folgendes Ereignis.

Man hat oben gesehen, daß die Königin Anna von England im Jahr 1708 das Kommando eines größeren Kriegsschiffes, das zum Küstenschutz beordert war, dem Kapitän Smith anvertraut hatte, der ein guter Soldat und Seemann, aber ein verkappter Papist war und in seinem Herzen einen unversöhnlichen Haß gegen sein Vaterland hegte, wie er bald zeigte.

Denn nachdem er, wie ich erzählt habe, sein Schiff zu Göteborg in Schweden verkauft und die Schiffsmannschaft verabschiedet hatte, bot er seine Dienste dem König von Frankreich gegen sein Vaterland England an. Ich habe auch gesagt, daß dieser Monarch ihn wohl aufnahm und ihm versprach, ihm den ersten vakanten Platz als Kriegsschiffkapitän zu geben, und daß er unterdessen als Freiwilliger auf der Galeere des Chevalier de Langeron in Dünkirchen dienen sollte.

Man hat nie einen gegen die Engländer so sehr erbitterten Menschen gesehen, als dieser ruchlose Verräter war. Sobald irgendein Korsar von Dünkirchen den Engländern eine Prise wegnahm, wie es oft geschah, ging dieser unversöhnliche Feind seiner Landsleute in die Gefängnisse, in denen man die Mannschaft jener eroberten Schiffe gefangenhielt und beleidigte sie und würde ihnen die Augen ausgerissen haben, wenn man es ihm erlaubt hätte. Er gab dem Kerkermeister und den Wachen, welche die armen Gefangenen hüteten, Geld, damit sie die Spenden mildtätiger Leute nicht zu ihnen gelangen ließen, und wenn wir fünf Protestanten, die wir auf der Galeere des Monsieur de Langeron, auf der er sich auch befand, waren, diesen Chevalier nicht zum Freund gehabt hätten, so würde er uns gewiß jeden Tag mit Peitschenhieben tüchtig haben traktieren lassen, wie er jeden Augenblick dem Kommandanten anriet, weil wir desselben Glaubens waren wie die Engländer, seine Feinde. Dieser Verräter war gegen sein Vaterland so erbittert, daß er fortwährend einen Plan nach dem anderen schmiedete, um seinem Vaterland zu schaden. Und da er alle Küsten sehr genau kannte und außerdem Erfahrung im Kriege hatte, so gefielen seine Pläne den guten Franzosen, die jedoch seine Person wenig achteten. Endlich faßte er den Plan, die kleine Stadt Harwich an der Themse anzugreifen zu plündern und anzuzünden, welchen Plan er an den französischen Hof schickte, der ihn billigte, wie ich erzählt habe; doch wurde er vereitelt durch das Treffen, welches wir an der Mündung jenes Flusses hatten. Zurückgekehrt von dieser Expedition in den Hafen von Dünkirchen, wollte Smith mit aller Gewalt, daß wir mit den sechs Galeeren dasselbe Unternehmen wieder aufnähmen. Aber unser Kommandant wollte nicht dareinwilligen, wobei er anführte, daß sie, abgesehen von der Jahreszeit, die nicht mehr für die Galeeren geeignet war, nach dem letzten Treffen nicht mehr imstande wären, in See zu stechen, nicht nur wegen des Verlustes an Mannschaft, deren größter Teil getötet oder verwundet worden war, sondern auch wegen der Zerstörung der Masten und des Takelwerkes, mit welchen die Magazine des Königs damals sehr schlecht versehen waren. Alles dies hinderte den Kapitän Smith nicht, die Nachlässigkeit des Kommandanten und die Offiziere der Galeere zu tadeln.

Er schrieb deshalb an den Hof, und unser Kommandant schickte von seiner Seite ein Protokoll dahin ab, in dem er die obengenannten Gründe anführte, die ihn verhinderten, etwas zu unternehmen. Alles dies zog dem Smith die Eifersucht oder vielmehr den Haß aller Offiziere zu und verursachte seinen Sturz, wie wir gleich sehen werden.

Kapitän Smith ließ sich durch die abschlägige Antwort des Hofes nicht sehr abschrecken und schmiedete einen anderen Plan, indem er verlangte, daß man zwei Kriegsschiffe seinem Befehl übergebe. Diese beiden Schiffe waren gerüstet und lagen im Hafen von Dünkirchen, das eine mit vierzig Stück Kanonen, das andere eine kleine Fregatte, in England gebaut, mit vierundzwanzig Stück Kanonen. Er behauptete, daß er mit diesen zwei Schiffen Harwich ebenso in Brand stekken könne, wie er es mit den sechs Galeeren hätte tun können.

Der Hof nahm seinen Plan an mit der Ordre, ihn unverzüglich auszuführen; jedoch überließ er ihm nur das Kommando des Unternehmens und nicht das der beiden Schiffe. Ein Kapitän der Galeere bestieg das größte als Admiral und ein Leutnant, auch von den Galeeren, als Kapitän der Fregatte und Smith als Kommandant für den Ausfall auf Harwich.

Die beiden Schiffe stachen im Oktober 1708 in See und fuhren nach der Themse. Aber als sie die Küste vor sich hatten, bemerkten sie ein englisches Kriegsschiff zur Küstenwacht, bestückt mit siebzig Kanonen. Dieser Anblick beunruhigte sie, und nachdem der Admiral mit dem Kapitän Smith Kriegsrat gehalten hatte, wurde beschlossen, einige Tage nach Norden zu kreuzen, um das englische Kriegsschiff von ihrem Plan abzulenken und dann zurückzukommen, wenn es nicht mehr dasein würde, was sie auch ausführten. Aber nach zwei oder drei Tagen zurückgekehrt, bemerkten sie, daß dasselbe Schiff oder ein anderes von derselben Stärke vorhanden war.

Beunruhigt durch diesen widrigen Zufall, hielten sie von neuem Kriegsrat. Smith behauptete steif und fest, daß ihre zwei Schiffe außerordentlich gut gerüstet und sie imstande wären, das Kriegsschiff, so stark es auch wäre, zu entern und aufzubringen. Der Admiral und der Kapitän der Fregatte waren nicht derselben Meinung, aber Smith bestand so hartnäckig darauf, ihr Glück zu versuchen, daß er die Meinungen auf seine Seite brachte. Man setzte nun fest, daß er die kleine Fregatte besteige, da es ein leichtes Fahrzeug war, und daß er das englische Kriegsschiff rekognoszieren sollte; wenn er die Stärke und Schwäche desselben erkundet hatte, so sollte er dem Admiralschiff ein Zeichen geben, um sich mit ihm zu verbinden und das Unternehmen zu versuchen; doch sollte er dem Kriegsschiff sich nicht zu sehr nähern und sich außer Reichweite der Geschütze halten, um nicht in den Grund gebohrt zu werden.

Gemäß diesem Beschluß drehte der Admiral bei, und Smith ging mit seiner kleinen Fregatte unter Segel, um das englische Schiff zu rekognoszieren, das aus Nichtachtung eines kleinen Fahrzeugs, das so wenig fähig war, es aus seiner Ruhe zu bringen, beidrehte.

Smith rückte gegen den Rat seiner Offiziere auf der Fregatte so nahe an das Kriegsschiff heran und besaß die Unklugheit, sich so sehr der Gefahr auszusetzen, in die Reichweite der feindlichen Geschütze zu fahren, daß der Engländer wirklich ihm dieselbe in der furchtbarsten Weise gab. Diese Geschützsalve bewirkte, daß die Fregatte aller ihrer Masten beraubt und außerstand gesetzt wurde, sich aus der unvermeidlichen Gefahr zu retten, aufgebracht oder in den Grund gebohrt zu werden. Der französische Admiral, weit entfernt, der Fregatte zu Hilfe zu kommen, wie er es im Falle eines Unglücks versprochen hatte, segelte, so schnell er konnte, nach Dünkirchen, wo er die Nachricht von dem Verlust des Kapitäns Smith und der Fregatte überbrachte.

Sobald das englische Kriegsschiff sah, daß das feindliche Schiff entmastet und nicht imstande war, zu entrinnen, rief man ihm zu, die Fahne einzuziehen und sich zu ergeben, ansonsten würde man es in den Grund bohren.

Smith wollte nicht dareinwilligen und zog es vor, mit der Waffe in der Hand zu sterben, als durch das Schwert des Scharfrichters von London umzukommen. Aber er war nicht der Stärkste auf seinem Schiffe, denn Offiziere, Soldaten und Matrosen drohten, ihn in das Meer zu werfen, wenn er sich nicht ergeben wollte. Er mußte daher einwilligen; jedoch ersann er ein Mittel, sich der Hand des Henkers zu entziehen. Er nahm eine brennende Lunte, die er in seinem Ärmel verbarg, und wollte in die Pulverkammer hinabsteigen, um Feuer zu legen und die Fregatte in die Luft zu sprengen. Die Wache der Pulverkammer hielt ihn an und rief seinen Kameraden zu, daß Smith die Fregatte in Brand stecken wollte, worauf man sich auf den Elenden stürzte, und nachdem man ihm Arme und Beine an das übriggebliebene Stück des großen Mastes angebunden hatte, zogen sie die Flagge ein und schrien dem Kriegsschiff zu, daß sie sich auf Gnade oder Ungnade ergeben wollten.

Der Engländer schickte seine wohlausgerüsteten Schaluppen, befehligt von einem Offizier, aus, um von seiner Prise Besitz zu nehmen. Als die ohne den geringsten Widerstand an Bord gekommen waren, denn die ganze Schiffsmannschaft schrie ›Pardon‹, bemerkten die Engländer sogleich den Schiffskapitän Smith gebunden und geknebelt am Fuß des Mastes. Er wurde sogleich erkannt und an Bord des Kriegsschiffes gebracht, das alle seine Kanonen abfeuerte, mehr aus Freude darüber, daß sie diesen berüchtigten Verräter hatten, als über den Gewinn der Prämie von 1000 Pfund Sterling, die auf seinen Kopf gesetzt worden war.

Er wurde sofort nach London geführt, wo ihm sein Prozeß alsbald gemacht wurde, und obgleich er feigerweise sich erbot, Protestant zu werden, um sein Leben zu retten, wurde er verurteilt, lebendig geviertelt zu werden, was in der Weise, wie man mit Verrätern in England verfährt, ausgeführt wurde, nämlich indem man ihnen mit ihrem zitternden Herzen in das Gesicht schlägt. Und ich habe im Jahre 1713, als ich in London war, die Teile seines Körpers längs der Themse ausgestellt gesehen.

Eine große Lektion für diejenigen, welche wie er von ihrer Leidenschaft sich so weit hinreißen lassen, ihr Vaterland zu verraten!

ANMERKUNGEN

6 *Meilen*: Eine französische Landmeile entsprach 3 898 m.
Frieden von Rijswijk: Ludwig XIV. erhob für seine Schwägerin Elisabeth (›Liselotte von der Pfalz‹) Erbansprüche auf die deutsche Pfalz, die durch antifranzösischen Widerstand 1688–1697 zum Pfälzischen Krieg zwischen Frankreich auf der einen Seite und England, Spanien, den Niederlanden und dem Deutschen Reich (Augsburger Liga) führten. In diesem Krieg verwüsteten die Franzosen die Pfalz, zerstörten dabei Worms, die Kaisergräber in Speyer und das Schloß in Heidelberg. Der Frieden von Rijswijk war Ludwigs XIV. erster Verlustfrieden. Das Deutsche Reich erhielt von Frankreich alle eroberten Gebiete, außerdem Elsaß und Straßburg, zurück. Die französischen Protestanten und besonders die protestantischen Galeerensträflinge erhofften sich durch diesen Frieden von Wilhelm III. von Oranien eine politische Intervention zu ihren Gunsten, die aber nicht erfüllt wurde.
Dragonaden: brutales, aber für den König wirksames Mittel, durch Einquartierung von Soldaten widerspenstige Untertanen gefügig zu machen, wobei man alle Augen zudrückte bei den vorkommenden Plünderungen, Brandschatzungen, Folterungen und Vergewaltigungen.
7 *Duc de la Force*: Henri-Jacques de Caumont (1675–1726), seit 1699 Herzog.
8 *Monseigneur*: frz., gnädiger Herr.

Bericht erstatten: Was Jean Marteilhe berichtet, entspricht genau der Wahrheit, denn die Korrespondenzen zwischen dem Duc de la Force und dem Kanzler Pontchartrain (1623–1727) existieren und sind teilweise veröffentlicht (Bulletin de la Société d'histoire du protestantisme français, Jg. 1858).

9 *Périgord*: ehemals französische Grafschaft, bildet heute den Hauptteil des Departements Dordogne.

königliche Städte: Seit 1607 (Heinrich IV.) gehörte Périgord zum Besitz der Bourbonenkönige.

10 *einer meiner Freunde*: Mit Jean Marteilhe floh der Perückenmachergeselle Daniel Legras, der auch aus Bergerac stammte und mit Marteilhe zu lebenslänglicher Galeerenstrafe verurteilt wurde. Sie kamen jedoch nicht zusammen auf eine Galeere. Legras war auf der ›Heureuse‹. Er wurde am 7. März 1714 freigelassen; Marteilhe ein Jahr früher, im Juni 1713.

10 *Pistolen*: seit dem 16. Jahrhundert in Spanien geprägte und in ganz Europa gängige Goldmünzen. Nach dem Vorbild der Pistolen wurden der französische Louisdor und ähnliche Münzen in anderen Ländern eingerichtet.

11 *Spanischen Niederlande*: Von den siebzehn niederländischen Provinzen konstituierten sich die sieben nördlichen als protestantische Republik (Utrechter Union 1579), während die südlichen Provinzen katholisch und spanisch blieben. Die Spanischen Niederlande bildeten fast immer den Kriegsschauplatz in den Auseinandersetzungen zwischen Frankreich und Spanien, auch als Entschädigungsobjekt bei Friedensschlüssen. Im 17. Jahrhundert kamen Artois, Montmédy, Lille, Valenciennes, Cambrai, St.-Omer und andere Gebiete und Städte an Frankreich.

15 *Louisdor*: französische Goldmünze, ab 1640 geprägt, entsprach im Werte fünf Talern.

Guet du Sud: frz., etwa ›Südwache‹.

Couvé ankamen: Der Grenzverlauf zwischen Frankreich und den Spanischen Niederlanden war in jener Epoche kompliziert und erfuhr oft Änderungen (vgl. Anm. zu S. 11, ›Span. Niederlande‹). Couvé (das heutige belgische Couvin, etwa 60 km südwestlich von Namur) gehörte zu Spanien und hatte als Schutz eine holländische Garnison, während die nördlicher gelegenen Orte Philippeville und Marienbourg französische Enklaven waren.

16 *Réfugiés*: frz., Flüchtlinge, Emigranten.

19 *Häscherlohn*: Gemeint ist der königliche Erlaß vom 20. August 1682, wonach den Denunzianten die Hälfte des Besitzes der bei einem Fluchtversuch gefaßten Protestanten zustand.
21 *Marquis de la Vrillière* (1672–1725): Louis Phélypeaux, Marquis de la Vrillière, Staatssekretär für hugenottische Angelegenheiten.

ohne Paß: Das Edikt von Fontainebleau (Artikel 10), welches das von Nantes (1598) widerrief, verbot allen Protestanten, das Königreich ohne entsprechenden Paß zu verlassen, bei lebenslänglicher Galeerenstrafe für die Männer, bei Gefängnisstrafe für die Frauen.
22 *Gnadenbrot*: im Original ›pain du roi‹ (eigtl. Brot vom König). Die Gefängnisse unter dem Ancien régime waren an Personen verpachtet, die den Gefangenen zu ihrem Profit Lebensmittel u. a. verkauften. Nur Wasser und Brot wurden vom König unentgeltlich gestellt.

Katechismus von Drelincourt: Charles Drelincourt (1595–1669) war Pastor der Reformierten Kirche in Paris und Verfasser eines 1662 erschienenen Katechismus (Catéchisme ou Instruction familière sur les principaux points de la religion chrétienne).
23 *Parlament von Tournai*: seit 1686 Gerichtshof, der in letzter Instanz über zivile und kriminelle Fälle befand und urteilte. Zu seinem Gerichtsbereich gehörten die flandrischen Gebiete Douai, Lille, Cambrai, der französische Hennegau.
24 *vom Parlament bestätigen lassen*: Nach dem Kriminalgesetz von 1670 mußte jede Körperstrafe von einem Parlament bestätigt werden. Dies wurde jedoch zumeist nicht eingehalten, da die Parlamente die Kosten der Überführung des Angeklagten zu tragen hatten.
25 *Irrlehren Calvins*: Johann Calvin (eigtl. Jean Cauvin, 1509–1564) schrieb in Basel sein Hauptwerk ›Institutio religionis christianae‹ (Unterricht in der christlichen Religion, 1536), das seine Lehren der protestantischen Dogmatik enthielt, vor allem die der Prädestination, wonach Heil und Verdammnis dem Menschen vorherbestimmt sind; der Mensch heiligt sein Leben durch Erfüllung der irdischen Pflichten nach den Gesetzen der Bibel (Altes und Neues Testament). Das Abendmahl bedeutet für ihn nicht wie für Ulrich Zwingli (1484–1531) eine symbolische Erinnerung, auch nicht wie für Martin Luther

(1483–1546) die leibliche Vergegenwärtigung von Christus, sondern ist geistige Verbindung mit ihm.

26 *Sorbier ... Rivasson*: Jacques Sorbier (geb. 1674) und Samuel Rivasson (geb. 1677) waren Söhne von angesehenen und reichen Bürgern in Bergerac.

28 *Sieurs*: frz., Herren.

29 *Flucht konfisziert*: Nach Artikel 10 des Edikts von Fontainebleau (1685) wurde das Vermögen der geflüchteten Protestanten zugunsten der Krone konfisziert.

32 *die Holländer daraus vertrieben hatten*: Sogleich nachdem Philippe d'Anjou, Enkel Ludwigs XIV., König von Spanien geworden war (Januar 1701), vertrieben in der Nacht vom 5. zum 6. Februar 1701 französische Truppen die holländischen Garnisonen in den Spanischen Niederlanden.

34 *Schloß Ham*: Die kleine Stadt Ham liegt zwischen der Somme und dem Canal de Saint-Quentin. Das herrliche Schloß aus dem 15. Jahrhundert ist im ersten Weltkrieg durch die deutsche Armee zerstört worden.
Parlament: Gerichtshof unter dem Ancien régime.

37 *Valenciennes*: alte Festungsstadt; heute Industriestadt, deren Zentrum im zweiten Weltkrieg völlig zerstört worden ist.
Saint-Amand: heute Saint-Amand-les-Eaux.

41 *Lille*: ehemalige Hauptstadt von Französisch-Flandern.

42 *Madame de Maintenon*: Françoise d'Aubigné, Marquise de Maintenon (1635–1719); Mätresse Ludwigs XIV., später heimlich mit dem König verheiratet (1697?). Sie hatte maßgeblichen Einfluß auf die politischen Entscheidungen des Königs, besonders in religiösen Angelegenheiten.

44 *Erzbischof von Cambrai*: Erzbischof war seit 1695 der Prälat, Prinzenerzieher und Schriftsteller François de Salignac de la Mothe-Fénelon (1651–1715), der mit seinem Buch ›Les Aventures de Télémaque‹ (Die Abenteuer des Telemach, 1699) indirekt Kritik an der Politik Ludwigs XIV. übte, was ihm die Ungnade des Königs einbrachte; seine quietistische Lehre ist von der offiziellen Kirche verurteilt worden. Fénelon gab im Streit mit der Kirche nach und zog sich nach Cambrai zurück.
apostolische Glaubensbekenntnis: Hier ist der in der gesamten christlichen Kirche geltende Artikel vom Glauben an ›Gott den Vater, den Sohn und den Heiligen Geist‹ gemeint.

47 *Transsubstantiation*: Ausdruck für die durch die Konsekration bewirkte Verwandlung der Substanz des Brotes und Weines in die des Leibes und Blutes Christi; katholische Lehre vom Abendmahl, die im krassen Gegensatz zu den protestantischen Konfessionen stand (vgl. Anm. zu S. 25, ›Irrlehren Calvins‹).
Meßopfer: priesterliche Handlung des Abendmahls in der katholischen Kirche.

52 *Generalpächter*: Unter dem Ancien régime wurde die Einziehung der verschiedenen königlichen Steuern an Privatpersonen gegen Zahlung einer Pauschalsumme verpachtet; an den Meistbietenden wurde die Pacht vergeben.

57 *Gottes reichen Segen wünschte*: Jean Mouret und Jacques Dupuy kamen 1701 auf die Galeeren in Marseille; Mouret wurde 1704 freigelassen, Dupuy starb 1703 im Hospital.

60 *Portefeuille*: frz., Brieftasche.

62 *versprach und auch ausführte*: P. Beuzart (Bulletin de la société d'histoire du protestantisme français, 1924) hat die Gerichtsakten des Parlamentes von Tournai aufgefunden. Er hat ermittelt, daß in der Zeit von 1686 bis 1704 264 flüchtige Protestanten vor Gericht standen (134 Männer, 107 Frauen, 23 Kinder). 68 Männer wurden zu den Galeeren verurteilt, 43 Frauen ins Kloster gesteckt, sämtliche Kinder kamen in Umerziehungshäuser.

72 *Galeeren ... gehen würde*: Nach Archivberichten soll die Kette Ende Februar 1702 in Dünkirchen mit 16 Sträflingen eingetroffen sein.

73 *in jenem Hafen lagen*: Die sechs Galeeren hießen ›Heureuse‹, ›Palme‹, ›Marquise‹, ›Martiale‹, ›Émeraude‹, ›Triomphante‹.

74 *Unteraufseher*: Die Aufseher und ihre Unteraufseher waren zumeist im Range von Unteroffizieren und regelten per Pfiff die Ruderschläge der Galeerensträflinge.
oberen ... unteren Bank: Gemeint sind die vordere und die hintere Bank.

75 *Verbrecherbank*: Diese Bank lag über der Kammer, in der das Tauwerk aufbewahrt wurde. Wer auf dieser Bank angekettet war, mußte außer der Ruderarbeit zusätzlich die Taue aufziehen helfen.
Köker der Galeere: großer Mittelgang auf Deck, der zwischen den Ruderbänken vom Bug bis zum Heck lief.

76 *Stärksten ... Schwächsten*: Die Sträflinge wurden auf den Galee-

ren je nach Alter und körperlicher Verfassung in drei Klassen eingeteilt: 1. Männer zwischen 20 und 40 Jahren mit kräftiger Konstitution, die am äußersten Ende der Ruderstange plaziert wurden; 2. Männer zwischen 40 und 50 Jahren von mittlerer Konstitution sowie ganz junge Sträflinge, die in der Mitte der Ruderbank saßen; 3. Männer über 50 Jahren von schwacher Konstitution saßen in der Ruderbank nächst dem Schiffsbord.

82 *Bancilhon*: Jean Bancilhon stammte aus den Cevennen und war von 1689 bis 1714 auf den Galeeren.
Provisor: ein Beschließer.

87 *Einhorn*: Die ›Einhorn‹ wurde am 4. Juli 1702 aufgebracht.

90 *Monsieur de Fontête*: Der Chevalier de Fontette (wie er auch geschrieben wurde) war Kapitän der ›Émeraude‹.

93 *die Alliierten*: Gemeint ist die Große Allianz zwischen Großbritannien, Holland, Preußen, Hannover, Portugal (später auch noch dem Deutschen Reich und Savoyen) im Spanischen Erbfolgekrieg gegen Ludwig XIV. von Frankreich im Bündnis mit dem Hause Wittelsbach (Bayern, Kurköln). Großbritannien und Holland unternahmen in der Nordsee (Kanal) eine Seeblockade gegen Frankreich.
Komturs von Malta: Charles Davy de la Pailleterie gehörte wie die meisten höheren Galeerenoffiziere dem Malteserorden an, für den er auch auf dessen Galeeren Jagd auf die nordafrikanischen Galeeren machte. Er starb 1719 in Marseille. Sein Nachfolger Charles-Claude Andrault de Langeron war später Militärgouverneur (1720) in Marseille.

94 *Karkassen*: frz., Brandkugeln.

96 *Johann Bart* (1652–1702): berühmter französischer Seeheld, der 1691 zahlreiche englische Schiffe vernichtete. Ludwig XIV. zeichnete ihn, trotz seiner niederen sozialen Herkunft, durch eine Privataudienz aus und ernannte ihn zum Kommandeur eines Geschwaders, ein Posten, der, wie alle Offiziersstellen, sonst nur Adligen vorbehalten war.

105 *Livre*: bis zum Ausgang des Ancien régime französische Silbermünze mit wechselndem Wert.

108 *Chevalier de Mauvilliers*: eigtl. Montvilliers, seit 1698 Kapitän, er befehligte die ›Marquise‹.

113 *Falkonetten*: zu Beginn des 18. Jahrhunderts ein- bis zweipfündige kleine Schiffskanonen.

120 *Profosse*: Unteroffiziere, die die Sträflinge zu beaufsichtigen hatten.

123 *Monsieur de Pontchartrain*: Es handelt sich hier höchstwahrscheinlich nicht um Louis Phélypeaux, Comte de Pontchartrain (1643–1727), 1687 Intendant der Finanzen, 1689 Generalkontrolleur, Staatssekretär des Königlichen Hauses und der Marine, Staatsminister, 1699–1714 Kanzler, sondern um seinen Sohn Jérôme (1674–1747), der 1699 Marineminister wurde.

133 *seinem Neffen*: Es war ein gewisser Chevalier de Maulévrier, Leutnant auf der ›Palme‹; ihm unterstand die Aufrechterhaltung der Disziplin auf den Galeeren.

in seiner Marine so beraubt war: Gemeint ist gewiß die in der genannten Zeit eingetretene Finanzkrise, die das Königreich an den Rand des Staatsbankrotts brachte.

134 *Limousin*: französische Landschaft nordwestlich des Massif central.

138 *Magistrat*: Ludwig XIV. reformierte nach seiner Machtübernahme die Staatsverwaltung. Die Provinzen wurden von königlichen Intendanten, die Städte von königlichen Magistraten verwaltet; auf dem Lande hatte die Seigneurs (adlige Grundherren) die Verwaltungs- und Polizeirechte inne.

141 *Marschall de Noailles*: Es soll sich hier nicht um Anne-Jules, Duc und Maréchal de Noailles (1650–1708), Gouverneur des Roussillon, 1681 der Languedoc, 1682 Generalleutnant, 1693 Marschall von Frankreich, handeln, sondern um dessen dritten Sohn Adrien-Maurice, Comte d'Ayen (1678–1766), seit 1704 Duc de Noailles, 1712 Grande von Spanien, 1715 Präsident des Finanzrates, 1718 Mitglied des Regentschaftsrates. Er kommandierte, wahrscheinlich wie schon sein Vater 1694, die Belagerung der spanischen Stadt Gerona (1707).

147 *Schatz*: Fünf Livres entsprachen fast einem Monatssold.

156 *Missionare von Marseille*: Gemeint sind die Priester von der Kongregation der Mission, 1625 gegründet vom heiligen Vinzenz von Paul(a). Die meisten der Galeerenpriester gehörten zu diesem Orden der Lazaristen. Der Prior der Mission in Marseille war zuständig für die Galeerensträflinge.

157 *Treue der türkischen Sklaven*: Unter den 7 863 Galeerensträflingen in Marseille waren 1 329 Türkensklaven; in Dünkirchen kamen auf 1 209 Sträflinge 334 Türkensklaven. Diese Türken stammten

zumeist vom Balkan, aber auch aus Nordafrika, und wurden auf den Sklavenmärkten am Mittelmeer (Livorno, Malta) eingekauft. *Bosheit der Schiffspriester*: Im Gegensatz zu den anderen Sträflingen durften, laut Ordre des Königs, die Protestanten die Galeeren nicht verlassen, um an Land durch Arbeit etwas zu verdienen. Durch Bestechung der Aufseher und Nachsicht der Offiziere wurde dieses Verbot oft nicht befolgt.

161 *Sabatier*: François Sabatier, geboren in Nîmes, 1689 zu lebenslänglicher Galeerenstrafe verurteilt, wurde 1713 freigelassen.

162 *Intendant*: Jean-Louis Habert, Seigneur de Montmort, der bis 1710 der Verwaltung der Galeeren vorstand, war berüchtigt wegen seiner Grausamkeiten.

168 *Predigten von Saurin*: Jacques Saurin (1677–1730) war ein berühmter Kanzelredner der Reformierten Kirche.

Jurieu: Pierre Jurieu (1637–1713), einer der streitbarsten reformierten Theologen Frankreichs, der auf politischem wie religiösem Gebiet den Absolutismus Ludwigs XIV. bekämpfte. Seine Schriften bestärkten die Hugenotten im Kampf um ihren Glauben.

172 *besonderen Frieden*: Gegen Ende des Spanischen Erbfolgekrieges, da Frankreich am Rande einer Niederlage stand, entstanden für das Königreich einige politisch günstige Umstände: 1. Sturz der Whig-Regierung in England, 2. Tod von Kaiser Joseph I., dessen Nachfolger Karl (VI.) wurde. So ergab sich durch die Möglichkeit einer Verbindung Spaniens mit Österreich die Gefahr einer neuen habsburgischen Weltmacht, so daß es zu einer Einigung, zu den Präliminarien (zum Frieden von Utrecht 1713) vom 8. Oktober 1711 in London zwischen den Seemächten und Frankreich kam.

189 *Gefängnis La Tournelle*: Bereits seit Mitte des 17. Jahrhunderts wurden die zur Galeere Verurteilten aus dem Pariser Raum, aus der Normandie und dem Norden Frankreichs in dem Gefängnis La Tournelle (auch Tour Saint-Bernard genannt), im Süden von Paris gelegen, gesammelt, um dann zu einer Kette nach Marseille zusammengestellt zu werden.

196 *Väter der Mission*: Vinzenz von Paul(a) (1576–1660), katholischer Heiliger, der als junger Mann von Korsaren nach Tunis entführt wurde, wo er einige Jahre leben mußte. In Frankreich widmete er sich eifrig der inneren Mission und wurde wegen sei-

ner eifrigen Seelsorge unter den Galeerensträflingen 1619 zum ›Aumônier royal des galères de France‹ ernannt. Gestiftet hat er die Orden der ›Grauen Schwestern‹ und der Lazaristen. Er wurde 1737 heilig gesprochen.
198 *Elle*: Längenmaß, 1 Elle etwa 1,20 m.
201 *euch erquicken*: Matthäus 11, 28.
aus dem Staube gemacht: Diese Geschichte soll sich, der Überlieferung nach, im Jahre 1693 abgespielt haben.
202 *ungefähr vierhundert*: Hier hat sich der Verfasser verschätzt. Nach den Archivakten sollen es 281 gewesen sein.
Monsieur d'Argenson: Marc-René de Voyer, Marquis d'Argenson (1652–1721), Generalleutnant der Polizei von Paris.
204 *Charenton*: Gemeint ist Charenton-le-Pont, 2 km südöstlich von Paris, wo im Fort Charenton ein Gefängnis und eine Irrenanstalt untergebracht waren.
208 *Ile-de-France*: Landschaft im Gebiet um Paris.
Burgund: französische Provinz während des Ancien régime, rechts der Saône gelegen.
Mâçonnais: östlicher Teil des Massif central.
213 *Kongresses von Utrecht*: Der Friede von Utrecht wurde am 11. April 1713 geschlossen, die Verhandlungen hatten aber bereits im Januar 1712 begonnen.
alle Welt kennt: Gemeint ist die außerordentlich prekäre außenpolitische Lage Frankreichs.
214 *Monsieur de Bombelles*: Seine Grausamkeit gegen die Protestanten ist aktenkundig.
225 *Marquis de Rochegude*: Jacques de Rochegude (1654–1718), selbst protestantischer Flüchtling, setzte sich vom Ausland her unermüdlich für die Freiheit der protestantischen Galeerensträflinge ein.
Generalstaaten der Vereinigten Provinzen: Gemeint sind die protestantischen Niederlande.
232 *Herzog von Savoyen*: Victor-Amédée (1666–1732), Herzog von Savoyen (1675–1730), betrieb eine sehr schwankende Außenpolitik; im Spanischen Erbfolgekrieg stand er jedoch auf Seiten der Großen Allianz, was ihm nach dem Frieden von Utrecht das Königreich Sizilien einbrachte.
250 *Waldenser*: von Petrus Waldus (Valdez, Valdes) zwischen 1173 und 1176 in Lyon gegründete religiöse Gemeinschaft, die nach

urchristlichem Vorbild (Armutsideal) lebte; von der katholischen Kirche grausam verfolgt, schlossen sie sich im 16. Jahrhundert der Reformierten Kirche an.

252 *Kanaan*: biblische Bezeichnung des von den Israeliten eroberten ›Verheißenen‹ Landes (Teil des früheren Palästina).

253 *Berline*: vierrädrige, leichte geschlossene Kutsche.

257 *Landau belagerte*: Die Kaiserlichen hatten den Frieden von Utrecht nicht unterzeichnet und führten den Krieg mit Frankreich weiter. Der französische Marschall Villars besetzte am 20. August 1713 Landau und am 16. November 1713 Freiburg i. Br., worauf er dem Prinzen Eugen Friedensverhandlungen anbot, die auch in Rastatt stattfanden. Der Frieden zwischen Frankreich und dem Kaiser wurde dort geschlossen. Nach dem Frieden von Rastatt erhielt der Kaiser die Spanischen Niederlande, Neapel, Mailand, Mantua und Sardinien. Frankreich behielt nur Landau.

259 *Marquis de Miremont*: Wie der Marquis de Rochegude war auch Armand de Bourbon-Malauge, Marquis de Miremont, einer der eifrigsten Verfechter für die Freilassung der protestantischen Galeerensklaven.

266 *Zoll*: veraltetes Längenmaß zwischen 2,1 cm und 3 cm.

282 *Unze*: altes Gewichtsmaß, etwa 30 Gramm.

291 *Sester*: etwa $\frac{1}{4}$ Liter.

306 *Tripel*: Kieselerde.

334 *Pyrenäischer Frieden*: Der am 7. November 1659 zwischen Frankreich und Spanien geschlossene Frieden, der den seit 1635 geführten Krieg zwischen beiden Ländern beendete, brachte Frankreich die Grafschaften Roussillon und Cerdagne ein, in den Niederlanden den Artois und Teile von Flandern sowie Luxemburg. In diesem Frieden wurde auch die Vermählung Ludwigs XIV. mit der spanischen Prinzessin Maria Theresia festgelegt.

Gefecht war sehr blutig: Gemeint ist wahrscheinlich das Galeerengefecht vom 1. September 1638 von Vado zwischen Frankreich und Spanien.

335 *Ludwig XV.* (1710-1774): König von Frankreich (1715-1774), Großenkel des Sonnenkönigs; vom Verfasser, der ihn um vier Jahre überlebte, wahrscheinlich deshalb ›glorreich‹ genannt, weil unter seiner Herrschaft der Jesuitenorden (1764) in Frankreich verboten wurde.

NACHWORT

›Mit einer noch so großen Gelehrsamkeit‹, schreibt Franz Blei zu Recht in ‚Das Rokoko/Variationen über ein Thema' (Vermischte Schriften, München und Leipzig 1911), kann man nicht ›Menschen, Dinge und Denken einer Zeit lebendig machen, die durchaus tot sind, da sie sich völlig in ihrer Zeit verbraucht, alles was sie haben, an ihre Zeit restlos abgegeben haben. Jede Würdigung der älteren Geschichte kann ihr Recht allein daraus nehmen, daß was sie mit dem Alten erinnern, heute noch irgendein Leben hat.‹

Daß die vorliegenden Memoiren ihr Leben und ihre Energien noch nicht verbraucht haben, nicht zur Antiquität geworden sind, davon konnte sich der Leser überzeugen. Denn Jean Marteilhe ist der wohl einzige Berichterstatter seiner Zeit, der, indem er die Kehrseite des prunkhaften und ›klassischen‹ Zeitalters Ludwigs XIV. lebendig und in seiner ganzen kruden Wirklichkeit entlarvt hat, auch das Problem der Grundrechte des Menschen zur Debatte stellte. Und solange auf unserer Welt, wie in jener Epoche, diese Grundrechte von ›Gewissenslenkern‹, wie sie Voltaire nennt, angetastet und verletzt werden, und solange Menschen, die für diese Grundrechte einstehen, dafür zu büßen haben, solange wird auch diese Lebensbeichte Interesse und Anteilnahme finden.

Immer waren es die herrschenden Gewissenslenker, die sich kein Gewissen daraus machten, anderen ihren Glauben aufzuzwingen und sie dadurch in Gewissensnot zu bringen. In seinem ›Philosophischen Wörterbuch‹ (Leipzig 1963, Frankfurt a. M. 1985) urteilt Voltaire über die ›Gewissenslenker‹: ›Wie viele furchtbare und ungerechte Kriege hätten uns gute Gewissenslenker erspart! Wie viele Grausamkeiten hätten sie verhütet! Aber häufig glaubt man, ein Lamm um Rat zu fragen, und man gerät an einen Fuchs ... Ich möchte gern wissen, welcher Gewissenslenker zur Bartholomäusnacht geraten hat ... Ein Hugenotte war sehr erstaunt, als er von einer katholischen Dame erfuhr, daß sie einen Beichtvater habe, um von ihren Sünden freigesprochen zu werden, und einen Gewissenslenker, damit er sie daran hindere, welche zu begehen. ‚Wie hat Ihr Schiff, Madame', sagte er zu ihr, ‚mit zwei so guten Lotsen so häufig leck werden können?'‹

Die erste Dame des Königreiches Frankreich, Madame de Maintenon, in politischen und vor allem religiösen Angelegenheiten intime Beraterin des Sonnenkönigs und später dessen heimliche zweite Frau, hatte den streitsüchtigen und habgierigen Abbé Gobelin zum Lenker ihres Gewissens. Und sie bedurfte seiner, hatte doch gerade sie eine ›ketzerische‹ Vergangenheit, denn ihr Großvater, Agrippa d'Aubigné, war einer der großen französischen Hugenottenführer gewesen, sie selbst im Glauben der Calvinisten erzogen, sorgte aber, als es um ihr irdisches Wohl ging, um ihr religiöses, indem sie sich unter die Fittiche Roms begab. Von da an ging es mit ihr bergauf, und als sie den Gipfel erklommen hatte, ging es mit ihren früheren Glaubensbrüdern bergab.

Der Konflikt war jedoch weit vor ihrer Zeit angelegt, sie und ihre Gewissenslenker hatten nur die endgültige Lösung besorgt. In den Bürgerkriegen zwischen Katholiken und Protestanten im 16. Jahrhundert, die gleichzeitig ein Machtkampf rivalisierender Adelsparteien waren, mußten zwar zweitausend Bekenner Calvins im Gemetzel der Bartholomäusnacht (23./24. August 1572) ihr Leben in Paris lassen – in der Provinz waren es 30 000 –, doch fanden die Überlebenden wenigstens in dem durch König Heinrich IV. 1598 befohlenen Edikt von Nantes einen Verteidiger ihrer Interessen und ihren zeitweiligen Frieden. Das Edikt des ehemaligen Henri de Bourbon, dem die Allerchristlichste Krone Frankreichs ›eine Messe wert‹ war, sicherte den Protestanten Gewissensfreiheit, beschränkte Kultausübung, politische Gleichberechtigung und Sicherheitsplätze. Das Königreich blieb zwar katholisch, integrierte aber politisch und kulturell das andersgläubige Zwanzigstel der Bevölkerung.

Von da an datiert im eigentlichen Sinne die wirtschaftliche Konjunktur des neuen sich entwickelnden absolutistischen Einheitsstaates, nicht zuletzt eben durch jenes arbeitsreiche und kultivierte Zwanzigstel. Denn wie lehrte doch ihr geistlicher Begründer Johann Calvin (Jean Cauvin) in seiner ›Institutio religionis christianae‹ (Unterweisung in der Christenlehre, 1536) u. a.: ›‚Heil und Verdammnis sind dem Menschen vorherbestimmt. Auf Erwählung darf hoffen, wer sein Leben heiligt durch Erfüllung seiner irdischen Pflichten.‘ Aus diesem Leitbild des fleißigen, sparsamen Arbeiters, der Gewinn und Erfolg als Zeichen seiner Erwählung bucht, entwickelt sich eine neue bürgerlich-kapitalistische Wirtschaftsethik‹, die dem Lande in Verbindung mit dem Merkantilismus eines Colbert (1619–1683) Prosperität verschafft.

In dem Maße jedoch, da sich in Frankreich der absolutistische Staat unter Ludwig XIV. durchsetzte, der in dem von Jacques Bossuet (1627–1704) aufgebrachten Slogan gipfelte: ›Un roi, une foi, une loi‹ (Ein König, ein Glaube, ein Gesetz), beginnt zuerst der Kalte Krieg zwischen dem König und der genannten Minderheit, die man nun R. P. R. (Religion Prétendue Réformée, d. h. Angeblich Reformierte Religion) nannte, dann die offene Verfolgung. Durch ihre nach der Genfer Kirchenordnung demokratische Gemeindeorganisation bildeten die Reformierten politisch sozusagen einen Staat im Staate, der einem absolutistischen Königtum ein Dorn im Auge sein mußte. Hinzu kam, daß die etwa eine Million Protestanten um die Mitte des 17. Jahrhunderts ein Wirtschaftspotential darstellten, daß der katholischen Kirche Einkünfte entgingen, die der König für seine Hauspolitik, für seine Kriege brauchte. Machtpolitische und kurzsichtige wirtschaftliche Gründe waren also maßgebend für die angestrebte ideologische Gleichschaltung.

Von den etwa einer Million um 1650 in Frankreich lebenden Protestanten lebte ein Teil im Norden des Königreiches, der Hauptteil jedoch im ausgedehnten Raum südlich und südwestlich des Massif central: im Anjou, Bearn, Poitou, in der Saintonge, dem Périgord, in der Guyenne, der Gascogne, im Languedoc und in der Dauphiné. Und der Großhandel in Getreide, Wein, Branntwein und anderen Nahrungs- und Genußmitteln, sowie der mit Textilien aus den Manufakturen lag hauptsächlich in den Händen der ›Ketzer‹, und alle die genannten Warenartikel wurden exportiert, in erster Linie ins protestantische Ausland: nach Skandinavien, Holland, die hanseatischen Stadtstaaten oder in die helvetischen Kantone. Überdies war das reformierte Bürgertum nicht allein im Finanz- und Manufakturbereich tonangebend, es gehörte auch zur wissenschaftlichen und technischen Elite und besetzte wichtige Verwaltungsposten. ›Sie spielten‹, schreibt André Zysberg in der französischen Ausgabe der Memoiren (Paris 1982), ›eine aktive Rolle auf allen Gebieten, waren nicht aufzuhalten, ihre Talente unter Beweis zu stellen, ihren Unternehmergeist und besonders ihr Finanzgenie.‹

So stand es um die Mitte des 17. Jahrhunderts, und die Frage war, ob der König diesen status quo, wie er seit dem Edikt von Nantes herrschte, tolerieren oder seinen absolutistischen Herrschaftsansprüchen aufopfern würde. Das letztere geschah.

Durch das Edikt von Nantes war den Hugenotten erlaubt, ihren Glauben öffentlich in all den Kirchen auszuüben, die 1598 dazu vorhanden waren. Diese formaljuristische Einschränkung war für den katholischen Klerus Gelegenheit, alle später erbauten reformierten Gotteshäuser schleifen zu lassen. In Massen brannten nun die Kultstätten der ›Ketzer‹, der ›anderen Juden‹, wie André Zysberg sie nennt.

Das war der Anfang einer Reihe von Repressalien, um diesen ›inneren Feind‹ (Zysberg) zu bekehren. Provokationen verschiedenster Art, wie Störung der Gottesdienste, öffentliche Verunglimpfung seitens der Katholiken waren an der Tagesordnung. Ein verdeckter Guerilla-Kampf wurde geschürt, um die Stimmung anzuheizen. Daß dieser Kampf auch im wirtschaftlichen Bereich tobte, versteht sich von selbst.

Schließlich durften sich Pastoren nicht mehr Pastoren nennen, durften nicht mehr im Talar auf die Straßen und nicht länger als drei Jahre an einem Orte leben. Auch mußten die protestantischen Schulen und Predigerseminare geschlossen werden. Doch der Repressalien noch nicht genug! Es wurden Berufsverbote ausgesprochen, das heißt, die Reformierten durften beispielsweise in der Verwaltung keine öffentlichen Ämter mehr bekleiden, später auch keine freischaffenden Berufe wie Ärzte und Advokaten mehr ausüben. War man nicht katholisch, konnte man seine verstorbenen Angehörigen nur noch in der Morgen- oder Abenddämmerung bestatten. In einem Erlaß erlaubte der König, daß Kinder ab sieben Jahre, die den Glauben wechseln wollten, den Eltern wegzunehmen waren, und ein anderer Erlaß befahl den reformierten Frauen, bei der Entbindung nur katholische Hebammen zu rufen. Der Katalog von Drangsalierungen könnte beliebig fortgeführt werden.

Als all diese Zwangsmaßnahmen nicht die gewünschte Massenbekehrung hervorriefen, da versuchte man es mit Bestechung und schuf sich zu diesem Zweck eine ›Caisse des conversions‹, einen Bekehrungsfond, aus dem jede neu gefangene Seele etwa fünf Livres Belohnung erhielt. Sobald man jedoch dahinterkam, daß auch dies ohne Erfolg blieb und daß sogar manche ›Ketzer‹ sich mehrere Male bekehren ließen und so den Fond schröpften, ging man zur offenen Gewalt über. Der Staatsminister Marquis de Louvois (1641–1691) ordnete Dragonaden an, das schon lange in Frankreich praktizierte Verfahren der Einquartierung von Soldaten, die nach Belieben plündern, foltern oder vergewaltigen konnten, um widerspenstige Untertanen gefügig zu machen. Erst durch die Brachialgewalt dieser Soldateska zeigte sich der ersehnte Erfolg: Zahllose Reformierte wechselten aus Angst den Glauben, auch wenn sie nur pro forma die Abschwörungsurkunden der Missionare unterzeichneten, in ihrem Innern jedoch ihrem Glauben treu blieben. Selbstverständlich wußte die katholische Geistlichkeit, was sie von den Neubekehrten zu halten hatte, doch sie setzte ihre Hoffnung auf den Lauf der Zeit. Madame de Maintenon, die es am liebsten gesehen hätte, wenn Frankreich wie ein Kloster organisiert worden wäre, soll gesagt haben: ›Die Kinder zumindest werden Katholiken sein, wenn auch die Eltern Heuchler sind.‹

Am 18. Oktober 1785 wurde das Edikt von Fontainebleau erlassen, welches das von Nantes widerrief. In diesem Edikt wurde mit heuchlerischen Worten die Glaubenseinheit von König und Volk bekanntgegeben sowie alle bisher gegen die Reformierten gerichteten Erlasse zusammengefaßt. Der schon erwähnte Jacques Bossuet, des Sonnenkönigs Chefideologe, feierte seinen Allerchristlichsten Herrn als neuen Konstantin und neuen Karl den Großen.

Die durchgeführten Repressalien und darauf folgenden Gewaltmaßnahmen erzielten nicht nur massenhafte Abschwörungen, sie brachten ein nationales Fiasko, von dem sich Frankreich erst nach Jahrzehnten wieder erholen sollte: den Massenexodus der Hugenotten in den siebziger und achtziger Jahren. Er setzte etwa um 1680 in vollem Maße ein, erreichte 1685 nach dem Widerruf des Edikts von Nantes seinen Höhepunkt und dauerte eigentlich bis zum Tode des Sonnenkönigs 1715 an. Man hat die Zahl der Emigranten auf eine halbe Million geschätzt. Fluchtländer sind selbstverständlich die protestantischen Staaten Europas, aber auch Rußland, ja sogar bis nach

Nordamerika und Südafrika zieht es die Flüchtlinge. Und es ist nicht allein der Bevölkerungsschwund, der sich in Frankreich bemerkbar macht, das Königreich beraubte sich selbst seines Kapitals an Wirtschaftskraft, an geistigen und gewerblichen Potenzen, von denen die Asylländer, die die Emigranten zu günstigsten Bedingungen und Privilegien aufnehmen, profitieren. Jean-Baptiste Colbert, des Königs klug berechnender Finanzminister, der die Wirtschaftsmacht Frankreichs durch seine merkantilistische Politik begründet hatte, hatte die Entwicklung vorausgesehen und gewarnt; seine Warnungen jedoch wurden in den Wind geschlagen. Eine politische Wende fand nicht statt, stattdessen antwortete man mit drakonischen Strafmaßnahmen, die am 10. Mai 1682 in einem königlichen Dekret verkündet wurden, wonach allen Anhängern der R.P.R. verboten wurde, das Königreich ohne entsprechenden Paß zu verlassen, bei Strafe lebenslänglicher Galeere für Männer (Jugendliche eingeschlossen), Gefängnisstrafe für Frauen, Umerziehungshäuser für Kinder. Dieser Erlaß fand als Artikel 10 auch Eingang in das Edikt von Fontainebleau. Das Gesetz befahl ferner, daß diejenigen, die jemanden zur Flucht überredeten, mit 3000 Livres und diejenigen, die anderen zur Flucht verhalfen, mit Leibesstrafe zu büßen hatten. Schon wer an der mit Wachen verstärkten Grenze als Protestant aufgegriffen wurde, mußte mit diesen Strafen rechnen, wie es ja auch Jean Marteilhe und seinem Freund Daniel Legras geschah. Daß und auf welche Weise der Strom der Flüchtlinge weiterfloß, wird auch in den Memoiren geschildert: Man verkleidete sich als Edelmann oder als Bettler, stattete sich mit Wegkarten aus oder mietete sich Leute, die einen über die Grenze schmuggelten.

Was die an der Grenze Aufgegriffenen auf den Galeeren erwartete, darüber ist kein Wort mehr zu verlieren. Jean Marteilhe hat es uns anschaulich und im Detail beschrieben; interessant jedoch in diesem Zusammenhang sind einige Zahlen und Probleme aus dem Galeerenwesen, das sowohl die Geschichtsschreibung als auch die Strafrechtsgeschichte bisher kaum beschäftigte und erst in den letzten Jahren Gegenstand der Forschung geworden ist. In Frankreich ist es André Zysberg (Marseille au temps des galères 1660–1748, Marseille 1983), im deutschsprachigen Bereich, der die italienisch-mediterranen Verhältnisse auch berücksichtigt, vor allem Hans Schlosser (Der Mensch als Ware: Die Galeerenstrafe in Süddeutschland als Reaktion auf Preisrevolution und Großmachtpolitik, Berlin-West

1984; Die Strafe der Galeere für Kriminelle aus Bayern und Schwaben – Menschenhandel als Strafvollzug im 16.–18. Jahrhundert, Rieser Kulturtage, Dokumentation V/1984, Nördlingen 1985; Die Strafe der Galeere als Verdachtsstrafe, Sigmaringen 1986), die sich mit diesem Phänomen beschäftigten. Rechtsvergleichende Untersuchungen der Judikatur ergeben zwar zwischen den Verhältnissen in Frankreich und den italienischen Seerepubliken viele Parallelen, doch auch fundamentale Unterschiede.

Während Hans Schlosser die Zusammensetzung der Galeerensträflinge etwa in Venedig zuerst allgemein aus ›Mördern, Dieben, Betrügern, Meineidigen, Apostaten, Häretikern, Bigamisten, Sodomiten, vom rechten Pfad des Glaubens und der Tugend abgekommenen Klerikern, Vagabunden und Briganten‹ sieht, dann aber bei differenzierterer Untersuchung die Galeerenstrafe als ›poena extraordinaria‹ oder ›poena arbitraria‹, als Verdachtstrafe herausfindet, wodurch lediglich Tatverdächtige, aus einem ›primär generalpräventiv orientierten Strafrecht‹ heraus, aus ganz Deutschland (er weist es für Bayern, Württemberg, Ravensburg, Lindau, Heilbronn, Speyer, Trier, Frankfurt am Main, selbst für Sachsen und Schlesien nach) an die italienischen Seerepubliken verkauft wurden, kommt André Zysberg für Frankreich zu anderen Ergebnissen. Nach seinen Studien in Marinearchiven machten auf den 40 französischen Galeeren im Jahre 1702 die eigentlichen Kriminellen nur ein Drittel der etwa 10 000 Galeerensträflinge aus (hinzu sind noch die 2 000 auf den mediterranen Sklavenmärkten von Livorno und Malta gekauften Türkensklaven zu zählen) – zwischen 1680 und 1715 gab es 38 000 dieser Galeerensträflinge in Frankreich –, und auch diese Kriminellen setzten sich nur aus Taschendieben, Falschspielern etc. zusammen. Die Galeere war für Frankreich in erster Linie ein ›Militärbagno‹ (so Zysberg); 45% der dort schuftenden Sklaven waren desertierte Soldaten, zumeist ja wohl zum Militär gepreßte Bauern, die das Weite gesucht hatten. Von den restlichen waren 16% Schmuggler und 4% wegen ihres reformierten Glaubens Verurteilte, also politische Gefangene.

Um aber wieder und abschließend auf das Schicksal der protestantischen Galeerensträflinge zu kommen: Zysberg kann auch hier mit einer eindrucksvollen Statistik aufwarten, die die Leiden dieser Menschen – die wahre Orgie der Quälerei, die die Betroffenen zu erdulden hatten, berichten die Memoiren selbst (vgl. das Schicksal von Sabatier) von einer anderen, doch nicht minder deutlichen Seite –

beleuchten. Von den 1450 protestantischen Sträflingen ›starben 44% am Elend, Kummer oder Krankheit‹, von denen wiederum 71% in den ersten 3 Jahren an Bord der Galeeren den Tod fanden; von den verbliebenen 56% erlangten 39% nach 3 Jahren oder weniger die Freiheit, höchstwahrscheinlich ›durch Abschwörung von ihrem Glauben‹, 20% nach 4 bis 9 Jahren, 24% nach 10 bis 15 Jahren, 17% nach 16 bis 30 Jahren. Das ist die traurige Bilanz einer Politik der Intoleranz, des Machtstrebens und der Grausamkeit seitens des absolutistischen Staates und einer machtgierigen katholischen Kirche. Die Geschichte, die jede Quittung begleicht, hat es in Frankreich 1789 getan.

Die genannte neuere Forschung über die Galeeren muß ihre Studien anhand aufwendiger Recherchen in Archiven und Registern betreiben, an authentischen Zeugenschaften sind zumeist Briefe oder Petitionen von Delinquenten erhalten; Jean Marteilhe war der einzige unter den abertausenden Galeerensträflingen in Europa, der Memoiren hinterlassen hat. Nach seiner Freilassung, die wie ein übler Treppenwitz der Weltgeschichte anmutet (verurteilt zu den Galeeren wegen Flucht aus dem Königreich, freigelassen unter der Bedingung, das Königreich zu meiden, ansonsten lebenslängliche Galeerenstrafe), nach seiner Freilassung also hatte er sich in Amsterdam niedergelassen, geheiratet und ist ›Geschäftsmann‹ geworden. 1777, nach dem Tode Ludwigs XV. (1774), den er ›glorreich‹ nennt, wahrscheinlich weil unter seiner Herrschaft 1764 der Jesuitenorden verboten wurde, starb er im biblischen Alter von 93 Jahren in einer Kleinstadt in Geldernland.

Daß er zur Feder griff und alles aufschrieb, was er auf den Galeeren erlebt hatte, verdankt die Nachwelt den Pastoren Superville Vater und Sohn, die ihn dazu unermüdlich ermutigten. Seine Schilderung verrät zwar eine schwere Hand und Naivität; aber gerade das ist es, was diese Memoiren so frisch erscheinen läßt. Der Verfasser ist lauter und nicht ganz ungeschickt, schreibt kein religiöses Pamphlet, sonnt sich, trotz aller Betonung seines ehrlichen Glaubensbekenntnisses, nie in Prahlerei, und sein französisch-südländisches Temperament äußert sich an vielen Stellen in einer die Spannung steigernden redseligen Erzählweise, wenn er zum Beispiel die Schilderung des eigenen Schicksals unterbricht, um ›Binnengeschichten‹ einzuflechten. Daß die Pastoren Superville den Text durchgesehen und hier und da redigiert haben, ist erwiesen, doch sind sie dabei sehr behutsam zu Werke gegangen, haben die Textgestalt insgesamt nicht angegriffen.

Leider ist ein Originalmanuskript bis heute nicht aufgefunden worden!

Der abwechslungsreiche Text, die wechselnden Szenen (Flucht, Leiden und Drangsalierungen in den Gefängissen, der Marsch der Kette durch Frankreich, Seegefechte etc.), das ganze ›Szenarium‹ hätte auch aus einem im 18. Jahrhundert modischen rührseligen Roman entlehnt sein können. Das Milieu ist literarisch außerordentlich beliebt gewesen, schrecklich genug und herzergreifend‹, es hätte aber auch nach dem Geschmack der Zeit der historischen Romane im 19. Jahrhundert sein können; und tatsächlich, als man Mitte des 19. Jahrhunderts in einer alten Privatbibliothek in Lyon die französische Originalausgabe (Rotterdam 1757) entdeckte, hielt man diese Memoiren für eine Fiktion, für einen historischen Roman. Weitere Nachforschungen ergaben die Entdeckung von zwei jüngeren französischen Ausgaben (1774 und 1778 in Den Haag erschienen), wobei man in der von 1778 alle Eigennamen ausgeschrieben fand, die in den früheren Editionen durch Anfangsbuchstaben anonym gehalten waren. Damit war die Authentizität dieses Textes erwiesen, und nicht zuletzt Jules Michelet, Frankreichs großer Historiker und begeisterter Leser dieser Memoiren, setzte sich für eine erneute Drucklegung ein, die 1865 in Paris erfolgte und ein lebhaftes Echo in der französischen Presse fand. Zwei Jahre später übersetzte Hermann Adelberg, ein deutscher Jugendschriftsteller, die Memoiren ins Deutsche, eine Übersetzung, die der vorliegenden Ausgabe zugrunde gelegt wurde.

INHALT

ERSTER TEIL
DIE FLUCHT — 5

Die Verfolgung — 5
Die Flucht — 10
Die Gefangennahme — 17
Gefängnis in Tournai — 24
Geschichte der Sieurs Sorbier und Rivasson — 28
Der ›Beffroi‹ oder ›Der Wachtturm‹ — 43
Geschichte der Gefangennahme der Sieurs Dupuy, Mouret und La Venue und der Demoiselles Madras und Conceil — 48
Der Turm Saint-Pierre in Lille — 63

ZWEITER TEIL
AUF DEN GALEEREN — 72

Ankunft auf den Galeeren in Dünkirchen — 72
Seegefecht bei Ostende — 84

Rettung aus der Gefahr des Schiffbruchs	93
Blutiges Gefecht an der Themsemündung	105
Das Hospital zu Dünkirchen	122
Befreiung von der Ruderbank	127
Geschichte Goujons	134
Fortsetzung der Geschichte Goujons	142
Die Marterqualen Sabatiers	156
Die Schiffsprediger	165
Heimliche Fortschaffung der reformierten Galeerensträflinge aus Dünkirchen	172
Aufenthalt in Le Havre de Grâce	183
Das Gefängnis La Tournelle in Paris	191
Abtransport der Kette nach Marseille	198
Auf den Galeeren von Marseille	209
Römische Missionare	216
Der Freilassungsbefehl	225

DRITTER TEIL
DIE FREILASSUNG — 236

Abreise von Marseille	236
Aufenthalt in Nizza bei Monsieur Bonijoli	242
Reise von Nizza nach Genf	249
Reise von Genf nach Amsterdam	254
Die Galeerensklaven vor der Königin von England	259

VIERTER TEIL
BESCHREIBUNG EINER AUSGERÜSTETEN GALEERE UND IHRE KONSTRUKTION 266

Schiffsraum einer Galeere 269
Ruderbänke 270
Von dem Köker 273
Von den Masten einer gerüsteten Galeere 273
Von den Rudern auf einer Galeere 274
Von den Segeln einer Galeere 286
Von den Geschützen auf einer gerüsteten Galeere 289
Von der Kost der Schiffsmannschaft und der Galeerensklaven auf einer gerüsteten Galeere 290
Liste der 500 Mann, welche die Schiffsmannschaft und Sklavenmannschaft der Galeere bilden, ihre Verrichtung und ihr Sold 292
Von den Bequemlichkeiten, welche die Offiziere für ihr Nachtlager haben, wenn die Galeere vor Anker auf einer Reede oder in einem Hafen liegt 296
Von dem Unterschied einer gewöhnlichen Galeere von denjenigen, welche man ›La Grande Réale‹ und ›La Patronne‹ nennt 298
Von den Schaluppen einer gerüsteten Galeere 299
Von der Kleidung der Galeerensklaven 300
Von der Beschäftigung der Galeerensklaven im Winter, wenn die Galeere abgerüstet ist 301
Von welchem Nutzen die Galeeren für einen Staat sind im Gegensatz zu den Kriegsschiffen 329

ANMERKUNGEN 341   **NACHWORT** 351